2018年四川省教育体制机制改革试点“地方师范院校师德建设实效性机制创新”项目成果
2019年四川省教育教学改革研究项目“地方师范院校师范生教师职业道德系统化培养研究与实践”成果
2019年四川省教育体制机制改革试点“优秀传统文化育人”项目成果
四川省社会科学高水平研究团队“农村教育的历史发展与当代改革研究”研究成果之一

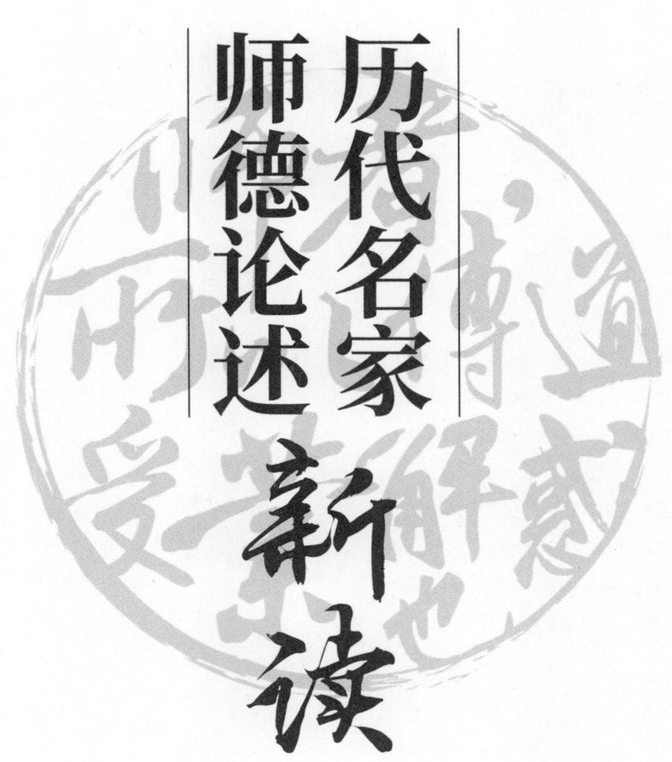

历代名家师德论述新读

佘万斌　杜学元　贺春花

编著

西南财经大学出版社
中国·成都

图书在版编目(CIP)数据

历代名家师德论述新读/佘万斌,杜学元,贺春花编著.—成都:西南财经大学出版社,2021.10
ISBN 978-7-5504-4676-2

Ⅰ.①历… Ⅱ.①佘…②杜…③贺… Ⅲ.①师德—研究 Ⅳ.①G451.6

中国版本图书馆 CIP 数据核字(2020)第 244901 号

历代名家师德论述新读
LIDAI MINGJIA SHIDE LUNSHU XINDU
佘万斌　杜学元　贺春花　编著

责任编辑:王利
封面设计:墨创文化
责任印制:朱曼丽

出版发行	西南财经大学出版社(四川省成都市光华村街 55 号)
网　　址	http://cbs.swufe.edu.cn
电子邮件	bookcj@swufe.edu.cn
邮政编码	610074
电　　话	028-87353785
照　　排	四川胜翔数码印务设计有限公司
印　　刷	四川五洲彩印有限责任公司
成品尺寸	170mm×240mm
印　　张	17.5
字　　数	323 千字
版　　次	2021 年 10 月第 1 版
印　　次	2021 年 10 月第 1 次印刷
书　　号	ISBN 978-7-5504-4676-2
定　　价	88.00 元

前 言

师德是教师及其职业的首要属性。与其他职业相比，教师承担着人才培养的任务，从事着塑造人的心智与灵魂的工作，在知识、道德等方面有着高于一般社会职业的特殊要求。正因为如此，教师被称为“人类灵魂的工程师”“心灵的园丁”。我国有着尊师重教的优良传统，也有着悠久的师德文化传统。在中华民族五千年的优秀传统文化中，有着太多对师德的表述。比如，《礼记》所载“师也者，教之以事，而喻诸德也”①；孔子说“德之不修，学之不讲，闻义不能徙，不善不能改，是吾忧也”②；北宋理学大师张载决心“为天地立心，为生民立命，为往圣继绝学，为万世开太平”③；陶行知认为“先生不应该专教书，他的责任是教人做人。学生不应当专读书，他的责任是学习人生之道”④，等等。这些关于教师职业道德和职业义务的文化表述，确认了师德是教师从教的首要素质，是教师的立身之本，同时也让社会各界对教师寄予了崇高师德的期待，并强烈关注各类师德失范事件。

由于师德建设关系到教育的发展、关系到社会公德的提升、关系到文化的传承，党和国家历来重视师德建设，并将其上升到事关党的教育方针、保证贯彻落实立德树人根本任务扎实推进以及社会主义建设事业后继有人的重大战略任务的高度，出台了一系列法律法规和政策文件。比如《中华人民共和国教师法》总则第一条载明“建设具有良好思想品德修养和业务素质的教师队伍”⑤。《中华人民共和国教育法》与《中华人民共和国高等教育法》也对教师的职业道德提出了要求。党的十九大报告明确提出“加强师德师风建设，

---

① 礼记·文王世子［M］//阮元. 十三经注疏. 北京：中华书局，1980：1407.

② 论语·述而第七［M］//阮元. 十三经注疏. 北京：中华书局，1980：2481.

③ 黄宗羲. 宋元学案·横渠学案［M］. 黄百家辑，全祖望修订，王梓材 等校订. 北京：商务印书馆，1986：168.

④ 方明. 陶行知全集：第8卷［M］. 成都：四川教育出版社，2005：123.

⑤ 全国人大常务委员会. 中华人民共和国教师法［M］. 北京：中国法制出版社，1994：1.

培养高素质教师队伍，倡导全社会尊师重教”① 的要求。2017 年《中共中央办公厅 国务院办公厅印发〈关于深化教育体制机制改革的意见〉的通知》专门提出“要健全立德树人系统化落实机制。强调要构建以社会主义核心价值观为引领的大中小幼一体化德育体系”②。2018 年教育部提出了新时代师德建设的新要求，分类出台了《新时代高校教师职业行为十项准则》《新时代中小学教师职业行为十项准则》《新时代幼儿园教师职业行为十项准则》3 个准则文件，对于新时代各级各类教师的职业行为规范、师德师风要求做出了硬性规定。党的十八大召开以来，党和国家领导人十分关心师德建设工作。习近平总书记指出“好老师应该取法乎上、见贤思齐，不断提高道德修养，提升人格品质，并把正确的道德观传授给学生”，勉励教师要成为“有理想信念”“有道德情操”“有扎实学识”“有仁爱之心”的“四有”好老师③。这些师德建设政策文件与党和国家领导人的殷切期望，充分说明了党和国家对教师职业道德建设的重视程度上升到了前所未有的高度，也说明了当前加强师德师风建设的极端重要性。

总的来看，我国教师队伍师德状况是好的，一大批师德高尚、尽职尽责、业务精湛、素质过硬的优秀教师牢记“立德树人初心、教书育人使命”，在平凡的工作岗位上做出了不平凡的业绩。但也不可否认，受现实利益的诱惑与转型期社会的冲击，少数教师在师德师风方面出现了一些失德失范行为，严重损害了教师在人民群众心中的良好形象，严重损害了教师队伍的群体道德形象。尽管教育主管部门和各级各类学校都加大了师德建设的力度，但受社会风气、文化价值、学校传统、个人经历以及师德本身的复杂性、综合性等的影响，师德建设的实效性不强一直是师德建设的难点与重点，“最后一公里”落实问题也一直为大家所诟病。

乐山师范学院党委宣传部立足地方师范院校的人才培养实际，申报立项了四川省 2018 年教育体制机制改革试点项目——“地方师范院校师德建设实效性机制创新”，大力推进“融他律与自律、协同推进与示范引领于一体”的高校师德建设实效性制度机制体系试点改革，在提高师德建设的实效性、形成明德崇德树德育德的良好氛围和长效机制方面取得了一系列成果，《历代名家师

---

① 《党的十九大文件汇编》编写组. 党的十九大文件汇编 [G]. 北京：党建读物出版社，2017：31.

② 中共中央办公厅，国务院办公厅. 印发《关于深化教育体制机制改革的意见》的通知 [J]. 中国德育，2017 (20)：4.

③ 习近平. 做党和人民满意的好老师——向全国广大教师和教育工作者致以崇高的节日敬礼和祝贺 [N]. 中国教育报，2014-09-10 (5).

德论述新读》正是这些试点改革成果中的突出代表。

《历代名家师德论述新读》以教育部印发的《新时代高校教师职业行为十项准则》《新时代中小学教师职业行为十项准则》《新时代幼儿园教师职业行为十项准则》为解读依据，结合近年来党和国家关于加强师德师风与教师职业道德建设的政策法令要求，从理想信念、职业使命、道德操守、终身学习等方面，以历史为轴，以名家为线，对历代名家关于师德的名言名句以及经典论述进行了较为详细的梳理，并从新时代师德要求与标准角度进行了当下意义的新解读、新阐释，对于我国优秀的师德文化进行了全景式的介绍。从这个意义上讲，这本书可以说是对我国优秀师德文化进行创造性转化、创新性发展的较好尝试，是对增强师德文化自信的有益探索。同时，该书还在附录部分提供了乐山师范学院师德建设实效性机制改革试点案例，把师德文化建设寓于师德实践之中，体现了理论性与实践性的有机结合。

综上所述，我认为本书对于当前涵养师德文化底蕴，提升师范大学生教师职业情感与师德文化素养，无疑具有重要的教育文化价值与实践指导意义，值得广大教师细细阅读与参考使用。

杜学元

2021 年 8 月于乐山师范学院淑勤斋

目　录

第一章　师德与师德教育的重要性／ 1
第一节　师德的重要性／ 1
第二节　师范院校加强师德教育的重要性／ 4

第二章　理想信念／ 6
第一节　坚定政治方向／ 6
一、目的志向／ 6
二、政治行为／ 20
三、政治底线／ 24
第二节　自觉爱国守法／ 25
一、家国情怀／ 25
二、公序良俗／ 32
第三节　积极奉献社会／ 33

第三章　职业使命／ 43
第一节　传播优秀文化／ 43
一、弘扬尊师重教的文化传统／ 43
二、坚守培养圣贤君子的规格传统／ 45

三、传承知识文化的使命传统／ 47
第二节 潜心教书育人／ 51
一、孜孜不倦的育人追求／ 51
二、耐心细致的育人精神／ 58
三、尽职尽责的育人实践／ 62
第三节 关心爱护学生／ 70
一、关心热爱学生／ 70
二、尊重信任学生／ 86
三、赏识帮助学生／ 93
第四节 规范从教行为／ 98
一、因材施教／ 98
二、尊重规律／ 102
三、学用结合／ 120
四、教学相长／ 124
第五节 加强安全防范／ 128
一、强烈的安全意识／ 128
二、切实的安全措施／ 132

第四章 道德操守／ 136
第一节 坚持言行雅正／ 136
一、品性雅正／ 136
二、举止雅正／ 146
三、言论雅正／ 156
四、学问雅正／ 158
第二节 秉持公平诚信／ 160
一、公道正派／ 160
二、坦率真诚／ 167

三、诚实守信／ 172
第三节　坚守廉洁自律／ 178
一、以德修身／ 178
二、自律修身／ 185
三、自持修身／ 195
四、廉洁修身／ 201

第五章　终身学习／ 209
第一节　具有扎实学识／ 209
一、乐于学／ 209
二、思中学／ 222
三、坚持学／ 230
四、力行学／ 236
第二节　遵守学术规范／ 244
一、学问诚实／ 244
二、学术诚实／ 246

参考文献／ 249
一、著作文献／ 249
二、报刊文献／ 260

附　录／ 262
附录一　乐山师范学院“师德师风实效性机制”试点改革案例／ 262
附录二　刘百川：教师反省的标准／ 264

后　记／ 269

第一章　师德与师德教育的重要性

第一节　师德的重要性

（战国）《庄子》：“仲尼曰：‘古之至人，先存诸己，而后存诸人。所存于己者未定，何暇至于暴人之所行！’”①

〖译文〗孔子说，在古代，道德高尚的人往往都是先让自己做到君子圣人，然后再去帮助引导他人。如果连自己都没有达到君子圣人的标准，哪里有闲工夫去指点别人行为的得失呢！

【新解】孔子此处讲的实为一种修养哲学，即先求自渡，然后渡人。从师德的角度来说，只有教师先拥有完善的人格、高尚的师德，然后才能教授别人形成完善的人格和品德。否则，连自己都没做到的事情又如何去要求别人做到呢?!“师也者，教之以事而喻诸德者也。”② 教师对学生的影响，离不开教师的学识和能力，更离不开教师为人处世、于国于民、于公于私所持的价值观。

（唐）柳宗元：“今之世，为人师者众笑之。举世不师，故道益离。”③

〖译文〗在今天这个没有尊师重教氛围的社会里，当教师的会被嘲笑。如果全社会都不尊师重教，那么社会就会离建设和谐社会的大道越来越远了。

【新解】教师是知识的传播者，是国家可持续发展和进步的原动力。如果没有教师的付出和奉献，就不会有人类今天的文明和成就。柳宗元的这句话既是警醒自己，也是劝诫世人，整个社会要形成尊师重教的良好氛围。可以说柳宗元的这句话指出了营造尊师重教氛围的重要性。2018 年教育部颁布的《新

---

① 庄子·人间世［M］//庄子．庄子．王先谦，集解．方勇，导读整理．上海：上海古籍出版社，2009：36.

② 礼记·文王世子［M］//阮元．十三经注疏．北京：中华书局，1980：1407.

③ 柳宗元．柳河东集：上册［M］．上海：上海古籍出版社，2008：341.

时代高校教师职业行为十项准则》《新时代中小学教师职业行为十项准则》《新时代幼儿园教师职业行为十项准则》[①] 都提到“广大教师贯彻党的教育方针，教书育人，呕心沥血，默默奉献，为国家发展和民族振兴做出了重大贡献”，给予教师充分的肯定，可以说是对柳宗元营造尊师重教氛围思想的吸纳与传承。知识与创新是社会文明进步的基石，我国有着悠久的尊师重教的优良传统。重视教育，关心教师，让广大教师安于教、乐于教。这是一个社会、一个国家兴旺发达的关键因素。

（明）张居正：“用人必考其终，授任必求其当。”[②]

〖译文〗任用一个人要对其进行全面的德才考察，以便他能善始善终胜其任；委任他的职位，一定要与所用之人的特长和能力相适应。

【新解】张居正的这句话告诉我们：每一个职业都有它的特定性岗位要求，做医生的需要医者仁心与精湛医术，当教师的需要把高尚的师德摆在首位。教师是人类灵魂的工程师，只有灵魂高尚、师德高尚的人，才能教育好学生，才能无愧于“心灵园丁”的称号。教师的高尚师德体现在对学生全面细致地观察，深入准确地了解学生的思想、心理、个性与能力素质，做到因材施教、因人施教。这样的教师才会被学生景仰与尊重，学生也会长久地感恩教师的教诲与帮助。对于学生来说，由于得到了教师细致入微的帮助与引导，会增强自己学习进步的自信心。所以，张居正的这句话既表明了师德的重要性，更说明了教师对学生的全面细致的了解、因人施教的重要性。

（晚清）康有为：“师道既尊学风自善。”[③]

〖译文〗只要教师遵从师道，那么学风自然就会好。

【新解】康有为的这句话指出了教师自身是否遵从师道往往影响校风学风好坏的道理。教师不仅要教好书，还要育好人，各方面都要为人师表。教师只有自己有了高尚的道德情操，才能以德治教、以德育人。康有为这一思想对于今天广大教师加强师德师风建设来说，仍然有着重要的现实指导价值。2018年教育部颁布的《新时代高校教师职业行为十项准则》第七条载明“严谨治学，力戒浮躁，潜心问道，勇于探索”，其意思与康有为的“师道既尊学风自

---

① 中华人民共和国教育部：《关于印发＜新时代高校教师职业行为十项准则＞＜新时代中小学教师职业行为十项准则＞＜新时代幼儿园教师职业行为十项准则＞的通知》（教师〔2018〕16号），2018年11月18日。http://www.moe.gov.cn/jyb_xwfb/gzdt_gzdt/s5987/201811/t20181115_35488 6.html. 后同。

② 陈六事疏［M］//张居正. 张太岳集. 上海：上海古籍出版社，1984：456.

③ 汤志钧. 康有为政论集：下册［M］. 北京：中华书局，1981：953.

善”思想异曲同工，如出一辙。自觉遵守和践行仁爱之道、师范之道、谦德之道是人民教师的角色应然。每位教师都应该要加强自身的师德锤炼，用良好的师德师风去影响学生，形成良好的校风学风。

（近代）梁启超：“学生之成就与否，全视教习。教习得人，则纲目毕举；教习不得人，则徒糜巨帑，必无成效。此举既属维新之政，实事求是，必不可如教习庶吉士、国子监祭酒等之虚应故事。”①

〖译文〗学生能不能有成就全在于教师。教师用人得当，那么就能抓住事物关键；教师用人不当，就会白白浪费大量钱财，必定没有好成效。这一行动既然是维新之政，就要实事求是，绝不可以像庶吉士、国子监祭酒等教师那样敷衍了事。

【新解】梁启超的这句话深刻地阐述了教师及其师德对学生成长成才的重要性，尤其是他的“学生之成就与否，全视教习”“教习得人，则纲目毕举；教习不得人，则徒糜巨帑，必无成效”之语，把教师视为学生有所成就的关键。优秀的教师就能培养出优秀的学生，无才的教师就是浪费财物，可以说把教师的作用提升到了无复以加的高度。梁启超对教师及其师德重要性的认识，对于今天的广大教师来说，仍然有着重要的现实借鉴与启迪意义。每位教师都需要从新时代立德树人的高度，认识自身职业的特殊性与重要性，认识到加强自身师德师风锤炼的紧迫性与职业要求。

（近代）梁启超：“宜取品学兼优通中外者，不论官阶，不论年龄，务以得人为主；或由总理衙门大臣保荐人才可任此职者，请旨擢用。”②

【新解】这句话出自梁启超1898年7月拟定的《京师大学堂章程》。他在对京师大学堂教习的选聘上，提出了“品学兼优通中外者”“以得人为主”“保荐人才可任此职者”等要求。从梁启超关于教师选聘条件标准的表述，可以看出他是十分重视教师的师德师风、道德品性方面要求的，尤其是他把品德与学识摆在教师条件的首位，不分年龄与官位，只要有良好的德行与学识，就可以当教师。他的这些思想对于今天加强教师工作来说，有着重要的参考与借鉴价值。要落实立德树人根本任务，首先要把好教师入口关，真正把品行高尚与学识优秀的人吸纳到教师队伍中来。

---

① 梁启超．饮冰室合集［M］．北京：北京大学出版社，2005：38.

② 梁启超．饮冰室合集［M］．北京：北京大学出版社，2005：38.

第二节　师范院校加强师德教育的重要性

（清）张之洞：“查各国中小学教员咸取材于师范学堂，故师范学堂为教育造端之地，关系至重。”①

【新解】张之洞的这句话对师范教育的地位进行了深刻阐释，认为师范教育居于教育的第一位置，各级各类学校的教师都来自师范学校，因此师范教育对于整个教育体系而言占据最初、第一的位置，关系十分重要。他认为，教育的质量取决于教师的质量，而教师的质量高低取决于知识水平的高低，还有道德水平的高低。在新时代，国家将师范教育和教师工作提到了前所未有的政治高度。作为高等教育体系中一种特殊的类型，师范院校为我国的教育事业及教师人才的培养做出了重要贡献，同时也在新的历史方位面临新的历史使命。因此，师范院校加强师德师风建设有着更为紧迫的现实要求。

（近代）梁启超：“师范也者，学子之根核也。师道不立，而欲求学术之能善，是犹种稂莠而求稻苗，未有能获也。”②

『译文』教师的道德规范是学生求学的根基。师道不树立起来，却想要做好学术，就像种下了杂草而想收获稻苗，这是不可能实现的。

【新解】教师的人格是教育的基石，良好的师德是教师职业的重要条件，也是中华民族的传统美德。张之洞指出了师范学校在教育体系中的基础地位，而梁启超的这句话比张之洞的表述更进了一步，指出了加强师德师风对师范教育的重要性，并将其上升到“学之根核”的高度。梁启超极为重视师德师风建设的思想，对于今天的广大人民教师来说，仍然值得认真学习借鉴与吸收采纳。长期以来，党和国家高度重视教师的师德师风建设，尤其是党的十八大召开以来，党和国家先后出台了《关于加强和改进高校青年教师思想政治工作的若干意见》《关于建立健全高校师德建设长效机制的意见》《新时代高校教师职业行为十项准则》《新时代中小学教师职业行为十项准则》《新时代幼儿园教师职业行为十项准则》等一系列政策文件，对加强师德师风建设提出了明确的要求，画出了师德师风行为红线，并建立了问责机制，其目的就是要着力建设一支“四有”好教师队伍，切实把立德树人任务落到实处。

---

① 璩鑫圭，唐良炎．中国近代教育史资料汇编·学制演变［M］．上海：上海教育出版社，2007：101-102.

② 梁启超．梁启超论教育［M］．北京：商务印书馆，2017：31.

（近现代）徐特立：“教书不仅是传授知识，更重要的是教人，教育后一代成长为具有共产主义思想品质的人。因此，学师范，做人民教师的人，他的思想品质的好坏，也就格外显得重要。”①

【新解】教书育人是指教师教育学生，在传授专业知识的同时，以自身道德行为和人格魅力，言传身教，引导学生寻找出生命的意义，实现人生应有的价值追求，塑造自身完美的人格。徐特立的这句话，不仅突出地把思想品质摆在了师德的首位，而且还把人民性作为教师政治品质的核心要求，指出了教师的师德是政治性与人民性的统一、思想教育与知识传授的统一，充分体现了徐特立作为老一辈无产阶级革命家对师德建设的高瞻远瞩。徐特立的这些思想对于今天的广大人民教师来说，有着极为重要的现实指导意义，应当自觉学习和借鉴并在教书育人工作中践行遵守，要牢记人民教师的“人民”二字，要牢记教师的“立德树人”天职，努力培养具有共产主义思想品质的合格人才，不负党和国家的嘱托，不负人民群众的期盼。

① 中央教育科学研究所. 徐特立教育文集［M］. 北京：人民教育出版社，1986：318.

第二章 理想信念

第一节 坚定政治方向

一、目的志向

（东汉）董仲舒："以德善化民，民之大化之后，天下常亡一人之狱。"①

〖译文〗用德和善来教化老百姓，老百姓受到教化后，天下常常就没有人在监狱里。

【新解】董仲舒的这句话，强调了用良好的品德与影响教化人民的重大价值，阐释了儒家思想在社会治理中的作用与功能。他的这句话对于教师教书育人而言，也有着重要的现实借鉴与参考价值。2018 年，教育部颁布的《新时代高校教师职业行为十项准则》《新时代中小学教师职业行为十项准则》《新时代幼儿园教师职业行为十项准则》的第一条都提到"坚定政治方向""拥护中国共产党的领导""贯彻党的教育方针"的教师职业行为要求。这要求广大教师要学习借鉴董仲舒"德善化民"、胸怀天下的思想，在教书育人中要用良好的道德品行去感化学生，用善良和蔼去引导学生，让学生接受教育、受到感化，努力成长为一名爱党爱国、对社会有用的人才。

（隋）王通："志以成道，言以宣志。"②

〖译文〗有志向才能成就伟大的事业，依靠语言才能宣告远大的志向。

【新解】树没树立志向，有没有理想，决定了一个人做事的态度、取得的贡献。有的人胸无志向，得过且过，做一天和尚撞一天钟；有的人顺其自然，随波逐流。相反，一个有理想的人，由于他有了明确的奋斗目标，学习上就会

---

① 班固. 汉书·卷五十六：董仲舒传［M］. 北京：中华书局，1962：2515.

② 王通. 中说［M］. 阮逸，注. 北京：中华书局，1985：16.

产生强大的动力，生活上就会感到充实。那么教师应如何培养学生志存高远呢？首先，教育学生学习先辈的优秀品德，从小立志，勇于进取。历史上许多杰出的人物都是从小立志。古有“闻鸡起舞”“投笔从戎”“精忠报国”的立志故事。近代的孙中山先生从小立志振兴中华、致力国民革命近40年，经过艰苦卓绝的奋斗，终于推翻了清政府。周恩来也是少年时代就树立了“以天下为己任”的志向。2018年，教育部颁布的《新时代高校教师职业行为十项准则》《新时代中小学教师职业行为十项准则》《新时代幼儿园教师职业行为十项准则》的第一条都提到“坚定政治方向”“拥护中国共产党的领导”“贯彻党的教育方针”的教师职业行为要求，这是对人民教师立德树人职业志向的具体要求。王通的“志以成道，言以宣志”这一思想给予我们的启发是，在新时代，人民教师要有坚定的政治方向，要坚持既教书又育人的原则，认真贯彻党的教育方针，引导学生从小立大志，勇于攀登，懂得有责任、有义务为祖国的繁荣富强，努力掌握科学文化知识，在学生幼小的心田中播下理想的种子，让他们在追求崇高理想的道路上奋力进取。其次，教育学生目标要定得高且远。最后，教师还应教育学生，理想是美好的，道路是曲折的。因为，人生的道路坎坷不平，难免会碰到困难、挫折、失败，要有正确对待困难、挫折、失败的态度。

（唐）韩愈：“愈曰：自古圣人贤士，皆非有求于闻用也。闵其时之不平，人之不义，得其道。不敢独善其身，而必以兼济天下也。孜孜矻矻，死而后已。”①

〖译文〗韩愈说：自古以来的那些圣贤人士，都不是因追求名望而被任用的。这些圣贤往往怜悯所处时代的动荡以及民生不得安定，在自己有了道德和学问后，也不敢只求自己的安稳，而是矢志不渝地把自己的道德与学识运用在社会里，让老百姓也受益。并且孜孜不倦，不死不休。

【新解】韩愈所言“不敢独善其身，而必以兼济天下”，把教师使命已经提升到了国家的层面。明朝王守仁在《传习录》中也写道：“圣贤教人知行。”圣人贤人所有的道德与学问，应该用于造福后辈、造福国家。自古圣人贤士，都追求经世致用，以天下为己任。韩愈“兼济天下，孜孜矻矻，死而后已”的师德思想，对于今天的人民教师来说，就是要“坚定政治方向，拥护中国共产党的领导，认真贯彻党的教育方针”的新时代教师职业行为要求，要志存高远，心有大我，倾其所学，为党育人、为国家育才、为社会做出贡献。

---

① 争臣论［M］//韩愈. 韩愈集. 严昌，校点. 长沙：岳麓书社，2000：186.

(明)王阳明："志不立，天下无可成之事。"①

[译文] 没有志向，天下就没有什么事情可以做好。

【新解】王阳明的这句话强调了立志的重要性。人若没有志向，就不可能做成大事。王阳明的这句话对于今天的广大人民教师而言，仍然有着重要的借鉴意义。2018 年，教育部颁布的《新时代高校教师职业行为十项准则》《新时代中小学教师职业行为十项准则》《新时代幼儿园教师职业行为十项准则》的第一条都提到"坚定政治方向""拥护中国共产党的领导""贯彻党的教育方针"的教师职业行为要求。作为培养社会主义建设者和接班人的直接主体，教师更应该"人生当立志，立志当高远"。新时代的青年教师，要深入学习领会王阳明"志不立，天下无可成之事"思想，坚定立德树人理想与信念，执着奋斗，不怕困难险阻，勇于在教育事业上开拓、前进，不辜负党和祖国、社会还有人民的期待，做新时代社会主义教育事业的建设者；要树立成为优秀专家型教师或者教授型教师的信念，力争成为专业技能卓越、学术水平高超的优秀教师；始终以此为目标，不断严格要求自己，督促自己在人民教师道路上不断前进；只有树立远大理想并不断朝着这个目标努力奋斗，才能不负韶华。

(明)王阳明："凡学之不勤，必其志未笃也。"②

[译文] 凡是求学不勤的人，定是他的志向未坚定。

【新解】勤奋努力是做成事的唯一途径，没有坚持不懈的奋斗付出，就不可能取得事业的成功。王阳明的这句话指出了立志与勤奋的关系，阐明了两者统一的道理。古往今来，成功的人没有靠碌碌无为、凭空想象得来的。功成在勤，教师应树立终身学习的信念，当学生的教师、做时代的学生，在专业领域不断精进，突破自我，而不是随波逐流、得过且过、敷衍了事。功成更在于志向坚定，没有坚定的理想信念，是做不成事的。2018 年，教育部颁布的《新时代高校教师职业行为十项准则》《新时代中小学教师职业行为十项准则》《新时代幼儿园教师职业行为十项准则》的第一条都提到"坚定政治方向"的教师职业行为要求。新时代的人民教师，要把王阳明的"凡学之不勤，必其志未笃也"作为警醒格言；要树立远大的志向，坚定为党育人、为国育才的政治抱负，更要用勤奋挑起祖国教育的重任。

---

① 教条示龙场诸生［M］//王守仁．王阳明全集：下册．吴光，钱明，董平，姚延福，编校．上海：上海古籍出版社，2011：974.

② 教条示龙场诸生［M］//王守仁．王阳明全集：下册．吴光，钱明，董平，姚延福，编校．上海：上海古籍出版社，2011：974.

（明）王阳明："登第恐未为第一等事，或读书学圣贤耳！"①

［译文］当官恐怕未必是读书的第一目标，读书是向圣贤人学习，做有道德有知识的圣贤。

【新解】王阳明的这句话阐释了读书的目标，并纠正了"读书就为当官"的庸俗价值观。不可否认，对于读书的目标与价值，不同的人有着不同的理解，比如"读书当官论""读书致富论""读书享乐论""读书无用论"等。王阳明的这句话告诉我们，读书要有远大的理想。同样的道理，教书育人当然也要有远大的抱负。2018 年，教育部颁布的《新时代高校教师职作业行为十项准则》《新时代中小学教师职业行为十项准则》《新时代幼儿园教师职业行为十项准则》的第一条都提到"坚定政治方向""贯彻党的教育方针"的教师职业行为要求。为党和国家培养合格的人才，这就是新时代人民教师的志向与使命。广大人民教师应当谨记王阳明的劝告，树立"为党育人、为国育才"的理想志向，用千百倍的努力去践行这一光荣的使命，去实现这一伟大的志向。

（明）王阳明："千圣皆过影，良知乃吾师。"②

［译文］一千个圣人也只是过眼云烟，真正的人生导师是每人心中与生俱来的良知。

【新解】良知是什么？良知是甘露，在精神荒芜的沙漠里带给人心灵上的滋润；良知是钥匙，在矛盾挣扎的心灵中解开禁锢善良的枷锁；良知是灯塔，在物欲横流的生活中为迷茫的人们指引方向。良知，对我们而言实在是太重要了。而良知的归属是奉献。没有奉献，就没有我们今天美好的生活。看一个人有没有良知，只要看他有没有奉献即可。懂得回报、甘于奉献的人，一定是个品德高尚、拥有良知的人。教师被人们称为"人类灵魂工程师"，是人类社会中最伟大的职业。既然是"最伟大"的职业，那也就意味着担负着最伟大的责任、最艰巨的使命。2018 年，教育部颁布的《新时代高校教师职业行为十项准则》《新时代中小学教师职业行为十项准则》《新时代幼儿园教师职业行为十项准则》的第一条都提到"坚定政治方向""贯彻党的教育方针"的教师职业行为要求。要落实好立德树人根本任务，需要广大人民教师要有高尚的品德和良知，并始终以"德"为指引方向，不断严格地要求自己，坚守好内心

---

① 年谱一［M］//王守仁. 王阳明全集：下册. 吴光，钱明，董平，姚延福，编校. 上海：上海古籍出版社，2011：1346-1347.

② 长生［M］//王阳明. 王阳明全集：上册. 吴光，钱明，董平，等编校. 上海：上海古籍出版社，1992：796.

最本真的那份良知与道德，才能够真正做到以德育人、以理服人；才能够做好示范作用，教出一批又一批有良知、有良好品德的学生。作为教师，我们必须忠于祖国的教育事业、忠于教师职业道德、忠于内心的良知，坚持言传身教，做好学生学习的榜样，竭尽所能培养学生。

（明末清初）黄宗羲："学校，所以养士也。然后之圣王，其意不仅此也，必使治天下之具皆出于学校，而后设学校之意始备。"①

［译文］古代圣贤君王开设学校的意图，并不单单是培养儒生、读书人，根本意图还在于为朝廷提供辅政议政、治理天下的举措。

【新解】黄宗羲的这句话指出了学校的基本职能，在他看来，学校除了本身的教育功能以外，还有议政辅政的作用。很显然，学校的议政辅政职能，就是学校政治功能的体现。所以黄宗羲的这句话对于学校的政治教化功能表述，对于今天广大人民教师加强师德师风建设来说，有着重要的借鉴参考与现实启迪。2018 年，教育部颁布的《新时代高校教师职业行为十项准则》《新时代中小学教师职业行为十项准则》《新时代幼儿园教师职业行为十项准则》的第一条都提到"坚定政治方向""贯彻党的教育方针"的教师职业行为要求，强调了坚持正确的办学治校与教书育人方向的重要性，并以其作为教师职业道德的首要要求。这句话可以说与黄宗羲强调学校的政治功能与教化作用思想是相通的、一致的。新时代的人民教师，应当充分认识到学校所承载的政治功能，要自觉坚定社会主义办学方向的政治立场，自觉树立"为党育人、为国育才"的志向使命，自觉贯彻落实党的教育方针政策。

（近代）严复："盖教育者，将教之育之使成人，不但使成器也；将教之育之使为国民，不但使邀科第、得美官而已，亦不但仅了衣食之谋而已。"②

［译文］教育者，将教育学生让其成为（真正的）人，不仅仅让他成器；将教育学生让他成为（合格的）国民，不仅仅让他追求科第、官位，也不仅仅是为了谋取有衣穿、有饭吃的生活。

【新解】严复的这句话指出了教育的目标观与价值观，认为成人是比成器更为重要的教育目标，认为教育学生不是追求官位、谋求衣食，而是帮助学生成为合格的国民。严复的这些思想对于今天广大人民教师提高职业认识、加强师德师风建设来说，仍然具有重要的启迪价值。必须看到，学生的身心处于发展之中，其世界观、人生观、价值观处于形成之中，教师有责任也有义务帮助

① 黄宗羲. 黄宗羲全集：第 1 册［M］. 杭州：浙江古籍出版社，1985：10.

② 孙应祥，皮后锋.《严复集》补编［M］. 福州：福建人民出版社，2004：65.

学生树立正确的世界观、人生观、价值观，树立为中国人民谋幸福、为中华民族谋复兴的远大理想。2018 年，教育部颁布的《新时代高校教师职业行为十项准则》《新时代中小学教师职业行为十项准则》《新时代幼儿园教师职业行为十项准则》都把“坚定政治方向”“贯彻党的教育方针”作为教师职业行为的首要要求，就是强调了教师对学生的价值观、人生观、世界观形成有着十分重要的影响。新时代的人民教师，应当自觉学习和领会严复关于教育“成人成器为国民”的思想，要谨记人民教师为人民的使命，增强立德树人的使命感和责任意识，在教书育人的过程中，时常教育学生不能只为了当官而学习，也不能只为了追求财富而学习，还要抱有远大的理想信念、人生抱负，做一个真正的人。

（近代）严复：“故教育之要，必使学子精神筋力常存朝气，以为他日服劳干事之资。一言蔽之，不欲其仅成读书人而已。”①

［译文］让学生精神饱满、充满朝气是教书育人的关键，把这作为他以后为国做事的资本。总而言之，不让他仅仅成为读书人。

【新解】严复的这句话指出了教育的方法。他认为教书育人的关键在于要让学生充满蓬勃向上的精神与朝气，而不是成为一个只知道死读书的读书人。他的这一思想对我们今天的广大人民教师而言，仍然有重要的启迪意义。“着力培养德、智、体、美、劳全面发展的社会主义建设者和接班人”，这是 2018 年教育部颁布的《新时代高校教师职业行为十项准则》《新时代中小学教师职业行为十项准则》《新时代幼儿园教师职业行为十项准则》提出的新时代人才培养的共同要求。人民教师要谨记严复“不欲其仅成读书人”的思想，要以高度的政治觉悟牢记使命、不忘初心，着力培养勇担民族复兴重任的时代新人，不能单是以学习为主要，而要关注学生其他方面成长，关心学生的爱好，让他们的爱好变成学习的动力。最重要的是教师要注重学生的德育，培养学生健全的人格。

（近代）梁启超：“一曰立志，中心要求学生要以天下为己任，为救亡而献身；二曰养心，要破苦乐，破生死，破毁誉，威武不屈，富贵不淫，贫贱不移；三曰治身，忠信笃敬；四曰读书，要‘上下千古，纵横中外之学’；五曰穷理，注意思考和观察；六曰学文；七曰乐群；八曰摄生，锻炼身体；九曰经世，寻找图强之道；十曰传教，宣传孔子精神。”②

① 孙应祥，皮后锋.《严复集》补编［M］. 福州：福建人民出版社，2004：77.

② 梁启超. 梁启超谈修身［M］. 南昌：百花洲文艺出版社，2019：3-9.

【新解】这段话出自梁启超1897年起草的《湖南时务学堂学约十章》，这十条学则涵盖了立志、养心、治身、读书、穷理、学文、乐群、摄生、经世、传教等诸多方面，涉及德、智、体以及精神品格、立身修身、处世经世等多个领域，体现了全面发展的教育目标观。这十条学则，既是对学生的要求，也是对教师的要求，具备了鲜明的时代特征。教师职业道德是教育工作者在教育实践中所应遵循的道德规范，它是教师养成的一个至关重要的组成部分，在很大程度上影响着教师的工作态度和教学行为，影响着教育的质量、学生的发展，更影响着国家的命运和前途。梁启超提出要"以天下为己任，为救亡而献身"的思想，这对于新时代加强教师职业道德建设无疑具有重要的启迪意义。2018年，教育部颁布的《新时代高校教师职业行为十项准则》《新时代中小学教师职业行为十项准则》《新时代幼儿园教师职业行为十项准则》都把"坚定政治方向""贯彻党的教育方针"作为教师职业行为的首要要求。当前，中国特色社会主义已进入新时代，党中央提出了实现百年奋斗目标的战略部署。这对于广大人民教师来说，就是要有高度的政治自觉与远大的理想抱负，要把坚持正确的育人方向、潜心立德树人作为自己立身立命之本，要坚持以马克思主义为指导，全面贯彻党的教育方针，为学生一生成长奠定科学的思想基础。要坚持不懈培育和弘扬社会主义核心价值观，引导学生做社会主义核心价值观的坚定信仰者、积极传播者、模范践行者。

（近代）梁启超："查我国创办教育，在前清光、宣时代；当时无论新旧中人，莫不以教育为救国之要图。其规模制度虽不完备，然办理教育之人，抱有一种热诚，皆视教育为应尽之义务。此种精神实为后来所不及。"①

【新解】在这句话里，梁启超表达了对教育救国的认同、对献身教育的推崇。梁启超的这句话告诉我们，教育要为国家和民族的发展服务，每一位教师都应当有热诚的献身教育事业的精神。他的这一思想对于今天的广大人民教师仍有着重要的现实借鉴与启迪意义。2018年，教育部颁布的《新时代高校教师职业行为十项准则》《新时代中小学教师职业行为十项准则》《新时代幼儿园教师职业行为十项准则》都把"坚定政治方向""贯彻党的教育方针"作为教师职业行为的首要要求。这与梁启超先生的教育救国、献身教育的观点是相通的、一致的。教育的政治功能决定了教育的目标和方向。作为社会主义国家，我们的教育目标就应当为人民服务、为中国特色社会主义服务、为改革开放和社会主义现代化建设服务，这既是我们的政治制度所决定的，也是教育的

① 舒新城. 中国近代教育史资料（下）[M]. 北京：人民教育出版社，1981：945.

功能所决定的。因此，每位教师都应当坚定“为党育人、为国育才”的正确政治方向，献身伟大的人民教育事业。

（近代）蔡元培：“教育者，养成人格之事业也。使仅仅灌注知识、练习技能之作用，而不贯之以理想，则是机械之教育，非所以施于人类也。”①

【新解】蔡元培主张“教育是养成人格的事业”的理念，强调理想的重要性。2018 年，教育部颁布的《新时代高校教师职业行为十项准则》《新时代中小学教师职业行为十项准则》《新时代幼儿园教师职业行为十项准则》都把“培养德、智、体、美、劳全面发展的社会主义建设者和接班人”“贯彻党的教育方针”作为教师职业行为的首要要求。新时代的人民教师应当从蔡元培“养成人格之事业”的思想中受到启发，增强立德树人的理想信念，帮助学生形成正常的、健康的人格，要用正确的方法帮助学生培养和建立独立、自信、勇敢、不惧困难的品质和积极与他人、集体合作的能力。

（近代）蔡元培：“教育者，非为已往，非为现在，而专为将来。”②

【新解】斯宾塞认为教育的目的就是“为未来完满的生活做准备”。教育的主要任务是教会人们怎样生活。常言道“十年树木，百年树人”，教育是面向未来的事业，是为未来打基础、做准备的。因此，把握好人才培养的方向就显得特别重要而关键。2018 年，教育部颁布的《新时代高校教师职业行为十项准则》《新时代中小学教师职业行为十项准则》《新时代幼儿园教师职业行为十项准则》都把“培养德智体美劳全面发展的社会主义建设者和接班人”“贯彻党的教育方针”作为教师职业行为的首要要求。新时代的人民教师，要深刻领会蔡元培“教育专为将来”的思想，应该着眼于学生的未来，而不只是眼前。我们所教之事是为未来，所教之人是为未来，所教目的亦是为了未来。现在的一个普遍现象是，我们所有人包括教师、学生都习惯于把读书和找工作紧密联系起来，似乎读书就是为了找工作。其实这太狭隘了。读书学的这点儿技能，在人的一生中用处真的没有那么大，倒是读书时培养的学习力、思考力、幸福感知力等决定了一个人未来的生活状态。年轻人拼尽全力接受教育，其终极目的就是为了让自己的未来过得更幸福。因此，教育的参与者，无论是管理者、教师，还是学生，都应该对这个方面有足够的重视，学生不能“两耳不闻窗外事，一心只读专业书”；教师不能言必说专业，而没有任何的人文关怀和人生指导。总而言之，教师和学生都应当聚焦学生将来的发展而努力。

---

① 高平叔．蔡元培教育论著选［M］．北京：人民教育出版社，1991：44.

② 高平叔．蔡元培教育文选［M］．北京：人民教育出版社，1980：11.

（近代）蔡元培："读书从浅近方面说，是要增加个人的知识和能力，预备在社会上做一个有用的人；从远大的方面说，是要精研学理，对于社会、国家和人类做最有价值的贡献。"①

【新解】在这段话里，蔡元培从浅近与长远两个方面阐述了教育在人才培养上的功能与作用，强调了教育在促进学生个体发展的价值，在服务社会、国家和人类上的意义。他的这些思想对于今天的广大教师来说，有着重要的借鉴启迪意义。2018 年，教育部颁布的《新时代高校教师职业行为十项准则》《新时代中小学教师职业行为十项准则》《新时代幼儿园教师职业行为十项准则》中，都提出了"贯彻党的教育方针""培养德、智、体、美、劳全面发展的社会主义建设者和接班人"的教师职业行为要求。这与蔡元培关于教育既促进个体发展又服务国家与人类社会发展的思想是一致的。广大人民教师应当从蔡元培"预备在社会上做一个有用的人""对于社会、国家和人类做最有价值的贡献"的思想中汲取营养，充分认识到自己所肩负的立德树人使命任务，进一步增强责任感、使命感、荣誉感，努力培养对党和国家、社会有用的人才。

（近代）俞庆棠："教育不能离开民族而存在，教育是要以民族的生命为生命的。所以现阶段的整个教育，应该负起历史所赋予的伟大使命，努力国难教育的实施"。②

【新解】这句话出自 1936 年俞庆棠发表在《申报周刊》上的《现阶段中国所需的教育》文章。俞庆棠的这句话强调了教育的历史使命与民族责任，体现了鲜明的爱国主义思想。俞庆棠的这句话值得当下每位教师认识学习领会与深入思考。2018 年，教育部颁布的《新时代高校教师职业行为十项准则》《新时代中小学教师职业行为十项准则》《新时代幼儿园教师职业行为十项准则》明确要求要"贯彻党的教育方针""培养德、智、体、美、劳全面发展的社会主义建设者和接班人"。这些要求与俞庆棠的"以民族的生命为生命"的思想是一致的。作为实施教育的主体，每位教师都应当肩负起教育"以民族的生命为生命"的历史使命与民族责任，都应当认真贯彻落实党的教育方针政策，努力为实现百年奋斗目标培养合格的时代新人。

（近代）俞庆棠："成人生活就是现实的社会生活，他们急需适应的就是现实的社会需要，教育目标既以社会需要为依归，则课程自然应该社会化了。人生的需要有变迁，社会及教育制度亦应有改革，使学校能适应社会的需要和

---

① 蔡元培. 中国人的修养［M］. 北京：民主与建设出版社，2015：230.

② 茅仲英. 俞庆棠教育论著选［M］. 北京：人民教育出版社，1992：4.

理想”“教育是和社会经济息息相关的，要使教育成为促进社会生产的工具，教育更应培养健全公民，以负起历史的责任。”①

【新解】俞庆棠的这段话深刻地阐述了教育与社会的关系，旗帜鲜明地指出了教育要担负起培养健全公民的历史责任。他的这一思想对于今天的广大教师而言有着重要的学习借鉴价值。2018 年，教育部颁布的《新时代高校教师职业行为十项准则》《新时代中小学教师职业行为十项准则》《新时代幼儿园教师职业行为十项准则》明确要求要“贯彻党的教育方针”“培养德、智、体、美、劳全面发展的社会主义建设者和接班人”。这些要求与俞庆棠关于培养健全公民的思想是相契合的。作为教育工作者，我们要汲取俞庆棠“教育更应培养健全公民，以负起历史的责任”的思想营养，从国家发展的这个战略定位出发来思考人才培养问题，在实现中华民族伟大复兴的“中国梦”历史进程中，思考教师自己应该扮演什么样的角色，切实担负起教书育人的责任。

（近代）杨贤江：“向来以清高自鸣的中国教育者，往往抱有不问政治的见解，其实这是大错特错的”“不管教育最后的目的怎样，但就目前而言，只有革命的教育，才是中国需要的教育；只有革命的教育者，才是中国需要的教育者。”②

【新解】教师的首要任务在于教书育人，但其潜藏的职能却是没有边界的。教师在自己的工作岗位上，尽忠尽职，无私奉献，就已经扛起了为国为民的职责。“作为一个热爱国家的人，在国家需要我们做出贡献的时候，就应该毫不犹豫地去做！”这就是教师应该有的政治情怀和政治担当。2018 年教育部颁布的《新时代高校教师职业行为十项准则》《新时代中小学教师职业行为十项准则》《新时代幼儿园教师职业行为十项准则》要求，着力培养“德智体美劳全面发展的社会主义建设者和接班人”，这些要求与杨贤江的“中国需要的教育”是相通的。在中国特色社会主义步入新时代的当下，广大人民教师都应当从杨贤江“中国需要的教育”“中国需要的教育者”思想中学思践悟，要有坚定的政治方向，要有博大的胸襟、宽容的精神、乐观向上的情操，努力把学生培养成为适应经济社会发展所需要的人才，更应该将下一代教育成为接续中国特色社会主义事业的可靠的、忠实的接班人。

（近代）赵俊爱：“要有健康的身体，要能终身服务教育，对教育抱有莫

---

① 茅仲英. 俞庆棠教育论著选［M］. 北京：人民教育出版社，1992：30.

② 杨贤江. 教育与政治［M］//任钟印. 杨贤江全集：第 1 卷. 郑州：河南教育出版社，1995：822-823.

大之兴趣。”①

【新解】赵俊爱的这句话强调了终身从教、矢志从教的职业品质。2018年，教育部颁布的《新时代高校教师职业行为十项准则》《新时代中小学教师职业行为十项准则》《新时代幼儿园教师职业行为十项准则》中，都强调了教师要努力成为有理想信念、有道德情操、有扎实学识、有仁爱之心的好教师。这与赵俊爱的“终身服务教育”思想是一致的。广大人民教师应当站在人类灵魂工程师、人类文明传承者的高度，把立德树人作为职业志向与终身事业，把潜心育人作为人生的奋斗方向。

（近代）干藻：“要有和尚般的信仰。所谓信仰，是说信仰乡村教育能够复兴民族，信仰乡村教育是个人和社会的唯一出路。乡教服务人员能认清目标并且确定了人生观，则乡村生活虽清苦，也不觉其清苦，而反认为实践时必经之途径。好似和尚一样，生活虽清苦，然反因此而得到内心的安慰。不过要造成如此坚定的信仰，必须继续不断地进修，因为丰富的学问和思想，才能产生信仰。如和尚之继续不断地念诵经典，以固其操守。”②

【新解】干藻的这句话指出了教育信仰对于教师的重要性。2018年，教育部颁布的《新时代高校教师职业行为十项准则》《新时代中小学教师职业行为十项准则》《新时代幼儿园教师职业行为十项准则》中，都强调了教师要努力成为有理想信念、有道德情操、有扎实学识、有仁爱之心的好教师，把“坚定政治方向”教师职业行为首要准则。新时代的人民教师，应当从干藻的“信仰乡村教育能够复兴民族”中汲取思想营养，要爱岗敬业、以身立教。

（近代）花富金：“要有理想，要有计划。要以教育为终身事业，从本位向上，时时努力求改进。”③

【新解】花富金的这句话指出了坚定教育理想信念的重要性，提出了教师要“有理想有计划，终身本位向上”的进取要求。2018年，教育部颁布的《新时代高校教师职业行为十项准则》《新时代中小学教师职业行为十项准则》《新时代幼儿园教师职业行为十项准则》中，都强调了教师要努力成为有理想信念、有道德情操、有扎实学识、有仁爱之心的好教师，把“坚定政治方向”

---

① 赵俊爱. 教师的修养［J］//乡村教育，1937，4（1）：21. 又见：杜成宪. 民国乡村教育文献丛刊：第28卷［M］. 北京：国家图书馆出版社，2014：63.

② 干藻. 乡村教育［M］. 上海：商务印书馆，1938：180. 又见：杜成宪. 民国乡村教育文献丛刊：第9卷［M］. 北京：国家图书馆出版社，2014：708.

③ 花富金. 好教师的八要［J］. 乡村教育，1937，4（1）：22. 又见：杜成宪. 民国乡村教育文献丛刊：第28卷［M］. 北京：国家图书馆出版社，2014：64.

作为教师职业行为首要准则。新时代的人民教师，应当从花富金的“以教育为终身事业”“时时努力求改进”中汲取思想营养，要志向远大、努力向上、身体力行、以身作则。

（近代）刘学志：“要有远大的眼光，明白了自己责任的深长，而愿以服务教育，为其终身的下场。所以他对于现在的职务，时时都存着理想，抱着希望，更是虚心若谷，不耻下问，以讲求事业的开展，本位向上。”①

【新解】刘学志的这句话指出了教师要树立远大理想，要有终身从教的志向，要有努力向上的态度。这些思想闪耀着积极进取的思想光芒，值得我们从中细细揣摩、认真学习。2018 年，教育部颁布的《新时代高校教师职业行为十项准则》《新时代中小学教师职业行为十项准则》《新时代幼儿园教师职业行为十项准则》中，都强调了教师要努力成为有理想信念、有道德情操、有扎实学识、有仁爱之心的好教师，把“坚定政治方向”作为教师职业行为首要准则。新时代的人民教师，应当从刘学志“远大眼光”“责任深长”“终身从教”“本位向上”中汲取思想营养，坚守教育初心，牢记育人使命，关心每一个学生的健康成长。

（近现代）黄炎培：“各级教育，应于训练上一律厉行劳动化，使青年心理上确立尊重职业之基础，且使获得较正确之人生观。”②

【新解】现在一些学校里，“劳动课”这门课有一些“失传”，或者说正在逐渐消失。一些大学生在毕业后，成为“啃老族”“月光族”。造成如此状况的原因，就与劳动育人的缺失有所关联。黄炎培“厉行劳动化”的思想，可以说是较早地认识到劳动教育在人才培养上的价值作用。劳动教育有其自身的育人功能，不应被社会忽视。着力培养德、智、体、美、劳全面发展的社会主义建设者和接班人，这是 2018 年教育部颁布的《新时代高校教师职业行为十项准则》《新时代中小学教师职业行为十项准则》《新时代幼儿园教师职业行为十项准则》提出的新时代人才培养的共同要求。新时代劳动教育是人才培养的重要组成部分，广大教师要从黄炎培“一律厉行劳动化”“尊重职业”“正确人生观”的思想受到启发，应充分认识到当人们通过劳动改变世界时，劳动就会让一个人走上成功、幸福之路。劳动将对一个人塑造自身产生潜移默化的影响，而这也是个人价值与社会价值的最好融合。劳动教育应当传承各类劳动技能，如在农场里进行农耕活动，甚至是在工厂、车间里的各类型的实

---

① 刘学志. 我是好教师吗？［J］. 乡村教育，1937，4（1）：23. 又见：杜成宪. 民国乡村教育文献丛刊：第 28 卷［M］. 北京：国家图书馆出版社，2014：65.

② 中华职业教育社. 黄炎培教育文集：第 3 卷［M］. 北京：中国文史出版社，1994：124.

践。此外，劳动教育还应当重视劳动观念、劳动意识的培养，在人文素养的提升上，完善劳动育人模式，在校生才不会在初入社会时迷失自我。

（近现代）陈鹤琴：“对于儿童，做父母、做教师的责任，便是如何教导他们，使之成为健康活泼、有丰富知识、有政治觉悟和良好体魄的现代中国儿童，现代中国人。”①

【新解】陈鹤琴的这句话有着很高的政治站位与战略眼光，指出了家庭、学校以及父母、教师对学生成长成才的重要性，尤其是指出要培养现代中国人的教育目标。对于今天的广大人民教师来说，陈鹤琴的这句话仍然有着十分重要的现实借鉴与参考价值。2018 年，教育部颁布的《新时代高校教师职业行为十项准则》《新时代中小学教师职业行为十项准则》《新时代幼儿园教师职业行为十项准则》都明确要求要“贯彻党的教育方针”“培养德、智、体、美、劳全面发展的社会主义建设者和接班人”。这些要求与陈鹤琴的“培养现代中国人”的思想是相通的、一致的。广大人民教师应当从陈鹤琴“健康活泼、有丰富知识、有政治觉悟和良好体魄的现代中国儿童，现代中国人”思想中获得见识与启迪，切实提高对教书育人工作的使命感与责任感，努力为党和国家培养合格建设者与可靠接班人。

（近现代）竺可桢：“大学教育之目的，在于养成一国之领导人才，一方提倡人格教育，一方研讨专门智识，而尤重于锻炼人之思想，使之正大精确，独立不阿，遇事不为习俗所囿，不崇拜偶像，不盲从潮流，唯其能运用一己之思想。此所以曾受真正大学教育者之富于常识也。”②

【新解】竺可桢的这段话深刻地阐述了教育在“锻炼人之思想，使之正大精确”上的功能与作用。他的这段话与一代国学大师陈寅恪的“独立之精神，自由之思想”观点有着异曲同工之处。2018 年，教育部颁布的《新时代高校教师职业行为十项准则》《新时代中小学教师职业行为十项准则》《新时代幼儿园教师职业行为十项准则》都明确要求要“贯彻党的教育方针”“培养德、智、体、美、劳全面发展的社会主义建设者和接班人”。这既是新时代人民教师的职业行为准则，也是教书育人者的理想信念。广大人民教师要学习借鉴竺可桢“锻炼人之思想，使之正大精确”的思想，做一名追求真理、追求人格独立、灵魂充盈的人民教师。没有正大精确的思想，没有独立不阿的精神，就不能发现真理，不能研究学术。如此风骨，应当是每一个教师所追求的。

---

① 北京市教育科学研究所．陈鹤琴教育文集：上卷［M］．北京：北京出版社，1983：423.

② 竺可桢．竺可桢全集：第 2 卷［M］．樊洪业，主编．丁辽生，等编纂．上海：上海科技教育出版社，2004：366.

（近现代）张伯苓：“（我）既无天才，又无特长。我终身努力，小小成就，无非因为我对教育有信仰有兴趣而已。”①

【新解】张伯苓的这句话强调了对教师职业的正常认知，指出对教育抱有兴趣信仰、终身努力于教育，是取得教育成就的关键。张伯苓的这一思想对于今天的广大人民教师而言，仍然有着重要的启迪意义与现实价值。2018 年，教育部颁布的《新时代高校教师职业行为十项准则》《新时代中小学教师职业行为十项准则》《新时代幼儿园教师职业行为十项准则》都要求，着力培养“德、智、体、美、劳全面发展的社会主义建设者和接班人”，这些要求就是张伯苓所说的教育信仰，也应该成为新时代人民教师的教育信仰。广大人民教师应当学习张伯苓“终身努力”“对教育有信仰有兴趣”的思想，潜心于教书育人工作，争做“四有”好教师。

（近现代）金嵘轩：“要有求通达本国历史，能从历史上阐发民族精神的意向。要有领悟教育宗旨，实现本国教育方针的信念。要有自明为教师的责任所在，而能时常加以反省。要有通达人情，明白事理，兼能体察国势，理解世界潮流的识见。”②

【新解】金嵘轩的这句话强调了教育宗旨、教育方针、教师责任的要求。2018 年教育部颁布的《新时代高校教师职业行为十项准则》《新时代中小学教师职业行为十项准则》《新时代幼儿园教师职业行为十项准则》中，都强调了教师要努力成为“有理想信念、有道德情操、有扎实学识、有仁爱之心”的“四有”好教师，把“贯彻党的教育方针”作为教师职业行为首要准则。这些要求与金嵘轩的“领悟教育宗旨，实现本国教育方针”思想是一致的。广大人民教师应当不忘立德树人初心、牢记教书育人使命，在人才培养的全过程全环节全领域中认真贯彻党的教育方针，努力培养实现中华民族伟大复兴的时代新人。

（当代）顾明远：“教师首先要有理想信念，忠诚于党的教育事业，也把立德树人作为教育的根本任务。在教育教学中切实贯彻党的教育方针，把社会主义核心价值观贯穿到教育的全过程。教师要做学生学习知识的引路人。”③

【新解】顾明远在这段话中指出了理想信念对于教师的重要性、忠诚于党的教育事业对教师的重要性，强调了广大人民教师要贯彻党的教育方针，做学

---

① 沈卫星. 重读张伯苓［M］. 北京：光明日报出版社，2006：415.

② 金嵘轩. 乡村教育［M］. 上海：正中书局，1936：112-113. 又见：杜成宪. 民国乡村教育文献丛刊：第 9 卷［M］. 北京：国家图书馆出版社，2014：284-285.

③ 顾明远. 教育该如何立德树人［N］. 人民日报，2014-05-22（12）.

生的引路人。他的这些思想值得每位教师深入领会、学习借鉴。2018 年，教育部颁布的《新时代高校教师职业行为十项准则》《新时代中小学教师职业行为十项准则》《新时代幼儿园教师职业行为十项准则》都明确要求要“贯彻党的教育方针”“培养德、智、体、美、劳全面发展的社会主义建设者和接班人”。这些要求就是新时代人民教师的职业理想信念。广大教师要学习顾明远“要有理想信念，忠诚于党的教育事业，也把立德树人作为教育的根本任务”的思想，增强教书育人的历史使命与职责意识，把立德树人要求贯穿每一堂课里、每一个学生身上。

二、政治行为

（近代）经亨颐：“反对那些‘因循敷衍，全无理想，以教育为生计之方便，以学校为栖身之传舍’的庸碌之辈。”①

【新解】经亨颐的这句话表达了他极其反感教师队伍中那些没有教育理想的庸碌之辈，体现了他对教师的高要求，主张教师要有高尚的品德、丰富的学识，而不能图混口饭吃。经亨颐这些思想对于今天的广大人民教师而言，有着重要的现实指导意义。2018 年，教育部颁布的《新时代高校教师职业行为十项准则》《新时代中小学教师职业行为十项准则》《新时代幼儿园教师职业行为十项准则》中，明确地把“坚持以习近平新时代中国特色社会主义思想为指导，拥护中国共产党的领导，贯彻党的教育方针”作为各级各类教师职业行为首要准则。这与经亨颐反对庸碌之辈的思想是相通的、一致的。作为人民教师，我们应当牢记经亨颐的“反对因循敷衍，全无理想的庸碌之辈”的警告，摒弃谋生安身的庸俗思想，树立崇高的理想信念，担负起人类灵魂工程师、人类文明传承者的光荣使命，呕心沥血、潜心育人。

（近代）杨贤江：“教育是要适应时代、环境和需要的，要与实际上发生关系；换句话说，就是要使得人生的意义更完满，更幸福。”②

【新解】在这句话里，杨贤江表达了教育要与时代、环境和需要相适应的观点，提出了教育促使人生更完满、更幸福的价值意义。他的这些思想，对于今天的广大人民教师来说，仍然具有重要的借鉴与启迪意义。2018 年，教育部颁布的《新时代高校教师职业行为十项准则》《新时代中小学教师职业行为十项准则》《新时代幼儿园教师职业行为十项准则》中，明确地把“着力培养

---

① 经亨颐. 动学观与时代之理解 [J]. 教育潮，1919 (1)：1.

② 杨贤江. 教育问题（1924 年）[M] //中央教育科学研究所，厦门大学. 杨贤江教育文集. 北京：教育科学出版社，1982：184.

德、智、体、美、劳全面发展的社会主义建设者和接班人”作为各级各类教师职业行为首要准则。杨贤江上述思想与新时代教师职业行为准则要求是不谋而合的，是高度一致的。作为人民教师，我们应当深刻认识到教育不仅仅事关个人未来发展，而且还是党之大计、国之大计，切实履行好教书育人的职责。

（近代）孙葆棣：“乡村民众学校的事业，至繁且巨。乡村民众学校的教师，无论做一件大事小事，事前一定要有精密的计划。计划订好了，然后再按着计划去努力达到理想的目的。一个有理想的民众学校教师，他应该时时刻刻希望着将来，在实践中去努力。将来的民众学校应该怎样？将来的民众应该怎样？将来的学生应该怎样？将来的乡村以及将来的工作应该怎样？都应该有一个理想，并且计划将这些理想见诸事实。”①

【新解】教育是神圣的事业，教师是伟大的职业。具体到每天的教书育人工作中，教育又是琐碎的、繁杂的。孙葆棣的这段话指出教师要有远大的理想，教书育人工作要做好周密的计划安排，循序渐进实现教育理想。他的这一思想对广大人民教师有着重要的启迪意义。2018 年，教育部颁布的《新时代高校教师职业行为十项准则》《新时代中小学教师职业行为十项准则》《新时代幼儿园教师职业行为十项准则》中，都强调要“着力培养德、智、体、美、劳全面发展的社会主义建设者和接班人”，这与孙葆棣“要有精密的计划”“按着计划去努力达到理想的目的”“在实践中去努力”的思想是一致的。新时代的人民教师仅仅有立德树人的远大理想是不行的，还一定要脚踏实地培养学生、教育学生，通过教育实践才能培养出社会主义建设者和接班人。

（近现代）陈鹤琴：“新的时代对教师提出了新的要求。要把旧教育转变为新教育，教师首先要更新观念，从思想意识、教学态度、教学方法和技术上来一个转变，加紧学习，建立正确的观点，站在人民的立场上，改造旧的教学态度和教学方法。它要求教师不仅要有过硬的业务修养，更重要的是要学会马列主义的立场、观点和方法。”②

【新解】陈鹤琴关于“建立正确的观点，站在人民的立场上”“学会马列主义的立场、观点和方法”这些思想认识，体现了鲜明而坚定的政治立场，无疑对于广大人民教师履行好立德树人根本任务具有重要的启迪意义。2018 年，教育部颁布的《新时代高校教师职业行为十项准则》《新时代中小学教师职业行为十项准则》《新时代幼儿园教师职业行为十项准则》中，都明确地把

① 孙葆棣. 怎样做乡村民众学校的教师［J］. 乡村教育，1936，3（3）：13. 又见：杜成宪. 民国乡村教育文献丛刊：第 27 卷［M］. 北京：国家图书馆出版社，2014：445.

② 陈鹤琴. 陈鹤琴全集：第 2 卷［M］. 南京：江苏教育出版社，2008：435.

“坚持以习近平新时代中国特色社会主义思想为指导，拥护中国共产党的领导，贯彻党的教育方针”作为各级各类教师职业行为首要准则。广大人民教师要从陈鹤琴的“更新观念”“人民的立场”“马列主义的立场、观点和方法”等思想观点中汲取思想营养，要谨记为党育人、为国育才的初心和使命，引导、帮助学生健康成长。

（近现代）叶圣陶：“在当今时代，教师要经常就当前国家的形势，就受教育者的前途，考虑该怎样‘自处’，要主动适应新形势，做到‘德才兼备，智能日新，一心为公，实事求是’，要为学生的将来着想，树立好学上进、探索创新的榜样。”①

【新解】叶圣陶的这段话指出了教师要有对形势的把握能力，要正确认识国内外形势，要考虑长远，为学生将来着想。他的这些思想对当代广大人民教师有着积极的启迪。2018 年，教育部颁布的《新时代高校教师职业行为十项准则》《新时代中小学教师职业行为十项准则》《新时代幼儿园教师职业行为十项准则》中，都明确地把“坚持以习近平新时代中国特色社会主义思想为指导，拥护中国共产党的领导，贯彻党的教育方针”各级各类教师职业行为首要准则。新时代的人民教师，要关心国家大事、国际形势，不能只埋头教学，要立足中国、放眼世界，提高对形势的正确判断。尤其是面对网络信息时代，教师要深刻认识知识创新速度加快、获取知识途径迅捷多元的时代新要求，要学习借鉴叶圣陶提出的“要主动适应新形势”要求，树立终身学习的思想，养成终身学习的习惯，真正达到学习即生活、生活即学习的境界，为学生做好勤学乐学的示范。

（近现代）刘百川：“要有永久办理乡村教育的决心，并且能抱牺牲的精神与环境奋战，决不能因事业的困难而灰心。对于办理乡村教育要有浓厚的兴趣，最好能以服务乡村教育为终生的事业，决不因困苦而厌倦。要认定乡村教育是乡村建设与乡村改造的动力，可以化除民众的体魄，以达到野无旷土、村无游民、人无不学、家无病夫、事无不举的境界。要认定办理乡村教育是挽救国家、复兴民族最基本的工作。”②

【新解】刘百川的这段话强调了教师为教育事业奋斗终生的精神，指出了教育拯救国家、复兴民族的功能。这对于今天的广大人民教师来说无疑具有重要的现实指导意义。2018 年，教育部颁布的《新时代高校教师职业行为十项

---

① 叶至善，等. 叶圣陶集：第 11 卷［M］. 南京：江苏教育出版社，1991：311-312.

② 刘百川. 乡村教育的经验［M］. 上海：商务印书馆，1937：28-29. 又见：杜成宪. 民国乡村教育文献丛刊：第 22 卷［M］. 北京：国家图书馆出版社，2014：140-141.

准则》《新时代中小学教师职业行为十项准则》《新时代幼儿园教师职业行为十项准则》中，都强调要“着力培养德、智、体、美、劳全面发展的社会主义建设者和接班人”，这与刘百川“能抱牺牲的精神”“永久办理乡村教育的决心”“以服务乡村教育为终生的事业”的思想是完全一致的。广大人民教师要充分认识到教师职业的神圣，要有献身党和国家教育事业的坚定与忠贞，努力为国家发展和民族振兴做贡献。

（近现代）刘百川：“我们要振作，重在精神的兴奋，只要精神兴奋了，工作的效率一定大。如果精神不兴奋，遇事只是敷衍，那是没有用的。所以我们要振作精神去做事。”①

【新解】教育是培养人的事业，是一项复杂的工作，需要耐心细致、克服困难与长期坚持。刘百川的这段话强调了教师奋斗精神的重要价值。2018 年，教育部颁布的《新时代高校教师职业行为十项准则》《新时代中小学教师职业行为十项准则》《新时代幼儿园教师职业行为十项准则》中，都强调要“着力培养德、智、体、美、劳全面发展的社会主义建设者和接班人”，这与刘百川“要振作精神去做事”的思想是一致的。广大人民教师要充分认识到教书育人工作的艰苦性、复杂性、长期性，要正确认识人才培养过程中遇到的困难与问题，要振作精神、坚定信念，矢志于党和国家的教育事业。

（当代）于漪：“一名真正的教师，是用生命在实践，用生命在歌唱，为了我们辉煌的社会主义教育事业，为了我们可爱的学生。”②

【新解】于漪的这句话强调了教师的无私奉献精神，指出了为社会主义教育事业与可爱的学生的奋斗方向。这对于今天的广大人民教师来说无疑具有重要的现实指导意义。2018 年，教育部颁布的《新时代高校教师职业行为十项准则》《新时代中小学教师职业行为十项准则》《新时代幼儿园教师职业行为十项准则》中，都强调要“着力培养德、智、体、美、劳全面发展的社会主义建设者和接班人”，这与于漪“为了我们辉煌的社会主义教育事业，用生命在实践，用生命在歌唱”的思想是完全一致的。在迈入中国特色社会主义新时代的当下，人民教师不仅肩负着教书育人的责任，同时也肩负着振兴中华的责任，应当具有“春蚕到死丝方尽，蜡炬成灰泪始干”这样无私奉献的精神，用自己的汗水与心血为祖国培养出一代又一代的栋梁，燃烧自己的青春，点亮学生们的希望。

---

① 刘百川. 非常时期乡村小学教师的责任［J］. 乡村教育，1937，3（5）：12. 又见：杜成宪. 民国乡村教育文献丛刊：第 27 卷［M］. 北京：国家图书馆出版社，2014：518.

② 于漪. 于漪与教育教学求索［M］. 北京：北京师范大学出版社，2015：6.

三、政治底线

（战国）孟子：“人有不为也，而后可以有为。”①

［译文］人要懂得有所不为，然后才能有所作为。

【新解】此处的“有为”有两层意义，一是可以做的事情，一是有所作为。教师作为学生的引路人，一定不能引导人走歪路。要坚守底线和原则，分清什么能做什么不能做。做了该做的事情，才能有所作为。2018 年，教育部颁布的《新时代高校教师职业行为十项准则》《新时代中小学教师职业行为十项准则》《新时代幼儿园教师职业行为十项准则》都在第一条载明：不得在教育教学活动中及其他场合有损害党中央权威、违背党的路线方针政策的言行。孟子的“人有不为也，而后可以有为”思想对于广大人民教师遵守这些职业行为要求，有着重要的借鉴与启迪价值。广大教师要增强教书育人底线意识、红线意识，要时刻做到自警自省自重，要坚定正确的政治方向与政治立场，自觉用习近平新时代中国特色社会主义思想来指导自己的教书育人行为，模范遵守教育教学纪律要求，切实把“四个服务”体现到教书育人全领域全环节全过程。

（战国末期）荀子：“言必当理，事必当务，是然后君子之所长也。”②

［译文］说话一定符合道理，做事一定符合要求，这些才是君子所擅长的。

【新解】荀子的这句话强调了合规的重要性。2018 年，教育部颁布的《新时代高校教师职业行为十项准则》《新时代中小学教师职业行为十项准则》《新时代幼儿园教师职业行为十项准则》都在第一条载明：不得在教育教学活动中及其他场合有损害党中央权威、违背党的路线方针政策的言行。这是为各级各类学校的教师划定了教书育人的政治红线与底线。作为新时代的人民教师，我们应当牢记这些政治红线与底线，要充分认识到教书育人工作的神圣性与使命性，充分认识到教师对学生的巨大影响作用，要按照教师职业行为准则来规范自己的教书育人行为，切实做到“身正为范”，尽好人民教师的光荣职责，成为学生学识上、品行上学习的榜样，努力为党和国家培养出未来发展所需的优秀人才。

（近现代）叶圣陶：“教师够不够格，不仅是知识技能方面的事，思想认识方面也很重要。知识技能不够格，要补课，思想认识方面如果不够格，尤其

---

① 孟子·离娄章句下［M］//阮元. 十三经注疏. 北京：中华书局，1980：2726.

② 荀子. 荀子［M］. 方勇，李波，译注. 北京：中华书局，2011：95.

要补课。两方面都补，教育质量才真正能提高。”“要使学生有一种真实明确的人生观，自己就不可不先有一种真实明确的人生观；要帮助学生养成各种良好习惯，自己就得继续不断地养成这些良好习惯。”①

【新解】当今社会大力提倡的以爱国主义为核心的民族精神和以改革创新为核心的时代精神与叶圣陶所说的“真实明确的人生观”思想是相符合的。2018 年，教育部颁布的《新时代高校教师职业行为十项准则》《新时代中小学教师职业行为十项准则》《新时代幼儿园教师职业行为十项准则》都在第一条载明：不得在教育教学活动中及其他场合有损害党中央权威、违背党的路线方针政策的言行。这是为各级各类学校的教师划定了教书育人的政治红线与底线。教育事业不是个人的私事，是党的大计、国家大计。作为一名新时代的人民教师，我们要从“四个服务”根本要求出发，站在实现百年奋斗目标的战略高度，依法履行教师职责，把爱党、爱社会主义、爱国家、爱人民融入教书育人实践中，引导和帮助学生树立正确的人生观，养成良好的思想品德和习惯，为党和国家培养合格的建设者与可靠的接班人。

第二节　自觉爱国守法

一、家国情怀

（战国）韩非子：“仁义者，与天下共其所有而同其利者也。”②

［译文］所谓仁义，就是和天下的人共同占有自己所拥有的东西并共同享受自己的利益。

【新解】韩非子的这句话折射出浓浓的儒家仁爱思想，而儒家仁爱思想的实质就是爱百姓，是一种博爱思想，而能做到爱百姓与博爱的，只有那些德行高深的圣人君子。因此，对于有着“人类灵魂工程师”之称的教师而言，应当有博爱的思想，要忠于国家、忠于人民、忠于党。2018 年，教育部颁布的《新时代高校教师职业行为十项准则》《新时代中小学教师职业行为十项准则》《新时代幼儿园教师职业行为十项准则》都在第二条明确规定，“忠于祖国，忠于人民，恪守宪法原则，遵守法律法规，依法履行教师职责”，这与韩非子

---

① 叶至善，等. 叶圣陶集：11 卷［M］. 南京：江苏教育出版社，1991：25.

② 韩非·外储说右上［M］//韩非. 韩非子. 佚名注，顾广圻识误，姜俊俊标校. 上海：上海古籍出版社，1996：180.

的“共其所有同其利”思想是相通的、一致的。作为新时代的人民教师，我们应当坚持以人民为中心的教育立场、观点与方法，在教育的过程中应该培养学生那种“与天下共其所有而同其利者也”的思想，培养有着坚定政治方向的中国特色社会主义接班人，培养热爱社会主义的学生。所以韩非子的这一言论对于我们现在的社会依旧有着借鉴意义。

（北宋）张载：“为天地立心，为生民立命，为往圣继绝学，为万世开太平。”①

［译文］为天地确立仁义道德的志向，为老百姓指明修身养性的道路，为孔孟等圣人传续他们不传的学问，为后世开辟太平安宁的日子。

【新解】张载的这四句话十分有名，经常被用来形容教育理想与向往。广大人民教师应当从“为天地立心”理解教育的本质与真谛，剔除教育的功利性，树立两袖清风的师德形象。以“为生民立命”诠释教师职业的意义，用爱与热情，照亮教育事业，引导学生寻找生命的意义。以“为往圣继绝学”的使命感，树立博闻笃学、明德求真和创新发展的师德形象。以“为万世开太平”的志向激励自己，树立持之以恒、追求理想，为文明、民主、富强的国家而努力的师德形象。张载关于教师职责的论述在当今的教育中仍具有重要的现实指导价值，其“为天地立心，为生民立命，为往圣继绝学，为万世开太平”的思想已经成为教师职业行为的不变准则与至理名言。2018 年，教育部颁布的《新时代高校教师职业行为十项准则》《新时代中小学教师职业行为十项准则》《新时代幼儿园教师职业行为十项准则》都在第二条明确规定“忠于祖国，忠于人民”的职业行为要求，就是对张载这句话的吸纳与借鉴。教师的工作是塑造灵魂、塑造人的工作，教师职业之所以重要，就因为教师的工作是塑造人的工作。从张载的这句名言，每位教师都应当感受到教育的崇高、使命的重大。

（南宋）朱熹：“熹窃观古昔圣贤所以教人为学之意，莫非使之讲明义理，以修其身，然后推以及人，非徒欲其务记览、为辞章，以钓声名、取利禄而已也。”②

［译文］朱熹通过对古代圣贤教人读书学习意图的观察，发现无不是讲清楚仁义事理，帮助学生修身养性，然后又去帮助和引导他人，而不是把教育当成识记书本知识、争取功名利禄的手段。

---

① 黄宗羲．宋元学案·横渠学案［M］．黄百家辑，全祖望修订，王梓材 等校订．北京：商务印书馆，1986：168.

② 朱子白鹿洞书院揭示［M］//陈弘谋．五种遗规．南京：凤凰出版社，2016：6.

【新解】朱熹的这句话指出了教师的职责和使命，那就是帮助和引导学生明白做人做事的道理，提高自己的德行修养水平，而不能追求个人私利。教师的职责是以教书育人为首要，培养国家发展所需的新鲜血液，这是教师应该遵守的基本准则。2018 年，教育部颁布的《新时代高校教师职业行为十项准则》《新时代中小学教师职业行为十项准则》《新时代幼儿园教师职业行为十项准则》都在第二条明确规定“忠于祖国，忠于人民”的职业行为要求。这与朱熹的“讲明义理”“以修其身”思想是相通的、一致的。作为新时代的人民教师，我们应当帮助和引导学生观大势、识大局，增长知识，学以致用，报效国家和人民。这才是当教师的本分。

（明）王守仁：“种树者必培其根，种德者必养其心。”①

〚译文〛栽种树木必须将其根系培植好，修养品德的人必须先培养好自己的心性。

【新解】王守仁的这句话充满着教育哲学思想，充分表达了教育要以德为先、要从心开始的要求。道德修养只有发自内心的自觉要求才有效果。需要指出的是，这里德是服务国家、热爱人民的大德，而不仅仅是囿于个人修养的小德。俗话说得好：“有德有才是合格品，有德无才是半成品，有才无德是危险品，无德无才是废品。”教师是培养人的特殊职业，是塑造灵魂的事业，因此对教师提出了特殊的思想道德和职业道德要求。2018 年，教育部颁布的《新时代高校教师职业行为十项准则》《新时代中小学教师职业行为十项准则》《新时代幼儿园教师职业行为十项准则》都在第二条明确规定“忠于祖国，忠于人民”的职业行为要求。这与王守仁“培根养心”思想是相通的。道德品行是很重要的，无德便无以立足社会，无以回报为自己成长提供支持的社会、国家。在“五育并举”人才培养规格中，德育是放在所有其他教育之前的，说明道德教育是第一重要的。广大人民教师要加强自身的师德修养锤炼，切实提高自己的道德水平与职业素养，在具体的教育情景里要以德育为首要，以德为先，立德树人，努力培养一批批有道德、有良知的有用人才。

（近代）蔡元培：“要使学生养成健全的人格，教师必须具有谦虚、正直、爱国、爱生和知识渊博等品德，具有自由、平等、博爱之思想。”②

【新解】在这句话里，蔡元培强调了教师谦虚正直、爱国爱生品德的重要性。他的爱生、博爱的观点是在北京大学组织“进德会”时提出的，是蔡元

---

① 薛侃录［M］//王阳明．传习录．张怀承，注译．长沙：岳麓书社，2004：101.

② 崔福林，王国英，许春华．教师职业道德修养［M］．保定：河北大学出版社，2005：47.

培师德观的重要体现。他的这些师德思想，在今天看来，仍然有着重要的借鉴启迪价值。2018 年，教育部颁布的《新时代高校教师职业行为十项准则》《新时代中小学教师职业行为十项准则》《新时代幼儿园教师职业行为十项准则》都在第二条明确规定“忠于祖国，忠于人民”的职业行为要求。这与蔡元培提出的“爱生、博爱”思想是相通的。世上没有坏孩子，要使孩子健康成长，教师的教育方式至关重要，教师对孩子的态度影响着孩子的一生。广大人民教师应当从蔡元培“爱生、博爱”的师德观中汲取营养，并在教书育人具体工作中加以贯彻实践，努力成为学生健康成长的引路人。

（近代）鲁迅：“唯有民魂是值得宝贵的，唯有将它发扬起来，中国才有真进步。”①

【新解】鲁迅的这句话透射出他炽烈的爱国主义情怀。一个国家要有进步，必须使这个国家的人民能够真正觉醒民族意识、具有真正的民族精神。2018 年，教育部颁布的《新时代高校教师职业行为十项准则》《新时代中小学教师职业行为十项准则》《新时代幼儿园教师职业行为十项准则》都在第二条明确规定“忠于祖国，忠于人民”的职业行为要求，就是对鲁迅的“发扬民魂”思想的吸纳和借鉴。作为新时代的人民教师，我们应该自觉地把国家和人民的利益放在首位，热爱和忠于人民的教育事业，依法履行教师的职责和权利，着力培养出一批批爱祖国爱人民的优秀学生，我们的国家才能真正进步，才能繁荣昌盛。

（近代）俞庆棠：“务使教育机会，普及于人人；教育内容，切合于民众生活与国家需要；课程分化，人人得发展其天才；训练集中，人人有保国爱国之观念；各阶段之衔接既活动而联络又紧凑，使人人得升学或进修之机会。教育负改造社会之责任，亦立国之根本要图。”②

【新解】“人人有保国爱国观念”“教育是立国根本要图”，俞庆棠这些思想体现了强烈的爱国情感，也体现了他对教育功能的认识高度。2018 年，教育部颁布的《新时代高校教师职业行为十项准则》《新时代中小学教师职业行为十项准则》《新时代幼儿园教师职业行为十项准则》都在第二条明确规定“忠于祖国，忠于人民”的职业行为要求，就是对俞庆棠关于教育的“保国爱国立国”思想的吸纳和借鉴。作为新时代的人民教师，我们要始终牢记教育所承载的国家使命与社会责任，运用马克思主义的立场观点与方法正确认识教

① 鲁迅. 鲁迅国学杂谈［M］. 北京：当代世界出版社，2017：101.

② 茅仲英. 俞庆棠教育论著选［M］. 北京：人民教育出版社，1992：79-80.

育的政治功能、社会功能，潜心教书育人，着力培养一批批爱党爱国爱社会主义的有用人才。

（近代）马相伯："读书不忘救国，救国不忘读书。"①

【新解】马相伯的这句话十分精炼地把读书与救国的关系讲透彻了。19世纪末20世纪初，国家沦落于半殖民地半封建社会的危难境地，实业救国、教育救国、立宪救国、革命救国等各种社会思潮不断兴起，其目的都是拯救国家与民族。马相伯的读书救国论的实质就是教育救国论，体现了他强烈的爱国主义情怀。2018年，教育部颁布的《新时代高校教师职业行为十项准则》《新时代中小学教师职业行为十项准则》《新时代幼儿园教师职业行为十项准则》都在第二条明确规定"忠于祖国，忠于人民"的职业行为要求，就是对马相伯读书救国思想的吸纳和借鉴。在中国特色社会主义迈入新时代的当下，实现"中国梦"是中华儿女的美好夙愿。当代人民教师要把实现中华民族伟大复兴的使命感传递给学生，要引导学生汲取马相伯"读书不忘救国，救国不忘读书"的思想精华，汲取"为中华之崛起而读书"的思想精华，引导学生发奋图强，努力读书，回报祖国，努力培养有理想、有道德、有文化、有纪律的高素质人才，为国家富强、民族振兴、人民幸福培养一代代有生力量。

（近代）卢绍稷："中国乡村教育，乃一种最苦之事业；况小学教员，功课繁多，尤感困难，倘无牺牲精神，几乎一日工作便不能维持。吾人须认清救国是从小范围起，今为乡村着想，即为社会、为国家、为世界谋利益。劳苦正所以达志，牺牲始可以成功！"②

【新解】卢绍稷的这句话折射出他强烈的教育救国、教育爱国主义以及世界大同的朴素情怀。他的这些精神值得今天的广大人民教师学习、借鉴与思考。2018年教育部颁布的《新时代高校教师职业行为十项准则》《新时代中小学教师职业行为十项准则》《新时代幼儿园教师职业行为十项准则》都在第二条明确规定"忠于祖国，忠于人民"的职业行为要求，这与卢绍稷"教育为社会、为国家、为世界谋利益"思想是相通的、一致的。新时代的人民教师，要充分认识到教育是人类发展和繁荣的基石，教师是人类灵魂的工程师与人类文明的传承者，充分认识到为党育人、为国育才的使命职责的神圣性，充分认识到教育事业的复杂性、艰苦性，要有牺牲奉献精神。只有这样，才能无愧于人民教师的光荣称号。

---

① 宋维红. 马相伯教育思想述评［J］. 苏州大学学报（哲学社会科学版），1992（3）：136.

② 卢绍稷. 乡村教育概论［M］. 江恒源，校阅. 上海：大东书局，1932：96. 又见：杜成宪. 民国乡村教育文献丛刊：第1卷［M］. 北京：国家图书馆出版社，2014：374.

（近代）马相伯："教育乃立国立人之根本。国与国民，所以成立，所以存在，而不可一日或无者。"①

【新解】马相伯的这句话指出了教育在国家富强、民族振兴中的不可替代的作用，他的"教育乃立国立人之根本"思想对于人民教师提高爱国情操有着重要的现实启迪价值。2018年，教育部颁布的《新时代高校教师职业行为十项准则》《新时代中小学教师职业行为十项准则》《新时代幼儿园教师职业行为十项准则》都在第二条明确规定"忠于祖国，忠于人民"的职业行为要求，就是对马相伯"教育乃立国立人之根本"思想的吸纳和借鉴。习近平总书记指出，"教育决定着人类的今天，也决定着人类的未来"。作为新时代的人民教师，我们要站在"教育是民族振兴、社会进步的重要基石""教育是对中华民族伟大复兴具有决定性意义的事业"的认识高度，增强爱国情怀，增强为党育人、为国育才的认识自觉与行动自觉，努力为国家振兴和民族复兴培养合格的建设者与可靠的接班人。

（近现代）叶圣陶："作为一个教师，只把功课教好还不够，最重要的是关心学生健康成长。教师应该为学生的一生着想，要想学生的将来怎样一辈子做人，想想做一个社会主义的好公民应该具有什么样的知识品德。""排列在教师面前的学生将做什么样的人，学生目前处在什么样的社会里，这个社会将过渡到什么样的社会，他们在这里头将起什么样的作用。无论当小学、中学或大学的教师，我时时记着在我面前的学生都是准备参加建国事业的人。"②

【新解】叶圣陶的这段话充分表达了教师忠于祖国、忠于人民的赤子情怀，比如"教师应该为学生的一生着想"，又比如"要时时记着学生都是准备参加建国事业的人"，等等，叶圣陶在教育上的爱国主义情怀值得广大人民教师认真学习。2018年，教育部颁布的《新时代高校教师职业行为十项准则》《新时代中小学教师职业行为十项准则》《新时代幼儿园教师职业行为十项准则》都在第二条明确规定"忠于祖国，忠于人民"的职业行为要求，就是对叶圣陶爱国爱人民教育思想的吸纳和借鉴。教师的职责不只是教书，教师要用自己的身心照亮每位学子的前程，也要照亮整个民族的灵魂，更要照亮国家的发展和民族复兴之路。教师在教书的过程中，要向学生灌输一些良好的思想、优秀的品德、有用的知识，让学生树立一个健全的人生观、价值观、世界观。教师要了解自己的学生，并为学生将来的道路做出适当的引导与激励。教师也

① 朱维铮．马相伯集［M］．上海：复旦大学出版社，1996：64.
② 王正平．听叶圣陶谈师德［J］．上海教育，1983（11）：38.

要清楚地了解社会主义的好公民所应具有的知识和品德，及时纠正学生的不足。

（近现代）张伯苓："现在的考察教育便是考察社会。教育是解决社会问题的。各国的情形如何？一切政治经济的状况如何？教育怎样解决他们这些问题？所以教育与社会很有关系。要救国，救法是教育。救国须改造中国，改造中国先改造人，这是总方针。方法与组织，可以随时变更。方针，是不变的。"①

【新解】张伯苓是教育救国思想的代表人物，"教育是救国的救法"就是直接的印证。张伯苓的这段话体现了他深厚的爱国主义思想情怀，值得广大人民教师深入学习和借鉴。2018 年，教育部颁布的《新时代高校教师职业行为十项准则》《新时代中小学教师职业行为十项准则》《新时代幼儿园教师职业行为十项准则》都在第二条明确规定"忠于祖国，忠于人民"的职业行为要求，这与张伯苓教育救国思想是相通的、一致的。新时代的人民教师，肩负着培养为党育人、为国育才的使命和任务，要深入吸取张伯苓"教育是救国之根本，改造中国就要先改造人"的思想营养，以高度的爱国精神去影响学生、引导学生，以热忱的爱民思想去教育学生、感染学生。

（近现代）罗家伦："经我们血染的山河，一定永久为我们所有。民族的生存和荣誉，只有靠自己民族的头颅和鲜血才可保持。"②

【新解】罗家伦的这句话指出了教育在振兴国家和民族中的重大作用，也强调了加强学生爱国主义教育的重要性。2018 年，教育部颁布的《新时代高校教师职业行为十项准则》《新时代中小学教师职业行为十项准则》《新时代幼儿园教师职业行为十项准则》都在第二条明确规定"忠于祖国，忠于人民"的职业行为要求，就是对罗家伦加强爱国主义教育思想的吸纳和借鉴。新时代的人民教师，要充分认识到要实现百年奋斗目标，必须对学生施以生动的爱国主义教育，把爱党爱国爱人民的种子撒播在每个学生心田上，让爱国主义精神在学生心中生根发芽，努力把学生培养成为有爱国之情、强国之志、报国之行的有生力量。

（近现代）马寅初："北大昔日既为群众之导师，今而后当如何引导人民，打破家庭观念，而易以团体观点；打破家庭主义，而易以国家主义，恢复人生

---

① 王文俊，等. 张伯苓教育言论选集［M］. 天津：南开大学出版社，1984：185.

② 罗家伦. 告绥远将士书［M］//中华民国史事纪要编辑委员会. 中华民国史事纪要（初稿）·中华民国二十年十月至十二月份. 台北：正中书局，1979：948.

固有之牺牲精神。”①

【新解】马寅初的这句话强调了培养学生国家主义、集体主义与牺牲精神的重要性。他的这句话对于今天的广大人民教师而言，仍然有着重要的借鉴意义。2018 年，教育部颁布的《新时代高校教师职业行为十项准则》《新时代中小学教师职业行为十项准则》《新时代幼儿园教师职业行为十项准则》都在第二条明确规定“忠于祖国，忠于人民”的职业行为要求，就是对马寅初“国家主义”“团体观点”思想的吸纳和借鉴。人民教师要把培养有强烈的爱国主义情操、集体主义精神的社会主义建设者和接班人作为初心和使命，教育学生树立爱党爱国爱人民观点，增强奉献国家和社会的意识。

二、公序良俗

（战国）韩非子：“明主之国，无书简之文，以法为教；无先王之语，以吏为师。”②

［译文］有圣明君主的国家，没有经书典籍之缛节，用法作为治国的礼教；不盲从先王的训示遗语，把执法的官吏当成教师。

【新解】韩非子的这句话体现了以法为教、以法治国的思想。以法为教，意思就是除了制定法律以外，还必须要宣传法律，普及法律知识，遵守法律，运用法律，使整个社会形成“知法、懂法、守法、用法”的良好风气。随着全面依法治国及改革开放的不断深入，法治教育是当前及今后思想政治教育的一项重要而艰巨的任务。2018 年，教育部颁布的《新时代高校教师职业行为十项准则》《新时代中小学教师职业行为十项准则》《新时代幼儿园教师职业行为十项准则》都在第二条明确规定“恪守宪法原则，遵守法律法规，依法履行教师职责”的职业行为要求，这与韩非子的“以法为教”思想是相通的。广大人民教师首先要做知法、守法、学法、用法的榜样，要把法治教育落实到教育的各环节，增强学生的法治观念，全面提高学生学法、懂法、尊法、护法、守法、用法的兴趣和能力，用法律来约束自己的行为，防止违法犯罪。

（近代）俞庆棠：“我们希望教育对生活是更忠实的——个人的、社会的和国民的生活。我们一定会学到真理、正义、公理和人道主义，并学到达到这些理想的方法。我们难道没有意识到流血和敌人的残暴吗？它应当成为人民的洞

---

① 田雪原. 马寅初全集：第 1 卷［M］. 杭州：浙江人民出版社，1999：362.

② 韩非. 韩非子·五蠹·第四十九［M］. 佚名注，顾广圻识误，姜俊俊标校. 上海：上海古籍出版社，1996：266.

察力和智慧，激发爱国热忱，把国家之舟，驶向平安。”①

【新解】俞庆棠的这段话体现了炽烈的家国情怀和爱国主义精神，尤其是他讲要学到真理、正义、公理和人道主义，这对我们今天加强人民教师师德建设来说，无疑具有重要的参考价值与意义。2018 年，教育部颁布的《新时代高校教师职业行为十项准则》《新时代中小学教师职业行为十项准则》《新时代幼儿园教师职业行为十项准则》都在第二条明确规定“恪守宪法原则，遵守法律法规，依法履行教师职责”的职业行为要求，就是对俞庆棠的“学到真理、正义、公理和人道主义”思想的继承和借鉴。广大人民教师要把“真理、正义、公理和人道主义”作为师德锤炼的重要内容，要时常反思自己，在教书育人过程中是否做到了追求真理正义、讲求公理和人道主义；要时常追问自己，在教书育人活动中是否做到了恪守宪法原则、遵守法律法规、依法履行教师职责。

（近现代）张伯苓：“学行并重，才可免畸形发展的弊病。所以，现在的教育者，不但是不能以‘教书’‘教学生’为满足，即使他能‘教学生学’，还没有尽他的教之能事。他应该更进一步，‘教学生行’。‘行’些什么？简言之，就是行做人之道。这样，才能算是好的教育。”②

【新解】张伯苓的这几句话指出了学行并重的人才培养要求，尤其是他指出要“教学生行做人之道”才是好教育的思想，值得今天人民教师加强师德师风建设学习和借鉴。2018 年，教育部颁布的《新时代高校教师职业行为十项准则》《新时代中小学教师职业行为十项准则》《新时代幼儿园教师职业行为十项准则》都在第二条明确规定“恪守宪法原则，遵守法律法规，依法履行教师职责”的职业行为要求，就是对张伯苓的“学行并重”“行做人之道”思想的继承和借鉴。作为新时代的人民教师，我们要以张伯苓的“学行并重”思想加强对自己师德的锤炼，自己先做“行做人之道”的典范，才能既教授学生知识又指导学生行为规范，才能做学生锤炼自己品格的引路人，引导学生“行做人之道”。

第三节　积极奉献社会

（战国）孟子：“书曰：‘天降下民，作之君，作之师’。惟曰其助上帝，

① 茅仲英. 俞庆棠教育论著选［M］. 北京：人民教育出版社，1992：65.

② 张伯苓. 张伯苓谈教育［M］. 沈阳：辽宁人民出版社，2015：54-56.

宠之四方。”①

[译文]《尚书》说：“上天降生了普通老百姓，又替他们降生了君主和教师。”而这些君主和教师的唯一责任，就是帮助上天来爱护老百姓的。

【新解】孟子的这句话强调了教师的作用，那就是爱护老百姓，这是孟子的仁爱思想的直接体现。2018 年，教育部颁布的《新时代高校教师职业行为十项准则》《新时代中小学教师职业行为十项准则》《新时代幼儿园教师职业行为十项准则》都在第二条明确规定“忠于祖国，忠于人民”的职业行为要求，就是对孟子“宠之四方”仁爱思想的吸纳和借鉴。办好人民满意的教育，这是新时代对教育质量的要求。正如孟子说的，君主和教师要爱护人民，人民就会拥护，社会主义教育是让人民满意的教育，是有利于人民发展的。作为新时代的人民教师，我们要始终把爱国家爱人民放在心中；只有自己做到了爱祖国爱人民，才能引导学生做到爱祖国爱人民；要把办人民满意教育记在心中，切实履行好教师教书育人职责。

（战国）孟子：“以善服人者，未有能服人者也；以善养人，然后能服天下。”②

[译文] 用善良来让人信服的人，没有人信服他。用善良来教导人，才能让老百姓都信服他。

【新解】教师必须用善意引导人们，教导孩子，这样比用善意包容孩子的好处更多。不能单单包容，而要引领每一个人从善。孟子的这句话指出了教师的善良道德品质的巨大价值，也就是说教师的职业道德与职业行为对学生有着强烈的示范意义与影响作用。学生通过观察教师、感知教师的施教行为，从中受到道德的感化、品行的熏陶、行为的引导。2018 年，教育部颁布的《新时代高校教师职业行为十项准则》《新时代中小学教师职业行为十项准则》《新时代幼儿园教师职业行为十项准则》都在第二条明确规定“忠于祖国，忠于人民”“不得损害国家利益、社会公共利益，或违背社会公序良俗”的职业行为要求，这是对孟子“不以善服人”“要以善养人”仁爱思想的继承与借鉴。广大教师要以仁爱加强对自身德行的锤炼，要以良好的师德行为引导学生，通过自己良好的言行培养和教导学生。

---

① 孟子·梁惠王章句下［M］//阮元. 十三经注疏. 北京：中华书局，1980：2675.

② 孟子·离娄章句下［M］//阮元. 十三经注疏. 北京：中华书局，1980：2727.

（唐）刘禹锡："天地英雄气，千秋尚凛然。"①

〖译文〗先主刘备英雄气概充满天地，千秋万代一直令人肃然起敬。

【新解】刘禹锡的这句诗写得大气磅礴，充满英雄气概。2018 年，教育部颁布的《新时代高校教师职业行为十项准则》《新时代中小学教师职业行为十项准则》《新时代幼儿园教师职业行为十项准则》都在第二条明确规定"忠于祖国，忠于人民"的职业行为要求，与刘禹锡"天地英雄气，千秋尚凛然"思想是相通的。广大人民教师应当具有"为生民立命，为往圣继绝学，为万世开太平"这种社会责任感和历史使命感，要有"达则兼济天下"的仁爱思想，在奉献社会、服务国家中实现自身的社会价值；要树立正确的价值观、世界观与人生观，把自我修养与教书育人结合起来，自觉加强师德修养，严格遵守师德规范，严于律己，为人师表，努力培养合格的社会主义建设者和接班人。

（唐）陈子昂："逢时独为贵，历代非无才。"②

〖译文〗只有生而逢时最为难得，每朝每代并非没有人才。

【新解】"江山代有才人出"，对于教师而言，也是这样，每朝每代都有好教师。因此当教师的要珍惜自己的教师身份与荣誉，要为社会发展做出自己的贡献。2018 年，教育部颁布的《新时代高校教师职业行为十项准则》《新时代中小学教师职业行为十项准则》《新时代幼儿园教师职业行为十项准则》都在第二条明确规定"忠于祖国，忠于人民""不得损害国家利益、社会公共利益，或违背社会公序良俗"的职业行为要求，这与陈子昂"逢时独为贵"思想是相通的。新时代的人民教师，要认识到遇到一位好教师，对学生而言是最大的幸运，对学校而言是最大的光荣，对民族而言是最大的希望。每位教师都要向"四有"好教师的标准看齐，要自觉"忠于祖国，忠于人民"，不做损害国家利益、社会公共利益的事，不违反社会公序良俗，努力成为学生健康成长的良师益友。

（元）王冕："不要人夸好颜色，只留清气满乾坤。"③

〖译文〗梅花只把清香的气味撒布在空气中，却并不需要别人来夸赞它的颜色有多么好看。

【新解】在这句话中，王冕借用梅花来比喻自己不献媚、不庸俗的高尚情

---

① 齐豫生，夏于全．白话《四库全书》·集部：第 7 卷［M］．长春：北方妇女儿童出版社，2006：49.

② 曾军．陈子昂诗全集：汇校汇注汇评［M］．武汉：崇文书局，2017：101.

③ 朱惠国．元明清诗文［M］．上海：上海人民出版社，2017：22.

操。千百年来，人们歌颂梅花，也用它来歌颂教师，但其实无论人们歌颂与否，梅花依旧顺时而开，教师依旧平平凡凡地传道、授业、解惑，在教坛贡献青春。王冕的这句诗中透射出对教育使命的无限忠诚。2018 年，教育部颁布的《新时代高校教师职业行为十项准则》《新时代中小学教师职业行为十项准则》《新时代幼儿园教师职业行为十项准则》都在第二条明确规定“忠于祖国，忠于人民”“不得损害国家利益、社会公共利益，或违背社会公序良俗”的职业行为要求，这与王冕“只留清气满乾坤”思想是相通的。作为新时代的人民教师，我们要加强自身师德品性的修炼，要有对教育的满腔热忱，要学习“只留清气满乾坤”的精神。

（近代）杨贤江：“有教育之知识，无教育之热忱，其人虽生，其心已死。”①

【新解】杨贤江的这句话体现了强烈的教育奉献精神。事实上，对教书育人职业的坚守，对教育的热爱，是能否胜任培养人的工作的关键。如果缺乏对教育的热爱，即使身处其位，也无半点贡献。2018 年，教育部颁布的《新时代高校教师职业行为十项准则》《新时代中小学教师职业行为十项准则》《新时代幼儿园教师职业行为十项准则》都在第二条明确规定“忠于祖国，忠于人民”的职业行为要求，就是对杨贤江“无教育之热忱，其心已死”思想的继承与借鉴。广大人民教师要学习和吸纳杨贤江这一师德思想的营养，保持对教书育人的执着与热爱，全身心地投入到立德树人根本任务中，用奉献、执着与爱培育英才。

（近代）赵翠英：“做事要勇敢，要细心，要能持久，要有始有终，要有研究的精神，不要计较待遇多少，要以服务为目的。”②

【新解】赵翠英的这句话强调了教师要对教书育人的执着与忠诚，指出了教师要有服务精神、奉献精神。2018 年，教育部颁布的《新时代高校教师职业行为十项准则》《新时代中小学教师职业行为十项准则》《新时代幼儿园教师职业行为十项准则》都在第二条明确规定“忠于祖国，忠于人民”的职业行为要求，这与赵翠英“要有始有终”“要以服务为目的”思想是相通的。广大人民教师既然选择了立德树人工作，那就要有始有终，不可半途而废；要有服务精神、奉献精神，不做谋取私利之事；要以热爱教育事业、无私奉献的精神去感召学生、影响学生、培养学生。

---

① 任钟印．杨贤江全集：第 1 卷［M］．郑州：河南教育出版社，1995：18.

② 赵翠英．教师应有的精神与态度［J］．乡村教育，1937，4（1）：21-22. 又见：杜成宪．民国乡村教育文献丛刊：第 28 卷［M］．北京：国家图书馆出版社，2014：63-64.

（近代）刘芾仙："要有'以教育为终身事业，以工作为服务酬报'的决心。"①

【新解】刘芾仙的这句话与赵翠英说的"要有始有终""要以服务为目的"在意思上是相同的。这说明要想成为一名合格的教师，在教师职业道德上必须要有着较高的要求，有私心的不能来做教师，有始无终、半途而废的不能来做教师。2018 年，教育部颁布的《新时代高校教师职业行为十项准则》《新时代中小学教师职业行为十项准则》《新时代幼儿园教师职业行为十项准则》都在第二条明确规定"忠于祖国，忠于人民"的职业行为要求，这是对刘芾仙"以教育为终身事业，以工作为服务酬报"思想的吸纳与借鉴。人民教师肩负着育人的光荣使命，有着特殊的师德师风要求，要有为教育事业奋斗终生的远大志向，要有为了学生敢于奉献一切的无私品质。只有这样，才能做一名合格的人民教师，才有教育人、培养人的资格。

（近代）容闳："今发轫伊始，植基未固，一旦舍之他去，则继予后者，谁复能如予之热心为学生谋幸福耶?"②

〖译文〗现在教育刚开始，根基还不稳定，一旦放弃这个事业去干别的，那么我后面的继任者，谁又会像我那样热心地为学生谋求幸福呢?

【新解】从这句话中，可以看出容闳对学生成长成才之热心。当教师的，就应该全心全意为学生着想，就应该忠于教育事业，为学生谋幸福，让人民满意。容闳的这些思想对于今天的人民教师而言，无疑有着重要的启迪价值。2018 年，教育部颁布的《新时代高校教师职业行为十项准则》《新时代中小学教师职业行为十项准则》《新时代幼儿园教师职业行为十项准则》都在第二条明确规定"忠于祖国，忠于人民"的职业行为要求，这与容闳"热心为学生谋幸福"思想是相通的。苏霍姆林斯基说过，"热爱孩子是教师生活中最主要的东西"。人民教师要牢记"人民"二字，时时把人民放在心上，把学生放在首位，以为学生谋幸福为己任，传授知识，教会做人，真心为学生的发展考虑，对学生的发展负责任。

（近代）秦亚修："村校教师关于农业及社会之各科，须具有充分的研究之学识与经验。盖农村组织之改良，农业方法之改进，皆以农村学校为枢纽，非胸有成竹，不足以应付改造之环境。且农村为国家之基础分子，其健全之程度即国家之盛衰。故村校教员须具有国家上社会上之一切基本才能，终日与农

---

① 刘芾仙. 农村民众教育［M］. 鹤山：大华书局，1934：99. 又见：杜成宪. 民国乡村教育文献丛刊：第 4 卷［M］. 北京：国家图书馆出版社，2014：287.

② 容闳. 容闳自述［M］. 合肥：安徽文艺出版社，2014：125-126.

民相处，参与各种组织及设施，联络农民，共谋改进。”①

【新解】秦亚修的这句话与晏阳初“热诚奉献精神、吃苦耐劳精神、科学精神”的思想大同小异，都是强调教师要有奉献的精神、改造的精神、学习的精神以及合作的精神。在今天看来，秦亚修这些关于乡村教师的职业道德上的要求仍有着现实的指导价值。2018年，教育部颁布的《新时代高校教师职业行为十项准则》《新时代中小学教师职业行为十项准则》《新时代幼儿园教师职业行为十项准则》都在第二条明确规定“忠于祖国，忠于人民”的职业行为要求，这正是对秦亚修关于乡村教师职业道德思想的吸纳与借鉴。教师的工作是与学生打交道、与学生做朋友。教师职业特点决定了对教师的道德品行要求较高。要想当一名好教师，必须树立以生为本的思想，必须牢记教育的使命任务，必须讲求奉献服务的精神，否则是当不好教师的。

（近代）李晓农：“要确认乡村小学教师是他终身寓所，决心复兴乡村社会，不想向都市里钻营的一般超脱的教师。”“确认乡村小学教师是他唯一的、终身的、重大使命的一般志坚的教师。”②

【新解】李晓农的这句话与刘芾仙“以教育为终身事业，以工作为服务酬报”的思想大同小异，都是强调教师要有无私奉献的精神、矢志不渝的精神。在今天看来，李晓农这些关于乡村教师的职业道德上的要求，对于加强新时代师德师风建设仍有着重要的现实指导价值与实践教育意义。2018年，教育部颁布的《新时代高校教师职业行为十项准则》《新时代中小学教师职业行为十项准则》《新时代幼儿园教师职业行为十项准则》都在第二条明确规定“忠于祖国，忠于人民”的职业行为要求，这是对李晓农的“终身寓所”“复兴乡村社会”思想的吸纳与借鉴。面对实施素质教育、提高教育质量以及培养德、智、体、美、劳全面发展的社会主义建设者的使命任务，广大人民教师仍然需要从李晓农的“终身寓所”“复兴乡村社会”思想中汲取精神营养，要进一步坚定立德树人理想信念，要弘扬艰苦奋斗的育人精神。

（近代）陈兆庆：“我们深信，如果全国教师对儿童都有鞠躬尽瘁、死而后已的决心，必能为我们民族创造一个新生命。”③

---

① 秦亚修. 农村教育讲义［M］. 3版. 上海：大中书局，1928：70-71. 又见：杜学元. 民国乡村教育文献丛刊续编：第2卷［M］. 北京：国家图书馆出版社，2017：198-199.

② 李晓农. 乡村教育视导［M］. 上海：黎明书局，1934：220. 又见：杜成宪. 民国乡村教育文献丛刊：第17卷［M］. 北京：国家图书馆出版社，2014：236.

③ 陈兆庆. 中国农村教育概论［M］. 上海：商务印书馆，1937：276. 又见：杜成宪. 民国乡村教育文献丛刊：第5卷［M］. 北京：国家图书馆出版社，2014：290.

【新解】陈兆庆的这句话与晏阳初“热诚奉献精神、吃苦耐劳精神”的思想大同小异，都是强调教师要有鞠躬尽瘁、死而后已的奉献精神。在今天看来，陈兆庆这些关于乡村教师的职业道德上的要求，对于加强师德师风建设仍有着现实指导价值。2018 年，教育部颁布的《新时代高校教师职业行为十项准则》《新时代中小学教师职业行为十项准则》《新时代幼儿园教师职业行为十项准则》都在第二条明确规定“忠于祖国，忠于人民”的职业行为要求，这是对陈兆庆“鞠躬尽瘁、死而后已”思想的吸纳与借鉴。教书的工作是繁重的，育人的工作是辛苦的。广大人民教师要志存高远，要从陈兆庆“鞠躬尽瘁、死而后已”决心中获得献身教育的力量，增强教书育人的信心。

（近代）孙葆棣：“要能牺牲自己为大众。‘要能牺牲自己为大众’，这一句话，是本区一个口号。做乡村民众学校的教师，要想获得大多数的民众对你有深切的信仰，那你唯有多牺牲自己一些，多为乡村劳苦的大众谋一点幸福。我们只要认清了为民众谋幸福，牺牲了自己，也是有价值的。”①

【新解】孙葆棣的这句话与陈兆庆“鞠躬尽瘁、死而后已”的思想大同小异，都是强调教师要有奉献的精神、为民众谋幸福的崇高追求。在今天看来，孙葆棣这些关于乡村教师的职业道德上的要求，仍有着现实指导价值。2018 年，教育部颁布的《新时代高校教师职业行为十项准则》《新时代中小学教师职业行为十项准则》《新时代幼儿园教师职业行为十项准则》都在第二条明确规定“忠于祖国，忠于人民”的职业行为要求，这是对孙葆棣“牺牲自己为大众”“为民众谋幸福”思想的吸纳与借鉴。作为一名教师，我们应有宽阔的胸襟，把爱无私地奉献给每一个学生，把为学生谋幸福作为自己工作的座右铭，要通过自己的默默付出，潜心育人，为党和国家、为民族和人民培养一批批合格的人才。这就是教师的最大价值。

（近现代）晏阳初：“有生之年献身为最贫苦的文盲同胞服务，不为文人学士效力。”“无最根本事业，无最伟大的使命，无最有价值的生活。”“今生今世，我一不做官，二不发财，要把自己的生命奉献给劳苦大众的教育事业！”②

【新解】人的一生总要有一个为之奋斗终生的事业，这一生才算过得有价值、有意义。作为人民教师，既然我们选择了教育事业，那么我们就应该认真地对待这份神圣的职业，鞠躬尽瘁，死而后已，为社会主义教育事业奋斗终

---

① 孙葆棣. 怎样做乡村民众学校的教师［J］. 乡村教育，1937，3（3）：12. 又见：杜成宪. 民国乡村教育文献丛刊：第 27 卷［M］. 北京：国家图书馆出版社，2014：444.

② 宋恩荣，熊贤君. 晏阳初教育思想研究［M］. 沈阳：辽宁教育出版社，1994：259.

生，为国家和社会培养更多的人才。2018 年，教育部颁布的《新时代高校教师职业行为十项准则》《新时代中小学教师职业行为十项准则》《新时代幼儿园教师职业行为十项准则》都在第二条明确规定“忠于祖国，忠于人民”的职业行为要求，这与晏阳初“把自己的生命奉献给劳苦大众的教育事业”思想是相通的。广大人民教师既然选择了教育，那就要全心全意做好教书育人本职工作，深入钻研教材，了解、爱护、教育学生，为学生的成长和未来发展无私奉献自我。做一名教师，最伟大之处在于能够燃烧自己奉献他人，为学生们的健康成长指引方向。作为教师，最开心的一件事，便是看到自己的学生通过学习都能取得不错的成就，不管是成就大或小，只要是努力付出得到的，教师内心就会很满足和欣喜。人民教师内心必须坚持为教育奋斗终生的信念，竭尽所能去做好教育教学的工作，为国家和社会培养优秀的人才，就一定会桃李满天下。

（近现代）竺可桢：“大学教育的目标不仅是造就专家，更要培养拥有这 4 项素质的领导人才：以天下为己任；清醒理智、深思远虑，不肯盲从；明辨是非而不徇利害；体格健全。”①

【新解】“以天下为己任”，竺可桢的这句话道出了教育的家国情怀与崇高使命，对于今天加强师德师风建设来说，也具有极为重要的启迪意义。2018 年，教育部颁布的《新时代高校教师职业行为十项准则》《新时代中小学教师职业行为十项准则》《新时代幼儿园教师职业行为十项准则》都在第二条明确规定“忠于祖国，忠于人民”的职业行为要求，这与竺可桢“以天下为己任”思想是相通的、一致的。在迈入社会主义新时代的当下，实现百年奋斗目标是广大人民教师的共同理想与使命和任务。广大人民教师应当站在国家与民族大义的高度，自觉加强“以天下为己任”的思想锤炼，要对人民教育事业有着无限的热爱，要热爱我们的学生、我们的人民、我们的国家，为实现中华民族伟大复兴贡献自己的力量。

（近现代）罗家伦：“我们不能不认识现实。但我们决不能陷死在现实的泥淖之中。若是陷落下去，必至志气消沉，正义感与是非心一道埋灭。我们应当做什么一种人，将来为国家民族做什么一些事，这主意在大学求学时代，就应该打定的。打定之后，在这时代的立身处事、为学、为人，就应该立刻开始按照这标准做起。正当生活习惯的养成，是实现这高尚理想的阶梯。”②

① 郑春萍. 竺可桢［M］. 北京：中国国际广播出版社，1998：22.

② 罗家伦. 中央大学之回顾与前瞻［M］//罗久芳. 我的父亲罗家伦. 北京：商务印书馆，2013：196.

【新解】罗家伦的这句话强调了为国家为民族立身处事、为学为人的要求。他的这一思想对于今天加强师德师风建设仍是有启迪和帮助的。2018 年，教育部颁布的《新时代高校教师职业行为十项准则》《新时代中小学教师职业行为十项准则》《新时代幼儿园教师职业行为十项准则》都在第二条明确规定“忠于祖国，忠于人民”的职业行为要求，这与罗家伦“将来为国家民族做什么一些事”思想是相通的、一致的。广大人民教师要把教书育人的理想与社会、国家、民族紧密结合在一起，持续加强自身的爱国主义意识，要把“为天地立心，为生民立命，为往圣继绝学，为万世开太平”作为自己的职业理想，以自己的爱国主义情怀来厚植学生的爱国精神。

（近现代）张文炳：“在原则上来说，教师应该不是刽子手，不是人性的摧残者，也不是一个纯粹的智识贩卖者，乃是一个为人类而工作的工作者。”①

【新解】张文炳的这句话强调了教师的职业使命，那就是为人类而工作，这与教师“传道、授业、解惑”的师德文化以及人类灵魂工程师、人类文明传承者的师德思想是相同的、一致的。2018 年，教育部颁布的《新时代高校教师职业行为十项准则》《新时代中小学教师职业行为十项准则》《新时代幼儿园教师职业行为十项准则》都在第二条明确规定“忠于祖国，忠于人民”的职业行为要求，就是对张文炳“为人类而工作”思想的继承与借鉴。新时代的人民教师，要自觉树立“任重而道远”的远大理想，“学而不厌，诲人不倦”的奉献精神，“以天下为己任，不亦重乎；死而后已，不亦远乎”的高尚情操，“培育国家栋梁”“不误人子弟”的敬业精神；要根据国家和人民教育事业的需要，把有限的生命投入到无限的人民教育事业中，以此实现自己的人生价值。

（近现代）晏阳初：“一位合格的平（民）教（育）运动教员至少要具备以下几个方面的素质：有服务平教之热诚奉献精神；能吃苦耐劳；有科学的精神、世界的眼光；既识字又知教学法；懂民众心理；具有某一领域之专门技术。”②

【新解】作为世界上伟大的平民教育家，晏阳初的这句话对教师的职业道德要求做出了明确而全面的要求，热诚奉献精神、吃苦耐劳精神、科学精神、

---

① 张文炳．小学教师应该怎样［J］．乡村教育，1937，4（1）：19．又见：杜成宪．民国乡村教育文献丛刊：第 28 卷［M］．北京：国家图书馆出版社，2014：61．

② 扈远仁，唐志成．固本与开新：晏阳初的平民教育思想研究［M］．成都：四川大学出版社，2010：76．

懂得教育心理规律，这是履行教师职责的基本要求与条件。晏阳初的这些思想对于今天加强师德师风建设来说，也有着重要的现实指导意义。2018 年，教育部颁布的《新时代高校教师职业行为十项准则》《新时代中小学教师职业行为十项准则》《新时代幼儿园教师职业行为十项准则》都在第二条明确规定“忠于祖国，忠于人民”“依法履行教师职责”的职业行为要求，这是对晏阳初“热忱奉献精神、吃苦耐劳精神”等思想的吸纳与借鉴。常言道，“身正为范，学高为师”，要想成为教育学生的教师，那么教师首先自身应当有着良好的道德品行与素养，要严于律己、端正自己的品行，做一个品行端正的教师，才能在潜移默化的教育教学活动中教育学生，给他们传达积极向上的人生理念和好的行为习惯。教师自己要具备足够的专业知识以及较为广博的其他知识，才能传授给学生成长所需要的知识。教师自己要有良好的教育教学能力和相关专业远见，才能更好地影响教育学生。

（近现代）金嵘轩：“要有安居于乡村，置身于乡村教育事业，进而求改良社会的决心。”①

【新解】金嵘轩的这句话与李晓农的“复兴乡村社会”思想大同小异，都强调了教师所肩负爱国爱民族的崇高使命。在今天看来，金嵘轩这些关于乡村教师的职业使命上的要求仍有着现实指导价值。2018 年，教育部颁布的《新时代高校教师职业行为十项准则》《新时代中小学教师职业行为十项准则》《新时代幼儿园教师职业行为十项准则》都在第二条明确规定“忠于祖国，忠于人民”的职业行为要求，这是对金嵘轩“改良社会”思想的吸纳与借鉴。作为一名人民教师，我们应当心中有国家、心中有人民，尤其是人民教师肩负“人民”二字，更应当承担起对社会的责任、对国家的责任、对人民的责任；要通过自己的默默付出，潜心育人，为国家富强、民族复兴做出应有的贡献。

① 金嵘轩．乡村教育［M］．上海：正中书局，1936：113．又见：杜成宪．民国乡村教育文献丛刊：第 9 卷［M］．北京：国家图书馆出版社，2014：285．

第三章　职业使命

第一节　传播优秀文化

一、弘扬尊师重教的文化传统

（春秋战国）墨子："故天下兼相爱则治，交相恶则乱。故墨子曰：'不可以不劝爱人者，此也。"①

［译文］如果人们都能做到相处友好，那么社会就能够得到有效治理；如果人们用互为仇人的思想来相处，那么社会一定会动乱不已。墨子说的"不能不劝勉人们去互敬互爱"，就是这个道理。

【新解】墨子的这句话把"兼爱"作为社会治理的源头，引导出天爱万物，养万物，包容万物，指出了人们之间相互尊重、互敬互爱、友好往来对社会安宁稳定的重要性，体现出很高的社会治理智慧，对于今天的社会治理也具有重要的现实启迪意义。社会主义核心价值观里面就有体现墨子的"兼相爱、交相利"的思想，建设社会主义和谐社会也需要对墨子主张的人只有彼此相爱天下才会太平的思想进行消化和吸纳。墨子关于"兼爱"的论述对于当前教师从事教书育人工作来说，有着重要的现实指导意义。2018 年，教育部颁布的《新时代高校教师职业行为十项准则》《新时代中小学教师职业行为十项准则》《新时代幼儿园教师职业行为十项准则》都在第三条明确规定"带头践行社会主义核心价值观，弘扬真善美，传递正能量"的职业行为要求，这是对墨子的兼爱思想的吸纳与传承，就是墨子"兼爱"思想在当下的继承发展与具体化。广大教师应当把墨子的"兼爱"思想吸纳到教师职业道德的严谨品格、职业行为的核心准则之中，在教书育人工作中加以实践与运用，在教学

① 墨子·兼爱·中·第十五［M］//孙诒让.《墨子》閒诂. 上海：商务印书馆，1936：66.

工作中认真履行教师职责，爱护学生如同爱护自己，传播“兼爱”的思想，鼓励师生之间、学生之间相互尊重、相互爱护、友好相处，尊重对方的核心利益，共建和谐社会与美好未来。

（战国）孟子：“一乡之善士，斯友一乡之善士；一国之善士，斯友一国之善士；天下之善士，斯友天下之善士。”①

〖译文〗乡村里善良之人往往相交成为好朋友，一国之中有德之人往往相交成为好朋友，全天下的圣人君子往往相交成为好朋友。

【新解】在这句话里，孟子说明了榜样的力量是无穷的，当然也说明了环境对人的影响的重要性。“入鲍鱼之肆，久而不闻其臭。”人是群体动物，会被每一个人潜移默化地影响。孟母三迁，只为孟子寻一方善读之所。对于今天的教师如何教书育人来说，孟子关于向善的文化思想仍然有它独特的价值与思想光芒。2018 年，教育部颁布的《新时代高校教师职业行为十项准则》《新时代中小学教师职业行为十项准则》《新时代幼儿园教师职业行为十项准则》都在第三条明确规定“带头践行社会主义核心价值观，弘扬真善美，传递正能量”的职业行为要求，这是对孟子的向善文化思想的吸纳与传承。作为人民教师，我们应该充分认识到环境对人才培养的重要性，而为学生提供一个良好的、充满真善美与正能量的环境，教师首先要加强自身德行的修养，要带头做到弘扬真善美、传递正能量。只有这样，才能给学生当好表率，起好示范作用。

（近代）陶行知：“教育的成功有着超远的意义，古代中华文明的崛起和兴盛更是离不开诸多先贤的教育努力。”②

【新解】陶行知的这句话说明了教师崇高的文化使命，其与张载的“为往圣继绝学”思想在内涵上是相通的、一致的。2018 年，教育部颁布的《新时代高校教师职业行为十项准则》《新时代中小学教师职业行为十项准则》《新时代幼儿园教师职业行为十项准则》都在第三条明确规定“传播优秀文化。带头践行社会主义核心价值观，弘扬真善美，传递正能量”的职业行为要求，这是对陶行知的教育文化使命观的吸纳与传承。人民教师应当充分认识到教育的价值不仅仅在于让学生得到健康成长，不仅仅在于帮助学生过上完整而幸福的生活，更在于对文化的承续、对文明的传承，在于维系一个国家、一个民族优秀文化的兴盛不衰。正因为如此，教师才被称为人类文明的传承者，教育在

---

① 孟子·万章章句下［M］//阮元. 十三经注疏. 北京：中华书局，1980：2746.

② 唐澜波，等. 平民教育家陶行知［M］. 武汉：武汉大学出版社，2012：1.

一个国家与民族的发展中才具有基础性的地位与作用。

（近现代）黄炎培：“教育曷贵也？语小，个人之生活系焉；语大，世界国家之文化系焉。”①

【新解】黄炎培的这句话指出了教育的文化使命。2018 年，教育部颁布的《新时代高校教师职业行为十项准则》《新时代中小学教师职业行为十项准则》《新时代幼儿园教师职业行为十项准则》都在第三条明确规定“传播优秀文化。带头践行社会主义核心价值观，弘扬真善美，传递正能量”的职业行为要求，这是对黄炎培的教育文化使命观的吸纳与传承。广大人民教师应当认识到，生存、生活、生命是教育意义的具体指向，教育对于个体、民族与国家的发展都具有基础性的作用。教育的意义不单是为个人未来的生活做准备，为将来的发展奠基础，于国家与民族而言，它还承载着人类文明传承的使命，是一个国家、一个民族生生不息、持续发展的根基。因此，每位教师都要肩负起传播优秀文化的使命和责任。

二、坚守培养圣贤君子的规格传统

（隋）王通：“势莫加君子，德休与小人。君子势不于力也，力尽而势亡焉。小人势不惠人也，趋之必祸焉。”②

〖译文〗对于君子就不要强调权势，对于小人就不要给予仁德。君子不用权势来展现自己的影响力与威信。因为一旦权势丧失了，他的影响力、威信也就跟着没有了。趋附于不会给人带来好处的小人，一定会给自己招来祸害。

【新解】王通的这句话指出了君子仁德品行的重要性。一个胸怀大志而又善良正直的正人君子，不会屈服于别人的势力；一个唯利是图的小人只会消耗别人的资源与善意，并且会觉得这是自己的本事，只会对人变本加厉地施恶，丝毫不会回报与感恩。正人君子会用自己的人格魅力令人信服，而不会以势压人。势力会有消失的一天，而人格魅力则稳固持久。自私小人会利用权势不断索取，丝毫不会顾及他人，为这种人效力终究会引火烧身。2018 年，教育部颁布的《新时代高校教师职业行为十项准则》《新时代中小学教师职业行为十项准则》《新时代幼儿园教师职业行为十项准则》都在第三条明确规定“传播优秀文化。带头践行社会主义核心价值观，弘扬真善美，传递正能量”的职业行为要求，这是对王通君子仁德思想的吸纳与传承。广大教师要充分认识到

---

① 中华职业教育社. 黄炎培教育文集：第 1 卷［M］. 北京：中国文史出版社，1994：226.

② 文中子. 止学［M］. 马树全，译注. 合肥：黄山书社，2010：34.

培养善良正直的品行对于学生立身处世的重要意义。教书育人要把品德教育放在首位，每位教师都应当从锤炼自己的良好品德开始，去影响学生，去引导学生，去教育学生，让每一个学生都能成为品德高尚的有用人才。

（隋）王通："仁者好礼，不欺其心也。智者示愚，不显其心哉。"①

〖译文〗讲仁义的人会特别注重礼仪礼节，能以礼相待是因为诚意在心；智慧的人表面上看起来好像什么都不懂，能凡事多问，是因为谦卑在心。

【新解】王通的这句话指出了仁义品质的重要性。"仁义好礼"是社会主义核心价值观"友善"价值的重要来源。2018 年，教育部颁布的《新时代高校教师职业行为十项准则》《新时代中小学教师职业行为十项准则》《新时代幼儿园教师职业行为十项准则》都在第三条明确规定"传播优秀文化。带头践行社会主义核心价值观，弘扬真善美，传递正能量"的职业行为要求，这是对王通的仁者好礼思想的吸纳与传承。作为新时代的教师，我们一定要重礼节，善提问，以诚待人，虚心求教。只要教师是一个知书达礼、仁义好礼的人，那么他所教的学生也会把仁义礼节放在心上，体现在日常行为中，养成知礼节、懂礼貌的良好习惯。所以要让学生做一个有礼貌的人，教师必须先要做到仁义好礼。

（唐）皮日休："高斋晓开卷，独共圣人语。英贤虽异世，自古心相许。"②

〖译文〗在环境优美安静的书斋中缓缓打开书卷，徜徉在书海中与圣贤进行心灵对话。德才兼备的人们虽然没有生活在同一时代，但自古以来他们却互相赞许欣赏。

【新解】皮日休的这首诗把专心求知、静心读书写得十分优美，强调了圣人君子德行的重要性，指出德才兼备的圣人其言行远远影响到了后世。皮日休的这句话对于今天的广大教师而言，仍然有着极为重要的学习借鉴价值。教师虽不都能像圣人一样影响后世，但至少能够用自己的言行来影响学生。2018 年，教育部颁布的《新时代高校教师职业行为十项准则》《新时代中小学教师职业行为十项准则》《新时代幼儿园教师职业行为十项准则》都在第三条明确规定"传播优秀文化。带头践行社会主义核心价值观，弘扬真善美，传递正能量"的职业行为要求，这是对皮日休的"独共圣人语、自古心相许"思想的吸纳与传承。处在物质财富已经十分丰富的当今社会里，教师如何提高自己的精神境界与思想水平，如何增进自己的品德品行，皮日休的这句话给了我们

---

① 文中子．止学［M］．马树全，译注．合肥：黄山书社，2010：24.

② 皮日休．皮子文薮：第十卷［M］．萧涤非，郑庆笃，整理．上海：上海古籍出版社，1981：113.

答案。那就是要在这个快速变化、喧闹不已的社会里，静下心来认真读书学习，与那些学问家、思想家进行思想沟通，让自己的思想宁静，让自己的心态平和，努力达到“四有”好教师的要求，做一个有志向、有思想、有学问的优秀教师，更好地承担起教书育人职责。

（元）许鲁斋：“圣人设教使养其良心之本善，去其私意之不善，其上者可以入圣，其次者可以为贤，又其次者不失为善人。”①

［译文］圣人设置教化的目的，是使人发扬善的“本然之性”，革除存在恶的“气禀之性”，那最好的人可以达到圣人的境界，其次的人也可以成为贤能的人，又其次的人也不失为一个好人。

【新解】许鲁斋的这句话指出了教育的养良善、去私意的教化功能。教育可以让人去除昏蔽，复其明德，识见天理。2018 年，教育部颁布的《新时代高校教师职业行为十项准则》《新时代中小学教师职业行为十项准则》《新时代幼儿园教师职业行为十项准则》都在第三条明确规定“传播优秀文化。带头践行社会主义核心价值观，弘扬真善美，传递正能量”的职业行为要求，这是对许鲁斋的“养良善、去私意”思想的吸纳与传承。陶行知曾说，“千教万教教人求真”。教师理应教导学生追求真理，学做善人，而其前提是教师首先要做一个品德良善的人。只有品德端正、性格善良的教师，才能真正做到用善良之心去教育学生、培养学生，去激发学生的善良本性，帮助学生养成善良的道德品质。

三、传承知识文化的使命传统

（唐）韩愈：“师者，所以传道授业解惑也。”②

［译文］教师就是专门传播知识、解疑释惑的。

【新解】从韩愈的这句话出发，真正地关心爱护学生，首先就是要传道，在今天那就是要进行思想品德教育，这是立人的首位，也是根本。其次，授业即是向学生传授知识。在当今的素质教育中，义务教育基本满足了这个要求。在这个阶段，教师要做到倾囊相授，让学生得到全面的发展。最后，解惑是在学生遇到不能解决的问题时，教师以自己的经验和知识，给以学生解答，让学生参考自己的经验从而有所领悟并解决相关问题。如果关心爱护学生，仅传道是不够的，要把传道、授业、解惑相结合，做到真正关心学生，满足学生的发

① 小学大义［M］//许衡. 许鲁斋集. 北京：中华书局，1985：37.

② 师说［M］//吴楚材，吴调侯. 古文观止：上. 上海：上海古籍出版社，2006：369.

展需要。2018 年，教育部颁布的《新时代高校教师职业行为十项准则》《新时代中小学教师职业行为十项准则》《新时代幼儿园教师职业行为十项准则》都在第三条明确规定“传播优秀文化。带头践行社会主义核心价值观，弘扬真善美，传递正能量”的职业行为要求，这是对韩愈的“传道授业解惑”师道文化的吸纳与传承。作为人民教师，我们应当充分认识到，只有遵从师德、敬畏师德、践行师德，才能以更加无私的胸怀、淡泊致远的境界帮助学生，为社会培养更多的可造之才。广大教师还要充分认识到，养成良好的师德非一日之功，需要把师德锤炼作为终身课题，教育学生到老，锤炼师德到老。

（明末清初）王夫之：“学校者，国之教也，士之所步趋而进退也。”①

［译文］学校是国家开展教育的地方，是士人们的聚散之所。

【新解】王夫之的这句话指出了学校的重要价值。学校是培养人才的地方，学生在学校里通过教师的悉心教导，慢慢成长为对社会有用的人。2018 年，教育部颁布的《新时代高校教师职业行为十项准则》《新时代中小学教师职业行为十项准则》《新时代幼儿园教师职业行为十项准则》都在第三条明确规定“传播优秀文化。带头践行社会主义核心价值观，弘扬真善美，传递正能量”的职业行为要求，这是对王夫之的“国之教也”思想的吸纳与传承。学校是传播知识文化、培养人才的特殊地方，教师是一个特殊的职业，拥有“人类灵魂工程师”与“人类文明传承者”的光荣称号。教师作为学校的关键人物，应当切实肩负起传播优秀文化的使命，这是学校的性质决定的，也是教师职业特性所规定的。

（明末清初）颜元：“圣人学、教、治，皆一致也。孔子惟率之以下学而上达，非吝也，学、教之成法固如是也。”②

［译文］圣人学习、教育、治理，都是一个道理。孔子带领他的学生学习之后传达给其他人，并不吝啬，因为学习、教育的方法本来就是这样的。

【新解】孔子收学生时不收学费，只收些寻常之物，是为了看看学生对教师的诚意、对求学的渴望程度。在学生有一定自主意识的基础上再来进行引导，教他们君子之行、君子之礼。在这个过程中，孔子没有私心，教导学生十分用心，因材施教，教学相长，毫不保留。颜元认为，圣人学习、教育、治理，都是运用的一个道理。2018 年，教育部颁布的《新时代高校教师职业行为十项准则》《新时代中小学教师职业行为十项准则》《新时代幼儿园教师职

---

① 王夫之. 船山全书：第 12 册［M］.《船山全书》编辑委员会，编校. 长沙：岳麓书社，2011：532.

② 颜元. 习斋四存编［M］. 陈居渊，导读. 上海：上海古籍出版社，2000：61.

业行为十项准则》都在第三条明确规定“传播优秀文化。带头践行社会主义核心价值观，弘扬真善美，传递正能量”的职业行为要求，这是对颜元的“学、教、治一致”“下学而上达”思想的吸纳与传承。广大人民教师要做到淡泊名利，把所知的要毫不吝啬地传授给学生，不因私利而拒绝或吝啬地传授知识，为学生树立榜样。

（近代）蔡元培：“教育是帮助被教育的人，给他们能发展自己的能力，完成他的人格，于人类文化上能尽一分子责任，而不是把被教育的人造成一种特别器具。”“就是学校里养成一种人才，将来进社会做事。”“就是学生或教师一方面讲学问，一方面效力社会。”①

【新解】蔡元培的这些话指出了教师的责任，那就是帮助被教育的人发展能力、完善人格，以便效力社会。蔡元培反对灌输、反对把学生培养成器具。苏格拉底曾经说过，“教育不是灌输而是点燃，一万次的灌输，不如一次真正的唤醒”；德国教育学家第斯多惠也说，“教学的艺术不在于传授本领，而在于激励、唤醒和鼓舞”。这些教育家的思想与蔡元培的思想大同小异。2018年，教育部颁布的《新时代高校教师职业行为十项准则》《新时代中小学教师职业行为十项准则》《新时代幼儿园教师职业行为十项准则》都在第三条明确规定“传播优秀文化。带头践行社会主义核心价值观，弘扬真善美，传递正能量”的职业行为要求，这是对蔡元培的“帮助被教育的人发展能力、完善人格”“效力社会”思想的吸纳与传承。要培养出效力社会的人，教师首先自己要有强烈的效力社会的意识，落脚到教书育人工作上，那就是要全心全意地帮助和引导学生发展能力、完善人格，尊重教育教学规律与成长成才规律，努力培养出社会主义的建设者和接班人。

（近现代）罗家伦：“创立一个民族文化的使命，大学若不能负起责任来，便根本失掉大学存在的意义，更无法领导一个民族在文化上的活动。一个民族要是不能在文化上努力创造，一定要趋于灭亡，被人取而代之。要创造一种新的精神，养成一种新的风气，以达到一个大学对于民族的使命。”②

【新解】罗家伦的这段话充满了强烈的教育文化使命感，强调了教育对民族以及民族文化承续的重要性。罗家伦站在民族文化的高度来认识教育，来要求教师，这对于今天加强师德师风建设仍有着重要的指导价值。2018 年，教育部颁布的《新时代高校教师职业行为十项准则》《新时代中小学教师职业行

① 高平叔. 蔡元培教育文选［M］. 北京：人民教育出版社，1980：145.

② 《南大百年实录》编辑组. 南大百年实录：中央大学史料选（上卷）［M］. 南京：南京大学出版社，2002：297.

为十项准则》《新时代幼儿园教师职业行为十项准则》都在第三条明确规定“传播优秀文化。带头践行社会主义核心价值观，弘扬真善美，传递正能量”的职业行为要求，这是对罗家伦的“负起民族文化责任”“对于民族使命”思想的吸纳与传承。广大人民教师要增强“传播优秀文化”使命的自觉性，把社会主义核心价值观作为教书育人的价值准则、作为培养学生的核心内容，引导学生树立起“弘扬真善美，传递正能量”的正确观念，切实承担好人类文明传承者的职责。

（近现代）罗家伦：“对于本国的文化应有自尊心，但万不可炫于东方文化之说，造成自欺的心理。”①

【新解】罗家伦的这句话体现了他高度的文化自信，他的这一思想对于今天加强师德师风建设仍有着重要的指导价值。2018 年，教育部颁布的《新时代高校教师职业行为十项准则》《新时代中小学教师职业行为十项准则》《新时代幼儿园教师职业行为十项准则》都在第三条明确规定“传播优秀文化。带头践行社会主义核心价值观，弘扬真善美，传递正能量”的职业行为要求，这是对罗家伦的“应有文化自尊心”思想的吸纳与传承。广大教师是人类文明的传承者，首先应该对自己国家、民族的优秀文化有正确的认识，要树立正确的历史文化观，要对灿烂而悠久的中华优秀传统文化有强烈的自信感、自豪感，要热爱我们民族的优秀传统文化。只有这样，广大教师才能成为有民魂的人民教师，才能担负起民族文化传承的使命，才能培养出有民魂的社会主义建设者和接班人。

（当代）顾明远：“自古以来，教师承担着教化育人、传播知识、道德垂范和人格表率的重任。作为知识和智慧的化身，教师一直为世人所尊崇，他们躬耕于三尺讲台，孜孜不倦地教化育人，传播知识和真理，被誉为‘圣职’。”②

【新解】顾明远的这句话旗帜鲜明地提出了教师的职责使命，对师德提出了道德垂范、人格表率的要求。他的这些师德论述对于我们今天加强师德师风建设仍具有重要的现实指导意义。2018 年，教育部颁布的《新时代高校教师职业行为十项准则》《新时代中小学教师职业行为十项准则》《新时代幼儿园教师职业行为十项准则》都在第三条明确规定“传播优秀文化。带头践行社会主义核心价值观，弘扬真善美，传递正能量”的职业行为要求，这是对顾

---

① 孟丹青. 罗家伦的教育思想及实践［M］. 南昌：江西人民出版社，2012：100.

② 顾明远，马健生，滕珺. 中国学校研究［M］. 北京：高等教育出版社，2017：130.

明远的“教化育人、传播知识、道德垂范和人格表率”“孜孜不倦地教化育人”思想的吸纳与传承。自古以来，教师承担着教化育人、传播知识、道德垂范和人格表率的重任，“爱”与“责任”是贯穿其中的核心和灵魂。一个教师只有真心实意地关心学生，充分尊重学生、信任学生，严格要求学生，才能被学生接受和喜爱，才能真正达到“教书育人”的目的。

第二节　潜心教书育人

一、孜孜不倦的育人追求

（春秋）子贡：“学不厌，智也；教不倦，仁也。仁且智，夫子既圣矣。”①

〖译文〗学习知识达到不感到厌烦的状态，这是有智慧的表现；教书育人达到不知疲倦的境界，这是有仁德的表现。而孔子就是这样具有智者和仁者品德的圣人。

【新解】在这句话里，子贡通过对孔子有知识有品德的赞颂，指出了优秀人物都是有品德、有智慧的人。从教师的角度来说，也是对新时代教师提出了更高的要求。2018 年，教育部颁布的《新时代高校教师职业行为十项准则》《新时代中小学教师职业行为十项准则》《新时代幼儿园教师职业行为十项准则》都在第四条明确规定“潜心教书育人”的职业行为要求，这是对子贡的“学不厌、教不倦”思想的吸纳与传承。由于教师职业的特殊性，所以社会对教师的品德要求要高于对一般人的要求，而有品德有知识，是教师最基本的职业素质要求，而且教师还应该树立终身学习、终身从教的志向，要呕心沥血、默默奉献，要静下心来，耐住性子教书育人。

（春秋）子曰：“默而识之，学而不厌，诲人不倦，何有于我哉？”②

〖译文〗孔子说：“默默地把所见所闻都记在心里，从不厌烦地努力学习，从不厌倦地教育引导别人，这些事对我来说有什么困难呢？”

【新解】“学而不厌，诲人不倦”，孔子的这句话与子贡的“学不厌、教不倦”是相同的意思，都强调教书育人要持之以恒、坚持不懈。这也是教师职业特殊性的要求，对于当下广大教师加强师德师风建设仍然具有重要的现实借鉴与启迪价值。2018 年，教育部颁布的《新时代高校教师职业行为十项准则》

---

① 孟子·公孙丑章句上［M］//阮元. 十三经注疏. 北京：中华书局，1980：2686.

② 论语·述而第七［M］//阮元. 十三经注疏. 北京：中华书局，1980：2481.

《新时代中小学教师职业行为十项准则》《新时代幼儿园教师职业行为十项准则》都在第四条明确规定“潜心教书育人”的职业行为要求，这是对孔子的“学而不厌、诲人不倦”思想的吸纳与传承。人民教师应当给学生树立不断学习、终身学习的榜样，应当成为对教育事业矢志不渝的楷模，在教书育人上要有坚持不懈的恒心与耐性。只有这样，才能做一名好教师，培养出好学生来。

（西汉）董仲舒：“君子不耻其困。”①

［译文］君子不把困难当作耻辱。

【新解】教育是一个任重而道远的过程，当遇到困难时要持之以恒，而不能感觉羞耻，一味退缩。董仲舒的这句话指出了不畏艰难困苦是教师职业道德中的重要内容。2018年，教育部颁布的《新时代高校教师职业行为十项准则》《新时代中小学教师职业行为十项准则》《新时代幼儿园教师职业行为十项准则》都在第四条明确规定“潜心教书育人”的职业行为要求，这是对董仲舒的“不耻其困”思想的吸纳与传承。新时代的人民教师，要有坚强的意志，要有不怕困难的精神，愿意把全部心血与精力都放在教书育人上，放在培养社会主义的建设者和接班人上。

（隋）王通：“人困乃正，命顺乃奇。以正化奇，止为枢也。”②

［译文］人处在困难的境界中是正常的、常见的，一直都处在事事顺利的情况下才是很稀奇的。所以要把困境转化为顺境，“有所不为”才是最重要的。

【新解】王通的这句话充满了深刻的人生哲理。人的一生总会遇到各式各样的困难危险，不可能是一帆风顺的，出现困难和挫折是正常的。但关键在于要有迎难而上、解决困难的勇气和精神，在消除和化解一个个难题与困难中不断前进。王通的这句话告诉了我们奋斗的重要性。2018年，教育部颁布的《新时代高校教师职业行为十项准则》《新时代中小学教师职业行为十项准则》《新时代幼儿园教师职业行为十项准则》都在第四条明确规定“潜心教书育人”的职业行为要求，这是对王通“以正化奇，止为枢也”思想的直接吸纳与具体体现。在教书育人工作中，教师们会遇到许许多多的挫折、失败、困难与问题，而作为新时代的人民教师，教师们在对待困难、挫折上首先自己要有正确的认识，要有强大的迎难而上的心理素质，要有自强不息、奋力拼搏的精神态度。只有这样，才能使学生树立战胜困难和挫折的勇气和信心，才能培养

① 董仲舒．春秋繁露·天人三策［M］．陈蒲清，校注．长沙：岳麓书社，1997：12.

② 文中子．止学［M］．马树全，译注．合肥：黄山书社，2010：163，165.

学生顽强的意志品质。

（唐）罗隐：“采得百花成蜜后，为谁辛苦为谁甜？”①

〖译文〗蜜蜂采尽了百花，才终酿成了花蜜；它到底为谁付出了辛苦，又想让谁品尝甘甜？

【新解】罗隐的这句诗表达了对蜜蜂的辛勤劳动的赞美。蜜蜂不辞辛劳，付出时间和汗水，一季接着一季，一年又是一年。事实上，教师就像蜜蜂一样，在杏坛里辛勤地培育学生。2018 年，教育部颁布的《新时代高校教师职业行为十项准则》《新时代中小学教师职业行为十项准则》《新时代幼儿园教师职业行为十项准则》都在第四条明确规定“潜心教书育人”的职业行为要求，这是对罗隐的“采得百花成蜜后”思想的吸纳与传承。教书育人需要的是无私奉献精神；需要的是为了学生的一切、一切为了学生；需要的是扎根人民、扎根学生，做到“经师”和“人师”的统一，做到“授业”“解惑”“传道”的统一；需要的是像蜜蜂一样辛勤地培育学生，不求回报，只为尽责。

（唐）李商隐：“春蚕到死丝方尽，蜡炬成灰泪始干。”②

〖译文〗春天的蚕吐丝要在结茧快死时才吐完，蜡烛滴像泪一样的蜡要在燃尽成灰时才滴干。

【新解】李商隐的这句诗热烈地赞颂了无私奉献的精神，通常用来形容教师的崇高职业道德，赞美教师是用全部心血照亮学生心灵的蜡烛、是用全部心血潜心育人的春蚕。2018 年，教育部颁布的《新时代高校教师职业行为十项准则》《新时代中小学教师职业行为十项准则》《新时代幼儿园教师职业行为十项准则》都在第四条明确规定“潜心教书育人”的职业行为要求，这是对李商隐的“春蚕到死丝方尽，蜡炬成灰泪始干”思想的吸纳与传承。培养人的工作是一个长期的工作，需要花费许多心血与精力。人民教师作为青少年健康成长的引路人，应当把奉献精神作为自己从事教书育人工作的职业准则和职业素养，要用不求回报的爱和全身心的付出来引导学生，只有这样才能感受到教师的无上荣光。

（南宋）朱熹：“敬业者，专心致志以事其业也。”③

〖译文〗教师要专心致志地进行教学。

【新解】朱熹的这句话强调了敬业精神的重要性，教书育人需要专心致志的敬业精神。2018 年，教育部颁布的《新时代高校教师职业行为十项准则》

---

① 罗隐．罗隐集［M］．雍文华，校辑．北京：中华书局，1983：129.

② 康熙．全唐诗［M］．上海：上海古籍出版社，1986：1365.

③ 朱杰人，严佐之，刘永翔．朱子全书：第 15 册［M］．上海：上海古籍出版社，2002：537.

《新时代中小学教师职业行为十项准则》《新时代幼儿园教师职业行为十项准则》都在第四条明确规定“潜心教书育人”的职业行为要求，这是对朱熹的“专心致志以事其业”思想的吸纳与传承。人的成长不是一蹴而就的，需要长时期耐心细致的教导与培养。这些特殊要求决定了教师要对教书育人工作有满腔热忱，要有坚持不懈的敬业精神，要有诲人不倦的职业精神。只有这样，才能培养出优秀的学生。

（元）许鲁斋：“教育家当年本极清苦，果能尽心职业，爱惜后进，死后不无相当之荣哀。”①

【新解】社会上有千千万万的职业，教师职业有着特殊性和专业性，教师也有着许多美称，“人类灵魂工程师”“太阳底下最光辉的职业”，这是人们对教师职业的共识。许鲁斋的这句话道出了教师的敬业奉献精神的重要性。2018年，教育部颁布的《新时代高校教师职业行为十项准则》《新时代中小学教师职业行为十项准则》《新时代幼儿园教师职业行为十项准则》都在第四条明确规定“潜心教书育人”的职业行为要求，这是对许鲁斋“尽心职业”思想的直接吸纳与具体体现。毋庸讳言，教师是极平凡、极普通的职业，也是较为清苦的职业，但是教师职业又是神圣的、伟大的，拥有无法估价衡量的精神财富。每位教师对此都要有清醒的认识，要保持淡泊名利的心态，尽心教书育人，要甘于清贫，耐得住寂寞，加强心性修养，提高师德水平。

（明末清初）王夫之：“君子诲人不倦，而师道必严。”②

〖译文〗君子能够孜孜不倦地把知识传授给别人，才能使师道变得崇高。

【新解】王夫之的这句话与孔子的“学而不厌，诲人不倦”思想是相同的，但他要比孔子更进一步，指出了不知疲倦地培养人是增强教师职业崇高感的方法。2018年，教育部颁布的《新时代高校教师职业行为十项准则》《新时代中小学教师职业行为十项准则》《新时代幼儿园教师职业行为十项准则》都在第四条明确规定“潜心教书育人”的职业行为要求，这是对王夫之的“诲人不倦、师道必严”思想的吸纳与传承。这对于今天的广大教师锤炼师德而言，有着重要的现实启迪与借鉴价值。广大教师在向学生传达知识的时候，要始终保持毫不懈怠的状态，竭尽所能，像蜡烛一般燃烧自己，去点亮莘莘学子那一双双求知的目光，要像春蚕那样把自己的知识全部教给学生，至死方休。

（近代）梁启超：“在教育界立身的人，应该以教育为唯一的趣味。”③

---

① 陈青之. 中国教育史［M］. 上海：上海三联书店，2013：273.

② 王夫之.《周易》内传［M］. 李一忻，点校. 北京：九州出版社，2004：59.

③ 梁启超. 梁启超论教育［M］. 北京：商务印书馆，2017：189.

【新解】梁启超的这句话与朱熹“专心致志以事其业”思想是相同的，指出了教师要有终身从教的职业品德，这对于我们今天加强师德师风建设仍具有重要的现实指导意义。2018 年，教育部颁布的《新时代高校教师职业行为十项准则》《新时代中小学教师职业行为十项准则》《新时代幼儿园教师职业行为十项准则》都在第四条明确规定“潜心教书育人”的职业行为要求，这是对梁启超的“以教育为唯一的趣味”思想的直接吸纳与具体体现。广大人民教师要时刻保持教师的责任感和使命感，要热爱自己的本职工作，要把自己的全部心思与精力都投放在人才培养上，要把教书育人作为自己的唯一兴趣，要热爱教育，做到一辈子教书育人、教书育人一辈子。

（近现代）吴玉章：“人生在世，事业为重。一息尚存，绝不松劲。”①

【新解】吴玉章是我国杰出的教育家，为新中国的教育事业做出了很大的贡献。教育对他来说，是他所热爱的革命事业的一部分。他的这句话体现了高度敬业奋斗的精神。2018 年，教育部颁布的《新时代高校教师职业行为十项准则》《新时代中小学教师职业行为十项准则》《新时代幼儿园教师职业行为十项准则》都在第四条明确规定“潜心教书育人”的职业行为要求，这是对吴玉章的“一息尚存，绝不松劲”思想的直接吸纳与具体体现。新时代的教师要把终身奉献教育事业作为自己的职业信条，要把潜心教书育人作为自己的行为准则，要切实做到热爱教育、服务教育、献身教育，把教书育人作为自己的终身职业，把教书育人作为实现自己人生价值的事业，矢志不渝、奋斗不息，甘于寂寞，甘于辛劳，不轻言放弃，不半途而废。

（近现代）赵俊爱：“要能虚心做事和处人，能吃苦耐劳，不因事困难而灰心消极，不自大，肯负责。要能努力本位向上，做事有精神。要能以身作则。”②

【新解】赵俊爱的这句话与王通“人困乃正，以正化奇”的思想是相同的，指出了克服困难、矢志不移的师德重要性。这对于今天的师德师风建设来说也是大有裨益的。2018 年，教育部颁布的《新时代高校教师职业行为十项准则》《新时代中小学教师职业行为十项准则》《新时代幼儿园教师职业行为十项准则》都在第四条明确规定“潜心教书育人”的职业行为要求，这是对赵俊爱“不因事困难而灰心消极”“努力本位向上”思想的直接吸纳与具体体现。广大人民教师要有吃苦耐劳的精神，要有克服困难的精神，要有勇于负责

---

① 吴玉章. 自励诗［N］. 解放军报，1980-06-11（3）.

② 赵俊爱. 教师的修养［J］. 乡村教育，1937，4（1）：21. 又见：杜成宪. 民国乡村教育文献丛刊：第 28 卷［M］. 北京：国家图书馆出版社，2014：63.

的态度，以积极努力的精神潜心教书育人，不因困难而灰心消极，不因挫折而半途而废，谦虚谨慎，以身作则，为学生起好爱岗敬业的表率作用。

（近现代）卢绍稷："凡是一种事业，决不能一蹴而成。试验复试验，失败又失败，总有成功之一日。吾人应有'孜孜不息，百折不回'之精神，决不可有'虎头蛇尾'之态度！"①

【新解】卢绍稷的这句话与朱熹"专心致志以事其业"的意思是一样的，指出了在教育上的敬业奉献精神的重要性。卢绍稷的这句话对于今天的师德师风建设来说是大有裨益的。2018 年，教育部颁布的《新时代高校教师职业行为十项准则》《新时代中小学教师职业行为十项准则》《新时代幼儿园教师职业行为十项准则》都在第四条明确规定"潜心教书育人"的职业行为要求，这是对卢绍稷"孜孜不息，百折不回"思想的直接吸纳与具体体现。常言道，"十年树木、百年树人"，可见培养人才是一个缓慢的过程，需要漫长岁月的积累。广大人民教师要培养自己的耐心，要抱有孜孜不倦的敬业精神，要有攻坚克难的决心和勇气，努力献身伟大的教育事业。

（近现代）干藻："要有老牛般的精神。这是说我们乡教人员要有老牛一样的服务精神，遇到了困苦要忍耐着，继续不断地努力着，这样则就久而不觉其苦了，乡村中各方面的生活，也就渐渐能够适应了。我们眼见许多人唱着到民间去的高调而下乡，下乡不久微微吃到了苦头，或碰了几个钉子，转身就逃回都市去。这样自然养不成乐于乡村生活的习惯，也就是骗人的教育家。"②

【新解】干藻的这句话十分形象生动，用老牛来形容教师的敬业耐劳勤恳精神，可谓精妙传神。这对于今天的师德师风建设来说是大有裨益的。2018 年，教育部颁布的《新时代高校教师职业行为十项准则》《新时代中小学教师职业行为十项准则》《新时代幼儿园教师职业行为十项准则》都在第四条明确规定"潜心教书育人"的职业行为要求，这是对干藻"老牛一样的服务精神"思想的直接吸纳与具体体现。教书育人工作，事无巨细，环节多，任务重，时间长，见效慢，这些都是教育工作的特殊属性，决定了教师必须要像老牛一样有敬业耐劳勤恳忍耐的精神，否则是当不好教师的。所以干藻对教师潜心育人品质的形容是传神到位的，也是值得当下广大人民教师深入思考的。

（现代）张伯苓："先时教育为扬名声，显父母，而今日则迥乎异矣！教育

---

① 卢绍稷. 乡村教育概论［M］. 江恒源，校阅. 上海：大东书局，1932：97. 又见：杜成宪. 民国乡村教育文献丛刊：第 1 卷［M］. 北京：国家图书馆出版社，2014：375.

② 干藻. 乡村教育［M］. 上海：商务印书馆，1938：179-180. 又见：杜成宪. 民国乡村教育文献丛刊：第 9 卷［M］. 北京：国家图书馆出版社，2014：707-708.

为社会谋进步，为公共谋幸福；教育为终身事业（life work），予于此至死为止。”“一生献身教育事业；体会到‘寓教于乐’‘寓德于乐’的教育心理学道理。”“任教育者当注重人格感化，人格感化之功效，较课堂讲授之力，相去不可以道里计。”①

【新解】张伯苓的这句话指出了献身教育事业的重要性。教育的过程是一个双方受益的过程，教师投身于教育事业，尽自身最大的努力教育学生，不断地燃烧自己，但同时自己也能得到很多。人的一生本来就是不断学习不断进步的过程。教育是一项伟大的任务，教师是一个伟大的职业，教师一生献身教育事业，一生育人。教育是一个互相影响、互相作用的过程，所以对于教师来说同样也是一生学习。张伯苓的这句话对于今天的师德师风建设来说是大有裨益的。2018 年，教育部颁布的《新时代高校教师职业行为十项准则》《新时代中小学教师职业行为十项准则》《新时代幼儿园教师职业行为十项准则》都在第四条明确规定“潜心教书育人”的职业行为要求，这是对张伯苓“志于斯、劳于斯、乐于斯、成于斯”思想的直接吸纳与具体体现。

（当代）潘懋元：“要有一种高度的责任心、使命感和奉献精神，要用一颗炽热的爱心和一股饱满的热情来投注于自己的事业，用一种志于斯、劳于斯、乐于斯、成于斯的心态创新自己的工作，因为人生中最能引人奋发的是事业。”②

【新解】潘懋元的这句话指出了责任心、使命感和奉献精神对教师的重要性，对于今天加强师德师风建设具有重要的现实指导价值。好的教师应该是有高度责任心、使命感和奉献精神的教师，要敬业乐业，为人师表。教书育人是对教师最基本的要求，教师应当做好示范，做到诲人不倦，终身学习。教师是学生知识增长和思想进步的教育者、引导者。学校里的任何一种形式的活动，都会给学生的成长起到一定的影响和作用。2018 年，教育部颁布的《新时代高校教师职业行为十项准则》《新时代中小学教师职业行为十项准则》《新时代幼儿园教师职业行为十项准则》都在第四条明确规定“潜心教书育人”的职业行为要求，这是对潘懋元“志于斯、劳于斯、乐于斯、成于斯”思想的直接吸纳与具体体现。高度的责任心、使命感和奉献精神是师德中的核心要素。人民教师要担负起教书育人的重任，必须首先加强自身的师德修养，必须端正自己的思想行为，必须提高自己的思想道德水平，爱岗敬业，无私奉献，

① 王文俊．张伯苓教育言论选集［M］．天津：南开大学出版社，1984：67，97.

② 韩延明．潘懋元教授纪事年表［M］．厦门：厦门大学出版社，2015：372.

才能培养出符合时代要求的、高素质的合格人才。

二、耐心细致的育人精神

（春秋）颜渊："夫子循循然善诱人。"①

〖译文〗教师认认真真、不厌其烦，善于教育人、引导人。

【新解】颜渊的这句话与孔子的"诲人不倦"观点是相同的，指出了耐心细致地培养学生是教师职业道德的核心素养。颜渊的这句话对于今天教师加强师德师风锤炼仍具有积极的启迪意义。2018 年，教育部颁布的《新时代高校教师职业行为十项准则》《新时代中小学教师职业行为十项准则》《新时代幼儿园教师职业行为十项准则》都在第四条明确规定"潜心教书育人"的职业行为要求，这是对颜渊"循循然善诱人"思想的直接吸纳与具体体现。教师要善于引导学生学习，要善于发挥学生特长，调动学生积极性。教师在教育教学中要恪守以生为本的理念，给学生多一点尊重和信任，注重学生个性发展，多一点欣赏和赞誉，以谋求学生的全面与自由发展为终极目标，努力为满足他们的自我实现需要创造各种条件和机会。

（唐）杜甫："随风潜入夜，润物细无声。"②

〖译文〗（春雨）伴随和风悄悄进入夜幕，细细密密无声地滋润大地万物。

【新解】杜甫的这句诗写得十分形象，把教育潜移默化的影响功能写得生动准确。这句诗说春雨和大地万物的关系，春雨悄无声息地滋养大地，大地才能够生机勃勃，以其来形容教师潜移默化、无私奉献的精神是十分恰当的。2018 年，教育部颁布的《新时代高校教师职业行为十项准则》《新时代中小学教师职业行为十项准则》《新时代幼儿园教师职业行为十项准则》都在第四条明确规定"潜心教书育人"的职业行为要求，这是对杜甫"随风潜入夜，润物细无声"思想的直接吸纳与具体体现。如何潜移默化地影响学生，关键还是在于教师的勤勉敬业、忠于职守的职业态度，在于教师潜心教书育人的职业品质。能够春风化雨、潜移默化地影响一代代学生，这应该是教师教书育人的最高境界，也是其职业道德的最高体现。

（唐）白居易："试玉要烧三日满，辨材须待七年期。"③

〖译文〗要验证宝玉是真是假，就得用火将它烧上三天；要分辨枕木和樟木，就必须等它们长上七年。

---

① 论语·子罕第九［M］//阮元. 十三经注疏. 北京：中华书局，1980：2490.

② 杜甫. 春夜喜雨［M］//仇兆鳌. 杜诗详注. 上海：上海古籍出版社，1992：316.

③ 刘维. 唐诗三百首［M］. 哈尔滨：黑龙江科学技术出版社，2015：94.

【新解】白居易的这句诗是富有哲理情趣的好诗，它以极通俗的语言说出了一个道理：对人、对事要得到全面的认识，都要经过时间的考验，从整个历史去衡量、去判断，而不能只根据一时一事的现象下结论。有句话叫“一年之计，莫如树谷；十年之计，莫如树木；百年之计，莫如树人”①，放到教育行业来说，最为贴切。白居易的这句诗指出了培养人才、辨识人才的规律要求，这对今天广大人民教师做好教书育人本职工作来说，有着重要的借鉴与启迪价值。2018 年教育部颁布的《新时代高校教师职业行为十项准则》《新时代中小学教师职业行为十项准则》《新时代幼儿园教师职业行为十项准则》都在第四条明确规定“潜心教书育人”的职业行为要求，这是对白居易“试玉要烧三日满，辨材须待七年期”思想的直接吸纳与具体体现。培养人才是一个缓慢的过程，要见到人才培养的成效更是要以年为单位来计算。因此，教书育人工作是一项耐心细致的工作，需要花费大量的时间与心血来精心培养。这当然也对教师提出了潜心育人的职业道德要求。

（明末清初）王夫之：“教不严，师之惰。”②

［译文］教育不严格，是因为教师很懒惰。

【新解】正己而后可以正物，自治而后可以治人。王夫之的这句话强调了教师要严格要求学生，对于今天加强教师师德建设来说，仍有着重要的启迪意义。2018 年，教育部颁布的《新时代高校教师职业行为十项准则》《新时代中小学教师职业行为十项准则》《新时代幼儿园教师职业行为十项准则》都在第四条明确规定“潜心教书育人”的职业行为要求，这是对王夫之“教不严，师之惰”思想的直接吸纳与具体体现。教育是奠基未来的事业，教师是走在时代前列的人。如果教育不够严格，使得学生一事无成，这就是教师怠惰的结果。所以教师的帮助、引导与严格要求对于学生成长成才来说是十分重要的。俗话说得好：严师出高徒。严格的教育往往是通往成才之路的必然途径，一个成功的学生后面必定有一个要求严格而认真的教师。所以，教师应该把严格要求学生作为职业道德要求，不能对学生管教失之于宽，放任自流。

（近现代）郭人全：“宽大的胸怀。乡村农民因为愚昧，有时左讲不通，右讲不通，费力多而收效少，不免使人生气。然而正因为他们‘愚昧’，所以需要我们教育啊！乡村小学教师逢到此种情景，唯有暂时容忍，徐图诱导。故

---

① 权修第三［M］//管仲. 管子. 房玄龄注，刘绩补注，刘晓艺校点. 上海：上海古籍出版社，2015：14.

② 王应麟，等. 三字经［M］. 吴蒙，标点. 上海：上海古籍出版社，1988：7.

胸怀宽大实为乡村小学教师必需的条件。”①

【新解】郭人全的这句话表达了教师胸怀宽大、徐图诱导的职业要求，他的这些思想值得广大教师尤其是乡村教师学习和借鉴。2018 年，教育部颁布的《新时代高校教师职业行为十项准则》《新时代中小学教师职业行为十项准则》《新时代幼儿园教师职业行为十项准则》都在第四条明确规定“潜心教书育人”的职业行为要求，这是对郭人全“胸怀宽大、徐图诱导”思想的直接吸纳与具体体现。因为学生的差异与不同，教师要因材施教，要有针对性，要对每个学生的身心特点都有准确的掌握与了解。这当然会要求教师要花大量的时间与精力去关心学生、了解学生，与他们交流、与他们谈心、与他们相处，这会让教师教书育人工作变得更加繁重。这就要求教师要有宽大的胸怀，要做好耐心细致的教育引导工作，要慢慢地影响和改变学生。只有这样，才能真正做好教书育人工作。

（近现代）甘豫源：“许多乡村教育的书上又说，乡村教育者的物质生活虽很清苦，但精神上一定得到安慰。这也未必一定如是。教育者得到民众信仰后，自然言听计从，但教育者工夫未到，乡下人不领教的时候，也教人生气。此刻且大肚包容，容天下难容之事。”②

【新解】在这句话里，甘豫源指出了教师要有包容宽容的职业道德品质，与郭人全“胸怀宽大、徐图诱导”的思想是一致的。宽容包容的道德品质对于今天的师德师风建设来说，无疑值得借鉴与吸纳。2018 年，教育部颁布的《新时代高校教师职业行为十项准则》《新时代中小学教师职业行为十项准则》《新时代幼儿园教师职业行为十项准则》都在第四条明确规定“潜心教书育人”的职业行为要求，这是对甘豫源“大肚包容，容天下难容之事”思想的直接吸纳与具体体现。教师要胸怀宽广，要充分认识到学生的不足与闪光的地方，要能够正确对待教书育人工作中遇到的挫折、不理解，对学生充满包容关爱之心，那么就会获得学生的认同，就会拉近与学生的距离，就能让自己成为学生的好朋友和贴心人。

（当代）刘京海：“反复成功的孩子会越来越好。成功教育就是变反复失

---

① 郭人全. 乡村教育［M］. 上海：黎明书局，1937：107. 又见：杜成宪. 民国乡村教育文献丛刊：第 4 卷［M］. 北京：国家图书馆出版社，2014：483.

② 甘豫源. 乡村教育［M］. 上海：中华书局，1935：32. 又见：杜成宪. 民国乡村教育文献丛刊：第 9 卷［M］. 北京：国家图书馆出版社，2014：40.

败为反复成功。”① “成功之花是用心血浇灌出来的。”②

【新解】成功从来不是偶然的，每一个成功者手中的鲜花，都是他们用汗水和心血浇灌出来的。刘京海的这句话指出了教育需要耐心用心，正如教师被称为“知识的园丁”一样。他的这句话对于今天加强师德师风建设是有启迪意义的。2018 年，教育部颁布的《新时代高校教师职业行为十项准则》《新时代中小学教师职业行为十项准则》《新时代幼儿园教师职业行为十项准则》都在第四条明确规定“潜心教书育人”的职业行为要求，这是对刘京海“成功教育就是变反复失败为反复成功”思想的直接吸纳与具体体现。作为教育工作者，我们培养祖国的花朵，需要付出百倍千倍的心血和努力方能无愧于心。所以，教授知识、付出大爱就是成全学生的最好方法。每位教师都应当有敬业奉献的精神，都应有热爱教育事业的情怀，把自己的满腔热忱全部投入到学生培养中，做一名无愧于“人民教师”称号的好教师。

（当代）于漪：“是我几十年来始终把心放在学生身上，是目中有人给了我这个特异功能。师爱应该超越亲子之爱、友人之爱，因为它包蕴了崇高的使命和责任。”③

【新解】有仁爱之心是当教师的最基本道德品质要求，于漪在这句话中强调了师爱对教育的重要性，把师爱上升到崇高使命和责任的高度，可以说是对师德要求的精炼概括。这对于今天广大人民教师加强师德师风建设有着重要的启迪价值。2018 年，教育部颁布的《新时代高校教师职业行为十项准则》《新时代中小学教师职业行为十项准则》《新时代幼儿园教师职业行为十项准则》都在第四条明确规定“潜心教书育人”的职业行为要求，这是对于漪“始终把心放在学生身上”思想的直接吸纳与具体体现。教育是爱的事业，没有爱就没有教育，也就不能培养出优秀的学生。每位教师都应该把爱学生贯穿于整个教书育人生涯，一刻也不能忘记耐心细致地爱学生，这是教师应然的职业道德要求。不爱学生的教师是当不好教师的，学生也不会爱这样的教师。教师对学生的关爱，是不含任何杂质的爱，是最纯洁最纯粹的爱，就是一心一意全身心投入学生的成长中。这样的教师才配得上“人类灵魂工程师”的称号，才值得社会大众对他们的崇高进行赞扬。

---

① 蒋平. 自信启蒙书［M］. 北京：北京工业大学出版社，2014：149.

② 上海市闸北区教育局，上海市成功教育研究所. 刘京海教育思想研究［M］. 上海：上海教育出版社，2008：295.

③ 于漪. 于漪与教育教学求索［M］. 北京：北京师范大学出版社，2015：5.

三、尽职尽责的育人实践

（春秋）子思："记曰：'凡学，官先事，士先志'，其此之谓乎。"①

［译文］古书上说："在教育这件事上，教师的责任首先在于尽职，学生的责任首先在于立志"，就是这个意思吧。

【新解】子思的这句话点出了教师应该具有责任之心，对于今天人民教师加强师德师风锤炼有着重要的现实借鉴与启迪价值。2018 年，教育部颁布的《新时代高校教师职业行为十项准则》《新时代中小学教师职业行为十项准则》《新时代幼儿园教师职业行为十项准则》都在第四条明确规定"潜心教书育人"的职业行为要求，这是对子思"先事先志"思想的直接吸纳与具体体现。选择当教师就选择了责任，就要尽到教书育人、立德树人的责任，并把这种责任体现到平凡、普通、细微的教书育人之中。在广大教师队伍中，有许多用一辈子备一堂课、一辈子默默奉献在三尺讲台的先进典型，在他们身上体现了尽职尽责的熠熠光芒，需要每位教师认真学习，加强尽职尽责的职业精神锤炼。

（明）王阳明："尽夫天理之极，而无一毫人欲之私。"②

［译文］穷尽天理，不带一丝一毫的私欲。

【新解】王阳明的这句话强调了做事没有私欲，尽心尽力去完成的精神，这种精神对于今天人民教师来说同样十分重要。在事事物物上，我们都应当力求尽善尽美，尽可能地追求完美是做一件事的最高目标。2018 年，教育部颁布的《新时代高校教师职业行为十项准则》《新时代中小学教师职业行为十项准则》《新时代幼儿园教师职业行为十项准则》都在第四条明确规定"潜心教书育人"的职业行为要求，这是对王阳明"尽夫天理之极"思想的直接吸纳与具体体现。在教书育人工作中，每位教师都应当积极追求上好每一堂课、批改好每一次作业，做好每一次和家长、学生的交流工作。全心全意投入教学就是不掺杂任何私人情绪来影响自己的教学；要严肃对待教书育人工作，谨记"师者"的身份，全心全意搞好教育教学以及对学生的管理服务工作，绝对不能在其中掺杂任何不利于教学工作展开的私人情绪，当好学生们成长发展的引路人。

（明末清初）王夫之："小人之道，有必为，无必不为。君子之道，有必

---

① 礼记·学记第十八［M］//阮元. 十三经注疏. 北京：中华书局，1980：1522.

② 王阳明. 语录一·传习录上［M］//王阳明. 王阳明全集：上册. 吴光，钱明，董平，等编校. 上海：上海古籍出版社，1992：2.

不为，无必为。”①

［译文］小人做事的原则是有必要做的必做，没有必要的就不做。君子做事的原则是有必要做的不一定要做，而没有必要做的却一定要做。小人是无所不为，君子是有所为有所不为。

【新解】王夫之的这句话暗示了合格的教师在教书育人过程中什么可以做，什么不能做，指出有所为有所不为的教师职业道德要求，这对于加强新时代师德建设有着积极的借鉴与启迪意义。2018 年，教育部颁布的《新时代高校教师职业行为十项准则》《新时代中小学教师职业行为十项准则》《新时代幼儿园教师职业行为十项准则》都在第四条明确规定“潜心教书育人”“不得违反教学纪律，敷衍教学，或擅自从事影响教育教学本职工作的兼职兼薪行为”的职业行为要求，这是对王夫之“君子之道，有必不为，无必为”思想的直接吸纳与具体体现。人民教师应当强化规则意识，提高法治素养，提升依法执教、规范执教能力；要遵守潜心教书育人的职业行为要求，要时刻自重、自省、自警、自励，坚守师德底线，不做违反教学纪律的事，自觉守住底线，坚持有所为有所不为。

（清）曾国藩：“天下古今之庸人，皆以一惰字致败；天下古今之人才，皆以一傲字致败。”②

［译文］从古到今天下的普通人，都是因懒惰而导致失败；从古到今天下的有才之人，都是因骄傲而失败。

【新解】曾国藩的这句话给我们的启示有如下两点：一是要勤奋好学，学以致用；知行合一，做实干家。二是谦虚谨慎，戒骄戒躁。他的这句话对于我们今天加强师德师风建设来说，具有重要的现实指导意义。2018 年，教育部颁布的《新时代高校教师职业行为十项准则》《新时代中小学教师职业行为十项准则》《新时代幼儿园教师职业行为十项准则》都在第四条明确规定“潜心教书育人”的职业行为要求，这是对曾国藩“惰字傲字致败”思想的吸纳与借鉴。作为教师，我们要秉持“活到老，学到老”的理念，在勤学、修德、明辨、笃行上下功夫，与时俱进，既要向书本学习科学文化知识，又要在人民群众的生动实践中提高育人能力；要谦虚谨慎，戒骄戒躁，善于学习他人长处，做到见贤思齐，取长补短，让自己不断臻于完美。

（清）欧阳厚均：“弗懈兼勤，孜孜训迪，与诸生文行交勉，道艺兼

① 王夫之. 宋论［M］. 舒士彦，点校. 北京：中华书局，1964：116.

② 曾国藩. 家书：上册［M］//曾国藩. 曾国藩全集. 石家庄：河北人民出版社，2016：305.

资。”①

［译文］（教师）谆谆言传，又严于身教，不能懈怠并且要勤奋，孜孜不倦地教育学生，在文化、做事、修养、艺术等方面给每个学生都做出了表率。

【新解】欧阳厚均的这句话表达了以生为本的师德观，对教师提出了学识、做事、修身、情操等方面做出表率的要求，要爱教如命，执教有方，爱生如宝，与学生为友，平起平坐，共同读书讨论，共同观山看水，寓教于乐。欧阳厚均的这句话对于今天的广大教师具有很强的启迪意义，值得每个教师认真学习领会并加以借鉴和吸纳。2018 年，教育部颁布的《新时代高校教师职业行为十项准则》《新时代中小学教师职业行为十项准则》《新时代幼儿园教师职业行为十项准则》都在第四条明确规定“潜心教书育人”的职业行为要求，这是对欧阳厚均“弗懈兼勤，孜孜训迪”思想的直接吸纳与具体体现。新时代的人民教师，应当认真汲取欧阳厚均“弗懈兼勤，孜孜训迪”思想的精华，在教书育人实践中，勤勤恳恳、坚持不懈地培养人，在学会做人、学会做事、学会学习上做学生的榜样，与学生就知识的学习、思想的提高进行深度的探讨与交流，真正成为学生思想学识、健康成长的引路人。

（近代）梁启超：“敬业与乐业是人类生活的不二法门，是中国职业道德的两大准则。”“我生平最受用的有两句话：一是‘责任心’，二是‘趣味’。我自己常常力求这两句话之实现与调和，又常常把这两句话向我的朋友强聒不舍。今天所讲，敬业即是责任心，乐业即是趣味。我深信人类合理的生活应该如此，我望诸君和我一同受用。”②

【新解】在这句话中，梁启超指出了爱岗敬业是乐教勤业的动力源泉，是社会生活的根本准则。“敬业”最早出现在《礼记·学记》篇中，朱子曰：“敬业者，专心致意以视其业也。”敬业精神意味着教师必须竭尽全力提高专业水准，促进自身素质的提高。梁启超的这句话直截了当地点出了“敬业与乐业是职业道德的两大准则”，并将其提高到人类生活的不二法门地位，由此可以看出梁启超对敬业与乐业精神的重视程度。他的这些思想值得今天的广大人民教师学习借鉴与思考。2018 年，教育部颁布的《新时代高校教师职业行为十项准则》《新时代中小学教师职业行为十项准则》《新时代幼儿园教师职业行为十项准则》都在第四条明确规定“潜心教书育人”的职业行为要求，这是对梁启超“敬业与乐业是职业道德的两大准则”“敬业即是责任心，乐业

---

① 王兴国. 郭嵩焘评传［M］. 南京：南京大学出版社，1998：40.

② 梁启超. 梁启超论教育［M］. 北京：商务印书馆，2017：236，240.

即是趣味”思想的直接吸纳与具体体现。敬业是教师对自己所从事的专业工作发自内心地崇敬。教育的责任心，是一种发自内心的使命感，也是教师工作的原动力。它能促使教师爱生如子，诲生不倦；钻研业务，精于教学；发展学生，成就自我。这两大职业道德准则意味着教师要对学生负责、对民族负责、对国家负责，要强化奉献精神，加强自己敬业乐业职业意识的培养。

（近代）梁启超：“凡职业没有不是神圣的，所以凡职业没有不是可敬的。”①

【新解】梁启超的这句话表达了对职业的敬畏之心，指出了正因为每个职业都是神圣的、可敬的，所以每个人都应当对自己所从事的职业要有敬畏之心，要有尊崇之心。他的这句话值得广大教育工作者认真思考和借鉴。2018年，教育部颁布的《新时代高校教师职业行为十项准则》《新时代中小学教师职业行为十项准则》《新时代幼儿园教师职业行为十项准则》都在第四条明确规定“潜心教书育人”的职业行为要求，这是对梁启超“凡职业都是神圣的、可敬的”思想的直接吸纳与具体体现。对于从事教书育人工作的人来说，教师这个职业是神圣的，更是可敬的。每个教师都要对教师这个神圣的、可敬的职业有敬畏之心，要充分认识到神圣的分量、可敬的重量，要加强爱岗敬业、潜心育人职业道德操守的锤炼，兢兢业业，勤于奉献，淡泊名利，默默地耕耘在三尺讲台上，而且以苦为乐，甘于寂寞，才能以从师为荣，以当教师而自豪。

（近代）陶行知：“教师对自己从事的教学工作抱什么态度，对掌握业务知识抱什么态度，这也是师德问题。”②

【新解】陶行知的这句话直接指明了教学态度是反映教师师德状况的指标之一，强调对教学的态度、对学习业务知识的态度关乎师德，强调教学态度是教师作为教育工作者最基本的职责，强调“终身学习”是教师的职业要求。陶行知的这句话对于今天广大教师锤炼师德师风有着重要的现实借鉴与启迪价值。2018年，教育部颁布的《新时代高校教师职业行为十项准则》《新时代中小学教师职业行为十项准则》《新时代幼儿园教师职业行为十项准则》都在第四条明确规定“潜心教书育人”的职业行为要求，这是对陶行知“教学态度、学习态度是师德问题”思想的吸纳与借鉴。教师最为核心的职责就是教书育人，如果在教书育人这个事情上都不能端正态度，马马虎虎，敷衍了事，那就

① 梁启超．梁启超修身讲演录［M］．彭树欣，选评．上海：上海古籍出版社，2018：171.

② 中央教育科学研究所．叶圣陶语文教育论集：上册［M］．北京：教育科学出版社，1980：54.

不能成其为教师。如果一个教师因循守旧，不思上进，那也不是合格的教师。新时代的教师既要做学生的教师，更要做时代的学生，实现教而不倦、学而不厌。

（近代）李晓农：“认定改进乡村小学教育是乡村小学教师的责任。乡村教育是一切教育之基础，从事乡村教育工作的教师，应该把乡村教育的责任担在自己肩上，具备专业的精神，死心塌地从事于乡村教育，心田里除教育以外无可爱之物，除儿童以外无可爱之人，倘使有一天疏忽，一个儿童没有教导得好，就是有失自己的责任，就是自己惭愧。”①

【新解】李晓农的这句话阐释了教师责任的重要性，尤其是他强调教师要“死心塌地从事于乡村教育，心田里除教育以外无可爱之物，除儿童以外无可爱之人”，这样的奉献精神、尽职尽责品德值得今天的广大人民教师认真学习和借鉴。2018 年，教育部颁布的《新时代高校教师职业行为十项准则》《新时代中小学教师职业行为十项准则》《新时代幼儿园教师职业行为十项准则》都在第四条明确规定“潜心教书育人”的职业行为要求，这是对李晓农“死心塌地从事于乡村教育，心田里除教育以外无可爱之物，除儿童以外无可爱之人”思想的吸纳与借鉴。教师肩负着培养人、引导人、教育人的重任，需要有专一的职业精神与职业态度，需要有一生献身教育的奉献精神，这是教师职业道德中的核心要求。

（近现代）晏阳初：“我一生奔走东西，无论在天南或地北，事业心和责任感，永远伴随左右，好似忠心耿耿的保镖。”“我们不办教育则已，要办就要有责任心。我们常说，人类有一种东西绝对不能打折扣，是什么东西呢？那就是人格！”②

【新解】晏阳初的这句话体现了他作为一名伟大的平民教育家的强烈事业心和责任感，指出了责任心对于办教育以及教师教书育人的重要性。他的这些思想值得我们今天每位教师认真学习借鉴与深思。2018 年，教育部颁布的《新时代高校教师职业行为十项准则》《新时代中小学教师职业行为十项准则》《新时代幼儿园教师职业行为十项准则》都在第四条明确规定“潜心教书育人”的职业行为要求，这是对晏阳初“事业心和责任感”思想的吸纳与借鉴。尽职尽责，这是每一项职业最基本的素质要求，也是每一个人、每一个民族、每一个国家立于世上的最根本要求。没有责任心、没有责任感，无论什么人、

---

① 李晓农. 乡村教育视导［M］. 上海：黎明书局，1934：221. 又见：杜成宪. 民国乡村教育文献丛刊：第 17 卷［M］. 北京：国家图书馆出版社，2014：237.

② 宋恩荣. 晏阳初文集［M］. 北京：教育科学出版社，1989：280.

什么事都不可能取得成功。对于教师来说，对教书育人尽职尽责，对培养学生尽心尽力，这是最基本的职业要求。所以广大人民教师必须重视师德修养建设，始终严于律己、端正言行举止，始终尽心尽责履行教书育人职责，才能够做学生的楷模，才能够承担起教育年轻一代的责任。一个优秀的教师势必是品行端正，并重视学生道德品行教育的师者。教育是个良心活，容不得有半点马虎，因为这是做人的工作，是关乎学生一生的工作。只有带着高度的责任心和对教育事业的崇高感，才能当好这教育“梦之队”的筑梦人。

（近现代）吴玉章：“一个人只有把他的才智、力量全部地、勤恳地用在工作上、事业上，并且做出成绩来，这种生活才有价值，才有意义。”①

【新解】吴玉章的这句话表达了教师兢兢业业的耕耘毅力和甘为人梯的奉献精神。把全部才智、力量用在工作上、事业上，这些思想值得广大人民教师学习和借鉴。2018 年，教育部颁布的《新时代高校教师职业行为十项准则》《新时代中小学教师职业行为十项准则》《新时代幼儿园教师职业行为十项准则》都在第四条明确规定“潜心教书育人”的职业行为要求，这是对吴玉章“把全部才智、力量用在工作上、事业上”思想的吸纳与借鉴。教师是天底下最光荣的职业，这一职业需要一大批德才兼备、默默辛勤耕耘的敬业者。教师是奉献的职业，选择了教师，就意味着奉献。广大人民教师要学习吴玉章“把全部才智、力量用在工作上、事业上”的精神，要承担起中华民族伟大复兴“中国梦”的使命任务，把全部心思都用在学生培养上，让自己的教书育人职业生涯充满价值、彰显意义。

（近现代）郭人全：“愉快和蔼的态度。和平快乐，始能接近活泼的儿童，而使他信仰；使教员间诚意合作，共谋校务的发展；使乡村人民乐于接近，共谋乡村的改进。”②

【新解】郭人全的这句话讲出了教师和蔼谦逊的尽职尽责态度，对于今天加强师德师风建设有着重要的参考价值与指导意义。2018 年，教育部颁布的《新时代高校教师职业行为十项准则》《新时代中小学教师职业行为十项准则》《新时代幼儿园教师职业行为十项准则》都在第四条明确规定“潜心教书育人”的职业行为要求，这是对郭人全“愉快和蔼的态度”思想的吸纳与借鉴。教师从事的是灵魂塑造工作，引导人、帮助人、培养人的态度十分重要。如果

---

① 中国人民大学《教学与研究》编辑部．吴玉章同志诞辰一百周年纪念专刊［M］．北京：中国人民大学出版社，1978：54.

② 郭人全．乡村小学行政［M］．上海：黎明书局，1935：15．又见：杜成宪．民国乡村教育文献丛刊：第 16 卷［M］．北京：国家图书馆出版社，2014：35.

教师对学生冷若冰霜、冰冷生硬，是不会使学生真心喜欢的，会导致师生之间产生隔阂，影响教书育人质量。而教师愉快和蔼的态度，能够让学生心生亲近感、接近感，愿意与教师交流。从这个意义上看，愉快和蔼的态度是教师能够尽职尽责的前提，也是师德师风中的关键素养。

（当代）于漪："一辈子做教师，一辈子学做教师。"①

【新解】于漪的这句话表达了两层意识，一是对教育的献身精神，二是学而不厌的执着精神，表现了她高度的尽职尽责育人精神，尤其是"一辈子学做教师"值得今天每位教师认真思考、学习借鉴。2018 年，教育部颁布的《新时代高校教师职业行为十项准则》《新时代中小学教师职业行为十项准则》《新时代幼儿园教师职业行为十项准则》都在第四条明确规定"潜心教书育人"的职业行为要求，这是对于漪"一辈子做教师，一辈子学做教师"思想的直接吸纳与具体体现。要想当一名好教师，必须要有终身奉献的精神，必须要有热爱教育的情怀。陶行知说，"出世便是破蒙，进棺材才算毕业"，他的这句话与于漪的"一辈子做教师，一辈子学做教师"思想是相同的。这些思想告诉我们，教师既是职业，更是一门学问。在教书育人中，教师既要有尽职尽责的精神，更要有谦虚好学的态度。潜心育人，学习不止，与学生同步成长，应该是教师应有的职业道德。

（当代）于漪："一个心眼为学生，为学生铺路。"②

【新解】于漪的这句话透射出强烈的以生为本思想，是"一切为了学生，为了一切学生，为了学生的一切"的具体体现，表达出对学生的强烈的热爱，对教育事业的强烈热爱，令人景仰，值得广大教师学习和借鉴。2018 年，教育部颁布的《新时代高校教师职业行为十项准则》《新时代中小学教师职业行为十项准则》《新时代幼儿园教师职业行为十项准则》都在第四条明确规定"潜心教书育人"的职业行为要求，这是对于漪"一个心眼为学生，为学生铺路"思想的直接吸纳与具体体现。对于教师来说，全心全意地为学生健康成长服务、为学生发展铺路，这是当然的职业操守。一个好教师始终会不断地反思追问自己，追问是否做到了一个心眼为学生，追问是否尽职尽责履行教书育人职责，追问是否与学生共同成长进步。只有这样，才称得上一位好教师，才能向优秀教师靠拢。

（当代）李吉林："教师远比蜡烛永恒，照亮了别人，升华了自己。教师

---

① 于漪. 教育的姿态［M］. 太原：山西教育出版社，2014：292.

② 于漪. 教育：直面时代的叩问［M］. 上海：上海教育出版社，2017：19.

用青春、用人生黄金的岁月，传递和学生的情和爱。当教师的快乐是难以言喻的。”①

【新解】在这句话里，李吉林对教师的奉献精神进行了形象的比喻与生动的阐释，指出了教师职业幸福感应在于奉献精神与关爱学生。他的这句话对于今天广大人民教师增强奉献精神、提高职业幸福感、锤炼师德师风，有着积极的借鉴与启迪意义。2018 年，教育部颁布的《新时代高校教师职业行为十项准则》《新时代中小学教师职业行为十项准则》《新时代幼儿园教师职业行为十项准则》都在第四条明确规定“潜心教书育人”的职业行为要求，这是对李吉林“教师远比蜡烛永恒，照亮了别人，升华了自己”思想的吸纳与借鉴。人民教师选择了教育事业，就要对自己的选择无怨无悔。教师不只是在奉献、在燃烧，同样也在汲取、在升华。每位教师都应该把李吉林的这句话作为教书育人的职业信条，随时加以反思，加以检视，看看自己是否做到了无私奉献，是否做到了潜心育人，是否体验到了教师职业的快乐与幸福。

（近现代）古楳：“精神为心意之表现。凡人心意正大光明者，则其精神常蓬勃葱茏。沛然莫之能御，故行事多迈进，而能底于成功。此种精神，无以名之，名之曰公开心、责任心。凡健全之人格，皆不可无此种精神，否则暧昧不明，朝秦暮楚，未有能成事业者也。所谓公开心者何？即赤子之心也。赤子之心至为真诚，胸中毫无成见，非若常人之机巧谲诈，故其行为率真。而责任心者，则遇事必先加以考虑，计较其得失利害，然后努力奉行，或毅然制止。所谓赴汤蹈火而不辞，虽加鼎镬而不渝者，正为责任心之驱策耳。就表面观之，二者似立于相反，实则相成。盖徒有赤子之心而无理智之考虑，则不免陷于谬妄；专计得失利害而不以至诚出之，是又巧诈者之行也。必二者备，然后健全之人格可成焉。培养此种精神，舍注意日常生活之训练外，别无他道。”②

【新解】古楳的这句话强调了教师的奉献精神、敬业精神的重要性，尤其是他提出教师要有“赤子之心”“责任之心”“公开之心”，对于当下教师加强师德师风锤炼具有重要的参考价值与指导意义。2018 年，教育部颁布的《新时代高校教师职业行为十项准则》《新时代中小学教师职业行为十项准则》《新时代幼儿园教师职业行为十项准则》都在第四条明确规定“潜心教书育人”的职业行为要求，这是对古楳“赤子之心”“责任之心”“公开之心”思

① 李吉林. 我是播种者［M］. 北京：人民教育出版社，2006：2.

② 古楳. 乡村教育新论［M］. 上海：民智书局，1933：316-317. 又见：杜成宪. 民国乡村教育文献丛刊：第 2 卷［M］. 北京：国家图书馆出版社，2014：600-601.

想的吸纳与借鉴。教育事业无上光荣，也对教师的职业奉献精神提出了更高的要求。一个受学生尊敬的好教师必定具备“赤子之心”“责任之心”“公开之心”，必定对学生充满热爱关心，必定对教书育人工作满腔热忱。

第三节　关心爱护学生

一、关心热爱学生

（春秋）孔子：“爱之，能勿劳乎？忠焉，能勿诲乎？”①

［译文］真正地爱他，哪里能不教给他勤奋劳作的品行？真诚地信任他，哪里能不用正确的道理来教导他？

【新解】在这句话里，孔子阐释了教师关爱学生的要求，真正地关爱学生，就必须要教育学生勤奋劳动，而不是溺爱宠爱；真正地相信学生、尊重学生，就必须教会学生做人做事的正确道理。孔子的这些思想对于广大人民教师来说，有着积极的借鉴意义。2018 年，教育部颁布的《新时代高校教师职业行为十项准则》《新时代中小学教师职业行为十项准则》《新时代幼儿园教师职业行为十项准则》都在第五条明确规定“关心爱护学生”“严慈相济，诲人不倦，真心关爱学生，严格要求学生，做学生良师益友”的职业行为要求，这是对孔子“关爱学生”思想的吸纳与借鉴。“没有爱，就没有教育”，爱学生才能赢得他们的尊重。广大教师应当从孔子的爱生思想中汲取教育智慧与营养，关爱学生而不溺爱学生，引导学生而不教坏学生。要用正确的思想、正确的知识去培养学生，帮助他们健康成长成才。广大教师要以宽容的心态去对待学生的过错与不足，要用期待的心态去引导学生取得进步，要用欣赏的目光去发现去肯定学生的闪光点，要用喜悦的心情去赞许学生的每一份成绩，要用爱培育爱、激发爱、传播爱，通过真情、真心、真诚拉近与学生的距离，滋润学生的心田，使自己真正成为学生健康成长的引路人。

（春秋）老子：“圣人不积，既以为人己愈有，既以与人己愈多。天之道，利而不害。圣人之道，为而不争。”②

［译文］君子圣人都是没有私心与占有欲望的，往往以帮助别人来让自己更加充实，往往以给予别人来让自己更加丰足。多做有利有益的事，而不是损

---

① 论语·宪问第十四［M］//阮元．十三经注疏．北京：中华书局，1980：2510.

② 李耳．老子［M］．王弼，注．上海：上海古籍出版社，1989：19.

害它、伤害它，这是自然界的基本规律。多做事而不争名夺利，这是君子圣人的做事准则。

【新解】老子的这句话强调了“为而不争”“利而不害”的无私精神，给我们的启示是，教师要有无私奉献的精神品质，要“多予人”而不是“多索于人”。老子“为而不争”“利而不害”这些话中所包含的思想与“赠人玫瑰，手有余香”有着异曲同工之妙。2018 年，教育部颁布的《新时代高校教师职业行为十项准则》《新时代中小学教师职业行为十项准则》《新时代幼儿园教师职业行为十项准则》都在第五条明确规定“关心爱护学生”“严慈相济，诲人不倦，真心关爱学生，严格要求学生，做学生良师益友”的职业行为要求，这是对老子“为而不争”“利而不害”思想的吸纳与借鉴。在教书育人的过程中，道理也是一样的，教师要有无私奉献的精神，就像蜜蜂一样、就如蜡烛一样、就如老牛一样，在奉献付出中，收获学生对你的尊重、对你的信任。

（春秋战国）墨子：“今天下之君子，实欲天下之富，而恶其贫；欲天下之治，而恶其乱，当兼相爱，交相利。”①

〖译文〗如果圣人君子内心确实希望老百姓生活富足而不是贫穷，确实希望社会安宁和谐而不是动乱频频，那么就应当让老百姓都要有互爱互利的思想。

【新解】墨子的这句话有着深刻的治理含义，尤其是他提出的“兼相爱，交相利”思想体现了中华民族的仁爱思想，这对于今天教师加强师德师风锤炼有着重要的启迪意义。2018 年，教育部颁布的《新时代高校教师职业行为十项准则》《新时代中小学教师职业行为十项准则》《新时代幼儿园教师职业行为十项准则》都在第五条明确规定“关心爱护学生”“严慈相济，诲人不倦，真心关爱学生，严格要求学生，做学生良师益友”的职业行为要求，这是对墨子“兼相爱，交相利”思想的吸纳与借鉴。在教育的过程中，教师给予学生的爱需要更多一些，才会满足学生的心理需要，让学生能够更好地发展。而且教育是一个双向成长的过程，教师可以从学生那里获得新知，学生可以从教师那里学到知识，所以对教师而言，要学习体会“兼相爱，交相利”思想精华，切实加强自身的师德建设。

（春秋战国）墨子：“爱人者，此为博焉；利人者，此为厚焉。”②

〖译文〗关爱别人，这是最为博大的；使别人受益，这是最为深厚的。

---

① 墨子·兼爱·中·第十五［M］//孙诒让.《墨子》閒诂. 北京：商务印书馆，1936：74.

② 墨子·天志·上·第二十六［M］//孙诒让.《墨子》閒诂. 北京：商务印书馆，1936：125.

【新解】墨子的这句话充分肯定了仁爱思想的价值意义。从本质上来说，利他精神是人的本性。2018 年，教育部颁布的《新时代高校教师职业行为十项准则》《新时代中小学教师职业行为十项准则》《新时代幼儿园教师职业行为十项准则》都在第五条明确规定“关心爱护学生”“严慈相济，诲人不倦，真心关爱学生，严格要求学生，做学生良师益友”的职业行为要求，这是对墨子“爱人为博，利人为厚”思想的吸纳与借鉴。教育事业是一项爱心事业，发展互尊互爱的师生良好关系，教师的作用是最大的。新时代的人民教师，要从墨子“爱人为博，利人为厚”思想中获得精神营养与力量源泉，真心地关爱学生，让学生从教师那里真切地感受到师爱的博大、师爱的深厚。

（春秋战国）墨子：“爱人非为誉也，其类在逆旅。”①

〖译文〗关爱他人就是帮助他人，正如旅店接待客人是与人方便，而不是为了给自己争取好名声。

【新解】墨子的这句话将仁爱思想的价值说得十分浅显易懂。懂得付出爱，才会有爱的回报。就像旅店接待客人住宿一样，与人方便自己才会方便，帮助了别人，自己也有了生意，赚了钱，这都是互相的。2018 年，教育部颁布的《新时代高校教师职业行为十项准则》《新时代中小学教师职业行为十项准则》《新时代幼儿园教师职业行为十项准则》都在第五条明确规定“关心爱护学生”“严慈相济，诲人不倦，真心关爱学生，严格要求学生，做学生良师益友”的职业行为要求，这是对墨子“爱人非为誉也，其类在逆旅”思想的吸纳与借鉴。教师要全身心地去爱学生，呵护学生。只有爱学生，真心对待学生，学生才会对教师有所反馈，才会得到学生的尊重与崇拜。对学生施以大爱，获得学生的尊重和爱戴，其实就是教师和学生相互成就的过程，学生在教师的教育中收获知识，教师在教育学生的过程中获得成就和自我实现的价值，这才是一种和谐的教育氛围。

（战国）孟子：“仁者爱人，有礼者敬人。爱人者人恒爱之，敬人者人恒敬之。”②

〖译文〗与人为善的人就能关爱他人，心中有礼节的人就能尊敬他人。能爱他人的人，人们也往往关爱他；能尊敬他人的人，人们也常常尊敬他。

【新解】这句话充分体现了孟子的仁爱思想，这也是儒家思想中的精华观点。孟子的这句话告诉广大教师，要做一名有仁爱心、讲礼节的教师。2018

---

① 墨子·大取·第四十四［M］//孙诒让.《墨子》閒诂. 北京：商务印书馆，1936：260.

② 孟子·离娄·章句下［M］//阮元. 十三经注疏. 北京：中华书局，1980：2730.

年，教育部颁布的《新时代高校教师职业行为十项准则》《新时代中小学教师职业行为十项准则》《新时代幼儿园教师职业行为十项准则》都在第五条明确规定“关心爱护学生”“严慈相济，诲人不倦，真心关爱学生，严格要求学生，做学生良师益友”的职业行为要求，这是对孟子“爱人者人恒爱之，敬人者人恒敬之”思想的吸纳与借鉴。这就要求我们教师只有关爱学生，才能获得学生的爱戴，在相互的爱中成就彼此。要尊重学生，关注学生心灵成长，通过心灵的交流把真理的种子播入学生的心田：要建立平等、融洽的师生关系，真正做到“爱人者人恒爱之”。

（战国）孟子：“天降下民，作之君，作之师。惟曰其助上帝，宠之四方。”①

〖译文〗《尚书》说：“上天降生了普通老百姓，又替他们降生了君主和教师”，这些君主和教师的唯一责任，就是帮助上天来爱护老百姓的。

【新解】从孟子这句话的引申意思来看，教师就是上天派来爱护学生的，他们给学生带来希望，让他们可以看见属于自己的大好未来。由此可见，孟子的这句话指出了关爱学生是教师的天职本职。2018 年，教育部颁布的《新时代高校教师职业行为十项准则》《新时代中小学教师职业行为十项准则》《新时代幼儿园教师职业行为十项准则》都在第五条明确规定“关心爱护学生”“严慈相济，诲人不倦，真心关爱学生，严格要求学生，做学生良师益友”的职业行为要求，这是对孟子“仁爱”思想的吸纳与借鉴。教师爱学生，学生才能爱教师，因此爱生是当教师的前提与关键。新时代的人民教师，要做到让人民对自己的教书育人工作满意，首先就应该做到真心诚意地关爱每一个学生，真心诚意地与每位学生家长进行沟通，形成教育合力，帮助学生健康成长。

（西汉）董仲舒：“教以爱，使以忠，敬长老，亲亲而尊尊。”②

〖译文〗用博爱的思想教化人，用忠诚的思想使用人，尊敬年长的人，亲近亲人，尊敬尊贵的人。

【新解】董仲舒的这句话是他德治思想的具体体现，儒家从孔子开始就提倡“为政以德”的德治思想，重视道德教化和统治者个人以身作则的表率作用。教以爱，就是在教育过程中融入教育者的本性——爱与关心。董仲舒的这句话对于今天教师加强师德师风建设具有现实借鉴与启迪价值。2018 年，教育部颁布的《新时代高校教师职业行为十项准则》《新时代中小学教师职业行

---

① 孟子·梁惠王章句下［M］//阮元．十三经注疏．北京：中华书局，1980：2675.

② 董仲舒．春秋繁露·天人三策［M］．陈蒲清，校注．长沙：岳麓书社，1997：53.

为十项准则》《新时代幼儿园教师职业行为十项准则》都在第五条明确规定“关心爱护学生”“严慈相济，诲人不倦，真心关爱学生，严格要求学生，做学生良师益友”的职业行为要求，这是对董仲舒“教以爱”思想的吸纳与借鉴。当教育者用爱去感染学生思想的时候，学生就会听他所言，积极地去配合他，教育者就可以达到他的教育目的，被教育者也受益匪浅。作为一名教师，我们应当把爱心播种到每一个学生的心田里，才能让学生尊重你、亲近你。

（东汉）班固：“故圣人法天而立道，亦博爱而亡私，布德施仁以厚之，设谊立礼以导之。”①

[译文] 所以圣人效法天建立道，也是广施仁爱而没有一点私心，布施恩德和仁爱来厚待百姓，设立义理和礼制去引导人民。

【新解】班固的这句话道出了用仁爱思想去引导人、帮助人的道理，对于我们今天的教师做好教书育人工作来说，也具有十分重要的启迪意义。2018年，教育部颁布的《新时代高校教师职业行为十项准则》《新时代中小学教师职业行为十项准则》《新时代幼儿园教师职业行为十项准则》都在第五条明确规定“关心爱护学生”“严慈相济，诲人不倦，真心关爱学生，严格要求学生，做学生良师益友”的职业行为要求，这是对班固“博爱而亡私”“布德施仁”思想的吸纳与借鉴。对新时代的人民教师而言，保持一颗仁爱之心十分重要。要站在人民的立场上，用人民满意不满意、学生满意不满意作为评价标尺，全身心地投入教书育人工作中，满腔热忱地关爱每一个学生，用正确的思想、丰富的学识、端正的行为去影响学生、引导学生。

（元）许衡：“爱之如子，出入进退，其严若君臣，其为教，因觉以明善，因明以开蔽，相其动息以为张弛。”②

【新解】许衡的这句话阐释了教师对学生的关心热爱，在教育中要捧着一颗真挚的心，给予学生爱，要做一个善良、有爱心的人，尤其是“爱之如子”的思想令人动容，值得今天的教师认真学习和借鉴。2018年，教育部颁布的《新时代高校教师职业行为十项准则》《新时代中小学教师职业行为十项准则》《新时代幼儿园教师职业行为十项准则》都在第五条明确规定“关心爱护学生”“严慈相济，诲人不倦，真心关爱学生，严格要求学生，做学生良师益友”的职业行为要求，这是对许衡“爱之如子”思想的吸纳与借鉴。教师必须真正地把学生当成朋友，无论是小朋友、中朋友还是大朋友，而不是把他们

---

① 董仲舒. 春秋繁露·天人三策［M］. 陈蒲清，校注. 长沙：岳麓书社，1997：318.

② 陈正夫，何植靖. 许衡评传（附许谦评传）［M］. 南京：南京大学出版社，1995：31.

当成小屁孩和涉世未深的小家伙。只有怀着这样一颗尊重的心，才不至于像老夫子那样只会拿着戒尺，板着面孔教训人，就不会发生那样令人惊悚的“罚站学生被冻死门外”的惨剧，才可能进入到学生的内心深处，教好学生书本的知识和做人的道理，得到学生难得的、珍贵的、纯洁的信任和尊敬。把每一个学生都看成一个成长中的孩子，满脸微笑注视着他们慢慢成长，如同望着自己的孩子慢慢长大似的。孩子，学生，是这个世界上最纯洁的人；学校，是这个世界上最干净的地方。当爱在师生间流淌，便会成就最伟大的教育。

（清）康有为：“管学总理之人皆由公推，须学行并高、经验甚深、慈爱普被者，方许充之。其分理、助教略同。”①

【新解】康有为的这句话是对教育行业准入门槛做出的要求，也充分说明了教育的重要性、教师的重要性。尤其是他要求教师要“慈爱普被”，值得今天的人民教师以此自警自勉。2018 年，教育部颁布的《新时代高校教师职业行为十项准则》《新时代中小学教师职业行为十项准则》《新时代幼儿园教师职业行为十项准则》都在第五条明确规定“关心爱护学生”“严慈相济，诲人不倦，真心关爱学生，严格要求学生，做学生良师益友”的职业行为要求，这是对康有为“学行并高、经验甚深、慈爱普被”思想的吸纳与借鉴。新时代的人民教师，要树立公平正义的教育平等观，要对每个学生进行无差别的关心关爱，进行无差别的培养引导，保证每个学生都受到公平适宜的教育，这是教师的职业本分，也是教师职业道德的底线。广大教师还要自觉加强对知识本领的学习，要有丰富的学识涵养，有丰富的社会生活经验，学以致用、躬身实践。只有这样，才能有效地帮助学生正确成长。做到以上两点，才有资格担当教师，学生也才有可能信任你、喜爱你。

（近代）杨贤江：“作为一个教师，首先应该有爱心和责任心，这是做好教育工作的关键。”②

【新解】杨贤江的这句话鲜明地指出爱心和责任心是教育工作的关键，当然这也是师德中的核心品质。2018 年，教育部颁布的《新时代高校教师职业行为十项准则》《新时代中小学教师职业行为十项准则》《新时代幼儿园教师职业行为十项准则》都在第五条明确规定“关心爱护学生”“严慈相济，诲人不倦，真心关爱学生，严格要求学生，做学生良师益友”的职业行为要求，这是对杨贤江“爱心和责任心是做好教育工作的关键”思想的吸纳与借鉴。

---

① 康有为. 大同书［M］. 北京：中国人民大学出版社，2010：182.

② 杨贤江. 杨贤江教育文集［M］. 北京：教育科学出版社，1982：190.

教师工作质量的好坏关系到我国年轻一代身心发展的水平和民族素质的提高，影响着国家的兴旺发达。因此，每位教师都应该以杨贤江提出的“爱心和责任心是做好教育工作的关键”思想为镜子，时常反省自己是否真正做到了热爱教育职业，是否真心关爱学生成长，是否按照党的教育方针尽到了教书育人的职责。

（近代）夏丏尊：“学校教育到了现在，真空虚极了。单从外形的制度上、方法上，走马灯似的更变迎合，而于教育的生命的某物，从未闻有人培养顾及。好像掘池，有人说四方形好，有人又说圆形好，朝三暮四地改个不休，而于池的所以为池的要素的水，反无人注意。教育上的水是甚（什）么？就是情，就是爱。教育没有了情爱，就成了无水的池，任你四方形也罢，圆形也罢，总逃不了一个空虚。”①

【新解】夏丏尊的这句话运用生动的比喻来说明了爱与教育之间的关系，他的思想与魏书生“师德最重要的内涵是爱事业、爱学生”思想如出一辙，说得十分形象深刻。这对于广大人民教师提升师德素养有着重要的启迪借鉴。2018 年，教育部颁布的《新时代高校教师职业行为十项准则》《新时代中小学教师职业行为十项准则》《新时代幼儿园教师职业行为十项准则》都在第五条明确规定“关心爱护学生”“严慈相济，诲人不倦，真心关爱学生，严格要求学生，做学生良师益友”的职业行为要求，这是对夏丏尊“教育必须有情、有爱”思想的吸纳与借鉴。要当好新时代的人民教师，要胜任人类灵魂工程师职业，爱生情感不能少，为民情怀不能少。每位教师都要用无私的爱去关心爱护学生，要从内心深处、情感高度上去爱教育爱学生，把教书育人职业变成事业，让每个学生在教师的爱心中健康快乐地成长。

（近代）李晓农：“要充满着爱的心、爱的态度、爱的动作。幼稚教师不但对于身体上要有相当的修养，就是对于自己性情上也应特别留意。有人说，教师是爱的事业，所以对于儿童应充满着爱的心、爱的态度和爱的动作，平时对于儿童随时随地都用爱去感动，就是对于一切事情自己能够存着爱的心向前做去。”②

【新解】李晓农的这句话对真心关爱学生这一教师职业道德的内涵做了具体阐释，他指出关爱学生就是要求教师要充满着爱的心、爱的态度、爱的动作，他的这一思想对于广大人民教师提升师德素养有着重要的启迪借鉴。2018

---

① 夏丏尊. 夏丏尊谈教育［M］. 沈阳：辽宁人民出版社，2015：110.

② 李晓农. 乡村教育视导［M］. 上海：黎明书局，1934：316. 又见：杜成宪. 民国乡村教育文献丛刊：第 17 卷［M］. 北京：国家图书馆出版社，2014：332.

年，教育部颁布的《新时代高校教师职业行为十项准则》《新时代中小学教师职业行为十项准则》《新时代幼儿园教师职业行为十项准则》都在第五条明确规定“关心爱护学生”“严慈相济，诲人不倦，真心关爱学生，严格要求学生，做学生良师益友”的职业行为要求，这是对李晓农“充满着爱的心、爱的态度、爱的动作”思想的吸纳与借鉴。广大人民教师应当从李晓农的这句话中获得启示与成长，把爱生作为自己教书育人工作的全部信条，通过“爱的心、爱的态度、爱的动作”让学生真正感受到教师的关心和爱护，帮助学生增强健康成长成才的积极性与进取心。

（近代）徐阶平：“教师对儿童应该有慈母的心肠，应该随时地爱惜儿童，保护儿童。”“顽劣的儿童、低能的儿童、肮脏的儿童，我们也应该爱护他，不应该有歧视的行为。”“有些教师态度太不好了，对于富贵人家的孩子特别爱护，对于聪敏的漂亮的孩子也是特别爱护，至于那些穷苦的孩子、平庸的或丑陋的孩子，便弃若敝屣了。这是极大的错误。”“我们教师爱护儿童，不在形式上的优待，而在精神上教养。我们对于天才的儿童应有教养天才儿童的方法，对于顽劣的低能的肮脏的儿童，也要有适宜教养的方法，这才是真正的爱护儿童。”①

【新解】徐阶平的这句话指出了教师真心关爱学生就是要做到有慈母的心肠，没有歧视的行为，有适宜的教养方法，他的这一思想对于广大人民教师提升师德素养有着重要的启迪。2018 年，教育部颁布的《新时代高校教师职业行为十项准则》《新时代中小学教师职业行为十项准则》《新时代幼儿园教师职业行为十项准则》都在第五条明确规定“关心爱护学生”“严慈相济，诲人不倦，真心关爱学生，严格要求学生，做学生良师益友”的职业行为要求，这是对徐阶平“有慈母的心肠”“随时地爱惜儿童，保护儿童”“不应该有歧视的行为”“在精神上教养”思想的吸纳与借鉴。教师要一直持有“爱是永恒”的教育理念，要热爱学生、了解学生，循循善诱，诲人不倦，不歧视学生，建立民主平等、亲密的师生关系，做学生的良师益友。教育的意义在于教化，教育的过程就是教化的过程。荀子有“性恶论”，他认为人最初出生的时候都是坏的，需要经过不断地教化、不断地引导才能够向善。以“立德树人”作为教育的根本任务，培养学生的良好品格，帮助学生树立正确的三观，这都是教育的目的。

---

① 徐阶平. 乡村教育辅导记［M］. 上海：黎明书局，1936：118. 又见：杜成宪. 民国乡村教育文献丛刊：第 21 卷［M］. 北京：国家图书馆出版社，2014：440.

（近代）黄寿松：“能热心爱护儿童，废除体罚，使全体儿童敬爱。要服务热心，任事勇敢，能和善，能常抱乐观态度。”①

【新解】黄寿松的这句话表达了关爱学生是师德的重要素养，这对于广大人民教师提升师德素养有着重要的启迪。2018年，教育部颁布的《新时代高校教师职业行为十项准则》《新时代中小学教师职业行为十项准则》《新时代幼儿园教师职业行为十项准则》都在第五条明确规定“关心爱护学生”“严慈相济，诲人不倦，真心关爱学生，严格要求学生，做学生良师益友”的职业行为要求，这是对黄寿松“热心爱护儿童”思想的吸纳与借鉴。教师被称为“太阳底下最光辉的职业”，它的光辉之处在于教师教育的是祖国的花朵，在于对学生的热心爱护，在于对教书育人的无私奉献。

（近代）刘学志：“有着和蔼可亲的性格，坚固健全强壮的体魄，新颖灵敏的头脑，并能视儿童如子女，视民众如手足，热心地替他们筹谋计划，他时时愿意牺牲自己为大众谋幸福。”②

【新解】刘学志的这句话与刘百川的“好似慈母爱其儿女，父兄爱其子侄弟妹一样”思想大同小异、如出一辙，表达了和蔼可亲的性格、视儿童如子女、视民众如手足是师德的重要素养，这对于广大人民教师提升师德素养有着重要的启迪。2018年，教育部颁布的《新时代高校教师职业行为十项准则》《新时代中小学教师职业行为十项准则》《新时代幼儿园教师职业行为十项准则》都在第五条明确规定“关心爱护学生”“严慈相济，诲人不倦，真心关爱学生，严格要求学生，做学生良师益友”的职业行为要求，这是对刘学志“视儿童如子女，视民众如手足”思想的吸纳与借鉴。教师是十分平凡、普通的职业，与此同时，教师却又是伟大而又担负着重任的职业，是学生眼中最伟大最值得敬佩的职业。新时代的人民教师，要心态平静，爱岗敬业，要视儿童如子女，对学生全身心投入，要视民众如手足，性格和蔼可亲，态度热情乐意，让每个学生从教师身上都能感受到师德的伟大、精神的光芒。

（近代）陈兆庆：“我们深信师生共生活共甘苦为最好的教育。”“教师必须学而不厌，方能诲人不倦。”③

---

① 黄寿松．优良教师的要则［J］．乡村教育，1937，4（1）：22．又见：杜成宪．民国乡村教育文献丛刊：第28卷［M］．北京：国家图书馆出版社，2014：64．

② 刘学志．我是好教师吗？［J］．乡村教育，1937，4（1）：23．又见：杜成宪．民国乡村教育文献丛刊：第28卷［M］．北京：国家图书馆出版社，2014：65．

③ 陈兆庆．中国农村教育概论［M］．上海：商务印书馆，1937：275．又见：杜成宪．民国乡村教育文献丛刊：第5卷［M］．北京：国家图书馆出版社，2014：289．

【新解】陈兆庆的这句话表达了与学生同甘共苦的重要性，这对于广大人民教师提升师德素养有着重要的启迪。2018 年，教育部颁布的《新时代高校教师职业行为十项准则》《新时代中小学教师职业行为十项准则》《新时代幼儿园教师职业行为十项准则》都在第五条明确规定“关心爱护学生”“严慈相济，诲人不倦，真心关爱学生，严格要求学生，做学生良师益友”的职业行为要求，这是对陈兆庆“共生活共甘苦为最好的教育”思想的吸纳与借鉴。教师如何做到真心关爱学生？前提是必须充分了解学生。而与学生共生活共甘苦是教师了解学生的最重要的方法，因此陈兆庆的这句话比刘百川“以母亲爱护子女的心肠去爱护儿童”思想还要更进一步，展现出了师生是学习共同体、生活共同体、命运共同体的优秀思想，因此他说教师要学而不厌才能诲人不倦。教师只有真正与学生打成一片，才能知道自己的不足，才能有的放矢地教育好学生。

（近代）孙葆棣：“同情学生病了，教师要能抽暇去看看他或者请人代个信去问他的病情。教师一定要时时刻刻关怀学生，同情学生，然后才能获得学生的同情。”“联络师生间的感情。教师要常常与学生接近，使他们都能把我们当朋友看。以朋友的感情去实施教育，他们便乐于接受，这一点是非常重要的。” ①

【新解】孙葆棣在这段话中对同情心以及教师与学生之间朋友关系进行了阐释，透露出仁爱与平等尊重的师德思想价值理念，这对于广大人民教师提升师德素养有着重要的启迪。2018 年，教育部颁布的《新时代高校教师职业行为十项准则》《新时代中小学教师职业行为十项准则》《新时代幼儿园教师职业行为十项准则》都在第五条明确规定“关心爱护学生”“严慈相济，诲人不倦，真心关爱学生，严格要求学生，做学生良师益友”的职业行为要求，这是对孙葆棣“时时刻刻关怀学生，同情学生”“以朋友的感情去实施教育”思想的吸纳与借鉴。同理心、同情心，这是中华文化优秀传统。教师作为学生健康成长的引路人，应当有着良好的同情心、同理心等道德素养，要忧学生之所忧、病学生之所病。只有这样，教师才有赢得学生的信任与尊敬。要建设平等的师生关系，充分尊重学生、信任学生，用朋友之心与学生进行交流，形成平等互助的师友关系。只有这样，学生才能从心灵深处接纳你。

（近现代）郭人全：“真挚热烈的同情心。乡村小学教师天天接触的是身

---

① 孙葆棣．怎样做乡村民众学校的教师［J］．乡村教育，1937，3（3）：13．又见：杜成宪．民国乡村教育文献丛刊：第 27 卷［M］．北京：国家图书馆出版社，2014：445．

体污秽的儿童与衣服褴褛的民众，如果没有真挚热烈的同情心，一看到他们就要发生厌恶了，还说什么教育他们，领导他们。反之，因为他们身体的污秽，衣服的褴褛，就愈会发生乡村教育应当改进农民生活、改造乡村社会的信念。”①

【新解】郭人全的这句话说明了真挚热烈的同情心是教师职业道德中重要的素养，这对于广大人民教师提升师德素养有着重要的启迪。2018 年，教育部颁布的《新时代高校教师职业行为十项准则》《新时代中小学教师职业行为十项准则》《新时代幼儿园教师职业行为十项准则》都在第五条明确规定“关心爱护学生”“严慈相济，诲人不倦，真心关爱学生，严格要求学生，做学生良师益友”的职业行为要求，这是对郭人全“真挚热烈的同情心”思想的吸纳与借鉴。教育的本质就是爱，师德的核心就是一个“爱”字，即对生命的爱，对生命的滋养。生命有了这份爱、这份滋养，就能快乐地成长。而同情心是“爱”的基础、“爱”的前提。教师要对学生有真挚热烈的同情心，才会让学生亲近你、喜欢你、尊敬你，教书育人的效果就会事半而功倍。

（近现代）刘百川：“对儿童要表示十分亲爱，随时加以保护，好似慈母爱其儿女，父兄爱其子侄弟妹一样。”②

【新解】刘百川的这句话与徐阶平的“有慈母的心肠，有不歧视的行为，有适宜的教养方法”思想大同小异、如出一辙，表达了关爱学生是师德的重要素养，这对于广大人民教师提升师德素养有着重要的启迪。2018 年，教育部颁布的《新时代高校教师职业行为十项准则》《新时代中小学教师职业行为十项准则》《新时代幼儿园教师职业行为十项准则》都在第五条明确规定“关心爱护学生”“严慈相济，诲人不倦，真心关爱学生，严格要求学生，做学生良师益友”的职业行为要求，这是对刘百川“对儿童要表示十分亲爱，随时加以保护，好似慈母爱其儿女”思想的吸纳与借鉴。“做一行，爱一行”，这是每个人都应该去做的，因为你爱它，你才会去认真对待它。做教师也是一样的，需要你去爱这个职业，去爱你的学生。

（近现代）刘百川：“乡村小学教师要像母亲。假使一个好的母亲，至少有个特点，第一她对于子女具有一种纯洁而伟大的慈爱；第二她对于子女都有远大而正当的希望；第三她对于子女都是一样的钟爱，俗所谓‘十指连心个

---

① 郭人全. 乡村教育［M］. 上海：黎明书局，1937：107. 又见：杜成宪. 民国乡村教育文献丛刊：第 4 卷［M］. 北京：国家图书馆出版社，2014：483.

② 刘百川. 乡村教育的经验［M］. 上海：商务印书馆，1937：31. 又见：杜成宪. 民国乡村教育文献丛刊：第 22 卷［M］. 北京：国家图书馆出版社，2014：143.

个疼’。乡村小学教师是乡村儿童的导师，当然要具有母亲纯洁而伟大的慈爱去钟爱儿童，才可以获得儿童的同情。就是乡村小学教师，要以母亲爱护子女的心肠去爱护儿童，对于每一个儿童，要以母亲教导子女的方法，去切实地教导，使每一个儿童，都达到远大而正当的希望；更要以母亲不偏心不溺爱的精神，去疼爱一切的儿童。有的乡村小学教师，喜欢富人家的儿童，不喜欢穷人家的儿童；喜欢美丽的儿童，不喜欢丑陋的儿童；喜欢清洁的儿童，不喜欢肮脏的儿童；喜欢女的儿童，不喜欢男的儿童，以致儿童间常常闹出许多意见，是如何可惜啊！乡村小学教师要取得儿童的信任，要消灭儿童间的意见，自然要像母亲那样‘一视同仁’地去疼爱儿童。所以我说：‘乡村小学教师要像母亲。’”①

【新解】刘百川的这段话与他的“好似慈母爱其儿女，父兄爱其子侄弟妹一样”表达了一样的意思，那就是教师要真心地关爱学生，这对于广大人民教师提升师德素养有着重要的启迪。2018 年，教育部颁布的《新时代高校教师职业行为十项准则》《新时代中小学教师职业行为十项准则》《新时代幼儿园教师职业行为十项准则》都在第五条明确规定“关心爱护学生”“严慈相济，诲人不倦，真心关爱学生，严格要求学生，做学生良师益友”的职业行为要求，这是对刘百川“以母亲爱护子女的心肠去爱护儿童”思想的吸纳与借鉴。教师对学生的影响，离不开教师的学识和能力，更离不开教师对学生的悉心关怀。新时代的人民教师，要始终把爱学生作为师德的首要内容、核心素养。

（近现代）陈鹤琴：“我是喜欢儿童的，儿童也是喜欢我的。”②

【新解】“热爱儿童”“尊重儿童”“一切为儿童”来源于陈鹤琴的《活教育》一书，教师正在做的都是为了儿童，为了发展儿童的一切。如何去正确地和他们相处，如何去挖掘每个孩子身上值得骄傲的闪光点，如何做到真正以儿童为本，这是值得我们思考和正要去做的事情。陈鹤琴的这句话强调了师生互爱的重要性，值得广大人民教师学习和借鉴，并以此自警自省。2018 年，教育部颁布的《新时代高校教师职业行为十项准则》《新时代中小学教师职业行为十项准则》《新时代幼儿园教师职业行为十项准则》都在第五条明确规定“关心爱护学生”“严慈相济，诲人不倦，真心关爱学生，严格要求学生，做学生良师益友”的职业行为要求，这是对陈鹤琴“我是喜欢儿童的，儿童也

---

① 刘百川．小学校长与教师［M］．上海：商务印书馆，1935：41-42．又见：杜成宪．民国乡村教育文献丛刊：第 14 卷［M］．北京：国家图书馆出版社，2014：55-56．

② 陈鹤琴．我的半生［M］．上海：上海三联书店，2014：136．

是喜欢我的”思想的吸纳与借鉴。师生之爱是互相的爱，教师首先要关心爱护全体学生。只有教师先喜欢学生，学生才会喜欢教师。每个教师都应当把关爱学生作为教书育人工作的座右铭，要时常反思自己的教书育人行为，是否做到了关心爱护每一个学生？是否尊重信任每一个学生？是否准确了解每一个学生的身心特点？是否对每个学生都施加了适宜的教育引导？等等，真正做一个让学生喜欢的好教师。

（近现代）陈鹤琴：“做一个教师，一定要能爱儿童。教师对于儿童，不能有歧视的态度，要把孩子都当成我们自己的孩子，要一视同仁。教师应当成为儿童的朋友。要有慈母的心肠，把低能儿童视为自己的子女，以爱、以德来温暖孩子。”①

【新解】陈鹤琴的这句话把教师对学生的关心爱护说到了极致，尤其是他提出“教师应当成为儿童的朋友”“要有慈母的心肠”“以爱、以德来温暖孩子”，这些思想、这些话语令人震撼动容，值得今天的教师认真学习体会与思考借鉴。2018 年，教育部颁布的《新时代高校教师职业行为十项准则》《新时代中小学教师职业行为十项准则》《新时代幼儿园教师职业行为十项准则》都在第五条明确规定“关心爱护学生”“严慈相济，诲人不倦，真心关爱学生，严格要求学生，做学生良师益友”的职业行为要求，这是对陈鹤琴“成为儿童的朋友”“有慈母的心肠”思想的吸纳与借鉴。对于教师来说，其与学生在人格上是平等的，要想培养引导好学生，教师需要从“成人立场”转向“儿童立场”，要理解学生的心理，懂得学生的需要，要有一颗慈爱接纳的心，不论是成绩好的还是成绩不好的学生，都要像慈母一般去关爱他们；不论是正常的还是残障的学生，都要像母亲爱自己的孩子一样，给予同样的关爱与关怀，用教师的美德感化他们、慰藉他们、影响他们。这既是对教师人本情怀的考验，也是对师德师风的考验。

（近现代）陈鹤琴：“我想一个理想的教师，至少要有三个条件：要有健全的身体，要有爱护儿童的心肠，要有研究的态度。”②

【新解】陈鹤琴的这句话指出了理想教师的标准与条件，尤其是他把爱护儿童的心肠作为理想教师的标准之一，可以看出他对教师慈爱品质的重视。这对于今天加强师德师风建设来说，具有重要的现实启迪意义。2018 年，教育部颁布的《新时代高校教师职业行为十项准则》《新时代中小学教师职业行为

① 陈秀云，柯小卫. 陈鹤琴教育思想读本 · 小学教育［M］. 南京：南京师范大学出版社，2012：25.

② 陈鹤琴. 活教育［M］. 南京：南京师范大学出版社，2012：82.

十项准则》《新时代幼儿园教师职业行为十项准则》都在第五条明确规定“关心爱护学生”“严慈相济，诲人不倦，真心关爱学生，严格要求学生，做学生良师益友”的职业行为要求，这是对陈鹤琴“爱护儿童的心肠”思想的吸纳与借鉴。一名优秀的教师，只有拥有健全的体魄，才能胜任这份工作；只有心存仁爱，才能让学生“亲其师，信其道”；只有常常钻研教学，在教学中创新，才能永远保持教学生命力。

（当代）李吉林：“教师以自己的爱心，触及学生的情感领域。”“教师用自己的真情去爱学生。”①

【新解】李吉林的这句话说明了爱心对一名教师做好教书育人工作的重要性，他的这些思想对于今天加强师德师风建设有着重要的指导意义。2018 年，教育部颁布的《新时代高校教师职业行为十项准则》《新时代中小学教师职业行为十项准则》《新时代幼儿园教师职业行为十项准则》都在第五条明确规定“关心爱护学生”“严慈相济，诲人不倦，真心关爱学生，严格要求学生，做学生良师益友”的职业行为要求，这是对李吉林“以自己的爱心，触及学生的情感领域”“用自己的真情去爱学生”思想的吸纳与借鉴。对教育充满情感，用真情教育学生，这是新时代人民教师必须具备的职业素养。教师只有把自己的教书育人工作渗透到每个学生的心坎上，学生才会感受到你关心爱护他的真情，才会感受到你爱岗敬业的奉献，才会信任你、尊重你，才能配合你的教育教学工作，形成良性的教学相长师生关系。因此，用自己的爱心去触及学生的情感领域，这是一名好教师必备的职业素养。

（当代）李吉林：“我没有用教师的‘威严’压服学生，而是总爱用真挚的爱去沟通去融合他们。当教师，就得当好教师，当孩子喜欢的教师。”②

【新解】在这句话中，李吉林以自身的从教体会来阐释爱生对教师的重要性，尤其是他提出“当教师就得当好教师，当孩子喜欢的教师”观点，值得今天每一位人民教师认真学习与借鉴，要像李吉林一样做学生喜欢的好教师。2018 年，教育部颁布的《新时代高校教师职业行为十项准则》《新时代中小学教师职业行为十项准则》《新时代幼儿园教师职业行为十项准则》都在第五条明确规定“关心爱护学生”“严慈相济，诲人不倦，真心关爱学生，严格要求学生，做学生良师益友”的职业行为要求，这是对李吉林“用真挚的爱去沟通去融合他们”“当好教师，当孩子喜欢的教师”思想的吸纳与借鉴。人民教

---

① 李吉林. 为儿童的学习［M］. 北京：外语教学与研究出版社，2008：265，440-441.

② 李吉林. 潺潺清泉：李吉林教育随笔［M］. 北京：教育科学出版社，2016：2.

师从事着塑造学生思想与灵魂的工作。这样的职业特点与要求决定了教师必须走进学生的心灵深处、思想深处，用耐心细致的关爱去影响学生、引导学生，才能帮助学生获得真正的成长。从这个意义看，学生对自己喜不喜欢，体现了自己对学生是否有真挚的爱，是否一个好教师。

（当代）李镇西："教师要心存善意，真心待人接物，才能赢得别人的尊重，也就赢得了自己的尊严。教师要一直持有爱是永恒的教育理念。以教育朴素为起点，遵循教育常识，坚守良知。教育，从本质来说，就是德育（引人向善）。""爱学生是蕴含一种教育者的责任，它与师德直接相关。它意味着怀着责任感把欣赏与期待投向每一个学生。善待学生的缺点，宽容他们对教师的'大不敬'；童心、爱心、责任心是一个教师该具备的。""对于师德，往往我们只强调爱心与奉献。这两点当然都是应该提倡并强调的，但关键是如何理解'爱心'和'奉献'。爱心跟奉献必须同教师的生活质量和生命的意义相联系。"①

【新解】李镇西的这句话指出了教育的永恒理念就是心存善意、爱学生，就是爱心与奉献。他提出的要怀着责任感把欣赏和期待投向每一个学生，这些话语都透露出真挚的爱生之情。尤其是李镇西提出的"爱心与奉献是师德的重要内容"思想，对今天的广大教师来说，值得认真学习、仔细揣摩，并加以吸收消化，以此指导自己的教书育人生活。2018 年，教育部颁布的《新时代高校教师职业行为十项准则》《新时代中小学教师职业行为十项准则》《新时代幼儿园教师职业行为十项准则》都在第五条明确规定"关心爱护学生""严慈相济，诲人不倦，真心关爱学生，严格要求学生，做学生良师益友"的职业行为要求，这是对李镇西"心存善意""坚守良知""善待学生的缺点""童心、爱心、责任心"思想的吸纳与借鉴。爱学生蕴含着教育者的责任与使命，它与师德直接关联，并成为师德的重要组成内容。对于新时代的人民教师来说，应该真正去读懂李镇西提出的"良知""善意""童心、爱心、责任心"等的内涵，不断涵养自己的师德师风。

（当代）刘京海："生活总是充满了奥秘。当你心中有诗，你的眼里便处处有诗意；当你心中有爱，你的脚步会伴随着春风。""你的胸怀有多么博大，你的世界便有多么宽广。""寒冷的地方最需要阳光。""越是在漆黑的夜里，越显出火把的光亮。""耐得住寂寞，静得住心境。"②

---

① 李萌. 李镇西的班主任教育观［J］. 亚太教育，2015（12）：102.

② 上海市闸北区教育局，上海市成功教育研究所. 刘京海教育思想研究［M］. 上海：上海教育出版社，2008：290.

【新解】刘京海的这几句话充满了诗意，运用比喻的方法表达了对师爱价值的充分肯定。2018 年，教育部颁布的《新时代高校教师职业行为十项准则》《新时代中小学教师职业行为十项准则》《新时代幼儿园教师职业行为十项准则》都在第五条明确规定“关心爱护学生”“严慈相济，诲人不倦，真心关爱学生，严格要求学生，做学生良师益友”的职业行为要求，这是对刘京海“当你心中有爱，你的脚步会伴随着春风”思想的吸纳与借鉴。俗话说得好，“良言一句三冬暖，恶言一声暑天寒”。无论是大人还是小孩，都喜欢被赞美，尤其是小孩，一句赞美会使他们更加健康发展，而批评的一句话，会让孩子变得畏缩犹豫。教师要看到学生每时每刻的变化和进步，并引导学生也看到自身的不断成长。每个人的潜意识里，都有种愿望，就是希望别人关心他、赞美他。教师对学生的关怀与赞美是必不可少的，也是师德素养的重要组成部分。

（当代）刘京海：“让微笑的阳光照耀到每个孩子的脸上，这是教师的神圣职责。”①

【新解】刘京海的这句话用拟人手法表达了教师真心关爱学生的重要性，他把关心关爱学生上升到教师神圣职责的高度，这对于今天我们加强师德师风锤炼有着重要的现实指导意义。2018 年，教育部颁布的《新时代高校教师职业行为十项准则》《新时代中小学教师职业行为十项准则》《新时代幼儿园教师职业行为十项准则》都在第五条明确规定“关心爱护学生”“严慈相济，诲人不倦，真心关爱学生，严格要求学生，做学生良师益友”的职业行为要求，这是对刘京海“关爱学生”思想的吸纳与借鉴。教师的职责不只在于教书，还要让学生在学习过程中健康快乐地成长，让学生感受到世界的温暖，成为一个积极向上的人。教师要用自己的爱心浇灌学生的心田，让每一位学生都能感受到教师的爱。关心和爱护学生是教师的基本行为准则，学生在成长的过程中难免会有一些问题，教师要通过自己的耐心教导让学生走出问题，积极成长。教师要热爱自己的职业，更要热爱自己的学生，要让自己的爱走进学生的心灵，引导学生健康成长。

（当代）潘懋元：“为人师最重要的职业素养就是三个字：爱学生。”②

【新解】“爱学生”，就是要做到全面关心学生、尊重和信任学生、严格要求学生、理解和宽容学生。这是教师所有“爱”的归宿。潘懋元的这句话言

---

① 上海市闸北区教育局，上海市成功教育研究所. 刘京海教育思想研究［M］. 上海：上海教育出版社，2008：295.

② 陈志文，朱乐平. 高等教育的历史、现实与未来——访中国高等教育学科创始人潘懋元［J］. 世界教育信息，2019（12）：4.

简意赅地指出了爱学生是师德中最重要的素质，值得今天每位教师认真揣摩学习与领会。2018 年，教育部颁布的《新时代高校教师职业行为十项准则》《新时代中小学教师职业行为十项准则》《新时代幼儿园教师职业行为十项准则》都在第五条明确规定“关心爱护学生”“严慈相济，诲人不倦，真心关爱学生，严格要求学生，做学生良师益友”的职业行为要求，这是对潘懋元“爱学生”思想的吸纳与借鉴。爱学生是教师最基本的职业素养，也是教师最崇高的职业道德。教师不爱学生，是不能培养好学生的，也是不能做好教书育人工作的。师生之间友好平等关系，必须建立在教师真正关心爱护学生的基础上。爱学生体现在教师对学生的一句问询的话里，体现在教师一个鼓励的眼神中，体现在教师一个肯定的手势上。因此，爱学生是具体的，而不是空洞的；是鲜活的，而不是抽象的。它体现在教书育人的每一个细节、每一个环节里。

（当代）魏书生：“师德最重要的内涵是爱事业、爱学生。”“教师这职业不像别的，你面对的是那么多靠你教育、引导的学生，需要你全身心地投入，因此，当教师的你，要耐得住清贫，耐得住寂寞。”①

【新解】魏书生的这两句话旗帜鲜明地提出爱事业爱学生是师德最重要的内涵，这与陶行知“爱满天下”异曲同工，这对于我们今天加强师德师风建设无疑有着重要的参考价值。2018 年，教育部颁布的《新时代高校教师职业行为十项准则》《新时代中小学教师职业行为十项准则》《新时代幼儿园教师职业行为十项准则》都在第五条明确规定“关心爱护学生”“严慈相济，诲人不倦，真心关爱学生，严格要求学生，做学生良师益友”的职业行为要求，这是对魏书生“爱事业、爱学生”思想的吸纳与借鉴。“爱学生”是教师职业的灵魂，也是师德的核心。每一个教师都应该把“爱事业、爱学生”思想作为自己教书育人的行动准则，做到时常反省检视，查找在“爱事业、爱学生”上的不足，不断提高思想自觉与行动自觉，做一名喜爱学生同时也让学生喜欢的好教师。

二、尊重信任学生

（春秋）老子：“圣人无常心，以百姓之心为心。善者，吾善之；不善者，吾亦善之，德（得）善。信者，吾信之；不信者，吾亦信之，德（得）信。”②

---

① 刘香润. 教育行［M］. 北京：中国社会出版社，2007：39.

② 李耳. 老子：第 49 章［M］. 王弼，注. 上海：上海古籍出版社，1989：12.

〖译文〗通常来说，圣人是没有私心的，他们总是以为百姓的心为自己的心。用善良之心对待善良的人，也用善良之心对待不善良的人，用这样的方法使大家都变得善良；信任守信用的人，也信任不守信用的人，用这样方法让大家都变得守信用。

【新解】老子的这句话充满着强烈的人本思想，是优秀的国家治理思想，用在教师身上，意味着教师应该无条件地善待学生、信任学生，以学生之心为心，这对于今天我们加强师德师风锤炼有着重要的启迪意义。2018 年，教育部颁布的《新时代高校教师职业行为十项准则》《新时代中小学教师职业行为十项准则》《新时代幼儿园教师职业行为十项准则》都在第五条明确规定“关心爱护学生”“严慈相济，诲人不倦，真心关爱学生，严格要求学生，做学生良师益友”的职业行为要求，这是对老子“以百姓之心为心”思想的吸纳与借鉴。在教书育人的过程中，教师要善于发现学生身上的闪光点和积极因素，多表扬鼓励、尊重和信任他们，排除简单粗暴，以学生之心为心，方能体现教师的教育智慧与生本情怀。

（明末清初）唐甄：“学贵得师，亦贵得友。”①

〖译文〗学习以得到名师指点为珍贵，也以得到真正的朋友为珍贵。

【新解】唐甄的这句话十分精炼地指出了师生之间要像朋友一样互相信任，事实上没有信任就没有真正的教育。唐甄的这句话所包含的“师友”思想，值得今天的广大人民教师认真领会与学习借鉴。2018 年，教育部颁布的《新时代高校教师职业行为十项准则》《新时代中小学教师职业行为十项准则》《新时代幼儿园教师职业行为十项准则》都在第五条明确规定“关心爱护学生”“严慈相济，诲人不倦，真心关爱学生，严格要求学生，做学生良师益友”的职业行为要求，这是对唐甄“学贵得师，亦贵得友”思想的吸纳与借鉴。对于学生而言，他们希望自己能遇到一个好教师对自己悉心教导，希望遇到一个好的朋友互相帮助，这就是我们常说的良师益友的道理。新时代的人民教师，要自觉对标良师要求，努力加强自身职业道德的锤炼提升，做到真心关爱学生、严格要求学生，真正成为学生的良师益友。

（清）李惺庵：“使人惧不若使人爱，使人爱不若使人敬。”②

〖译文〗让人害怕不如让人爱，让人爱不如让人尊重。

【新解】李惺庵在这句话里用递进的方式阐述了师生之间尊重信任关系的

---

① 唐甄. 潜书［M］. 李忠实，译注. 乌鲁木齐：新疆青少年出版社，1995：129.

② 胡文正.《论语》类读［M］. 太原：山西古籍出版社，2002：252.

重要性。2018 年，教育部颁布的《新时代高校教师职业行为十项准则》《新时代中小学教师职业行为十项准则》《新时代幼儿园教师职业行为十项准则》都在第五条明确规定“关心爱护学生”“严慈相济，诲人不倦，真心关爱学生，严格要求学生，做学生良师益友”的职业行为要求，这是对李惺庵“使人惧不若使人爱，使人爱不若使人敬”思想的吸纳与借鉴。青少年是祖国的未来、民族的希望，青少年阶段是人生的“拔节孕穗期”，需要精心引导、悉心栽培，教师要用爱来感化学生，给学生心灵播下真、善、美的种子，充分尊重学生，以学生为主体，教师作为主导的角色，帮助学生扣好人生的“第一粒扣子”。

（近代）鲁迅：“觉醒的人，此后应将这天性的爱，更加扩张，更加醇化；用无我的爱，自己牺牲于后起新人。开宗第一，便是理解。”①

【新解】鲁迅的这句话指出了爱学生对教育的重要性，并分析了尊重、信任、理解是师爱的表现形式，对于今天广大教师锤炼师德师风，有着积极的现实启迪价值。2018 年，教育部颁布的《新时代高校教师职业行为十项准则》《新时代中小学教师职业行为十项准则》《新时代幼儿园教师职业行为十项准则》都在第五条明确规定“关心爱护学生”“严慈相济，诲人不倦，真心关爱学生，严格要求学生，做学生良师益友”的职业行为要求，这是对鲁迅“用无我的爱，自己牺牲于后起新人”思想的吸纳与借鉴。爱护学生、信任学生、尊重学生，建设积极良好的师生关系，这是实施教育的前提。广大教师应当把鲁迅“用无我的爱，自己牺牲于后起新人”这句话刻在案头、记在心里，时常以此来检查反思自己在教书育人行为中，是否做到了全心全意地爱护学生、帮助学生、引导学生，是否做到了把爱学生贯穿于培养学生的全领域全环节全过程，以此提高自己的师德水平。

（近代）刘芾仙：“要有诚和的与民众接近的态度。办农村民教的人，不宜存‘师严道尊’的旧态，使民众不敢接近。”“对于一般民众要诚恳，而尊敬他们的意思，要以平等地位相待，要表示个人是他们中间一分子，是做他们的朋友，不是做他们的上司。”“办农村民教的人，不但是谦恭和气蔼然可亲，并且要诚恳地容纳民众的意见及其处世为人的经验。要以领导者自居，帮助他们自求获得新经验，和自愿改革已成的不良习惯，不应以强制办法任意行

① “青少年成长必读经典书系”编委会. 鲁迅杂文精选［M］. 郑州：河南科学技术出版社，2013：77.

之。”①

【新解】刘芾仙的这段话指出了诚恳平等是建立良好师生关系的前提与基础，教师只有态度诚和、平等以待，才能与学生建立友善和谐的人际关系，才能把教书育人工作做到细处、落到实处。2018 年，教育部颁布的《新时代高校教师职业行为十项准则》《新时代中小学教师职业行为十项准则》《新时代幼儿园教师职业行为十项准则》都在第五条明确规定“关心爱护学生”“严慈相济，诲人不倦，真心关爱学生，严格要求学生，做学生良师益友”的职业行为要求，这是对刘芾仙“以平等地位相待”思想的吸纳与借鉴。尊重是一贴心灵的良药，互相尊重是良性师生关系的重要内容。构建平等尊重的师生关系，是一个双向的关系。教师在学生成长历程中担任着重要角色，尊重学生、爱护学生，无论是在古代还是在现代，都是很重要的教师行为准则。

（近现代）张伯苓：“师生合作的前提，首先是师生之间没有隔阂，平等相待，各尽其责，尤不可伤师生感情；所载事实应先调查详确，且批评尤不宜失当，致伤感情。”②

【新解】张伯苓的这句话与朱永新“没有教育痕迹的交流，没有心理距离的对话，欢迎促膝谈心的气氛”观点如出一辙，强调了师生之间应当构建平等和谐关系的重要性。张伯苓关于师生平等合作的思想，值得今天的广大人民教师学习领会，并以此作为锤炼师德师风的重要内容。2018 年，教育部颁布的《新时代高校教师职业行为十项准则》《新时代中小学教师职业行为十项准则》《新时代幼儿园教师职业行为十项准则》都在第五条明确规定“关心爱护学生”“严慈相济，诲人不倦，真心关爱学生，严格要求学生，做学生良师益友”的职业行为要求，这是对张伯苓“师生之间没有隔阂，平等相待”思想的吸纳与借鉴。广大教师应当从张伯苓的这句话中获得关于师德知识的见解，要经常性反省自身在对待学生的时候态度是什么样的，是否做到了平等、尊重、信任学生。

（近现代）刘百川：“对于儿童，不分贫富智愚美丑男女，一律平等看待。”“要与儿童做朋友，和儿童共同生活，在儿童队伍里指导儿童一切生活，如师生共同工作，共同游玩等。”“平时要尊重儿童的人格，儿童有了困难要指导他解决，儿童发生问题，要详细地和他研究。儿童有了正当的请求，要诚

① 刘芾仙. 农村民众教育［M］. 鹤山：大华书局，1934：101. 又见：杜成宪. 民国乡村教育文献丛刊：第 4 卷［M］. 北京：国家图书馆出版社，2014：289.

② 张伯苓. 张伯苓谈教育［M］. 沈阳：辽宁人民出版社，2015：57-63.

恳地接受，切勿表示厌倦，更不能怕麻烦。” ①

【新解】刘百川的这段话强调了平等对待学生、与学生做朋友的重要性，没有师生之间的互相尊重，没有公平平等的教育情操，是不可以做好教书育人工作的。2018 年，教育部颁布的《新时代高校教师职业行为十项准则》《新时代中小学教师职业行为十项准则》《新时代幼儿园教师职业行为十项准则》都在第五条明确规定“关心爱护学生”“严慈相济，诲人不倦，真心关爱学生，严格要求学生，做学生良师益友”的职业行为要求，这是对刘百川“一律平等对待，与儿童做朋友，和儿童共同生活”思想的吸纳与借鉴。真心关爱学生，首先表现为对全体学生的尊重、信任、理解，表现在与学生真心交朋友、打成一片，表现在切实解决学生的困难，与学生一起共同成长。这样的教师才能算得上学生健康成长的引路人。

（近现代）叶圣陶：“凡负教师的名义的人，谁都有帮助学生的责任。”“我要做学生的朋友，我要学生做我的朋友。凡是在我班上的学生，我至少要知道他们的性情和习惯，同时也要使他们知道我的性情和习惯。”“教师和学生，无论如何不应该对立起来。教师不是专制政治下的爪牙，学生不是被压迫的民众。教师和学生是朋友，在经验和知识上，彼此虽然有深浅广狭的差别，在精神上却是亲密体贴的朋友。” ②

【新解】叶圣陶的这段话对构建积极良好的师生关系做了深入的阐述，他的责任、信任是构建良性师生关系基石的思想，对于今天的人民教师加强师德师风培养有着重要的借鉴价值。2018 年，教育部颁布的《新时代高校教师职业行为十项准则》《新时代中小学教师职业行为十项准则》《新时代幼儿园教师职业行为十项准则》都在第五条明确规定“关心爱护学生”“严慈相济，诲人不倦，真心关爱学生，严格要求学生，做学生良师益友”的职业行为要求，这是对叶圣陶“谁都有帮助学生的责任”“教师和学生是朋友”思想的吸纳与借鉴。教师首先要树立全心全意为广大学生服务的宗旨，这是责无旁贷的。其次要了解每一位学生的特性，因材施教。最后要尊重学生，和学生做朋友，不因学生个体差异而戴着有色眼镜，要用“师爱”浇灌每一位学生。

（当代）李吉林：“兴趣的培养首先应该建立在对儿童人格的尊重上，建立在平等的师生关系的基础上。教师用自己的真情去爱学生，尊重学生，在人

---

① 刘百川. 乡村教育的经验［M］. 上海：商务印书馆，1937：31. 又见：杜成宪. 民国乡村教育文献丛刊：第 22 卷［M］. 北京：国家图书馆出版社，2014：143.

② 刘国正. 叶圣陶教育文集：第 2 卷［M］. 北京：人民教育出版社，1994：86.

格的提升中，强化巩固他们的学习兴趣。"①

【新解】李吉林的这段话说明了关爱学生、尊重学生是构建良好师生关系的关键。2018 年，教育部颁布的《新时代高校教师职业行为十项准则》《新时代中小学教师职业行为十项准则》《新时代幼儿园教师职业行为十项准则》都在第五条明确规定"关心爱护学生""严慈相济，诲人不倦，真心关爱学生，严格要求学生，做学生良师益友"的职业行为要求，这是对李吉林"用自己的真情去爱学生，尊重学生"思想的吸纳与借鉴。教师没有平等的教育观念，那么师生之间平等关系就无从建构；教师没有尊重学生的教育观念，那么师生之间就无从谈起互相尊重；教师没有爱护学生的教育观念，那么师生之间就无从谈起互敬互爱。对教师来说，尊重学生、平等待生、爱护学生，这是当教师的基本职业素养与要求。做不到这一点，良性师生关系无从构建，教育培养学生就无从谈起。

（当代）顾明远："教师要热爱教育、热爱学生，把热爱学生建立在相信学生、尊重学生的基础上；了解学生的需要和困难，满腔热情地帮助学生学习；公平对待每个学生，不把学生分成三六九等；尊重学生的人格，不侮辱、不讽刺学生。"②

【新解】顾明远的这段话表达了热爱学生、尊重学生、帮助学生、公平对待学生四个师德基本尺度，这也是今天的教师应该遵循的基本职业道德要求。2018 年，教育部颁布的《新时代高校教师职业行为十项准则》《新时代中小学教师职业行为十项准则》《新时代幼儿园教师职业行为十项准则》都在第五条明确规定"关心爱护学生""严慈相济，诲人不倦，真心关爱学生，严格要求学生，做学生良师益友"的职业行为要求，这是对顾明远"热爱教育、热爱学生""满腔热情地帮助学生学习""公平对待每个学生"思想的吸纳与借鉴。必须看到，教书育人既是一项崇高的职业，也是一件复杂的工作，对从事教书育人工作的人的职业素养与道德品质有着十分特殊而较高的要求。广大人民教师应当谨记顾明远对教师的期望，把热爱学生、尊重学生、帮助学生、公平对待学生作为教书育人中应遵守的基本准则，努力做一名学生真心喜欢、家长真正满意的好教师。

（当代）吴正宪："在育人的过程中，没有什么比保护学生的自尊心、自信心更重要。"③

---

① 李吉林. 为儿童的学习［M］. 北京：外语教学与研究出版社，2008：265，440-441.

② 顾明远. 中国教育路在何方：顾明远教育漫谈［M］. 北京：人民教育出版社，2016：161.

③ 鱼霞，夏仕武. 吴正宪：人文数学教育思想探究［M］. 北京：教育科学出版社，2009：208.

【新解】吴正宪的这句话指出了保护学生的自尊心、自信心的重要性，因为这是建立积极健康师生关系的前提与基础。这对于今天的广大教师加强师德师风建设具有借鉴与学习意义。2018年，教育部颁布的《新时代高校教师职业行为十项准则》《新时代中小学教师职业行为十项准则》《新时代幼儿园教师职业行为十项准则》都在第五条明确规定“关心爱护学生”“严慈相济，诲人不倦，真心关爱学生，严格要求学生，做学生良师益友”的职业行为要求，这是对吴正宪“没有什么比保护学生的自尊心、自信心更重要”思想的吸纳与借鉴。如何做到爱护学生呢？吴正宪给出了具体答案，那就是保护学生的自尊心、自信心。广大人民教师应当从吴正宪这一思想中受到启发，要认识到爱护学生不是一句说在嘴上的空话，也不是口头上说得厉害就是真正地爱护学生。爱护学生要从保护学生的自尊心、自信心出发，让学生感受到被尊重、被关注，感受到教师注意到他的成长变化。只有这样，才能让学生不断地积极主动学习，努力追求上进。

（当代）刘京海：“凡是成功皆始于信。教徒信上帝信耶稣信佛陀，所以虔诚修炼成正果。学生只有亲其师信其道才会学得成，同样，教师也只有充分相信学生才能施教成功。信是建立起人与人之间积极信息有效沟通的前提。成功教育的教育理念是三个相信：相信每个孩子都有成功的愿望，相信每个孩子都有成功的潜能，相信每个孩子都可以取得多方面的成功。”“教师应该对学生的成功抱有热情和期望，坚信每一个学生都能成才，并通过教育的改革，使这种可能变为现实。”①

【新解】刘京海的这段话指出了信任是实施教书育人的前提与基础，没有师生之间的真诚信任，是不能推进实施有效教育的。2018年，教育部颁布的《新时代高校教师职业行为十项准则》《新时代中小学教师职业行为十项准则》《新时代幼儿园教师职业行为十项准则》都在第五条明确规定“关心爱护学生”“严慈相济，诲人不倦，真心关爱学生，严格要求学生，做学生良师益友”的职业行为要求，这是对刘京海“只有充分相信学生才能施教成功”思想的吸纳与借鉴。教育是师生双方的思想的沟通碰撞，信任是人与人有效沟通的前提，建立互信才能彼此敞开心扉，真正的教育才能够产生。没有互信的师生关系只能流于表面，师生之间没有敞开心扉的交流，教育变成了“填鸭”。俗话说，“没有教不好的学生，只有不会教的教师”。学生是学习的主体，因而要因材施教，以此调动学生学习的积极性、主动性。教师要充分相信每一个

① 刘京海. 成功教育［M］. 福州：福建教育出版社，1999：73-74.

学生，带领学生发现自身的优点和长处，激发学生的潜力，尽可能使每个学生获得自身的最大化发展，为日后的生活、学习打下良好的基础。另外，学生也要充分相信教师，相信教师的教学能力，相信教师的教育经验，积极接受不同教师的教育方法教学理念，紧紧跟随教师的教学进度，一步一个脚印踏踏实实地上好每一堂课。

三、赏识帮助学生

（春秋）老子：“是以圣人常善救人，故无弃人；常善救物，故无弃物。是谓袭明。故善人者，不善人之师；不善人者，善人之资。不贵其师，不爱其资，虽智大迷，是谓要妙。”①

［译文］圣人常常善于做到人尽其才，所以没有被遗弃的人；常常做到物尽其用，所以没有被废弃的物品。这就叫有智慧。所以善良的人可以给不善良的人做教师，不善良的人也可以给善良的人以借鉴。不尊重自己的教师，不爱惜自己的才华，虽然看上去聪明，但实际上是很糊涂的，这就是关键又奇妙的道理。

【新解】“善”在中国传统文化中往往被归为好的、有益的，与之相对的不善就是坏的、无所用者。老子的这段话表达了教师要常怀“仁善”思想，尤其是他提出善人要把不善之人作为借鉴，体现了圣人的博大胸怀，这对于今天我们加强师德师风锤炼有着重要的指导价值。2018 年，教育部颁布的《新时代高校教师职业行为十项准则》《新时代中小学教师职业行为十项准则》《新时代幼儿园教师职业行为十项准则》都在第五条明确规定“关心爱护学生”“严慈相济，诲人不倦，真心关爱学生，严格要求学生，做学生良师益友”的职业行为要求，这是对老子“常善救人、常善救物”思想的吸纳与借鉴。一名好教师，应该善于发现学生的长处，准确了解学生的缺点，并通过自己的教育教学方式方法，对每个学生实施合适的教育引导，让每个学生的长处都能得到发挥，缺点都能得到改正，这才是真正的教育，这才是真正的好教师。

（春秋）老子：“上善若水。水善利万物而不争，处众人之所恶，故几于道。”②

［译文］品德高尚人的品格就像水那样。水善于滋润万物却不与万物争名

---

① 李耳. 老子：第 27 章［M］. 王弼，注. 上海：上海古籍出版社，1989：7.

② 李耳. 老子：第 8 章［M］. 王弼，注. 上海：上海古籍出版社，1989：2.

夺利，停留在大家都不愿意去的卑下地方，所以水的品格是最接近于“道”的。

【新解】老子的这句话充满着人生哲理与处世智慧，尤其是“上善若水”被视为中华优秀传统文化中的精华，这对于今天的教师从事培养人的工作、加强师德师风建设，有着重要的现实价值与指导意义。2018年，教育部颁布的《新时代高校教师职业行为十项准则》《新时代中小学教师职业行为十项准则》《新时代幼儿园教师职业行为十项准则》都在第五条明确规定“关心爱护学生”“严慈相济，诲人不倦，真心关爱学生，严格要求学生，做学生良师益友”的职业行为要求，这是对老子“上善若水”思想的吸纳与借鉴。善是人的本性，就好像水一样，滋润万物而不与万物相争，停留在众人都不喜欢的地方。而教师对学生也应该像水一样，润物无声地培养教育学生，要做践行社会主义核心价值观的表率与楷模，通过自己的良善品德与行为去影响学生、引导学生，把真、善、美以润物细无声的方式浸润学生们的心田，并转化为日常行为，促进学生健康成长。

（战国）乐正克：“知其心，然后能救其失也。教也者，长善而救其失者也。”①

【译文】当教师的必须要了解学生的心性，才能帮助学生纠正缺点。教师的作用就是帮助学生发扬长处、改正不足。

【新解】乐正克在这句话中强调了教师对学生进行全面真实了解的重要性，这是做好教书育人工作的前提。他的思想对于广大教师做好培养人的工作、提高职业道德素养，有着积极的指导意义。2018年，教育部颁布的《新时代高校教师职业行为十项准则》《新时代中小学教师职业行为十项准则》《新时代幼儿园教师职业行为十项准则》都在第五条明确规定“关心爱护学生”“严慈相济，诲人不倦，真心关爱学生，严格要求学生，做学生良师益友”的职业行为要求，这是对乐正克“知其心、救其失”思想的吸纳与借鉴。了解学生的身心特点、心理状态、知识掌握等情况，根据学生的特点实施不同的教育，让每个学生都能得到合适的发展，这是教书育人工作的本质性要求。广大教师要汲取乐正克“知其心、救其失”思想的营养，要把“知其心”作为真正关心爱护学生的前提与方法，充分了解学生，了解他们的心性，实施合适的教育。这样的教师才能算得上是称职的教师、合格的教师。

---

① 礼记·学记第十八［M］//阮元. 十三经注疏. 北京：中华书局，1980：1522.

（战国）庄子：“屈折礼乐，呴俞仁义，以慰天下之心者，此失其常然也。”①

〖译文〗规定礼节和音调，和气地履行仁义，用以安慰天下，这就是违背了原始的常态。

【新解】每一个学生个体都是独一无二的，不能用统一的标准去要求他们，更不要用固定的模式去压抑他们，否则就失去了教育的本真。庄子的这句话强调了顺从学生个性、施加自然教育的重要意义，值得今天的广大人民教师学习借鉴。2018年，教育部颁布的《新时代高校教师职业行为十项准则》《新时代中小学教师职业行为十项准则》《新时代幼儿园教师职业行为十项准则》都在第五条明确规定“关心爱护学生”“严慈相济，诲人不倦，真心关爱学生，严格要求学生，做学生良师益友”的职业行为要求，这是对庄子“屈折礼乐，呴俞仁义，此失其常然”思想的吸纳与借鉴。人的成才有其规律，每个学生都是不一样的个体。教师在开展教育教学工作时，应当充分了解学生的特点，尊重他们的本性，实施合适的教育，这样才能让每个学生都获得各得其所的发展。

（唐）柳宗元：“爱之太殷恩，忧之太勤枣，虽曰爱之，其实害之；虽曰忧之，其实雠之。”②

〖译文〗太过分的溺爱，过多的操心，虽然说是在爱护它，其实是在伤害它；虽然说是操心它，其实是在怨恨它。

【新解】柳宗元的这句话指出了过分溺爱的危害性，尤其是“太殷恩之爱，太勤枣之忧”都是害之雠之的思想，值得每位教师警醒与思考。2018年，教育部颁布的《新时代高校教师职业行为十项准则》《新时代中小学教师职业行为十项准则》《新时代幼儿园教师职业行为十项准则》都在第五条明确规定“关心爱护学生”“严慈相济，诲人不倦，真心关爱学生，严格要求学生，做学生良师益友”的职业行为要求，这是对柳宗元“爱之太殷恩，忧之太勤枣，虽曰爱之，其实害之；虽曰忧之，其实雠之”思想的吸纳与借鉴。育人与种树在道理上是相通的，树木不宜过于频繁修剪，否则它会枯萎死去，教育学生不宜过分宠爱，否则就不是爱他而是害了他。当教师的，要讲究教育的方式方法，得体恰当适宜，要严得合理、适当，不迁就学生，不放任学生，也不溺爱学生。如教师对学生行为规范的养成就要严格要求，这对良好班风、学风的形

---

① 庄子. 庄子［M］. 王先谦，集解. 方勇，导读整理. 上海：上海古籍出版社，2009：89.

② 柳宗元. 柳河东集·卷十七：种树郭橐传［M］. 上海：上海古籍出版社，1993：163.

成，对学生行为习惯的养成都是有利的。

（明）王守仁：“无善无恶心之体，有善有恶意之动，知善知恶是良知，为善去恶是格物。”①

〖译文〗道无善恶之分别，道生万物。人之初心性与道相合，是无善无恶的，就像呱呱落地的婴孩的赤子之心。人的意念一经产生，善恶好坏也随之而来。人看到恶的现象后，会痛恨恶行；看到善的事物就喜欢，这是人的良知在起作用。人要主动地去除不合理的私欲所产生的恶行，主动做善事。

【新解】王守仁的这句话告诉我们，只有形成正确的世界观，才会让人拥有正确的人生观和价值观，当人们有了正确的人生观和价值观后，又反过来塑造形成正确的世界观。“无善无恶心之体”，人的本体是纯粹的无善恶之分的。作为教师，我们在教育教学过程里要以客观现实为依据，不能主观臆断，凭自己的是非好恶去判断事情的正确与否。因为你一旦只以主观判断为依据，那么你就会失去公允心，你就会被外物带来的感受所感染从而影响判断。2018 年，教育部颁布的《新时代高校教师职业行为十项准则》《新时代中小学教师职业行为十项准则》《新时代幼儿园教师职业行为十项准则》都在第五条明确规定“关心爱护学生”“严慈相济，诲人不倦，真心关爱学生，严格要求学生，做学生良师益友”的职业行为要求，这是对王守仁“知善知恶是良知，为善去恶是格物”思想的吸纳与借鉴。一名教师必须谨遵职业道德、教师法律法规，更重要的是遵从内心的良知，区别好善恶去做出正确的选择，引导学生发扬自己的善、斩掉自身的恶，让他们知晓“勿以善小而不为，勿以恶小而为之”的道理。只有这样，才能够以德化人、以德育人，成为德才兼备的师者。

（明）方孝孺：“爱其子而不教，犹为不爱也；教而不以善，犹为不教也。”②

〖译文〗疼爱自己的孩子却不对他加以教育引导，这相当于是不疼爱他；教育孩子却不引导他努力上进，这相当于是不教育他。

【新解】方孝孺的这句话与柳宗元“太殷恩之爱、太勤枣之忧”是“害之雠之”的思想大同小异、如出一辙，指出了教育的重要性。方孝孺的这句话强调了家庭教育中“爱”和“教育”以及“教育”和“引导”的辩证关系。这些思想值得我们今天借鉴和思考。2018 年，教育部颁布的《新时代高校教师职业行为十项准则》《新时代中小学教师职业行为十项准则》《新时代幼儿

① 王阳明. 传习录［M］. 张怀承，注译. 长沙：岳麓书社，2004：324.

② 张岱年. 中国哲学大辞典［M］. 上海：上海辞书出版社，2010：694.

园教师职业行为十项准则》都在第五条明确规定“关心爱护学生”“严慈相济，诲人不倦，真心关爱学生，严格要求学生，做学生良师益友”的职业行为要求，这是对方孝孺“爱其子而不教，犹为不爱也；教而不以善，犹为不教也”思想的吸纳与借鉴。教师应该将“爱的教育”和“教育的爱”统一起来，才能达到教育的理想状态；要始终树立以学生为本的育人观念，积极建立平等、合作、友好的师生关系；要在爱的状态下教育学生，有了爱的包裹，教育的效果则会事半功倍；要在教育中引导学生，起到春风化雨、润物无声的作用。而整个育人过程，都离不开教师对学生的尊重、理解和宽容。

（近代）孙葆棣：“为他们解除困难。民校学生的疾苦真多，有时病了没钱请医生看，有时公婆不许她来上学。这时民众学校的教师要能明了自己的责任，不厌其烦一件一件地去为他们解除困难。”①

【新解】孙葆棣的这句话说明了教师要体谅学生、关心学生、帮助学生解决实际困难的重要性，这些品质也是教师教书育人的普遍性要求，对于今天加强师德师风建设有着积极的启迪意义。2018 年，教育部颁布的《新时代高校教师职业行为十项准则》《新时代中小学教师职业行为十项准则》《新时代幼儿园教师职业行为十项准则》都在第五条明确规定“关心爱护学生”“严慈相济，诲人不倦，真心关爱学生，严格要求学生，做学生良师益友”的职业行为要求，这是对孙葆棣“要能明了自己的责任，不厌其烦一件一件地去为他们解除困难”思想的吸纳与借鉴。教师在学生心目中是神圣的、伟岸的，教师的一句话可能影响学生一生的成长。所以，作为教师，我们要善于赏识学生、激励学生，通过语言的艺术，因材施教、多方引导，让越来越多的学生成长为社会主义事业的建设者与接班人。

（近现代）刘百川：“平时对于儿童的心理及个性，要特别注意观察，勿以成人的眼光去看待儿童。儿童有了纠纷或过失，要平心静气地去求出事实的原委。如果确系无心的错误，应予以原谅。即使是有心的过失，亦应表示怜惜，勿把儿童当成犯人看待。”②

【新解】刘百川的这句话指出了真心关爱学生的方法，那就是要“特别注意观察儿童的心理及个性”“勿以成人的眼光去看待儿童”“平心静气地去求出事实的原委”“原谅怜惜学生的过失”等。这些思想在今天看来，仍然有着

---

① 孙葆棣. 怎样做乡村民众学校的教师［J］. 乡村教育，1937，3（3）：13. 又见：杜成宪. 民国乡村教育文献丛刊：第 27 卷［M］. 北京：国家图书馆出版社，2014：445.

② 刘百川. 乡村教育的经验［M］. 上海：商务印书馆，1937：31-32. 又见：杜成宪. 民国乡村教育文献丛刊：第 22 卷［M］. 北京：国家图书馆出版社，2014：143-144.

重要的参考价值与指导意义。2018 年，教育部颁布的《新时代高校教师职业行为十项准则》《新时代中小学教师职业行为十项准则》《新时代幼儿园教师职业行为十项准则》都在第五条明确规定“关心爱护学生”“严慈相济，诲人不倦，真心关爱学生，严格要求学生，做学生良师益友”的职业行为要求，这是对刘百川“平心静气地去求出事实的原委”“原谅怜惜学生的过失”思想的吸纳与借鉴。教书育人是一项工作，更是一门艺术。新时代的人民教师，要掌握教书育人的规律与方法，要有良好的育人心性品质，要对学生充满关怀慈爱，切实做到严慈相济，诲人不倦，引导学生向善向学。

第四节　规范从教行为

一、因材施教

（东汉）郑玄：“各因其人之失而正之。”①

〖译文〗针对每个人的缺点不足，采用不同的方法来进行纠正、校正与引导。

【新解】这句话是郑玄对孔子因材施教思想的评价。众所周知，孔子对他的学生各方面情况与差异都十分清楚，而且他通过采取不同的教育方式方法来有针对性地帮助每个学生获得成长。因此，孔子是我国古代践行因材施教思想的最杰出实践者，以至于朱熹在《论语集注·先进》中评价说“孔子教人，各因其材”。每个人的资质禀赋、成长经历、自身特点都不一样，针对每个人的特点施加以合适的教育，这是现代教育中极为重要的原则。2018 年，教育部颁布的《新时代高校教师职业行为十项准则》《新时代中小学教师职业行为十项准则》《新时代幼儿园教师职业行为十项准则》都在第四条提及“遵循教育规律和学生成长规律，因材施教，教学相长”的教师职业行为要求，可以说是对郑玄“各因其人之失而正之”的直接表述。新时代的人民教师，必须把遵循规律与因材施教作为教师职业行为的根本准则，要充分认识到学生的差异性、独特性，认识到学生身心发展的规律性。只有遵循教育规律，才能把学生教育好、引导好。

（元）刘因：“师道尊严。弟子造其门者，随材器教之，皆有成就。”②

---

① 论语·先进第十一［M］//阮元. 十三经注疏. 北京：中华书局，1980：2500.

② 郭超.《四库全书》精华·史部：第 3 卷［M］. 北京：中国文史出版社，1998：2800.

〖译文〗教书育人是十分神圣而尊严。弟子登门拜访，要根据每个人的才能与智识去教化他们，帮助每个人都有所收获与成就。

【新解】刘因的这句话说明了教育是一项神圣而严肃的工作，不是随随便便的，不是任何人都能随意做得来的。教育有教育的规律与方法，要根据每个人的特点施加有针对性的教育，才能让每个人都有收获与成长。2018 年，教育部颁布的《新时代高校教师职业行为十项准则》《新时代中小学教师职业行为十项准则》《新时代幼儿园教师职业行为十项准则》都在第四条提及“遵循教育规律和学生成长规律，因材施教，教学相长”的教师职业行为要求，就是对刘因“随材器教之”教育思想的充分借鉴与体现。“因材施教”具有丰富的现代内涵，新时代的人民教师应当准确地了解学生的才能与器识，知道学生的想法和习惯，摸清学生的发展空间，帮助学生不断成长进步，真正实现教有所得、学有所获。

（明）王阳明：“人的资质不同，施教不可躐等。”①

〖译文〗人的资质各有不同，对他们施行教育时，不可逾越他们的实际情况而冒进。

【新解】这句话是王阳明对“在《论语》上，孔子说：‘中人以下，不可以语上’”的回答，原话是：“不是圣人终不与语。圣人的心，忧不得人人都做圣人。只是人的资质不同，施教不可躐等。中人以下的人，便与他说性说命，他也不省得，也须慢慢琢磨他起来。”②简单翻译一下，就是：“不是圣人不给他们说。圣人的心巴不得人人都做圣人呢！只不过是各人的资质不同，对他们施行教育时，不可逾越他们的实际情况而冒进。对于中等水平之下的人，上来就对他们说‘性’说‘命’，他也不会理解。必须从简单的知识教起，慢慢去开导、启发他。”王阳明的这句话充分展现了他的“因材施教”思想。这种思想至今仍然发挥着作用，给予我们启迪。2018 年，教育部颁布的《新时代高校教师职业行为十项准则》《新时代中小学教师职业行为十项准则》《新时代幼儿园教师职业行为十项准则》都在第四条提及“遵循教育规律和学生成长规律，因材施教，教学相长”的教师职业行为要求，就是对王阳明“因材施教”教育思想的借鉴与体现。在任何社会与时代背景下，都存在着学生资质差异的问题，这种差别是一种客观存在，是不以人的意志为转移的，也决定了要根据不同的教育对象来确定不同的教学内容，对症下药才能够取得良好

① 王阳明. 传习录［M］. 张怀承，注译. 长沙：岳麓书社，2004：283.

② 王阳明. 传习录［M］. 张怀承，注译. 长沙：岳麓书社，2004：283.

的教育效果。要重视学生的共性与个性，把学生看成独立发展的个体，具有自己独特的个性差异特点，要让学生根据自己的特点来发挥出自己的潜能，成长为在社会不同方面都有用的人。要根据每一个教育对象的具体情况去教育他们，帮助他们成长成才，让学生都能够发挥自己的作用。让学生各成其材就是我们因材施教，不同教育对象给予不同的教育内容的根本目的。新时代的人民教师应该懂得“三百六十行，行行出状元”的道理，不同的学生有不同的潜能，我们不能只关注学习这一个方面，也要关注其他方面，帮助学生找到适合他发展的方面，发挥出他自己的潜能，成为对社会有用的人才。

（清）康有为：“此院司理及教者皆为女子，号曰女傅。所以用女子而不用男子者，以女子静细慈和，爱抚婴儿，而有耐性，有恒心，有弄心。而男子粗强好动，抚婴之性不如女子，又耐性、弄心皆不如女子也。故中国古者教子，十年乃出就外傅，出宿于外。则十岁之前必用女傅而不用男傅也。今用其义。”①

〖译文〗这所幼稚院里的教师都是女性，被称为女教师。之所以用女教师而不用男教师，是因为女教师性子平静、做事细致、对待小孩慈祥和蔼，像爱抚婴儿一样，而且做事有耐心、有恒心、有敬业心。男教师动作粗暴又好动，爱抚小孩子不如女教师好，在耐心、敬业心上也不如女教师。所以古时候教育孩子，要到十岁后才到外面找教师教育，吃住都在外面。而十岁之前必须用女教师而不用男教师。现在也应采用过去的好做法。

【新解】康有为的这段话详细地论述了女教师与男教师在教育上的差别，说明教育不仅在方法上要因材施教，在教师的选派上也要因学生情况来进行选择，可以说是对“因材施教”教育思想的进一步丰富与拓展。2018 年，教育部颁布的《新时代高校教师职业行为十项准则》《新时代中小学教师职业行为十项准则》《新时代幼儿园教师职业行为十项准则》都在第四条提及“遵循教育规律和学生成长规律，因材施教，教学相长”的教师职业行为要求，就是对康有为“根据受教育者情况选派不同教师”教育思想的充分借鉴与体现。新时代的人民教师所开展的全部教育活动，都要体现以学生为本，根据学生的特点开展有针对性、个性化的教育，让每个学生都能得到健康成长。

（近代）梁启超：“现在的学校教育，教授法太好，学习太容易，足以使学生‘软化’。尤其是美国式的教育，最喜欢走捷径，结果得之易，失之也

---

① 康有为. 大同书［M］. 北京：中国人民大学出版社，2010：179.

易。所以我警告诸君，要披荆斩棘，求'深造自得'。"①

【新解】梁启超的这句话强调了要根据学生的情况来施加合适的教育，美国式的教育不见得就适合中国的学校教育。他的这些思想值得今天的教师认真思考与借鉴。2018 年，教育部颁布的《新时代高校教师职业行为十项准则》《新时代中小学教师职业行为十项准则》《新时代幼儿园教师职业行为十项准则》都在第四条提及"遵循教育规律和学生成长规律，因材施教，教学相长"的教师职业行为要求，就是对梁启超"得之易，失之也易""要披荆斩棘，求'深造自得'"教育思想的充分借鉴与体现。国外的教育方法与学习方法，可以借鉴，但不能完全照搬，不要盲目推崇。广大教育工作者要以开放的心态自觉从国内大环境去审视自己教书育人的方法模式，既要吸收外来，但更要不忘本来，要从教书育人的实际出发，只要有利于培养德、智、体、美、劳全面发展的社会主义建设者和接班人，该吸收、借鉴的就要吸收、借鉴，该坚决抵制的就要自觉抵制。

（近代）蔡元培："知教育者，与其守成法，毋宁尚自然；与其求划一，毋宁展个性。""不是把被教育的人，造成一种特别器具，给抱有他种目的人去应用的，……教育是要个性与群性平均发达的。"②

【新解】蔡元培的这句话表达的意思是，掌握了解教书育人方法的人都知道，与墨守成规相比，崇尚自然本性更好；和追求一致性相比，发展个人特性更好。2018 年，教育部颁布的《新时代高校教师职业行为十项准则》《新时代中小学教师职业行为十项准则》《新时代幼儿园教师职业行为十项准则》都在第四条提及"遵循教育规律和学生成长规律，因材施教，教学相长"的教师职业行为要求，就是对蔡元培"尚自然""展个性"教育思想的充分借鉴与体现。由于学生的个性千差万别、禀赋各异，因此一个好教师总是会千方百计地了解每个学生的情况，想方设法地为每个学生提供切合实际的教育，让每个学生根据自己的实际情况得到应有的发展。这是教育的本质，也是教育的规律。新时代的人民教师应当学习和借鉴蔡元培"尚自然""展个性"的教育思想，引导和帮助每个学生都能得到健康的成长。

（当代）王晋堂："'没有不良少年，只有不幸少年'！学校教育应该把所谓'双差生'拉回来而不是推出去，推出去的后果是使他们'厌学''辍学'以至于走向犯罪；如果是把这类学生推出去，那就不仅是德育的缺位，而且是

---

① 梁启超. 梁启超修身讲演录［M］. 彭树欣，选评. 上海：上海古籍出版社，2018：256.

② 高平叔. 蔡元培全集：第 3 卷（1917—1920）［M］. 北京：中华书局，1984：174.

学校教育的失职。”①

【新解】在这句话中，王晋堂把目光瞄准问题，提出了教师要对不良少年、差生的教育负起责任来，这也是教师职业道德中的基本要求。2018 年，教育部颁布的《新时代高校教师职业行为十项准则》《新时代中小学教师职业行为十项准则》《新时代幼儿园教师职业行为十项准则》都在第四条提及“遵循教育规律和学生成长规律，因材施教，教学相长”的教师职业行为要求，就是对王晋堂“把所谓‘双差生’拉回来而不是推出去”“不仅是德育的缺位，而且是学校教育的失职”教育思想的充分借鉴与体现。“没有不良少年，只有不幸少年。”每个孩子都是可塑的，就看教师能否发现孩子的长处，又能否帮助他在自己的长处领域走得更远。教师要做的就是摒弃偏见，深入每一位学生的内心，找到他们的闪光点，因材施教，如此才不愧为新时代的好教师。

二、尊重规律

（先秦）《舜典》：“契，百姓不亲，五品不逊。汝作司徒，敬敷五教，在宽。”②

〖译文〗契啊，现在老百姓不能和睦相处，父子、君臣、夫妇、长幼、朋友五种伦常道德不和顺和谐，现在让你担任掌管教育的司徒官，希望你谨慎地对百姓开展五种伦常道德规范的教育，用宽容宽厚来教育人们。

【新解】《舜典》中的这句话指出了宽广、宽大、宽容、宽厚的品质是教师职业道德的基本素养。2018 年，教育部颁布的《新时代高校教师职业行为十项准则》《新时代中小学教师职业行为十项准则》《新时代幼儿园教师职业行为十项准则》都在第四条提及“遵循教育规律和学生成长规律，因材施教，教学相长”的教师职业行为要求，就是对《舜典》“敬敷五教，在宽”教育思想的充分借鉴与体现。严厉只是教学的一种手段，但是并不能够让它成为教学手段的主导，太过严肃会让师生关系越来越疏远，最终可能会导致学生厌学，乃至于辍学。教书育人的基本规律是宽严结合。既要对学生宽容包容，也要对学生严格要求，把握好宽严分寸，这是一名优秀教师必备的职业道德素养。

（春秋）老子：“强梁者不得其死，吾将以为教父。”③

〖译文〗自恃强大而不遵从道的人大都不得善终，我把这句话当成施教的根本。

【新解】老子的这句话告诫我们，要尊重教学规律，尊重学生成长规律。

① 王晋堂. 学校教育中德育的失衡与救治［J］. 人民教育，2005（11）：14.

② 尚书·舜典［M］//阮元. 十三经注疏. 北京：中华书局，1980：130.

③ 郭超.《四库全书》精华·子部：第 1 卷［M］. 北京：中国文史出版社，1998：8.

2018 年，教育部颁布的《新时代高校教师职业行为十项准则》《新时代中小学教师职业行为十项准则》《新时代幼儿园教师职业行为十项准则》都在第四条提及“遵循教育规律和学生成长规律，因材施教，教学相长”的教师职业行为要求，就是对老子“强梁者不得其死”教育思想的充分借鉴与体现。教育很复杂，但如果我们能做到大道至简，教育又是很简单的，那就是尊重学生的发展规律，让学生能自然成长。作为教师，我们永远都要记住：千万不要做“拔苗助长”之事。

（战国）乐正克：“夏楚二物，收其威也。未卜禘不视学，游其志也。时观而弗语，存其心也。幼者听而弗问，学不躐等也。此七者，教之大伦也。”①

〖译文〗学校里常常配备教鞭等教具，其目的在于维护严肃的教学秩序。没到夏祭，教师不会去考查学生的成绩，其目的是让学生按照自己的志趣认真学习。教师经常检查指点学生的学习，但不叨唠灌输，其目的是帮助学生养成思考的习惯。对年龄尚小的学生只让他听讲而不考问，不越过他学习能力的要求，其目的是让他们循序渐进地学习。这七个方面就是大学教育的基本要领。

【新解】乐正克在这句话中指出了教书育人工作的基本规律，比如要保持教学秩序的严肃、因材施教、加强学业指导、培养思考习惯、循序渐进的方法，等等。这些思想对于今天的教师做好教育教学工作仍然具有学习和借鉴的价值。2018 年，教育部颁布的《新时代高校教师职业行为十项准则》《新时代中小学教师职业行为十项准则》《新时代幼儿园教师职业行为十项准则》都在第四条提及“遵循教育规律和学生成长规律，因材施教，教学相长”的教师职业行为要求，就是对乐正克“收其威，不视学，游其志，观弗语，存其心，听弗问，学不躐”教育思想的充分借鉴与体现。每个学生的情况都不一样，要结合具体情况，针对不同的学生采用不同的教育方法。要全面把握每个学生的多样性、差异性。研究学生的成长状态，才能为人师表，才能真正对学生的发展产生积极的推动作用。

（战国）乐正克：“君子既知教之所由兴，又知教之所由废，然后可以为师也。故君子之教喻也，道而弗牵，强而弗抑，开而弗达。道而弗牵则和，强而弗抑则易，开而弗达则思。和易以思，可谓善喻矣。”②

〖译文〗既懂得什么是成功的教育，又知道什么是失败的教育，只有弄清

---

① 礼记・学记第十八［M］//阮元. 十三经注疏. 北京：中华书局，1980：1522.

② 礼记・学记第十八［M］//阮元. 十三经注疏. 北京：中华书局，1980：1523.

楚这两方面原因的人才可能胜任教师的工作。优秀的教师往往善于开展诱导教育，善于引导学生而不是牵着学生，善于鼓励学生而不是强迫学生，善于启发学生而不是代替学生回答，善于促进学生思考而不是满堂灌输，形成和谐融洽、轻松愉快的氛围，这就是善于教育的好教师。

【新解】乐正克的这段话阐述了教书育人的好方法，提出了知教之所由兴由废、开而弗达、弗达则思、和易以思等方法。这些育人方法对今天的教师做好教书育人工作，仍然有着积极的学习与借鉴意义。2018 年，教育部颁布的《新时代高校教师职业行为十项准则》《新时代中小学教师职业行为十项准则》《新时代幼儿园教师职业行为十项准则》都在第四条提及“遵循教育规律和学生成长规律，因材施教，教学相长”的教师职业行为要求，就是对乐正克“道而弗牵则和、强而弗抑则易、开而弗达则思”教育思想的充分借鉴与体现。教师要不断反省自己教学成功或失败的原因，再结合每个学生的实际情况选择正确的教学方式，要善于诱导学生学会学习，系统地传授新知识。并且在日常教学活动中，能够引导学生自己进行总结，从而培养其独立思考的能力。总之，教师要遵循教育规律和学生成长规律，因材施教，实现教学相长。

（战国）乐正克：“君子知至学之难易而知其美恶，然后能博喻。能博喻然后能为师。”①

〖译文〗学生掌握知识有难有易，学习资质有好有坏，教师对这些情况都十分清楚的情况下，才能实施合适的教育引导方式方法。只有那些善于因材施教的人才能当教师。

【新解】乐正克在这句话里指出了循循善诱的重要性，尤其是教师要对学生的具体情况有深度的了解。这些思想对于今天教师做好教育教学工作具有重要的启迪意义。2018 年，教育部颁布的《新时代高校教师职业行为十项准则》《新时代中小学教师职业行为十项准则》《新时代幼儿园教师职业行为十项准则》都在第四条提及“遵循教育规律和学生成长规律，因材施教，教学相长”的教师职业行为要求，就是对乐正克“君子知至学之难易而知其美恶，然后能博喻。能博喻然后能为师”教育思想的充分借鉴与体现。教师要根据了解的学生情况，根据不同学生的认知特点，选择适合他（她）的学习方式，并且善于诱导学生学会学习。教育发展到今天，教师已不再是简单意义上的“传道、授业、解惑”者，还要更多地观察和研究学生，既要做学生的教师，还要做学生的导师、朋友、心理医生。如何在教学中真正发挥循循善诱的功能，

---

① 礼记·学记第十八［M］//阮元. 十三经注疏. 北京：中华书局，1980：1523.

这就要求教师在课堂上要尽量讲得少些，讲在该讲之处；问得少些，问在该问之处。讲得少却讲得精当，问得少却问得神妙，这才是真正的“循循善诱”。

（战国）乐正克：“记问之学，不足以为人师，必也听语乎。力不能问，然后语之。语之而不知，虽舍之可也。”①

［译文］学问是靠死记硬背得来的，这样的人是没有资格来做教师的，当教师的人必须善于引导学生学习才行。当学生没有能力提出问题的时候，才可以直接讲给他听。如果讲了学生也听不懂，那就没有必要再讲下去了。

【新解】乐正克的这句话指出了教师要注重教书育人的方式方法，强调因材施教、循循善诱。这些思想也同样值得今天的教师学习与借鉴。2018 年，教育部颁布的《新时代高校教师职业行为十项准则》《新时代中小学教师职业行为十项准则》《新时代幼儿园教师职业行为十项准则》都在第四条提及“遵循教育规律和学生成长规律，因材施教，教学相长”的教师职业行为要求，就是对乐正克“力不能问，然后语之。语之而不知，虽舍之可也”教育思想的充分借鉴与体现。一个优秀的教师，不会生搬硬套书本上的知识，照本宣科，而是会根据学生的需要随时调整教学方式方法，把课堂还给学生，做学生的“助教”，善于和学生交流探讨，在与学生的交流中发现学生的问题，解答学生的疑惑；在理论和实践的结合中，引导学生学懂会用，培养学生分析问题、解决问题的能力。

（战国）孟子：“君子之所以教者五：有如时雨化之者，有成德者，有达财者，有答问者，有私淑艾者。此五者，君子之所以教也。”②

［译文］有学问的人时常用五种方法来教育人，一是像及时雨一样去启迪，二是注重培养品德，三是注重培养才能，四是解答疑惑，五是通过示范感化方式引导学生来模仿。

【新解】孟子的这句话指出了教书育人的五种对象，事实上是讲教师要根据受教育者的情况实施适宜的教育。2018 年，教育部颁布的《新时代高校教师职业行为十项准则》《新时代中小学教师职业行为十项准则》《新时代幼儿园教师职业行为十项准则》都在第四条提及“遵循教育规律和学生成长规律，因材施教，教学相长”的教师职业行为要求，就是对孟子“有如时雨化之者，有成德者，有达财者，有答问者，有私淑艾者。此五者，君子之所以教也”教育思想的充分借鉴与体现。教育的方法千千万万，都要因人而异。我们要根

---

① 礼记·学记第十八［M］//阮元. 十三经注疏. 北京：中华书局，1980：1524.

② 孟子·尽心章句上［M］//阮元. 十三经注疏. 北京：中华书局，1980：2770.

据不同学生的个性、特长来选择不同的教育方法；要有所教，也要有所不教；要遵循学生的认知规律与心理特点，用适宜的方法来教育，让每个学生都能受到教育、得到帮助、获得成长。

（战国）孟子："流水之为物也，不盈科不行；君子之志于道也，不成章不达。"①

［译文］不把坑坑洼洼填满就不向前流动，这是水流动的基本规律。不达到一定的程度就不能通达，这是君子追求学问的基本规律。

【新解】孟子的这句话主张学生必须一步一步扎实前进，要"不盈科不走""填满，然后进"。孟子认为学习既要不间断地努力，但又不能拔苗助长。孟子这些育人思想对于今天的广大人民教师来说，也具有十分重要的启迪意义与现实价值。2018 年，教育部颁布的《新时代高校教师职业行为十项准则》《新时代中小学教师职业行为十项准则》《新时代幼儿园教师职业行为十项准则》都在第四条提及"遵循教育规律和学生成长规律，因材施教，教学相长"的教师职业行为要求，就是对孟子"不盈科不行""不成章不达"教育思想的充分借鉴与体现。学习不可能一蹴而就，明理也不是一步到位的。教导学生，必须循循善诱，言传身教，水滴石穿，方成大道。

（战国末期）荀子："谈说之术：矜庄以莅之，端诚以处之，坚强以持之，譬称以喻之，分别以明之。欣驩芬芗以送之，宝以珍之，贵之神之。"②

［译文］以严肃庄重的态度去面对人，以端正真诚的心态去对待人，以坚定刚强的意志去扶持人，用比喻称引的方法去启发人，用条分缕析的方法来使人明了，以热情和气来引导人，使自己的话显得宝贵、神妙。这些是谈话劝说的基本方法。

【新解】这句话出自《荀子·非相第五》，表达了教师在教学中要循循善诱的思想。在教育工作中，既不能急于求成，也不能强制接受，而要善于耐心地、有恒心、有步骤地引导学生，启发自觉，激励动机，进行学习，改进行为，健康成长。荀子这一思想对于今天的教师来说仍具有重要的启迪价值。2018 年，教育部颁布的《新时代高校教师职业行为十项准则》《新时代中小学教师职业行为十项准则》《新时代幼儿园教师职业行为十项准则》都在第四条提及"遵循教育规律和学生成长规律，因材施教，教学相长"的教师职业行为要求，就是对荀子"矜庄以莅之，端诚以处之，坚强以持之，譬称以喻之，

---

① 孟子·尽心章句上［M］//阮元. 十三经注疏. 北京：中华书局，1980：2768.

② 荀子. 荀子·非相［M］. 孙安邦，马银华，译注. 太原：山西古籍出版社，2003：58.

分别以明之”教育思想的充分借鉴与体现。循循善诱不只是一种教育的方法，也不只是一种教育的态度，它是教师遵循教育规律，实施素质教育的体现，它反映出教师的教育理念，关系到教育目的的实现。要做到“循循善诱”，教师既要懂得科学地育人，还要懂得艺术地育人。这是教育先哲荀子给予我们的劝告。

（隋）王通：“宽不足以悦人，严堪补也。敬无助于劝善，诤堪教矣。”①

〖译文〗一味的宽厚并不能让所有人都高兴，可以用严厉来进行弥补。恭敬温和的劝告并不能帮助人们改正过失，可以用严肃的批评来教导。

【新解】王通的这句话比《舜典》“敬敷五教，在宽”思想在意思上更进了一步，指出宽必须与严相结合，才能是真正的教育、有效的教育。王通这一思想对于今天的人民教师来说具有重要的启迪意义。2018 年，教育部颁布的《新时代高校教师职业行为十项准则》《新时代中小学教师职业行为十项准则》《新时代幼儿园教师职业行为十项准则》都在第四条提及“遵循教育规律和学生成长规律，因材施教，教学相长”的教师职业行为要求，就是对王通“宽不足以悦人，严堪补也”教育思想的充分借鉴与体现。要胜任教师工作，必须处理好宽与严的关系，教育学生既不能失之于宽，也不能过于严苛，既不能不爱护学生，也不能过于溺爱，总之要把握好宽与严之间的尺度，懂得教育工作中的辩证法规律。

（隋）王通：“通其变，天下无弊法；执其方，天下无善教。”②

〖译文〗通晓万事万物的变化规律，并以此灵活应对，那么就不存在有弊端的法制；如果只是拘泥于陈规旧制的教育，而不善于因材施教，那么就不会有好的教育。

【新解】王通的这句话强调了灵活性是教书育人的基本规律，对于今天的教师做好教书育人工作有着重要的指导价值。2018 年，教育部颁布的《新时代高校教师职业行为十项准则》《新时代中小学教师职业行为十项准则》《新时代幼儿园教师职业行为十项准则》都在第四条提及“遵循教育规律和学生成长规律，因材施教，教学相长”的教师职业行为要求，就是对王通“通其变，天下无弊法；执其方，天下无善教”教育思想的充分借鉴与体现。教育的方法应该随着时代的进步而不断改进、完善，与时俱进。教师的育人理念、育人方法不应该墨守成规，而要跟随时代的变化，根据学生的特性随时调整、

---

① 文中子. 止学［M］. 马树全，译注. 合肥：黄山书社，2010：210.

② 王通. 文中子中说［M］. 阮逸，注. 秦跃宇，点校. 南京：凤凰出版社，2017：34.

完善，在“变”中求得发展，在“变”中探寻教学规律。

（南宋）朱熹：“学即行也，所谓所以学者，将以行之也。”①

〖译文〗学习就是实践，所以学习知识的人，将来是要将所学付诸实践行动的。

【新解】朱熹的这句话主张把“致知”和“笃行”融为一体，在充分理解知识的基础上提出怀疑，做出进一步的思考，并用来指导自己的行为。知行统一、知行合一，这是教育的基本规律，也是教育的目的。朱熹的这些思想对于今天的教师做好教育教学工作有着重要的参考价值与借鉴意义。2018 年，教育部颁布的《新时代高校教师职业行为十项准则》《新时代中小学教师职业行为十项准则》《新时代幼儿园教师职业行为十项准则》都在第四条提及“遵循教育规律和学生成长规律，因材施教，教学相长”的教师职业行为要求，就是对朱熹“学即行也”教育思想的充分借鉴与体现。实现中华民族伟大复兴中国梦的奋斗目标，需要的是一批批建设者与实干家，而不需要只会死记硬背的书呆子，不会实践运用的木头人。因此，新时代的人民教师要培养社会主义建设者和接班人，必须坚持知行合一、知行统一的教育思想，做知行一致的表率，引导学生既要学习知识，更要在实践中增长本领。

（南宋）朱熹：“古者初年入小学，只是教之以事，如礼乐射御书数及孝弟忠信之事。自十六七入大学，然后教之以理，如致知、格物及所以为忠信孝弟者。”②

〖译文〗古代的学生刚刚进入小学时，教师只是教他们像礼、乐、射、御、书、数以及孝顺父母、尊敬兄长、忠君、对人诚信的礼节知识。当他们十六七岁时进入大学，然后才教他们道理，比如推究事物的道理以及作为忠君、诚信、孝顺父母和尊敬兄长的人的原因。

【新解】在这句话里，朱熹指出了教书育人要遵循循序渐进的规律，比如要按教学次序，要“量力行教”，不急于求成。朱熹主张读书学习要对知识反复咀嚼，认真思考，正如孔子所说温故而知新。朱熹还非常强调知行合一，强调进行道德教育是既要“致知”又要“力行”的知行合一的道德践履。朱熹的这些育人思想对于今天的教师加强师德师风建设、提高职业行为规范，有着重要的借鉴价值。2018 年，教育部颁布的《新时代高校教师职业行为十项准

---

① 朱杰人，严佐之，刘永翔. 朱子全书：第 22 册［M］. 上海：上海古籍出版社，2002：2185.

② 黎靖德. 朱子语类：卷七·学一·小学［M］. 杨绳其，周娴君，校点. 长沙：岳麓书社，1997：113.

则》《新时代中小学教师职业行为十项准则》《新时代幼儿园教师职业行为十项准则》都在第四条提及“遵循教育规律和学生成长规律，因材施教，教学相长”的教师职业行为要求，就是对朱熹“教之以事”“教之以理”教育思想的充分借鉴与体现。在学习书本理论知识的同时，还要注重实践，这是朱熹在教育学生时反复强调的。在今天看来，这也是十分重要的。朱熹主张的循序渐进，启示教师在教学时要遵循教育规律，全面把握每个学生的多样性、差异性，充分照顾学生的年龄特征，严格按照学生身心发展的规律、教育规律来进行科学施教，做到因性而教、因龄而教、因资而教，做到循序渐进，自然而成。

（南宋）朱熹：“读书无疑者，需教有疑；有疑者，却要无疑，到这里方是长进。”①

〖译文〗对读书学习若没有疑问的，那一定要教导他学会有疑问。对学习有疑问的，那一定要教导他弄清楚答案，达到没有疑问的状态，这才是真正的学有所得、学有长进。

【新解】朱熹的这句话指出了教师读书学习的方法，当然这句话对学生也是适用的。他的这一思想对于今天我们加强师德师风建设有着重要的现实启迪。2018 年，教育部颁布的《新时代高校教师职业行为十项准则》《新时代中小学教师职业行为十项准则》《新时代幼儿园教师职业行为十项准则》都在第四条提及“遵循教育规律和学生成长规律，因材施教，教学相长”的教师职业行为要求，就是对朱熹“读书无疑者，需教有疑；有疑者却要无疑，到这里方是长进”教育思想的充分借鉴与体现。有疑问的教书，这是真教书；带着疑问来学习，这是真学习。新时代的人民教师，在教书育人工作中要有强烈的求疑精神，善于打破因循守旧的思想观念，善于质疑以前的教育教学方法，要因应学生的变化、时代的变化、知识的变化，不断调整自己的教育教学方式方法，不断研究教育教学规律，形成与时俱进的教学风格、育人方式。这样的教学才算是好的教学，这样的教师才能算是好教师。

（明）王阳明：“学校之中，惟以成德为事，而才能之异，或有长于礼乐，长于政教，长于水土播植者，则就其成德，而因使益精其能于学校之中。”②

〖译文〗培养学生的德行，这是学校最重要的事情，对才能各不相同的学

① 黎靖德. 朱子语类：卷十一 · 学五 · 读书法下［M］. 杨绳其，周娴君，校点. 长沙：岳麓书社，1997：167.

② 吴光，钱明，董平，等. 王阳明全集：卷二 · 语录二［M］. 杭州：浙江古籍出版社，2011：59.

生，比如有的擅长音乐，有的擅长管理，有的擅长种庄稼，但都要培养他们的德行，从而使他们的才能在学校里能得到更好的发展。

【新解】王阳明的这句话阐释了培养学生的品德在教育中的地位与价值。他的这些思想对于我们今天的广大教师而言，仍然值得学习借鉴与深入思考。2018年，教育部颁布的《新时代高校教师职业行为十项准则》《新时代中小学教师职业行为十项准则》《新时代幼儿园教师职业行为十项准则》都在第四条提及“遵循教育规律和学生成长规律，因材施教，教学相长”的教师职业行为要求，就是对王阳明“以成德为事”教育思想的充分借鉴与体现。教师要根据学生的才情禀赋特点，施加合适的教育，要把学生品德的培养作为首要目标，让他们在教师的引导下，成长为社会需要的合格人才。

（明）王阳明：“凡授书，不在徒多，但贵精熟。”①

［译文］传授知识不追求数量与速度，只以使人精通与熟练掌握为贵。

【新解】王阳明的这句话与朱熹“读书无疑者，需教有疑；有疑者却要无疑，到这里方是长进”思想大同小异、如出一辙。他的读书方法值得今天的广大教师认真学习和借鉴。2018年，教育部颁布的《新时代高校教师职业行为十项准则》《新时代中小学教师职业行为十项准则》《新时代幼儿园教师职业行为十项准则》都在第四条提及“遵循教育规律和学生成长规律，因材施教，教学相长”的教师职业行为要求，就是对王阳明“凡授书，不在徒多，但贵精熟”教育思想的充分借鉴与体现。学得多不如学得精，粗略地掌握过多的知识不如把少部分有用的知识学得精一点，达到可随时运用的程度。教师不应该只追求知识的数量，要做知识精熟、融会贯通的表率；在教书育人工作中，应该结合每个学生的实际情况，用适合学生的方法施加教育；不要关注教了多少，而要关注教会了多少，有多少学生可以达到“精熟”的程度；不要杂乱地教给学生太多的知识，因为其实这是无益于学生健康成长的，“溢满则亏”。

（明）王阳明：“古之教者，莫难严师。师严道尊，教乃可施。严师维何？庄敬自持，外内若一，匪徒威仪。施教之道，在胜己私，孰义孰利，辨析毫厘。”②

［译文］古时候当教师都是十分威严的。严厉的教师会让教育受到尊重，教育人培养人的活动才可能开展。当然“严师”应该做到庄严自制、表里如一、仪表整洁有威严感，没有私心杂念地开展教育，清清楚楚地分辨义与利的

① 王阳明. 传习录［M］. 张怀承，注译. 长沙：岳麓书社，2004：243.

② 吴光，钱明，董平，等. 王阳明全集：卷二十六·续编三·杂著·箴一首［M］. 上海：上海古籍出版社，2011：1048.

道理。

【新解】王阳明所提出的“师严道尊”是在强调一种“尊师重教”的精神，强调要积极形成一种尊重师者与重视教育的环境和氛围。只有这样的氛围才能形成良好的教育风气，从而形成有质量的教育教学成果。王阳明的这句话所包含的师德思想，值得广大人民教师认真学习、借鉴、思考。2018年，教育部颁布的《新时代高校教师职业行为十项准则》《新时代中小学教师职业行为十项准则》《新时代幼儿园教师职业行为十项准则》都在第四条提及“遵循教育规律和学生成长规律，因材施教，教学相长”的教师职业行为要求，就是对王阳明“师严道尊，教乃可施”教育思想的充分借鉴与体现。“师严”是指教师具有内在的知识性的权威、仪态，而不是外表的一种威慑，强调教师在教育教学中必须严谨对待教学、严格对待教育对象，这才是对教学负责、对教育对象负责。同时“道尊”也不是表面形式的虚伪的科学，是不断去探究、求索、追求新知的较为科学的教育之道，师者自己内心需要敬重这道理，才能合理地教，令学生们信服。同时王阳明提出的“师严道尊”是与“教学相长”相辅相成的，这说明教师必须在具体的教学情景里处理好这二者的关系，要让师者自身和学生两者之间都共同“师严道尊”，互相督促成长。在这里，教师要把自己和学生放在同等的地位上，彼此之间互相坦诚、信任，才能够促进教与学更好地成长，真正地形成尊师重教的氛围。

（明）洪应明：“幼是定基，少是勤学。”①

［译文］幼年时是奠定基础的阶段，少年时是勤奋学习的阶段。

【新解】洪应明的这句话与朱熹“古者初年入小学，只是教之以事，自十六七入大学，然后教之以理”的思想大同小异、如出一辙，强调了教育要遵循学生的身心成长规律。他的思想值得今天的教师认真学习领会、借鉴吸纳。2018年，教育部颁布的《新时代高校教师职业行为十项准则》《新时代中小学教师职业行为十项准则》《新时代幼儿园教师职业行为十项准则》都在第四条提及“遵循教育规律和学生成长规律，因材施教，教学相长”的教师职业行为要求，就是对洪应明“幼是定基，少是勤学”教育思想的充分借鉴与体现。学生在幼年时是奠定基础的阶段，少年时是勤奋学习的阶段。教师要根据学生的发展需求，传授学生相应的知识。“三岁看小，七岁看老”是民间流传的一句谚语，它概括了幼儿心理与性格发展的一般规律。当然这并非死理，3岁、7岁只是一个模糊的概念，“幼是奠基，少是勤学”意在说明儿童幼年阶段的

① 洪应明. 菜根谭［M］. 陈实，译注. 南昌：江西人民出版社，2017：2.

心理特点，个性倾向就能看到长大后的心理与个性形象的雏形。家长与教师都要做好儿童幼年阶段的教育和培育，要做到循序渐进，不能急功近利。现在有的父母盲目追求孩子教育愈早愈好，学的东西愈多愈难愈好。其实这样做，不仅未必能使孩子成才，反而摧残了孩子的身心健康。你去看看许多事业有成的人，特别重要的一点不是"抢跑"，而是在大势起来之前的敏锐眼光。教师与家长都应做到循序渐进，寓教于乐，遵循学生成长规律施教。

（明）张居正："宁拙而迟，毋巧而速。"①

［译文］宁可笨拙而慢一些，也不工巧而快速。

【新解】学习是来不得半点虚假的。张居正的这句话告诉我们，要尊重学习规律，不要贪多图快，不要弄巧成拙。他的这一思想值得今天的广大教师认真学习领会。2018 年，教育部颁布的《新时代高校教师职业行为十项准则》《新时代中小学教师职业行为十项准则》《新时代幼儿园教师职业行为十项准则》都在第四条提及"遵循教育规律和学生成长规律，因材施教，教学相长"的教师职业行为要求，就是对张居正"宁拙而迟，毋巧而速"教育思想的充分借鉴与体现。"欲速则不达""十年树木、百年树人"，教育就是一种渐进性、持续性的存在，教师对学生的要求不宜过于超出学生的实际能力。作为一名教师，我们如何去践行这句话的真谛？从教师自身来说，在学习自己的专业知识的时候必须要稳扎稳打，一步一个脚印，切忌急于求成。所有渊博的学识与见识都来自生活中始终坚持学习的积淀。如果想成为"人师"，教育好学生，我们首先要做的就是打好自己的专业知识基础，提高自身素养；只有踏踏实实地一点点地积累，才能够不断提高自己的教育教学能力，为人师表。

（明末清初）颜元："数子十过，不如奖子一长。"②

［译文］与其批评指责孩子的诸多过错，还不如表扬孩子的某一方面优点。

【新解】颜元的这句话说得十分经典，寥寥数语把教育中的奖惩方法讲得十分透彻。批评学生的十个过错，还不如表扬学生的一个优点。颜元的这一思想对于今天的教师育人工作有着重要的借鉴价值。2018 年，教育部颁布的《新时代高校教师职业行为十项准则》《新时代中小学教师职业行为十项准则》《新时代幼儿园教师职业行为十项准则》都在第四条提及"遵循教育规律和学生成长规律，因材施教，教学相长"的教师职业行为要求，就是对颜元"数子十过，不如奖子一长"教育思想的充分借鉴与体现。教师表扬学生要面向

① 张舜徽. 张居正集：第 3 册 · 辛未会试录序［M］. 武汉：湖北人民出版社，1987：410.

② 李塨. 颜习斋先生年谱［M］. 王源，订. 上海：商务印书馆，1937：59.

全体，尊重和爱护每位学生。对学生来说，他做什么事，都期望得到教师的赏识、鼓励与赞美，这对其建立自信心十分重要。经常给学生积极暗示和鼓励，能让学生变得越来越出色。

（清）张之洞："功课不宜太多，毕业不宜太速。若急于见功，不先多开小学而骤入中学，徒有虚名；不通中学而强入大学，则根抵（底）不清、讲授无序、师劳徒昧、苦而无得、欲速反迟。"①

【新解】张之洞的这句话阐述了教学基本规律与学习基本规律，认为不贪多不求快，在打牢基础之后循序渐进地学习，这是教与学的基本规律。他的这些思想对于今天的人才培养来说仍具有重要的启迪意义与借鉴价值。2018 年，教育部颁布的《新时代高校教师职业行为十项准则》《新时代中小学教师职业行为十项准则》《新时代幼儿园教师职业行为十项准则》都在第四条提及"遵循教育规律和学生成长规律，因材施教，教学相长"的教师职业行为要求，就是对张之洞"功课不宜太多，毕业不宜太速"教育思想的充分借鉴与体现。"苦而无得、欲速反迟"，历代教育家把这个传统的意蕴和意义诠释得十分清楚明白。对于教师来说，教书育人工作来不得半点虚假浮躁，要脚踏实地、一步一个脚印地教，学生也要踏踏实实地学，这样才能日积月累，终获成功。

（清）唐彪："有疑者看到无疑，其益犹浅；无疑者看到有疑，其学方进。"②

【新解】唐彪的这句话与朱熹"读书无疑者，需教有疑，有疑者却要无疑，到这里方是长进"观点如出一辙，讲的都是有疑才是读书的方法、学习的规律。唐彪的这一思想对于今天做好教书育人工作来说，仍然值得学习与借鉴。2018 年，教育部颁布的《新时代高校教师职业行为十项准则》《新时代中小学教师职业行为十项准则》《新时代幼儿园教师职业行为十项准则》都在第四条提及"遵循教育规律和学生成长规律，因材施教，教学相长"的教师职业行为要求，就是对唐彪"有疑者看到无疑，其益犹浅；无疑者看到有疑，其学方进"教育思想的充分借鉴与体现。强调培养质疑能力，对知识的学习来说是至关重要的。要让学生有质疑的品质，教师应首先具备质疑的精神，在学中有疑，在疑中学习，给学生树立好怎样学习的榜样。

（近代）严复："第须略变从前教育之法，减其记诵之功，益以讲解之业，

---

① 璩鑫圭，唐良炎. 中国近代教育史资料汇编·学制演变［M］. 上海：上海教育出版社，2007：111.

② 唐彪. 家塾教学法［M］. 上海：华东师范大学出版社，1992：63.

期使年十六七以后，能搦管为条达妥适之文，而于经义史事亦粗通晓。”①

〖译文〗需要对以前的教育方法有所改变，减轻背诵任务，让讲解的部分更好，希望十多年后，能够写作妥当的文章，对于经义史事也大致通晓。

【新解】严复的这句话强调了教学方法要因时因人因事而不断地调整变化，要有创新思维和精神，以适应学生成长成才的需要。他的这一思想对于今天的教师来说，具有重要的启迪意义。2018 年，教育部颁布的《新时代高校教师职业行为十项准则》《新时代中小学教师职业行为十项准则》《新时代幼儿园教师职业行为十项准则》都在第四条提及“遵循教育规律和学生成长规律，因材施教，教学相长”的教师职业行为要求，就是对严复“第须略变从前教育之法”教育思想的充分借鉴与体现。教师要改变自己的教育观念，关心学生喜好，让学生成为课堂和学习的主人，让学生自觉学习。而且教师还要与时俱进，开拓创新，时刻关注学生爱好，不断根据学生的爱好完善自己的教育思想、教学方法与教育方式。作为新时代的教师，我们要紧跟时代步伐，与时俱进，不断创新，让学生在轻松的学习环境中增长知识。教育创新要求改变教学方法，使教学达到“不教而教”的目的。

（近代）陈独秀：“故学校若以学生为主体，遵学生提议办法，没有办得不好的。”②“教师立于旁观地位，除恶劣害人的事以外，无不一任儿童完全的自动自由。”③

【新解】陈独秀的这句话指出了以学生为主体的教育理念，强调充分尊重学生的自动自由学习，体现了生本教育思想，这对于今天的教师做好教书育人工作仍有着重要的启迪意义。2018 年，教育部颁布的《新时代高校教师职业行为十项准则》《新时代中小学教师职业行为十项准则》《新时代幼儿园教师职业行为十项准则》都在第四条提及“遵循教育规律和学生成长规律，因材施教，教学相长”的教师职业行为要求，就是对陈独秀“以学生为主体，遵学生提议办法”教育思想的充分借鉴与体现。把“以学生为本位”作为教书育人的职业行为准则，需要广大人民教师真正把学生装在心里，真正用心关爱学生，了解学生的个性、才情、禀赋差异，了解学生的成长成才需求，充分尊重学生的意愿意志，并采取合适的方式去帮助学生、引导学生。这才是真正的“以学生为本位”育人思想。

（近代）严复：“然欲为之有效，其教授之法又当讲求，不可如前之治旧

---

① 王宪明. 严复学术文化随笔［M］. 北京：中国青年出版社，1999：130-131.

② 任建树. 陈独秀著作选编：第 2 卷［M］. 上海：上海人民出版社，2009：191.

③ 任建树. 陈独秀著作选编：第 1 卷［M］. 上海：上海人民出版社，2009：358.

学。道在必使学者之心，与实物径接，而自用其明，不得徒资耳食，因人学语。此今夕讲义之大略也。"①

［译文］想让教学方法有效，就应当讲求方法，不可以像以前那样实行旧的教学方法。方法在于一定让学生学习的心，和实物相连，让他自我明白，不能够只是听闻，凭借别人的话来学习。这是今天讲学的大方法。

【新解】在这句话里，严复强调了注重教授方法、与实物相连的重要性，他还说过"第须略变从前教育之法"，都表现了严复对于读书学习方法的强调以及主张与实际相连、讲求方法的思想，值得今天的广大教师认真学习体会与借鉴。2018年，教育部颁布的《新时代高校教师职业行为十项准则》《新时代中小学教师职业行为十项准则》《新时代幼儿园教师职业行为十项准则》都在第四条提及"遵循教育规律和学生成长规律，因材施教，教学相长"的教师职业行为要求，就是对严复"教授之法又当讲求""与实物径接"教育思想的充分借鉴与体现。作为教师，我们不能因循守旧，一套方法用一辈子，而是要与时俱进，不断汲取新的知识，不断丰富自身学识。要学深悟透，而不是囫囵吞枣，人云亦云。要学会关注学生的兴趣点，为学生架起兴趣与知识的桥梁，做学习的主人，让学生真正成为知识的探索者和发现者。

（近代）徐阶平："如果要爱护人，对于教养儿童的方法，便要有深入的研究。我们要培养儿童的知识与技能，先要详察儿童的个性与能力；我们要革除儿童的坏习惯，先要体会坏习惯产生的原因，好决定适宜的改善方法。"②

【新解】徐阶平在这句话里阐述了教育学生的方式方法，那就是要深入研究、要详细观察、要分析原因，总而言之，就是要用心教育、用心育人。他的这些思想对于今天的广大教师做好教书育人工作有着积极的启迪意义。2018年，教育部颁布的《新时代高校教师职业行为十项准则》《新时代中小学教师职业行为十项准则》《新时代幼儿园教师职业行为十项准则》都在第四条提及"遵循教育规律和学生成长规律，因材施教，教学相长"的教师职业行为要求，就是对徐阶平"深入研究、详细观察、分析原因"教育思想的充分借鉴与体现。面对着独特的学生个体，广大教师要深入研究每个学生的特点，要了解他们的差异，要认真分析教书育人的方式方法，做到因材施教。这样才能算是一名合格的教师。

（近代）孙葆棣："一个乡村民众学校的教师，对于社会不认识清楚，那

---

① 孙应祥，皮后锋.《严复集》补编［M］.福州：福建人民出版社，2004：72.

② 徐阶平.乡村教育辅导记［M］.上海：黎明书局，1936：118-119.又见：杜成宪.民国乡村教育文献丛刊：第21卷［M］.北京：国家图书馆出版社，2014：440-441.

是不容易把教育办得适合于乡村社会的需要的。乡村社会有乡村社会的特点，乡村社会有乡村社会的需要。乡村民众学校的教师，就应该对着乡村社会的特点与需要，加一番观察的工夫，希望自己对于乡村社会有一个更明确的认识，作为施教的根据。”“民众的心理，是各不相同的，有的人怕事，有的人怕吃苦，有的人好名誉，有的人好偷懒。乡村民众学校的教师，与他们接近的时候，就得先彻底地观察一下，然后再对着他们的心理倾向去实施教育，那才有效。”①

【新解】孙葆棣的这句话对因材施教做出了形象生动的分析和阐述，尤其是他注意到民众的心理是各不相同的，所以要先彻底地观察，然后对着他们的心理倾向实施教育。这些思想值得今天的每位教师认真学习和借鉴。2018 年，教育部颁布的《新时代高校教师职业行为十项准则》《新时代中小学教师职业行为十项准则》《新时代幼儿园教师职业行为十项准则》都在第四条提及“遵循教育规律和学生成长规律，因材施教，教学相长”的教师职业行为要求，就是对孙葆棣“民众心理各不相同”“要彻底地观察，对着他们的心理倾向施加教育”思想的充分借鉴与体现。对于广大教师而言，认识到个体的差异性，这是施教的前提；准确了解认识学生的特点与需求，这是施教成功的基础；根据学生的特点与需求施加合适的教育，这是施教成功的关键。而教师能做到这些，那么就可以算是因材施教的好教师。

（近代）蔡元培：“我们教书，并不是像注水入瓶一样，注满了就算完事。最要是引起学生读书的兴味，做教员的，不可一句一句，或一字一字，都讲给学生听。最好使学生自己去研究，教员竟不讲也可以，等到学生实在不能用自己的力量了解功课时，才去帮助他。”②

【新解】蔡元培的这句话指出了要引起学生读书兴味的方式方法，强调要学生自己去研究、自己去琢磨，等到学生百思不得其解时才去指导他。他的这一思想对今天的教师做好教书育人工作有着极为重要的现实借鉴价值。2018 年，教育部颁布的《新时代高校教师职业行为十项准则》《新时代中小学教师职业行为十项准则》《新时代幼儿园教师职业行为十项准则》都在第四条提及“遵循教育规律和学生成长规律，因材施教，教学相长”的教师职业行为要求，就是对蔡元培“最好使学生自己去研究，等到学生实在不能用自己的力

---

① 孙葆棣. 怎样做乡村民众学校的教师［J］. 乡村教育，1937，3（3）：12. 又见：杜成宪. 民国乡村教育文献丛刊：第 27 卷［M］. 北京：国家图书馆出版社，2014：444.

② 中国蔡元培研究会. 蔡元培全集：第 4 卷（1920—1922）［M］. 杭州：浙江教育出版社，1997：260.

量了解功课时，才去帮助他”教育思想的充分借鉴与体现。在教学过程中，一位优秀的教师不只是让学生接受知识，更重要的是让学生对知识感兴趣。兴趣是最好的教师，学生只有保持对学习的兴趣、对知识的兴趣，才能激发出学生对知识的强烈的内生动力，才会全身心投入到学习活动之中。因此教师要做培养学生学习兴趣的好教师，要结合学生的特点采取适宜的方法，去培养学生的求知兴趣，去激发学生的学习欲望，去主动探索新知识，增长新的能力与本领。

（近现代）徐特立：“一切纪律只是自觉地遵守，不是受到无理的外力压迫而遵守。因此，对于破坏纪律的学生，不是惩戒而是说服。说服的方法不是教师片面的注入，而是双方的讨论和研究。不是压下学生的坚强意志，而是增加对问题进一步的了解，以正确的知识来克服无知的盲动”①

【新解】徐特立在这句话里强调了教师要做到关爱学生、尊重学生，把学生放在平等的地位的职业道德要求，对于今天做好教书育人工作有着重要的现实借鉴意义。2018 年，教育部颁布的《新时代高校教师职业行为十项准则》《新时代中小学教师职业行为十项准则》《新时代幼儿园教师职业行为十项准则》都在第四条提及“遵循教育规律和学生成长规律，因材施教，教学相长”的教师职业行为要求，就是对徐特立“不是压下学生的坚强意志，而是增加对问题进一步的了解，以正确的知识来克服无知的盲动。”教育思想的充分借鉴与体现。教师教育学生重在教导与帮助，在于充分调动学生的学习主观能动性。那种不尊重学生学习心理的填鸭式教学是不对的，那种视学生为填知识的容器而施加满堂灌的方式是不妥的。学生的知识掌握得好不好、领会得深不深刻，全靠教师循循善诱，耐心细致的帮助引导。因此，尊重教育规律、尊重成长规律、尊重学生的心理发展规律，与学生建立平等友好、互相尊重的良性关系，这是新时代教师职业道德的基本要求，也是培养合格的时代新人的基本前提。

（近现代）叶圣陶：“所谓教师之主导作用，其意在‘引导’，并非一切由教师主动，学生处于被动地位，只听教师讲说。”“各种学科的教学都一样，无非教师帮着学生学习的一串过程。”“学生要学到一辈子自学的本领，教师的作用极其重要。教师不仅要授予学生以各科知识，尤其重要的在于启发学生，熏陶学生，让他们自己衷心乐意向求真崇善爱美的道路昂首前进。这是教师应尽的职责，也是教师伟大的功绩。”“教训对于儿童，冷酷而疏远；感情

---

① 华东师范大学教育系．中国现代教育文选［M］．北京：人民教育出版社，1998：99-100.

对于儿童，却有共鸣似的作用。所以谆谆告语不如使之自化。”“教师之为教，不在全盘授予，而在相机诱导，必令学生运其才智，勤其练习，领悟之源广开，纯熟之功弥深，巧为善教者也。”①

【新解】叶圣陶的这句话对教师的主导作用进行了深入的阐释，指出教师主导的本质在于引导，在于启发学生、熏陶学生，在于相机诱导。他的这些思想既充满着育人智慧，也闪耀着夺目的职业道德光芒。2018 年，教育部颁布的《新时代高校教师职业行为十项准则》《新时代中小学教师职业行为十项准则》《新时代幼儿园教师职业行为十项准则》都在第四条提及“遵循教育规律和学生成长规律，因材施教，教学相长”的教师职业行为要求，就是对叶圣陶“意在引导和启发学生、熏陶学生、相机诱导”教育思想的充分借鉴与体现。今天的教师要深刻理解这句话，在实践中注意运用诱导学习方法。

（近现代）徐特立：“我读书的办法总是以‘定量’‘有恒’为主。不切实际地贪多，既不能理解又不能记忆。要理解必须记忆基本的东西，必须经常‘量力’才成。我们做教师的都知其义，明其理，但在教学中，往往做出一些与‘定量’‘有恒’背道而驰的事情来。”②

【新解】徐特立在这句话中阐释了读书学习的方法，尤其是量力而行与坚持学习这两种品质，是读书学习有成的基本方法。他的这些思想值得今天的教师进行师德锤炼时学习和借鉴。定量，就是学习知识的时候要量力而行，绝不贪多求全；有恒，就是要持之以恒，绝不轻言放弃。2018 年，教育部颁布的《新时代高校教师职业行为十项准则》《新时代中小学教师职业行为十项准则》《新时代幼儿园教师职业行为十项准则》都在第四条提及“遵循教育规律和学生成长规律，因材施教，教学相长”的教师职业行为要求，就是对徐特立“定量”“有恒”教育思想的充分借鉴与体现。教师无论教什么学科，都应该在教学上做到“定量”与“有恒”。定量练习不仅可巩固知识，还可以培养学生良好的学习习惯。倘若超过了一定的限度，不仅学生学习效果不好，更严重的是摧残了学生的身心健康，致使学生由厌学到弃学。学生的认知水平与学生的年龄、身体素质、知识基础有密切的关系。教师在教学活动中，应遵循教学规律，因材施教，给学生安排适量的学习内容，并且坚持做到持之以恒，学生的学习才能达到预期目标。

（近现代）黄炎培：“所谓教育，就是‘用启发方式，使人人明了其自身

① 刘国正. 叶圣陶教育文集：第 3 卷 [M]. 北京：人民教育出版社，1994：193.
② 湖南省长沙师范学校. 徐特立文集 [M]. 长沙：湖南人民出版社，1980：551.

应尽之义务与应享之权与利之质量与限度，而努力取求，而珍重行使’。”①

【新解】启发式教学，就是根据教学目的、内容、学生的知识水平和知识规律，运用各种教学手段，采用启发诱导办法传授知识、培养能力，使学生积极主动地学习，促进其身心发展。黄炎培在这句话里强调了启发式教学的重要性。他的这一思想值得今天的每位教师认真学习和借鉴。2018 年，教育部颁布的《新时代高校教师职业行为十项准则》《新时代中小学教师职业行为十项准则》《新时代幼儿园教师职业行为十项准则》都在第四条提及“遵循教育规律和学生成长规律，因材施教，教学相长”的教师职业行为要求，就是对黄炎培“用启发式”“努力取求、珍重行使”教育思想的充分借鉴与体现。自古以来，我国就十分重视启发式教育教学思想在人才培养中的价值与作用。比如孔子提出了“不愤不启，不悱不发”的启发式教学思想。广大教师应当善于用启发式的教育方法来培养和引导学生。而要做到这一点，教师必须对教学内容钻研深透，要对学生的学习特点钻研深透。把所教知识烂熟于胸，方能触类旁通；对学生的特点了解准确，方能因材施教。

（近现代）刘百川：“乡村小学教师要像医生。医生的特点，第一是他具有特殊的诊断眼光；第二是他对于医治疾病的手续非常的慎重。乡村小学教师，是儿童的养护者，他对儿童的一切一切，如衣、食、住、行等，都应该加以注意。所以他对于儿童，便要很彻底地了解。要了解儿童，便要注意观察，观察的最好方法，便是要用医生诊断病人的眼光去彻底地考查。还有处理儿童的问题，也要和医生治病一样的慎重，不能草率从事，以致有了错误。如果对于儿童并没有观察得清楚，遇事便随便地处理一下，那是没有能像医生对症发（下）药，是不会有什么效果的。还有儿童畸形的发展，过分的疲劳，以及营养缺乏等，也要像医生预防传染病的一样预防；儿童坏习惯的成立以及思想的错误，更要以诊治霍乱、脑膜炎等方法迅速地诊治。至于乡村需要教师有真正的医药知识和技能，监护儿童需要急救及其他医药的方法，那还是余事呢。所以我说：‘乡村小学教师要像医生。’”②

【新解】刘百川在这段话里以医生来比喻教师的教育法，强调了观察法对教育学生、培养学生的重要性，他的这一思想值得今天的每位教师认真学习和借鉴。2018 年，教育部颁布的《新时代高校教师职业行为十项准则》《新时代中小学教师职业行为十项准则》《新时代幼儿园教师职业行为十项准则》都在

---

① 中华职业教育社．黄炎培教育文选［M］．上海：上海教育出版社，1985：273.

② 刘百川．小学校长与教师［M］．上海：商务印书馆，1935：42-43［M］//杜成宪．民国乡村教育文献丛刊：第 14 卷．北京：国家图书馆出版社，2014：56-57.

第四条提及“遵循教育规律和学生成长规律，因材施教，教学相长”的教师职业行为要求，就是对刘百川“教师要像医生”“要很彻底地了解”“要注意观察”教育思想的充分借鉴与体现。由于成长背景、家庭条件、生理特征、个性特点等的差异，每个学生都是独特的，都是不一样的生命个体。因此，教师应当像医生一样，要通过望闻问切的多种方式，全面、真实、准确地了解每个学生的特点，施加合适的教育方法。这才算是真正的因材施教，也才算是真心爱护学生。

三、学用结合

（春秋）孔子：“诵《诗》三百，授之以政，不达；使于四方，不能专对；虽多，亦奚以为？”①

『译文』尽管他能滚瓜烂熟地背诵《诗经》三百多篇，却办不好交给他管理的事情，不能独立做好出使外国的事情。即使读得再多、背得再多，那又有什么用处呢？

【新解】孔子的这句话指出了学用结合、学以致用的重要性，他的这一思想对于今天的广大教师有着重要的参考借鉴价值。2018 年，教育部颁布的《新时代高校教师职业行为十项准则》《新时代中小学教师职业行为十项准则》《新时代幼儿园教师职业行为十项准则》都在第四条提及“遵循教育规律和学生成长规律，因材施教，教学相长”的教师职业行为要求，就是对孔子“授之以政，不达；使于四方，不能专对；虽多，亦奚以为”思想的充分借鉴与体现。学完就忘，那学了有什么用呢？如果学习过的不能使用，那我们又为什么学呢？只有把学到的知识充分地运用起来，才是真正的学习。教师在工作中要学以致用，知行并进。学习是一辈子的事情。作为教师，我们不只要学，还要学以致用。只有这样，才能有益于国家，有益于社会。每位教师都要时刻谨记学习的最终目的就是“行”，把学习的出发点和落脚点放在解决实际问题上，通过学习开阔视野、打开思路，达到学有所用、用有所成的目的，这才是真正的学，也是真正的用。

（春秋）孔子：“始吾于人也，听其言而信其行；今吾于人也，听其言而观其行。”②

『译文』以前我与人相处，听他说的话就会相信他的行为；现在我与人相

① 论语·子路第十三［M］//阮元. 十三经注疏［M］. 北京：中华书局，1980：2507.

② 论语·公冶长第五［M］//阮元. 十三经注疏. 北京：中华书局，1980：2474.

处，不仅要听他说的话，还要观察他的行为是否与他说的一致。

【新解】孔子在这句话中指出了一个重要的修身原则：言传身教。评价一个人要通过他说了什么、做了什么来评价。孔子的这一思想对今天的教师做好培养人的工作有着重要的现实指导意义。2018 年，教育部颁布的《新时代高校教师职业行为十项准则》《新时代中小学教师职业行为十项准则》《新时代幼儿园教师职业行为十项准则》都在第四条提及“遵循教育规律和学生成长规律，因材施教，教学相长”的教师职业行为要求，就是对孔子“听其言而观其行”思想的充分借鉴与体现。教师要做到为人师表，注重身教重于言教，强调言行一致、表里如一、以身作则。因为教师这个职业除了教知识外，还是教化心灵的职业，教师的世界观，教师的品行，教师的生活，教师对每一个现象的态度都这样或那样地影响着他的学生。不管教师自觉不自觉，情愿不情愿，对学生的影响都是非常大的。所以教师一定要不断完善自我人格，提高精神品位，做到言行一致，表里如一，真正成为学生真善美的榜样！

（唐）韩愈：“国子先生晨入太学，招诸生立馆下，诲之曰：‘业精于勤，荒于嬉；行成于思，毁于随’。”①

〖译文〗国子先生一大早来到太学，召集学生在学舍前集合。国子先生教导学生说：“只有勤奋学习才会让学业精通，而沉迷于玩要游戏却会使学业荒废；只有反复思考、谨慎努力才会让事情成功，而思考草率、半途而废却会让事情失败。”

【新解】韩愈的这句话十分有名，尤其是“业精于勤，荒于嬉；行成于思，毁于随”已成为读书学习者、修身养性者的至理名言。这句话虽然是用来告诫学生的，但对于教师来说依然适用，有着重要的现实指导意义。2018 年，教育部颁布的《新时代高校教师职业行为十项准则》《新时代中小学教师职业行为十项准则》《新时代幼儿园教师职业行为十项准则》都在第四条提及“遵循教育规律和学生成长规律，因材施教，教学相长”的教师职业行为要求，就是对韩愈“业精于勤，荒于嬉；行成于思，毁于随”思想的充分借鉴与体现。教书育人是一项辛苦的工作，学习也是一件耗费心神的活动。没有勤奋，就谈不上培养人才，如果只是嬉戏和随便，得过且过，混日子，那就根本不能成为合格的教师，更谈不上成为“人师”。新时代人民教师肩负着办人民满意教育、培养合格时代新人的使命，因此在其位就要谋其政、尽其职，努力为党育人、为国育才，这才是人民教师的本分与职业操守。

① 进学解［M］//韩愈，苏洵. 韩愈散文全集. 北京：今日中国出版社，1996：17.

（明）王阳明："知而不行，只是未知。"①

［译文］知道怎么做，却不去行动，就跟不知道一样。

【新解】王阳明的这句话有着深刻的教育智慧，尤其是他的"知而不行，只是未知"与孔子"授之以政，不达；使于四方，不能专对；虽多，亦奚以为"有着相同的教育思想，值得今天的广大教师认真学习和借鉴。2018年，教育部颁布的《新时代高校教师职业行为十项准则》《新时代中小学教师职业行为十项准则》《新时代幼儿园教师职业行为十项准则》都在第四条提及"遵循教育规律和学生成长规律，因材施教，教学相长"的教师职业行为要求，就是对王阳明"知而不行，只是未知"思想的充分借鉴与体现。实践是检验真理的唯一标准，这是我们耳熟能详的一句话，但是真正做到的人却很少。想得很多，却没有付出行动，就是行动的矮子。俗话说，"知易行难"，懂得一个道理，却不去行动，那说明其实是没有真正懂得这个道理。就像很多人常常在开导别人的时候能说出一系列的大道理，一旦事情到了自己身上就茫然无措了，道理也没有用了。也就是所谓的"懂得许多道理，却依然过不好这一生"。作为教师，如果我们想要提升自己的教育教学能力，那么我们就必须要把自己知道的东西转化为具体实践，才能够真正地成长，也就是"实践出真知"。我们只有在具体的教学实践里才能够获得不一样的知识，才能够了解到学生发展的实际和自己的教学实际是怎样的，才能从中收获到不一样的东西，这对于自己的成长是有百利而无一害的。知与行始终是一体化的，不可以分离开来单独说。单独说都可以说得有理有据，却被割裂而没有生命力了。

（明）王阳明："知之真切笃实处，即是行；行之明觉精察处，即是知。"②

［译文］可以从对事物的理解中看出，行为是否被正确精准地认知；可以从行为中看出，事物或真理是否被深刻地认识。

【新解】王阳明的这句话深刻反映了"知与行"之间的关系，即理论与实践之间的相辅相成、相互促进的关系。这句话与他的另一句名言"知而不行，只是未知"思想是相同的。这些思想对于广大教师来说值得深入学习体会。2018年，教育部颁布的《新时代高校教师职业行为十项准则》《新时代中小学教师职业行为十项准则》《新时代幼儿园教师职业行为十项准则》都在第四条

---

① 传习录［M］//王守仁. 王阳明全集：上册. 吴光，钱明，董平，等编校. 上海：上海古籍出版社，1992：4.

② 传习录·中［M］//王守仁. 王阳明全集：下册. 吴光，钱明，董平，姚延福，编校. 上海：上海古籍出版社，2011：47.

提及“遵循教育规律和学生成长规律，因材施教，教学相长”的教师职业行为要求，就是对王阳明“知之真切笃实处，即是行；行之明觉精察处，即是知”思想的充分借鉴与体现。从教学的角度来说，教师的理论水平高低是可以从他的课堂上、科研中、言谈中表现出来的。反过来说，教师的课堂表现、科研水平、言谈举止也可以反映出他的理论水平、知识素养等。所以作为教师，我们既要有丰富的学识，以扎实的理论知识涵养自己的课堂教学；也要多多实践，在实践中提高自己的理论水平。

（近代）刘芾仙：“知识为体，技能为用，有其体而不能用，皆无价值。”①

【新解】刘芾仙的这句话简明扼要地指出了知识与技能之间的关系，只有知识而不运用，那么两者都没有价值。他的这一思想对于今天的广大教师而言，仍有着重要的指导意义。2018 年，教育部颁布的《新时代高校教师职业行为十项准则》《新时代中小学教师职业行为十项准则》《新时代幼儿园教师职业行为十项准则》都在第四条提及“遵循教育规律和学生成长规律，因材施教，教学相长”的教师职业行为要求，就是对刘芾仙“知识为体，技能为用，有其体而不能用，皆无价值”思想的充分借鉴与体现。广大教师要坚持素质教育思想，既要重视对学生的知识传授，让学生明白事理，也要重视对学生能力的培养、技能的训练，让学生能够把知识在实践中加以运用，这样的教育才是有价值的教育，这样的育人才是有价值的育人。

（近现代）黄炎培：“务使学校教育与实际生活渐相接近。”“以是谋生处世，遂无复有扞格不入之虑。”“帮助个人选择、预备、决定及增进他的职业。”“要使动手的读书，读书的动手，把读书和做工两下联系起来。”②

【新解】黄炎培的这几句话充分反映了他的生活教育思想，“教育与实际生活相接近”“以是谋生处世”“读书和做工相联系”等思想，对于今天的广大教师履行教书育人职责而言，有着重要的指导意义。2018 年，教育部颁布的《新时代高校教师职业行为十项准则》《新时代中小学教师职业行为十项准则》《新时代幼儿园教师职业行为十项准则》都在第四条提及“遵循教育规律和学生成长规律，因材施教，教学相长”的教师职业行为要求，就是对黄炎培“教育与实际生活相接近”“读书和做工相联系”思想的充分借鉴与体现。教育源于生活，生活即是教育。生活中处处皆有学问，处处都可教育。教师要

---

① 刘芾仙. 农村民众教育［M］. 鹤山：大华书局，1934：98. 又见：杜成宪. 民国乡村教育文献丛刊：第 4 卷［M］. 北京：国家图书馆出版社，2014：286.

② 田正平，李笑贤. 黄炎培教育论著选［M］. 北京：人民教育出版社，1993：21.

借助生活进行教育，用生活化的方式教育，更积极地构建一种有利于情感、道德成长的校园生活。与学生的生活相接轨，在做中学、学中做，这是因材施教的好方法，也是教育的基本规律与学生成才的基本规律。每位教师对此应当有充分的认识。

（近现代）徐特立：“修身科以涵养生徒德性（行），指导道德实践为要旨。”“教育的作用是按一定的社会形式，培养一定的人格，为一定的社会服务。可以断言教育的本质和方法是受同一的历史条件和社会形式决定的。”“思想道德教育要同革命战争的各个方面——儿童的实际生活相联系，对儿童进行共产主义的道德教育，培养儿童的自动能力和创造性。”①

【新解】徐特立的这几句话强调了道德实践的重要性，尤其是他指出“思想道德教育要与儿童的实际生活相联系”，可以说是准确把握了解决思想问题要与解决实际问题相结合的教育规律，对于今天的广大人民教师做好学生的思想道德教育而言，仍然有着重要的参考价值与指导意义。2018 年，教育部颁布的《新时代高校教师职业行为十项准则》《新时代中小学教师职业行为十项准则》《新时代幼儿园教师职业行为十项准则》都在第四条提及“遵循教育规律和学生成长规律，因材施教，教学相长”的教师职业行为要求，就是对徐特立“指导道德实践为要旨”“思想道德教育要与儿童的实际生活相联系”思想的充分借鉴与体现。德育位居五育并举的首位，教书育人首要的是把学生的思想品德要培养好、塑造好。新时代的人民教师，要坚持思想品德教育与知识传授相统一，要真正摒弃唯分数论思想，不可以只教书不育人，不可以把分数高低作为衡量学生成长成才的唯一尺度，不可以把思想道德修养课视为“豆芽课”、无关紧要的课，切实把德育放在首位，注重“育”的实施。

四、教学相长

（春秋战国）墨子：“君必有弗弗之臣，上必有詻詻之下，分议者延延，而支苟者詻詻焉，可以长生保国。”②

［译文］国家一定要有直言进谏的臣子，上级必须有敢于提出反对意见的下级，议论国政的人不停止，各种不同政见的人相互辩论，才可以长久保存国家，使国家兴盛强大。

【新解】墨子的这句话指出了广纳群言的重要性。对于教师来说，在教书

---

① 徐特立. 徐特立文存［M］. 广州：广东教育出版社，1995：229.

② 墨子·亲士第一［M］//孙诒让.《墨子》閒诂. 上海：商务印书馆，1936：2.

育人工作中也需要善于听取群众的意见，这是有助于人才培养的。2018 年，教育部颁布的《新时代高校教师职业行为十项准则》《新时代中小学教师职业行为十项准则》《新时代幼儿园教师职业行为十项准则》都在第四条提及“遵循教育规律和学生成长规律，因材施教，教学相长”的教师职业行为要求，就是对墨子“諮諮、延延”思想的充分借鉴与体现。从教育的角度来说，教师要善于听取他人的意见和建议。新时代的人民教师，要心中有学生、胸中有使命，要胸怀大度，善于学习，尤其是善于听取学生的意见或建议，了解自己教育教学方式方法中存在的不足，努力完善自己。

（战国）孟子：“舍己从人，乐取于人以为善。”①

［译文］学习别人的长处来纠正自己的不足，乐于吸取别人的优点来修养自己的品德。

【新解】孟子的这句话阐述了仁爱的思想方法，那就是善于用别人的长处来补救自己的短处，善于用别人的深刻弥补自己的浅薄。这当然也应该是教师具备的品质。2018 年，教育部颁布的《新时代高校教师职业行为十项准则》《新时代中小学教师职业行为十项准则》《新时代幼儿园教师职业行为十项准则》都在第四条提及“遵循教育规律和学生成长规律，因材施教，教学相长”的教师职业行为要求，就是对孟子“舍己从人，乐取于人以为善”思想的充分借鉴与体现。广大人民教师应当从孟子的这句话中吸取思想营养，以此来指导自身的师德锤炼；要学会尊重、欣赏别人，看到别人的长处，知道自己的不足，取长补短，要向身边所有人学习，善于吸收和借鉴别人的优点，以此完善自我，提高道德水平。

（战国末期）荀子：“人虽有性质美而心辨知，必将求贤师而事之，择良友而友之。”②

［译文］虽然天资非常好而且又很明辨自知，但也还是要向教师学习，要选择品行高尚的朋友而互相帮助。

【新解】荀子的这句话十分有名，指出了虚心求教的重要性。他的这一思想值得今天的教师学习和借鉴。2018 年，教育部颁布的《新时代高校教师职业行为十项准则》《新时代中小学教师职业行为十项准则》《新时代幼儿园教师职业行为十项准则》都在第四条提及“遵循教育规律和学生成长规律，因材施教，教学相长”的教师职业行为要求，就是对荀子“人虽有性质美而心

---

① 孟子·公孙丑上［M］//阮元．十三经注疏．北京：中华书局，1980：2691.

② 王先谦．《荀子》集解［M］．北京：中华书局，1981：299.

辨知，必将求贤师而事之，择良友而友之”思想的充分借鉴与体现。人的天资再好，也需要后天的培养。这就要求教师加强对学生的后天培养，根据学生的能力和特长培养他们，对天资聪慧的学生要加强培养，无论是学习还是兴趣，不要让聪明的学生变成方仲永，对底子较差的学生我们更应因材施教；同时还要关心学生的交友，引导他们结交益友。

（唐）韩愈：“弟子不必不如师，师不必贤于弟子。闻道有先后，术业有专攻，如是而已。”①

［译文］学生不一定不如教师，教师也不一定样样都比学生贤能。教师和学生的区别在于听到道理有早有迟，学问各有专长，如此而已。

【新解】韩愈的这句话充满辩证法思想，阐述了教师与学生在对待学识上的正确态度。尤其难得的是韩愈认识到了在学问上教师并不具备天然的优势，学生在学问上有可能超过教师。因此教师在学问上，要有正确的认识，不可以认为学生不如自己。要放下身段，与学生在求知上共同取长补短，共同进步。韩愈这一师生互学互促思想对于今天的广大教师来说，仍然有着重要的现实意义。2018 年，教育部颁布的《新时代高校教师职业行为十项准则》《新时代中小学教师职业行为十项准则》《新时代幼儿园教师职业行为十项准则》都在第四条提及“遵循教育规律和学生成长规律，因材施教，教学相长”的教师职业行为要求，就是对韩愈“闻道有先后，术业有专政”思想的充分借鉴与体现。作为教师，我们要学会“相互为师”的观念，提倡向更多的人学习，向学有专长的人学习，向比自己有长处的人学习。这就是“能者为师，教学相长”的深刻体现。

（唐）柳宗元：“苟亟来以广是道，子不有得焉，则我得矣，又何以师云尔哉？取其实而去其名，无招越、蜀吠怪，而为外廷所笑，则幸矣。”②

［译文］如果我们经常往来交谈，互相研究写作文章的规律，即使您不因我的帮助有什么收获，我却因为您的帮助而有所收获，又何必以教师来称呼这种关系呢？采取教师的实质，去掉教师的表面含义，不要招致越地和蜀地的狗的惊怪狂叫，或者像孙昌胤举行冠礼那样遭到人们的嘲笑，那就万幸了。

【新解】柳宗元在这句话里指出了不必讲求为师之名，应该注意为师之实；师生可以互相学习，取长补短。柳宗元做有实之师的思想，值得今天的广大人民教师认真学习和借鉴。2018 年，教育部颁布的《新时代高校教师职业

---

① 师说［M］//韩愈，苏洵．韩愈散文全集．北京：今日中国出版社，1996：16.

② 柳宗元．柳宗元集［M］．易新鼎，点校．北京：中国书店出版社，2000：457.

行为十项准则》《新时代中小学教师职业行为十项准则》《新时代幼儿园教师职业行为十项准则》都在第四条提及“遵循教育规律和学生成长规律，因材施教，教学相长”的教师职业行为要求，就是对柳宗元“取其实而去其名”思想的充分借鉴与体现。切实做好自己教书育人的职业本分，以实实在在的因材施教、教学相长的行动，用心教育学生、培养学生的教师，才是真正的名副其实的好教师。

（元）许谦：“或有所问难，而词不能自达，则为之言其所欲言，而解其所惑。讨论讲贯，终日不倦，摄其粗疏，入于密微。闻者方倾耳听受，而其出愈真切。惰者作之，锐者抑之，拘者开之，放者约之。”①

［译文］有时与学生诘难，学生不能准确表达自己的意思，他就替学生说出他们想说的话，解释他们的疑惑。他与学生讨论讲习，终日不倦，懒惰的就让他行动起来，锋芒毕露的就适当压制他，拘谨的就开导他，放荡的就适当约束他。

【新解】许谦的这句话指出了教学相长、因材施教的基本方法。他的这一思想值得今天的广大教师学习和借鉴。2018 年，教育部颁布的《新时代高校教师职业行为十项准则》《新时代中小学教师职业行为十项准则》《新时代幼儿园教师职业行为十项准则》都在第四条提及“遵循教育规律和学生成长规律，因材施教，教学相长”的教师职业行为要求，就是对许谦“解其所惑”“出愈真切”“惰者作之，锐者抑之，拘者开之，放者约之”思想的充分借鉴与体现。当学生遇到书本上的专业学术知识时，初步理解也许处于似懂非懂的状态，此时教师正确的提醒就很关键，方向正确了思路自然明朗。对于不同的学生因材施教，针对学生实际情况实施指向性教育手段，不偏不倚的多方面指导就会实现教师教育的预期效果。

（近现代）梅贻琦：“古者学子从师受业，谓之从游。……学校犹水也，师生犹鱼也，其行动犹游泳也，大鱼前导，小鱼尾随，是从游也。从游既久，其濡染观摩之效，自不求而至，不为而成。反观今日师生之关系，直一奏技者与看客之关系耳，去从游之义不綦远哉！理想的教学关系，莫过于一群大鱼带着一群小鱼欢快地游。”②

【新解】著名教育家梅贻琦把学校环境比喻为水，把师生喻为大鱼和小鱼，师生关系似引导和跟随的关系。梅贻琦的“从游说”在今天的教书育人工作中，仍然有着重要的借鉴价值与参考意义。2018 年，教育部颁布的《新

① 宋濂，等. 元史［M］. 北京：中华书局，1976：4319.

② 刘述礼，黄延复. 梅贻琦教育论著选［M］. 北京：人民教育出版社，1993：102.

时代高校教师职业行为十项准则》《新时代中小学教师职业行为十项准则》《新时代幼儿园教师职业行为十项准则》都在第四条提及“遵循教育规律和学生成长规律，因材施教，教学相长”的教师职业行为要求，就是对梅贻琦“理想的教学关系，莫过于一群大鱼带着一群小鱼欢快地游”思想的充分借鉴与体现。在当今教育的理论与实践中，“从游说”仍有着深刻的教育意蕴，广大教师仍需继承和发展“从游”思想，凸显本真教育之旨趣、追寻健全人格的发展、倡导学习之自由。要强化教师的“师范”意识，在学校这片水中，师生“同游”，教师不但要传授知识，而且要处处率先垂范，用自己高尚的品行、操守，感染学生，不但让学问薪火相传，品德、情操亦可熏之陶之，化于无形，得之不失。

第五节　加强安全防范

一、强烈的安全意识

（春秋）孔子：“人无远虑，必有近忧。”①

〖译文〗一个人没有长远的考虑，一定会有近在眼前的忧患。

【新解】孔子的这句话十分著名，体现了重要的方法论思想，因其包含有令人警醒的忧患意识，常常被人们引用，形容要居安思危、有备无患。2018年，教育部颁布的《新时代中小学教师职业行为十项准则》《新时代幼儿园教师职业行为十项准则》都在第六条提及“增强安全意识，防范事故风险，保护学生安全”的教师职业行为要求，就是对孔子“人无远虑，必有近忧”思想的充分借鉴与体现。教师我们要有长远的考虑、长远的规划，要时刻保持警惕，对今日的事物深思熟虑；要对自己的教书育人本职工作充满敬畏，要思虑长远，要做好有的放矢的准备，以应对各方面突发情况，保证教育教学工作顺利有序地进行，不受到干扰与破坏。

（春秋）左丘明：“居安思危，思则有备，有备无患。”②

〖译文〗处于安全环境时，就要思考可能出现的危险，认识到有危险就会有所准备，而事先有了准备，那么就可以避免祸患了。

【新解】左丘明的这句话十分有名，经常被人们引用来说明安全意识的重

---

① 论语·卫灵公第十五［M］//阮元. 十三经注疏. 北京：中华书局，1980：2517.

② 冀昀. 左传：下册［M］. 北京：线装书局，2007：327.

要性。安全工作无小事，安全责任重于泰山。左丘明的这句话对于广大教师有着重要的借鉴与参考指导意义。2018 年，教育部颁布的《新时代中小学教师职业行为十项准则》《新时代幼儿园教师职业行为十项准则》都在第六条提及“增强安全意识，防范事故风险，保护学生安全”的教师职业行为要求，就是对左丘明“居安思危，思则有备，有备无患”思想的充分借鉴与体现。没有安全保证就不能顺利实施教育教学活动，每位教师都要把安全贯穿在日复一日、年复一年的教书育人工作中，要时刻保持清醒的头脑，把安全教育工作抓在手中，不断提高安全意识，为学生的良好成长提供安全有序的保障。

（春秋战国）墨子：“心无备虑，不可以应卒。”①

〖译文〗要是心中没有事先考虑好应对的方法和措施，那就不能够有效应付突然发生的变化与情况。

【新解】墨子的这句话与司马相如“明者远见于未萌，而智者避危于未形”思想大同小异，都强调了提前把事情想得周全、工作准备得充分的重要性。他的这一思想对于今天的广大教师仍然有着重要的参考借鉴价值。2018 年，教育部颁布的《新时代中小学教师职业行为十项准则》《新时代幼儿园教师职业行为十项准则》都在第六条提及“增强安全意识，防范事故风险，保护学生安全”的教师职业行为要求，就是对墨子“心无备虑，不可以应卒”思想的充分借鉴与体现。在日常生活和教学中，无论是家长还是学生或者教师都应该有居安思危的意识，在安全的状态下设想可能发生的危险事情，提前做好准备，以免在紧急危险状况发生时手忙脚乱，不知所措。所以我们要注意加强安全防范，注重培养安全意识，珍爱自己的生命；要记住生命只有一次；要提前准备好一切应对危险的东西，在危险发生时，做到不慌乱；提前学习安全防范知识，运用自己的防范技能，保证自己的生命安全和身体健康。

（战国）庄子：“适莽苍者，三餐而反，腹犹果然。适百里者，宿舂粮。适千里者，三月聚粮。”②

〖译文〗只需携带三顿饭食到郊野去，回来时肚子仍旧还是饱饱的；而要去百里以外的地方，就要准备过夜的粮食了；去千里以外更远的地方，那就要准备好三个月的口粮。

【新解】庄子的这句话有着深刻的道理，意思是要因应时势的变化，提前做好相关准备。他的这一思想对于今天的教书育人工作来说，仍有着重要的现

---

① 孙诒让.《墨子》閒诂·七患第五［M］.上海：商务印书馆，1936：17.

② 庄子.庄子［M］.王先谦，集解.方勇，导读整理.上海：上海古籍出版社，2009：1.

实指导意义。2018 年，教育部颁布的《新时代中小学教师职业行为十项准则》《新时代幼儿园教师职业行为十项准则》都在第六条提及“增强安全意识，防范事故风险，保护学生安全”的教师职业行为要求，就是对庄子“适莽苍者，三餐而反，腹犹果然。适百里者，宿舂粮。适千里者，三月聚粮”思想的充分借鉴与体现。教书育人工作也面临着诸多不确定的因素，学生在成长成才过程中也有可能遇到诸多不可预见的情况。作为教师，我们要增强安全防范意识，提前进行分析研判，做好相应的准备，这样才能确保教书育人工作不受突发情况的影响而中断，不因偶然的状况而停止。

（战国）孟子：“然后知生于忧患，而死于安乐也。”①

〖译文〗这样才知道忧虑祸患能使人或国家生存发展，而安逸享乐会使人或国家走向灭亡的道理了。

【新解】孟子的这句话与孔子“人无远虑，必有近忧”思想是一样的意思，都是要求人要有危机意识，要居安思危，才能获得长久的发展。孟子的这句话对于今天的人民教师而言仍然有着重要的现实启迪意义与价值。2018 年，教育部颁布的《新时代中小学教师职业行为十项准则》《新时代幼儿园教师职业行为十项准则》都在第六条提及“增强安全意识，防范事故风险，保护学生安全”的教师职业行为要求，就是对孟子“生于忧患，死于安乐”思想的充分借鉴与体现。作为教师，我们必须时时刻刻警醒自己，告诫自己，不能懈怠，更不可沉溺于享乐之中，需以史为镜，目光长远，志在千里；作为教师，我们心中时刻要有忧患意识，有危机感，不要总以为自己端的是铁饭碗，当一天和尚撞一天钟，混日子吃“大锅饭”。这是极其危险的。一名合格的教师，要时时刻刻为学生、为国家的教育事业着想，这样才会免于被社会淘汰！作为教师，我们更要将这种忧患意识传达给学生，帮助学生树立忧患意识，努力提升自身能力。

（西汉）司马相如：“明者远见于未萌，而智者避危于未形。”②

〖译文〗聪明的人在事情尚未萌发的时候，就能够预见到事情的发展态势；智慧的人在祸乱还没有显现的时候，就能够采取措施避免危险。

【新解】司马相如这简单的十四个字，最终可以被凝练为两个字——“防范”。明人和智者都能预见发展态势，做好安全防范，防范是一个明智的行为，能始终把自己放在安全的位置上。司马相如的这句话对于今天的广大人民

① 孟子·告子下［M］//阮元. 十三经注疏. 北京：中华书局，1980：2762.

② 周博琪. 永乐大典：第 5 册［M］. 北京：中国戏剧出版社，2008：1984.

教师做好教书育人工作有着重要的指导意义。2018 年，教育部颁布的《新时代中小学教师职业行为十项准则》《新时代幼儿园教师职业行为十项准则》都在第六条提及“增强安全意识，防范事故风险，保护学生安全”的教师职业行为要求，就是对司马相如“明者远见于未萌，而智者避危于未形”思想的充分借鉴与体现。在学校中，教师如果多加防范，就能将自己和学生放在安全的环境中，为学生的成长保驾护航。聪明的人能预见发展态势，是因为他有足够的防范；智慧的人能够避免危险，并非因为幸运，而是因为他有足够的防范。作为教师，我们也要长怀防范之心，时刻注意学生的安全，助力学生快乐成长。

（东汉）班固：“安不忘危，盛必虑衰。”①

〖译文〗身处安全之地不忘记危险，在强盛时必定要考虑到衰败之后的事。

【新解】班固的这句话与孔子“人无远虑，必有近忧”、孟子“生于忧患，死于安乐”思想是一样的意思，强调了每个人都要有清醒的头脑，客观分析判断所面对的形势，要常怀安全防范之心，常备安全应对之策，这样才能有备无患。班固的这一思想对于今天的广大教师来说，有着重要的现实借鉴与指导意义。2018 年，教育部颁布的《新时代中小学教师职业行为十项准则》《新时代幼儿园教师职业行为十项准则》都在第六条提及“增强安全意识，防范事故风险，保护学生安全”的教师职业行为要求，就是对班固“安不忘危，盛必虑衰”思想的充分借鉴与体现。身处安全之地也长怀忧虑之心，国家强大之时也要考虑衰败的可能，这不仅仅是古代的统治者所要思考的问题，同样也表现在教师身上。教师如果常怀谨慎之心，思考学生身边可能出现的危害，防范事故风险，则会让学生在成长关键期受到贴心而强大的护航。但如果教师只顾上课甚至毫不用心，混在教师队伍中，一点都不关心学生安全问题，则很有可能发生伤及学生生命的祸事。事故发生时，教师应当及时补救、加以制止而不是临阵脱逃；如果不幸发生事故，更让从中吸取教训，严禁此类事故再次发生。

（明末清初）朱用纯：“宜未雨而绸缪，毋临渴而掘井。”②

〖译文〗做任何事都要先有准备，就像没到下雨的时候，要先把房子修补完善，也像不要到了口渴的时候，才想起要去挖井。

【新解】朱用纯的这句话用了形象的比喻来强调“凡事预则立、不预则

---

① 班固. 汉书 · 陈汤传［M］. 长沙：岳麓书社，2008：1129.

② 张文治. 国学治要［M］. 北京：北京理工大学出版社，2014：1212.

废”的深刻道理，这对于今天的广大教师而言，仍有着重要的参考指导意义。2018年，教育部颁布的《新时代中小学教师职业行为十项准则》《新时代幼儿园教师职业行为十项准则》都在第六条提及“增强安全意识，防范事故风险，保护学生安全”的教师职业行为要求，就是对朱用纯“宜未雨而绸缪，毋临渴而掘井”思想的充分借鉴与体现。常言道，做有准备的事，打有准备的仗，这是取得成功的重要诀窍。教书育人工作也是如此，教师要深谋远虑，提前做好教育学生、引导学生的工作准备，切实做到心中有数。要懂得应急之法，在遇到突发事件时，将学生生命放在首位，而不是慌里慌张，不知道该做什么。在教育教学活动中，若遇突发情况或面临危险时，不能不顾学生安危，擅离职守，自顾自逃跑。

二、切实的安全措施

（春秋）老子：“图难于其易，为大于其细。天下难事，必作于易；天下大事，必作于细。”①

〖译文〗谋求做难事时要先从容易的事做起，要成就大事往往从细微之处开始。难事必定是从容易时做起的，大事必定是从细微处入手的。

【新解】老子的这句话强调了把工作做细、把事情考虑周全的重要性。老子的这一思想对于今天的广大教师而言，有着重要的指导价值。2018年，教育部颁布的《新时代中小学教师职业行为十项准则》《新时代幼儿园教师职业行为十项准则》都在第六条提及“增强安全意识，防范事故风险，保护学生安全”的教师职业行为要求，就是对老子“图难于其易，为大于其细。天下难事，必作于易；天下大事，必作于细”思想的充分借鉴与体现。教书育人是难事更是大事，却必须从微小处做起。办好人民满意的教育，这不是抽象的概念，而是具体的工作。对于每位教师而言，就是要在如何落实好每一位学生的教育权利，解决好每一位学生的实际难题，帮助好每一位学生求学上进上下功夫，脚踏实地地教书育人。要保证教书育人工作安全有序地实施，每位教师都必须强化细节决定成败的意识，要从安全防范的每一个环节、每一件事件、每一道程序中认真思考、逐项落实。只有这样，才能确保教书育人工作安全有序地实施。

（春秋）老子：“轻则失根，躁则失君。”②

---

① 李耳. 老子［M］. 王弼，注. 上海：上海古籍出版社，1989：16.

② 李耳. 老子［M］. 王弼，注. 上海：上海古籍出版社，1989：6.

〖译文〗轻率就会失去根本，急躁就会丧失主导。

【新解】老子的这句话里有着深刻的处世智慧与哲学思想，指出了修身养性的普遍规律。“轻则失根，躁则失君”告诉我们，对待任何事物都应该严谨认真又细致，做到极致完美，否则就会前功尽弃、半途而废。老子的这一思想对于今天的广大教师而言有着重要的现实指导价值。2018 年，教育部颁布的《新时代中小学教师职业行为十项准则》《新时代幼儿园教师职业行为十项准则》都在第六条提及“增强安全意识，防范事故风险，保护学生安全”的教师职业行为要求，就是对老子“轻则失根，躁则失君”思想的充分借鉴与体现。在教书育人过程中，教师应该做到不急躁、不轻率，随时关注学生的成长环境，保证教育教学活动安全，必须在保证学生生命财产安全的前提下进行教学，特别是针对基础教育，更加应该注意安全，不可以轻率，如果轻率就会失去根本，就会发生危险，造成不可挽救的局面。新时代的人民教师，需做到“力戒浮躁”，此乃潜心问道、勇于探索之前提；若无法使心宁静，便会正如老子所言，“轻则失根，躁则失君”，无论是轻率还是急躁，都会使人陷入困境。当代人民教师更应具备“力戒浮躁”这一优良品质，踏踏实实、谦虚谨慎地教书育人。

（春秋战国）墨子：“且夫食者，圣人之所宝也。故《周书》曰：‘国无三年之食者，国非其国也；家无三年之食者，子非其子也。’此之谓国备。”①

〖译文〗圣人把粮食视为宝物。所以《周书》说：“国家如果不准备三年的粮食，国家就不是这个君主的国家；家庭若不准备三年的粮食，子女就不是这家的子女。”这就是国家的储备。

【新解】墨子的这句话有着深刻的安全思想，指出了家庭安全观、国家安全观的重要性。墨子的“家备”“国备”思想对于今天的广大教师而言，仍有着重要的指导意义。2018 年，教育部颁布的《新时代中小学教师职业行为十项准则》《新时代幼儿园教师职业行为十项准则》都在第六条提及“增强安全意识，防范事故风险，保护学生安全”的教师职业行为要求，就是对墨子“国无三年之食者，国非其国也；家无三年之食者，子非其子也”思想的充分借鉴与体现。对于教师而言，从墨子的“家备”“国备”思想里应该懂得“教备”的重要性，教师应该要为各种教育教学活动提前做好准备，所以要提前设想好教育教学过程和管理结果，针对教育教学活动中可能出现的各种问题，包括可能发生的安全问题提前做好准备。比如在课外实践课程或者科学实验操

① 孙诒让.《墨子》閒诂·七患第五［M］. 上海：商务印书馆，1936：18.

作课程中，要提前预防危险，做好教学准备，准备好能够保证学生生命安全的教学用具，在学生进行课外实践操作和实验操作之前重点强调操作的安全问题，让学生们加强安全防范，增强安全意识，确保学习安全。

（战国）孟子：“防祸于先而不至于后伤情。知而慎行，君子不立于危墙之下，焉可等闲视之。”①

〖译文〗在祸患发生之前，就要进行防范与消除隐患，就不会导致后续的伤害情况。知道危险而谨慎自己的行为，就不会站立在危险的墙壁下面，也不会放松警惕的心。

【新解】孟子的这句话指出了安全防范意识与措施的重要性，对于今天的广大人民教师增强安全意识仍有着重要的指导意义。2018 年，教育部颁布的《新时代中小学教师职业行为十项准则》《新时代幼儿园教师职业行为十项准则》都在第六条提及“增强安全意识，防范事故风险，保护学生安全”的教师职业行为要求，就是对孟子“防祸于先而不至于后伤情。知而慎行，君子不立于危墙之下，焉可等闲视之”思想的充分借鉴与体现。教师应当时刻具备防范之心，随时觉察到学生身边的潜在的危险，未雨绸缪，采取合理的防范措施；同时，当学生处于危险境地时，不能弃学生于不顾，自顾自逃离。教师保护学生就要像母亲守护孩子一样，将学生的生命安全放在第一位。而要做到上述这些要求，教师自己首先要有强烈的安全意识，预先察觉潜在的危险，平时要加强安全防范技能的训练，切实提高安全技能水平。

（东汉）荀悦：“一曰防，二曰救，三曰戒。先其未然谓之防，发而止之谓之救，行而责之谓之戒。防为上，救次之，戒为下。”②

〖译文〗预先防备、加强补救、引以为戒，这是安全防备的三种方法。事情还没有开始时就进行准备就是防，事情正在发生中就采取措施进行制止就是救，事情过后进行反思、追责问责就是戒。上策是在事情发生之前就防范，中策是在事情已经发生时赶快补救，下策是在事情过后加以警戒。

【新解】荀悦的这句话说的虽是“尽忠之法”，但在指导教书育人工作上仍然具有教育与启迪意义。2018 年，教育部颁布的《新时代中小学教师职业行为十项准则》《新时代幼儿园教师职业行为十项准则》都在第六条提及“增强安全意识，防范事故风险，保护学生安全”的教师职业行为要求，就是对荀悦“防为上，救次之，戒为下”思想的充分借鉴与体现。在学校中，教师

---

① 孟子·尽心章句上［M］//阮元．十三经注疏．北京：中华书局，1980：2764.

② 荀悦，徐湎．申鉴中论（选译）［M］．张涛，傅根清，译注．成都：巴蜀书社，1991：61.

要加强安全防范，做到防患于未然，将危险扼杀在“摇篮”中。教师不仅要关注学生学习生活环境，还要帮助学生牢固树立安全意识；事故发生时，教师应当及时补救、加以制止而不是临阵脱逃；如果不幸发生事故，更要从中吸取教训，严禁此类事故再次发生。

（唐）杜荀鹤：“泾溪石险人兢慎，终岁不闻倾覆人。却是平流无石处，时时闻说有沉沦。”①

〖译文〗在泾溪险石上行走时，由于人们总是战战兢兢、小心翼翼，提高警惕，所以一年到头都没有人掉到水里。然而恰恰是在平坦无险的地方，却经常听到人说有落水事故的发生。

【新解】杜荀鹤的这首诗告诉了我们一个朴素的哲理：安全事故往往发生于微小与平常之中，看上去没有危险的，往往最容易发生危险。杜荀鹤的这句话对于今天的教师做好教书育人工作而言，仍然有着重要的指导意义。2018年，教育部颁布的《新时代中小学教师职业行为十项准则》《新时代幼儿园教师职业行为十项准则》都在第六条提及“增强安全意识，防范事故风险，保护学生安全”的教师职业行为要求，就是对杜荀鹤“泾溪石险人兢慎，终岁不闻倾覆人。却是平流无石处，时时闻说有沉沦”思想的充分借鉴与体现。对于学校安全教育，越是平常之处越要留意。安全在于防患于未然。教师们要多一分自觉多一分警醒，对学生负责，对自己负责，共同营造一个安全的学习环境和生活环境。

---

① 罗隐. 罗隐集·甲乙集·泾溪［M］. 雍文华，校辑. 北京：中华书局，1983：182.

第四章　道德操守

第一节　坚持言行雅正

一、品性雅正

（春秋）管仲："道德当身，故不以物惑。"①

［译文］如果自己道德高尚，就不会被外界不正当的东西迷惑。

【新解】管子的这句话出自《戒第》篇，讲了两层意思，一是做人应当道德高尚，把德放在首位；二是不为外界物欲所迷惑，保持清正廉洁的本色，加强自身德行的修炼，守好廉洁的底线。当然，反过来也是成立的，只要用道德仁义加身，就能够抵挡外在的物欲、名利的诱惑，成为君子。因此，我们在做任何事时，都应当把道德伦理放在前面，不被各种诱惑吸引，做违背道德的事情。2018 年，教育部颁布的《新时代高校教师职业行为十项准则》第六条、《新时代中小学教师职业行为十项准则》第七条、《新时代幼儿园教师职业行为十项准则》第八条都要求要为人师表、以身作则、为人正直、自重自爱；《新时代高校教师职业行为十项准则》《新时代中小学教师职业行为十项准则》《新时代幼儿园教师职业行为十项准则》都在第九条载明要坚守廉洁自律，严于律己，清廉从教。这些要求都与管子提出的"道德当身，故不以物惑"思想相契合。作为教师，我们应当加强自身道德修养，提高廉洁自律的水平，切实做到立德树人、教书育人。

（春秋）孔子："君子之德，风也；小人之德，草也。草尚之风必偃。"②

［译文］君子的品德就像风一样，老百姓的品德就像草一样。草受到风吹，

---

① 管仲．管子·戒第：第二十六［M］．房玄龄注，刘绩补注，刘晓艺校点．上海：上海古籍出版社，2015：184.

② 孟子·滕文公章句上［M］//阮元．十三经注疏．北京：中华书局，1980：2701.

必然会随风倒。

【新解】孔子的这句话告诉我们，教师的道德操守就像风一样，在无声无息中影响着学生的道德成长，在不知不觉中引导着学生的道德成长。教师就像一根标杆，每一个学生抬头就能看见，并以之为榜样。如果自己身不正，学生如何能正？一个合格的教师要以身示范，潜移默化，规范自己的言行。2018年，教育部颁布的《新时代高校教师职业行为十项准则》第六条、《新时代中小学教师职业行为十项准则》第七条、《新时代幼儿园教师职业行为十项准则》第八条都载明，教师要为人师表，以身作则，举止文明，作风正派，为人正直，自重自爱。这些要求是新时代对孔子的“草尚之风必偃”教育思想的传承与表达。简而言之，作为新时代的教师，我们应当把为人师表、以身作则、举止文明、作风正派、自重自爱作为新时代教师职业道德的严谨品格、职业行为的重要准则，要把教书育人和自我修养结合起来，言行一致，身正为范。教师的言行举止影响着学生。新时代的人民教师，需要时刻端正自己的言行，树立良好榜样。也就是一句话：学为人师，行为规范。说得通俗一些，就是德才兼备。

（战国）孟子：“恻隐之心，仁之端也；羞恶之心，义之端也；辞让之心，礼之端也；是非之心，智之端也。人之有是四端也，犹其有四体也。”①

〖译文〗恻隐的开端是同情心，善恶的起点是羞耻心，恭敬的萌芽是推辞谦让心，理智的发端是有是非之心。人们如果有这四种德行，就像有了四肢一样，能够在社会上与人相处、建功立业。

【新解】孟子把人性善的内容概括提炼为仁、义、礼、智“四心”论。而仁是指恻隐之心，义是指善恶之心，礼是指恭敬之心，智是指是非之心。仁、义、礼、智是人人共有的普遍特质，是天然存在于每个人身上的。一个人没有仁、义、礼、智，那他就是“非人”，与动物没有两样。孟子还认为，每个人在仁、义、礼、智上都具有可塑性，而且他认为“人之初，性本善”。孟子的这句话对于今天的广大人民教师加强自身道德修养来说，有着重要的借鉴价值。2018 年，教育部颁布的《新时代高校教师职业行为十项准则》第六条、《新时代中小学教师职业行为十项准则》第七条、《新时代幼儿园教师职业行为十项准则》第八条都载明，教师要为人师表，以身作则，举止文明，作风正派，为人正直，自重自爱。这些要求正好与孟子主张的人之性善、需要教育培养的思想一脉相承。萌芽需要浇水呵护，才能开花结果。教师只有发挥自己

① 孟子·公孙丑上［M］//阮元. 十三经注疏. 北京：中华书局，1980：2691.

的善，带头养成良好的同情心、善恶心、恭敬心、是非心，做到道德高尚、举止雅正，对每一个孩子都有善心，以学生的发展为根本，充分考虑到学生的兴趣、能力和需要，循循善诱，多加引导，才能帮助学生的仁、义、礼、智成长为现实的人性。

（战国）孟子：“教者必以正。”①

〖译文〗教育人管理人，都应该以正直为先。教师必须先是正直的人。

【新解】在孟子看来，对教师最基本的要求是正身，言传身教、为人师表。为人师者，须正己身，以身作则，才能教好学生。王安石也说“教人治人，宜皆以正直为先”，也提出了育人要把正直置于最前面。孟子的这句话对于今天的广大人民教师加强自身道德修养来说，有着重要的借鉴价值。2018年，教育部颁布的《新时代高校教师职业行为十项准则》第六条、《新时代中小学教师职业行为十项准则》第七条、《新时代幼儿园教师职业行为十项准则》第八条都载明，教师要为人师表，以身作则，举止文明，作风正派，为人正直，自重自爱。这些要求与孟子的正身主张是一致的。教师是学生的榜样，所以教师开展教育人管理人的活动，就应该以正直为先，把道德品行放在首位。而教师要在培养学生中体现以正直为先，教师自己首先要做到为人正直，做事诚信和公平，给学生以良好的道德品行影响。

（战国）孟子：“君仁莫不仁，君义莫不义，君正莫不正。”②

〖译文〗有仁爱的君主，就会有仁爱的老百姓；有讲义理的君主，就会有讲义理的老百姓；有正直的君主，就会有正直的老百姓。

【新解】孟子的这句话阐述了“上行下效”的思想。统治者、领导人，也要像教师一样，为人师表，谨言慎行，给下面的人做一个好的榜样、表率。作为教育学生的教师，我们要有良好的品行，为学生树立起好的榜样，学生才会跟随教师、效仿教师，取得进步，获得成长。孟子提出的自身行为端正的思想，对于今天的广大人民教师来说，仍然有着重要的现实指导价值。2018年，教育部颁布的《新时代高校教师职业行为十项准则》第六条、《新时代中小学教师职业行为十项准则》第七条、《新时代幼儿园教师职业行为十项准则》第八条都提及，为人师表，以身作则，举止文明，作风正派，自重自爱。其表述内容正好与孟子的思想吻合。作为教师，我们应当把为人师表、以身作则、举止文明、作风正派、自重自爱作为教师职业道德的严谨品格、职业行为的重要

---

① 孟子·离娄上［M］//阮元．十三经注疏．北京：中华书局，1980：2722.

② 孟子·离娄上［M］//阮元．十三经注疏．北京：中华书局，1980：2726.

准则，把教书育人和自我修养相结合，言行一致，身正为范，时刻注意自己的言行会对学生产生的影响，把美好的言行展现给学生，树立好的榜样。

（战国）孟子："以德服人者，中心悦而诚服也，如七十子之服孔子也。"①

〖译文〗用道德品行来让人信服的，那是真正的心中信服，就像七十个弟子信服孔子那样。

【新解】孟子的这句话阐述了以德服人的重大作用，指出以德服人才能真正让人从内心信服。与"以德服人"相对照的是"以力服人"，但往往是力服而心不服。由此可见孟子主张施行仁政，以德治国的思想。孟子的这句话告诉我们，作为人类灵魂工程师的教师，要以德服人，不得擅用暴力，要用心包容孩子的每一个错误，不乱加体罚，用自己的言语、思想使其明白自己的过错，这样才是仁师。2018 年，教育部颁布的《新时代高校教师职业行为十项准则》第六条、《新时代中小学教师职业行为十项准则》第七条、《新时代幼儿园教师职业行为十项准则》第八条都载明，教师要为人师表，以身作则，举止文明，作风正派，为人正直，自重自爱。教师不仅要教授学生知识，也要教授学生做人的道理，二位一体，相辅相成。教师要以自己的德行为学生做好榜样。立德树人首先把要德育放在首位，要以德为先，这是教师的当然职责。为此，我们要把德育贯穿在教学过程中，在潜移默化中影响学生，让学生内心真正遵从道德的要求，提高道德水平。

（战国末期）荀子："礼者，所以正身也；师者，所以正礼也。无礼，何以正身？无师，吾安知礼之为是也？"②

〖译文〗仪礼是用来端正身心的，教师是用来端正礼法的。如果没有仪礼，那么用什么来修正自己的行为？如果没有教师，我怎么知道礼是这样的？

【新解】荀子的这句话讲明了教师加强自身道德修养的重要性。他从礼法的正身作用出发，引出教师的作用是正礼，而正身必须先正礼，礼不正当然身不正。因此，教师要教人懂礼懂法，必须自己要先正礼正法。荀子提出的端正自身行为的思想在今天加强教师职业道德修养与规范职业行为上仍然有着重要的思想启迪意义与现实指导价值。2018 年，教育部颁布的《新时代高校教师职业行为十项准则》第六条、《新时代中小学教师职业行为十项准则》第七条、《新时代幼儿园教师职业行为十项准则》第八条都载明，教师要为人师表，以身作则，举止文明，作风正派，为人正直，自重自爱。这些要求都与荀

---

① 孟子·公孙丑上［M］//阮元. 十三经注疏. 北京：中华书局，1980：2689.

② 荀子·修身第二［M］//王先谦.《荀子》集解. 北京：中华书局，1981：20.

子端正自身行为的思想相一致。作为人民教师，我们应当把为人师表、以身作则、举止文明、作风正派、自重自爱作为新时代人民教师职业道德的严谨品格、职业行为的重要准则，要把教书育人和自我修养相结合，言行一致，身正为范。在日常授课中，我们要注意言行符合礼的要求，端正自身，以身作则，为学生树立良好的榜样。

（西汉）董仲舒："渐民以仁，摩民以谊，节民以礼。"①

［译文］用仁德感化百姓，用仁义教育百姓，用礼节管束百姓。

【新解】从这句话中可以看出，董仲舒在一定程度上受到孔子"有教无类"思想的影响，希望老百姓都能得到儒家思想的教育。董仲舒十分重视教育的作用，认为天子掌握天下，富有四海，但是如若不设立大学、庠序，并用仁德去感化他的子民，让他们知道什么对他们有利，谁可以保证他们可以安稳地过完一生，让他们免于苦难，天下就不安宁。当你用仁义道德去关心你的子民时，他们才会欣然地去接受你，有了人民的拥护，那么江山也就稳了。此外，教育还可以让人们不会肆意妄为，走上不归路，从而断送了自己的大好前程。董仲舒的思想在今天加强教师职业道德修养与规范职业行为上，仍然有着重要的思想启迪意义与现实指导价值。2018 年，教育部颁布的《新时代高校教师职业行为十项准则》第六条、《新时代中小学教师职业行为十项准则》第七条、《新时代幼儿园教师职业行为十项准则》第八条都载明，教师要为人师表，以身作则，举止文明，作风正派，为人正直，自重自爱。这些要求都与董仲舒"以仁以谊以礼"的思想一致。在教育这个过程中，仁义道德是很重要的，当一个教育者知道用仁义道德去关心他的学生的时候，那么他的教育将会是成功的。

（东汉）郑玄："师善则善。"②

［译文］教师善良那么所培养的学生就善良。

【新解】郑玄所说的"师善则善"是我们在生活中特别需要的教育指导理念。教师的行为、品德、学识以及教育态度对学生的影响是巨大的。一个好的教师，不仅仅要在教育上有出色的建树，更需要在自身的品德上有良好的传承。如果一个教师的教育态度不端正，会对多少同学造成学习上的困扰？教师是我们人生中必不可少的引路者，一个好的教师对一个学生来讲，就是黑暗中的一束光亮，指引他在黑暗中不断前行，寻找光明。所以说，教师本身的品

① 岳麓书社. 二十五史精华［M］. 长沙：岳麓书社，2010：292.

② 李安纲，阎凤梧. 礼经［M］. 北京：中国社会出版社，2003：283.

德、学识以及教学态度是教育成败的关键。郑玄的思想对于今天的广大人民教师锤炼师德而言，仍然有着重要的思想启迪意义与现实指导价值。2018 年，教育部颁布的《新时代高校教师职业行为十项准则》第六条、《新时代中小学教师职业行为十项准则》第七条、《新时代幼儿园教师职业行为十项准则》第八条都载明，教师要为人师表，以身作则，举止文明，作风正派，为人正直，自重自爱。这些要求都与郑玄“师善则善”的思想一致，值得今天的每一位人民教师认真学习和借鉴，领会和掌握其中的深刻思想内涵。

（隋）王通：“人无誉堪存，誉非正当灭。求誉不得，或为福也。”①

〖译文〗人要是没有名誉也是可以生存生活的，但不是靠正道得来的名誉却能使人自取灭亡，无法生存生活。追求取得名誉却没有得到，这也许算是福气吧。

【新解】王通的这句话告诉我们，教师要爱惜自己的名声，切实做到自重自爱，保持一颗平淡之心。王通的思想对于今天的广大人民教师锤炼师德而言，仍然有着重要的思想启迪意义与现实指导价值。2018 年，教育部颁布的《新时代高校教师职业行为十项准则》第六条、《新时代中小学教师职业行为十项准则》第七条、《新时代幼儿园教师职业行为十项准则》第八条都提及，教师要作风正派，为人正直，自重自爱。这些要求与王通的重视教师名声思想是一致的。名誉对于个人而言是骄傲与荣誉，但不能为了追求名誉而蒙蔽自己的内心。求而不得也是常事，求取名誉而得不到，也许是一种福气。教师是学生心目中的偶像，要教育学生通过正当的途径去获取名誉，通过勤奋努力去获取成功，这才是立身处世的长久道理。当然，教师自身要树立正确的名利观，才能以此去影响、引导学生。

（唐）刘禹锡：“斯是陋室，惟吾德馨。”②

〖译文〗尽管房子是如此简陋不堪，但是只要我有良好的品德，就不会感觉它的简陋了。

【新解】刘禹锡对于名气的态度让人佩服，让人感到他是在认真地生活。不一味地追求名利，又在提高自我的过程中感到自然而然的愉悦，这种境界让人向往。刘禹锡这首《陋室铭》的写作手法是托物言志，借“陋室”扬“德馨”，写出了居室环境的优雅。之所以陋室不陋，是因为作者具有安贫乐道的情趣和高洁傲岸的节操，表现了作者不与世俗同流合污，洁身自好、不慕虚名

---

① 文中子. 止学［M］. 马树全，译注. 合肥：黄山书社，2010：128.

② 吴楚材，吴调侯. 古文观止［M］. 上海：上海古籍出版社，2006：348.

浮利的生活态度。2018 年，教育部颁布的《新时代高校教师职业行为十项准则》第六条、《新时代中小学教师职业行为十项准则》第七条、《新时代幼儿园教师职业行为十项准则》第八条都提及了自重自爱、清廉从教的要求。作为教师，我们应该遵从准则的要求，坚守廉洁自律，努力做到严于律己，清廉从教；应该继承刘禹锡这种淡泊名利的态度，在教学过程中应脚踏实地，反对求高求难。在繁重的工作中做好每一个细节，小到课后或者课堂上的讲评，大到改变某些学生的错误观念，关心学生的心理健康，兢兢业业为学生着想，依法履行教师职责。同时把终身学习的理念内化为行动，对积极的新事物保持好奇心，关心文化界、教育界和科学界等领域的动向，全面发展自身能力，才能让学生了解更多事物，懂得更多道理，以增多他们考虑问题的角度和解决问题的办法。做个廉洁自律的人，不以身外之物陋而自陋，专注于立德树人、教书育人本职。

（北宋）周敦颐：“圣人定之以中正仁义而主静，立人极焉。故圣人与天地合其德，日月合其明，四时合其序，鬼神合其吉凶。君子修之吉，小人悖之凶。”①

［译文］面对这善恶纷繁的万事万物，圣人用中正仁义来安定自己的内心，用“静”来主导内心，树立起了做人的最高标准。符合这一标准的圣人，其德行与天地相合，其光明与日月等同，其进退之序与四季相符，其奖惩善恶与鬼神所降吉凶同一。因为君子修养中正仁义，所以事事遂心吉利；因为小人违背中正仁义，所以事事凶险不利。

【新解】周敦颐认为能守中道，行仁义，让内心归于宁静，那就能“与天地合其德”，达到“天人合一”的境界。朱熹也认为圣人就应做到内心的“静”，遵循仁和义的树人法则。通过行仁义来追求内心的宁静，这对我们新时代师德修养有着积极的启迪意义与借鉴价值。2018 年，教育部印发的《新时代高校教师职业行为十项准则》第六条、第七条提出要为人师表、以身作则、自重自爱与力戒浮躁、潜心问道，就是要求教师要站在人类文明传承者与人类灵魂工程师的高度，切实做到淡泊名利、内心宁静。如果教师难以做到“静”，那么他在学术研究、教书育人，乃至为人处事方面就难免会显得浮躁。教师是学生的一面镜子，言行举止都可能被学生模仿。很显然，浮躁的教师大多会教出浮躁的学生，谦虚宁静的教师往往能培养出谦虚宁静的学生。

（南宋）朱熹：“师生相见，漠然如行路之人。间相与言，亦未尝闻之以

① 周敦颐．周敦颐集·太极图说［M］．梁绍辉，徐荪铭，等校点．长沙：岳麓书社，2007：7.

德行道艺之实。”“教之以德行道艺。”①

［译文］师生见面，就像路上遇到的陌生人一样，关系淡漠。问其原因，则说没有感受到教师在自己德行道艺上的实实在在教诲指导。作为教师，我们应当在德行道艺上教育帮助学生。

【新解】南宋时期的书院十分重视德行教化功能。朱熹的这两句话说明，只有德行堪称表率，以良好的品德气节、辛勤的教诲以及无限关心学生的品质，潜移默化地去熏陶学生、引导学生，实实在在地帮助学生成长，这样的书院教师才会被学生尊重敬仰，师生之间的关系才能和顺融洽。朱熹的思想对我们新时代师德修养有着积极的启迪意义与借鉴价值。2018 年，教育部颁布的《新时代高校教师职业行为十项准则》第六条、《新时代中小学教师职业行为十项准则》第七条、《新时代幼儿园教师职业行为十项准则》第八条都提及，教师要作风正派，为人正直，自重自爱。这些要求与朱熹重视实实在在教育学生的思想是一致的。新时代的教师肩负着立德树人、教书育人的重任。教师应当注意自己的一言一行，应当给学生以实实在在的教育与帮助，让学生真切地感受到教师的教诲与引导。

（清）郑燮：“新竹高于旧竹枝，全凭老干为扶持。”②

［译文］新生的竹子高过了老竹的枝干，然而它的崛起全靠老枝干的扶持。

【新解】郑燮的这句话是一个以自然现象暗喻人生哲理的名句，蕴含着教学相长的意思。郑燮的思想对我们新时代师德修养有着积极的启迪意义与借鉴价值。2018 年，教育部颁布的《新时代高校教师职业行为十项准则》第六条、《新时代中小学教师职业行为十项准则》第七条、《新时代幼儿园教师职业行为十项准则》第八条都提及，教师要作风正派，为人正直，自重自爱。这些要求与郑燮的教学相长思想是一致的。教师是一个崇高的职业，每天要面对不同的学生来进行教学工作，如何使自己的工作有条不紊，这就需要对学生因材施教，关爱每一个学生，特别是差生。教师应当要有良好的控制力，经常地进行自我反省、自我反思。反省是否全身心投入教书育人工作，反思是否全心全意帮助学生成长。能做到这一点，就算是一名优秀的教师了。

（清）康有为：“故不论男女皆得为师，唯才德是视。导之以正义，广之以通学，绳之以礼法，虽于慈惠之中而多用严正之气。”③

---

① 晦庵先生朱文公文集·卷 69：学校贡举私议［M］//朱杰人，严佐之，刘永翔. 朱子全书：第 23 册［M］. 上海：上海古籍出版社，2002：3355-3356.

② 闻世震. 竹诗三百首［M］. 沈阳：辽宁人民出版社，2016：105.

③ 康有为. 大同书［M］. 上海：上海古籍出版社，2005：209.

［译文］所以男生女生都可以受到教育，以才华与德行为唯一评价标准。用正义引导他们，用通学来教导他们知识广博，用礼法来约束规范他们，虽然对他们慈爱关心，也要多多使用严格正规的方法教育他们。

【新解】康有为在其《大同书》中提到了“不论男女都能当教师，才能德行是最重要的，辅之以正义”。不难看出，在其思想中，康有为将才能德行看得非常重要，只要一个人有好的道德修养、卓越的才能，都能成为我们的教师。这一思想在教育中具有重要的指导意义，一个合格的教师，除了具备专业知识，还应有好的师德师风，这两者是相辅相成的，缺一不可。所以一名教师，自我的修养对学生有很大的影响，应注意为人师表。2018 年，教育部颁布的《新时代高校教师职业行为十项准则》《新时代中小学教师职业行为十项准则》都在第五条提及，要严慈相济、诲人不倦。在与学生相处的过程中，教师要做到为人师表，用自身良好的道德行为熏陶和丰富孩子们的教育，让学生在生活中体会学会做人的重要性，让自我成为学生心中的好教师。要严慈相济，不能过分严厉，也不能过分溺爱，把握好严与慈的度。

（清）张之洞：“初等小学堂教习多以习师范、明教育之女师充选，取其心气和平，教而兼养。”①

【新解】十年树木，百年树人。教育是一项细致的工作、耐心的工作。当教师的应当心平气和，急性子是当不好教师的。张之洞的这句话说明了选教师的标准。他认为学堂更多选择师范专业毕业的懂教育的女教师的原因之一，是她们的心气比较平和，不会对学生大吼大叫，对待学生更有耐心，更细心，能更好地关心爱护学生，在教育学生的同时，能更多地关注学生心理上的变化。在女教师的教育之下，学生不仅能修身，在一定程度上还可以养性。教师自身以身作则，在心平气和的氛围下，培养学生养成更好的品德。2018 年，教育部颁布的《新时代高校教师职业行为十项准则》《新时代中小学教师职业行为十项准则》都在第五条都提及，要严慈相济、诲人不倦。这与张之洞提出的“心气和平”思想是相通的。自古以来，教师就是学生的榜样，教师只有以身作则才能为学生树立榜样。教师只有性格温厚良善，处事不惊，耐得住性子，一点一滴潜心育人，少些浮躁心态，少些急功近利思想，才能真正培养出合格的时代新人。

（近代）陶行知：“教育是教人化人。化人者也为人所化。教育总是互相

---

① 璩鑫圭，唐良炎. 中国近代教育史资料汇编 · 学制演变［M］. 上海：上海教育出版社，2007：102.

感化的。互相感化，便是互相改造。”“教师的职务是‘千教万教，教人求真’，学生的职务是‘千学万学，学做真人’。”①

【新解】“真”教师、培养“真人”，这是陶行知“真人教育观”中的核心要义，他把追求真理、学会做人、做一个有道德的人、完整的人作为真人的要求。培养“真人”的前提是教师要做“真”教师，所以他有名言“千教万教，教人求真；千学万学，学做真人”。陶行知的这些师德思想值得今天的广大人民教师学习、借鉴与思考。2018 年，教育部颁布的《新时代高校教师职业行为十项准则》《新时代中小学教师职业行为十项准则》都在第五条都提及，要严慈相济、诲人不倦。这与陶行知提出的“真教师”“真人才”思想是相通的。教师对学生的爱应该是博大无私、宽广无边的，也是无微不至的。教师只有具有奉献精神，才能诲人不倦。教育只有从教师心里发出来，才能到达学生的心灵深处。走上教育这条道路，迈上教师的岗位，就要做好为学生奉献的准备。教师要坚守自身道德底线，带给学生如春风化雨般的美好体验。在课堂教学中让学生理解接受社会主义道德，教师更要以身作则弘扬中华传统美德。俗话说，“世界是一面镜子”，教师耐心真诚地对待学生，学生也会同样地给予回报。每一个人都有他自己的闪光点，教师要善于发现学生身上的美，特别是对于学习较困难的学生，更是要帮助他们建立自信心。这就要求教师要平等地对待每一个学生，细致关注每一位学生的成长，只有这样才能算得上是陶行知所说的“真”教师。

（近代）刘炳藜：“乡村小学教师为乡村儿童以及乡村社会的表率，表率者之一切行动到处为乡村儿童及乡村民众所效法。他应不嫖不赌，不吸烟不喝酒。他不应蹈空。他应脚踏实地真正为乡村社会做一番事业。他应淡于名利，他应负着责任心与毅力真正为人群服务。他应能任劳任怨。他遇到困难的问题或紧急的关头，应能不慌不乱地带着冷静的头脑去处理。他应爱护儿童，并爱一切的乡村民众。他是乡村社会的爱护者。他是乡村人们的保佑者，不消说，他是乡村儿童的保姆。他应节衣缩食。他应没有一点虚伪的习气。乡村小学的教师真是全德者啊。”②

【新解】刘炳藜的这段话对乡村师德修养要求进行了比较全面的分析和阐述，“乡村儿童及乡村社会的表率”“淡于名利，负着责任心和毅力真正为人

---

① 董宝良，喻本伐，周洪宇．陶行知教育论著选［M］．北京：人民教育出版社，2015：263、615．

② 刘炳藜．乡村教育［M］．上海：中华书局，1935：145．又见：杜成宪．民国乡村教育文献丛刊：第 8 卷［M］．北京：国家图书馆出版社，2014：427．

群服务”“要任劳任怨地爱护儿童”等思想，值得今天的广大人民教师认真学习、借鉴与体会。2018 年，教育部颁布的《新时代高校教师职业行为十项准则》《新时代中小学教师职业行为十项准则》都在第五条都提及，要严慈相济、诲人不倦。这与刘炳藜提出的“负着责任心与毅力真正为人群服务”思想是相通的。教师拥有“人类灵魂的工程师”称号，很显然这个称号对教师的职业道德有着不同于平常人的要求。所以，刘炳藜发出了“教师真是全德者”的感叹。要想成为一名真正的教师，应当具有良好的师德修养。

（当代）古楳：“善良之品行，必须具有明辨是非之识力、好善恶之情感、见义勇为之决心。吾人之行为，虽多受先天之影响者，然大半则由后天所养也。故行事之际，若不明辨是非之所在，则往往易入歧途，而品行之亏损难免。因之道德公民伦理等知识，不可不备。虽然，仅有知识，亦未见即能增进之品行，必也兼富感情，方能热烈从事；所谓如好好色、如恶恶臭者，诚为助长品行不可缺少之情感。世有明知善之为善，而仍不能努力行之者，正由于此。故实际生活之环境不可不有，俾可以养成此种情感之倾向。识力备矣，感情养成矣，若无见义勇为之决心，则遇事游移不定，徘徊观望，是正表示其心志之薄弱，于健全之人格殊有不足，故当有种种急难之问题以磨炼之也。”①

【新解】古楳的这段话对师德锤炼内容进行了细致的阐述。他指出，教师要养成善良的师德品行，要有明辨是非的能力，要有知善向善的情感，要有做事果敢的精神。他的这些思想对于今天的广大教师有着重要的指导意义。2018 年，教育部颁布的《新时代高校教师职业行为十项准则》《新时代中小学教师职业行为十项准则》都在第五条都提及，要严慈相济、诲人不倦。这与古楳提出的“明辨是非之识力、好善恶之情感、见义勇为之决心”思想是相通的。教书育人工作是一项复杂的工作，是培养人的灵魂心性的工作，因此对教师的职业道德有着特殊的要求与规定。新时代的人民教师，应当从古楳关于师德锤炼的思想中获得知识与思考，要在教书育人实践中不断地追问：是否有明辨是非之识力？是否有好善恶之情感？是否有见义勇为之决心？以此经常性地锤炼自己的师德修养，提高师德水平。

二、举止雅正

（春秋）孔子：“夫然，故安其学而亲其师，乐其友而信其道，是以虽离

---

① 古楳. 乡村教育新论［M］. 上海：民智书局，1933：314-315. 又见：杜成宪. 民国乡村教育文献丛刊：第 2 卷［M］. 北京：国家图书馆出版社，2014：598-599.

师辅而不反也。"①

【新解】言行和谐一致方能让教师在学生中有威信，树立起榜样，让学生真正地信服自己、遵从自己。孔子的这一观点可以说是对以身作则师德要求的进一步深化与延伸。西汉时的扬雄曾说"师者，人之模范也"，教师如何能做到模范呢？孔子给出了答案，那就是当教师的要言行一致、和谐一致，不出尔反尔，嘴上说一套而行动却是另一套。就拿班级班规来说，当教师的在教室里也要遵守班级的规章制度，用自身的言行来为班级制定的规章制度代言。若是教师自己都不遵守班级制定的管理规章制度，学生也不会去遵守班级班规。教师对于学生的影响并不只是课堂上的几十分钟，还有平日里的言行举止，学生总会不由自主地对教师进行模仿。教师要注重自身的言谈举止，谨记自己是学生的榜样。教师遵守了与学生一起制定的规章制度，这样的规则才能够真正成为规则，对于学生才有足够的约束力，才能使学生信服。孔子的"亲其师、信其道"的思想，是与2018年，教育部颁布的《新时代高校教师职业行为十项准则》第六条、《新时代中小学教师职业行为十项准则》第七条、《新时代幼儿园教师职业行为十项准则》第八条都提及的"为人师表，以身作则，举止文明，作风正派，自重自爱"的教师职业行为要求完全一致的，对于新时代加强师德建设，无疑具有重要的启迪意义。

（春秋）孔子："子温而厉，威而不猛，恭而安。"②

〖译文〗孔子既温和又严厉，虽然威严却不刚猛，既恭敬而又安详。

【新解】在教育活动中，奖惩法是一种被广泛使用的方法。奖励是正向激励，惩罚是负向激励。基于辩证法的观点，在教育活动中，这两种方法应当是统一的。孔子的这句话里就包含了奖惩合一的教育辩证法思想。教师在与学生相处的过程中，应当态度温和，让学生乐意与你交流；同时又不能太过随意，失去了威严，以至于在教学时，课堂纪律无法得到保障。2018年，教育部颁布的《新时代高校教师职业行为十项准则》《新时代中小学教师职业行为十项准则》都在第五条都提及，要严慈相济、诲人不倦。这与孔子提出的"温而厉，威而不猛"思想是相通的。新时代的人民教师，应当牢记立德树人的使命，应当把握教育的本质内涵。教育本身就包含了威恭、温厉、严慈等辩证方法。这些教育方法要求教师要注意自身行为的雅正，既要温和对待学生，与学生交真心朋友，又要对学生不好的行为进行严肃的批评教育，用自己雅正的举

---

① 礼记·学记第十八［M］//阮元. 十三经注疏. 北京：中华书局，1980：1522.

② 论语·述而第七［M］//阮元. 十三经注疏. 北京：中华书局，1980：2484.

止行为去影响学生、教育学生。

(战国末期)荀子:“夫师以身为正仪,而贵自安者也。”①

〖译文〗教师是用自己的修身来端正仪礼,并重视情感礼仪的人。

【新解】荀子的这句话说教师是身正仪端,并重视情感礼仪的人,其实也就是在侧面说作为一名人民教师,我们要身正为范、仪态端庄、品行优良,这才符合一个教书育人者的基本标准。我们从事的职业是独特的教育事业,我们面临的教育工作的对象是学生,而学生是国家和社会未来发展所需要的人才,那我们就必须依据学生的特点和职业本身的特点,做到身正为范,做到仪表端庄并符合一名教师的身份,做到以身作则、以德育人、以理服人。作为教师,我们绝大部分时间是和学生待在一起的,我们的一言一行、仪表的端庄与否都对学生有深深的影响,如果我们都不严格要求自己,那我们又怎么为人师表?又怎能为国家和社会教育莘莘学子?又怎能履行好自己的教育使命?所以,作为一名人民教师,不管何时何地,我们都应牢记自己的教师身份,做到仪表端庄、做到身正为范,才能够教育好学生们。荀子提出的自身行为端正的思想在今天看来仍然有着重要的现实指导价值。2018 年,教育部颁布的《新时代高校教师职业行为十项准则》第六条、《新时代中小学教师职业行为十项准则》第七条、《新时代幼儿园教师职业行为十项准则》第八条都提及,教师要为人师表,以身作则,举止文明,作风正派,自重自爱。这些表述内容都与荀子的端正自身行为教育思想相通。人民教师应当把为人师表、以身作则、举止文明、作风正派、自重自爱作为教师职业道德的严谨品格、职业行为的重要准则,要把教书育人和自我修养结合起来,言行一致,身正为范,要给学生做好榜样。

(战国末期)荀子:“以善先人者谓之教。”②

〖译文〗用善良的言行来帮助引导别人,这就叫教育、教导。

【新解】荀子的这句话从言行的角度指出了教育的本义,就是用善良的言行来引导他人,这才算得上是教育。与这句话相对应的是“以善和人者谓之顺”。荀子关于教师言行善良思想对今天的广大教师来说,仍然有着积极的现实启迪意义。2018 年,教育部颁布的《新时代高校教师职业行为十项准则》第六条、《新时代中小学教师职业行为十项准则》第七条、《新时代幼儿园教师职业行为十项准则》第八条都提及,为人师表,以身作则,举止文明,作

---

① 荀子·修身第二[M]//王先谦.《荀子》集解.北京:中华书局,1981:20.

② 王先谦.《荀子》集解[M].北京:中华书局,1981:14.

风正派，自重自爱。这些表述内容都与荀子的以善先人教育思想是相通的。教师要为国家培养优秀的人才，那不应仅仅体现在学识的高超上，更应体现在学生的品行道德上。一个优秀的人才，重要的不仅是他的学识高，更在于其品行良好。而教师在教育教学中，就更加要注重以善良的品行来引导教育学生们。立德树人是教育事业的重要理念，我们所要培养的人才必须要有德，但德行的教育不是一朝一夕的，也不是纯说教，而是长久的良善的主题教育以及以身作则的言行引导。一个教师只有始终坚持善的教育，以善育人，以善先人，以身作则，用良善的品德去感染学生，才能更好地帮助学生走上正确的人生大道，避免偏差。这才是真正意义上的良善的教诲，才无愧于师者教育的使命。

（西汉）董仲舒："正身以率下。"①

〖译文〗以身作则，为下属做表率。

【新解】董仲舒的这句话强调了行为雅正、以身作则的重要性。以身作则，把律己与教生统一起来，把自律与他律结合起来，为学生树立榜样，起到上行下效的教育效果。董仲舒的正身思想对于今天的广大教师锤炼师德师风来说，具有积极的现实启迪与借鉴意义。2018 年，教育部颁布的《新时代高校教师职业行为十项准则》第六条、《新时代中小学教师职业行为十项准则》第七条、《新时代幼儿园教师职业行为十项准则》第八条都提及，为人师表，以身作则，举止文明，作风正派，自重自爱。这些表述内容都与董仲舒的"正身以率下"教育思想是相通的。教师的一举一动都关系到学生的健康成长。我们只有严格要求自己，以身作则，起好表率作用，才能教育、引导好学生。

（唐）杜甫："摇落深知宋玉悲，风流儒雅亦吾师。"②

〖译文〗飘零的落叶，那是它深知宋玉的悲哀，宋玉的风流儒雅可以做我的教师。

【新解】这句诗出自杜甫《咏怀古迹五首·其二》。在诗中，杜甫用"风流儒雅"来指宋玉文采华丽潇洒，学养深厚渊博，表现出了他对宋玉的崇拜与尊重。杜甫的慕师思想对于今天的广大教师来说，有着重要的启迪价值。2018 年，教育部颁布的《新时代高校教师职业行为十项准则》第六条、《新时代中小学教师职业行为十项准则》第七条、《新时代幼儿园教师职业行为十项准则》第八条都提及，为人师表，以身作则，举止文明，作风正派，自重自爱。这与杜甫尊重宋玉、怜惜宋玉有相通之处。教师应当学识举止都堪为人

---

① 汉书·董仲舒传［M］//董仲舒．春秋繁露·天人三策．陈蒲清，校注．长沙：岳麓书社，1997：350.

② 杜甫．咏怀古迹五首［M］//仇兆鳌．杜诗详注．上海：上海古籍出版社，1992：591.

表，才能当教师，也才能当好教师。

（南宋）朱熹："自敬，则人敬之；自慢，则人慢之。"①

〖译文〗一个懂得自重自爱的人，那么人们就会尊重他；一个不自爱自重、肆无忌惮的人，人们就会瞧不起他、唾弃他。

【新解】正所谓"己所不欲，勿施于人"，如果自己都不想尊敬自己，那又为什么要要求别人来尊敬自己呢？朱熹的这句话阐释了自敬品质的重要性。他的这一思想对今天广大教师锤炼师德师风来说，仍有着重要的现实借鉴与启迪意义。2018年，教育部颁布的《新时代高校教师职业行为十项准则》第六条、《新时代中小学教师职业行为十项准则》第七条、《新时代幼儿园教师职业行为十项准则》第八条都提及，为人师表，以身作则，举止文明，作风正派，自重自爱，这与朱熹的"自敬，则人敬之；自慢，则人慢之"思想是完全一致的。对于新时代人民教师而言，自敬自重是师德中最重要的品质。一个自敬的教师，就会赢得学生和家长对他的尊敬；一个自重的教师，就会赢得学生和家长对他的信任。

（明）魏校："教读皆有成人之责，切须以身率人。正心术，修孝悌，重廉耻，崇礼节，整威仪，以立教人之本。"②

〖译文〗教师有帮助教育学生成长成人的责任，必须以身作则，心性端正、仁义慈孝、有廉耻之心、推崇礼节、仪表威严整洁，这是教师教育学生的根本。

【新解】在明朝，教师的称谓是"教读"，教师有没有师德被表述为"教读有没有学行、有没有德"，"学行"不好或者"无德"的人是不可以做教师的。"身正为师，德高为范。"古代对师德的标准和要求多面而立体，涉及品德修养、立身处世、才能学识、身体素质等各个方面，而且标准很高、要求很严格，对今天广大教师锤炼师德师风来说，仍有重要的借鉴意义。2018年，教育部颁布的《新时代高校教师职业行为十项准则》第六条、《新时代中小学教师职业行为十项准则》第七条、《新时代幼儿园教师职业行为十项准则》第八条都提及，为人师表，以身作则，举止文明，作风正派，自重自爱，这与魏校的"以身率人"思想是完全一致的。自古以来，推崇儒家思想的中国教育，都认为师德是教师素质的第一标准，师德如政德。所以教师应"示以学之纲"以身作则，"正其志所向"，引导学生走上学习圣贤之路。为人师表就应做到"正心术，修孝悌，重廉耻，崇礼节，整威仪"，才能使学生信服，受到学生

① 王树山．中国古代格言［M］．太原：山西教育出版社，1997：421．

② 顾明远．中国教育大系·历代教育制度考：2卷［M］．武汉：湖北教育出版社，2004：1231．

家长乃至社会的尊重。一个教师，仅仅有知识是完全不够的，良好的师德也十分重要。韩愈说：“师者，所以传道授业解惑也。”没有良好的师德是做不了教师的。受多种因素的影响，教师的师德问题成为当下社会热点。魏校在明朝时就提出了德行不好的人不可以当教师的观点。为人师表者，首先要有良好的道德品质，把心思都放在学术研究上，注重礼义廉耻，这才是一个教师应有的最基本的前提条件。试想一下，假如一个教师品行不端、心术不正，那他又如何教育引导学生呢？又能培养出什么样子的学生呢？对于教师品行的问题，不仅仅是古时注重，时至今日，我们依旧注重教师的品德和行为问题。

（明）王廷相：“古人有身教焉，今人唯恃言语而已矣。”①

〖译文〗师者以身作则之教育、师德传承之教育，要远远高于言语的说教。

【新解】王廷相的这句话运用对比的方法，强调了身教的重要性。他的这些思想对于今天的广大教师加强师德师风锤炼来说，有着重要的现实指导价值。2018年，教育部颁布的《新时代高校教师职业行为十项准则》第六条、《新时代中小学教师职业行为十项准则》第七条、《新时代幼儿园教师职业行为十项准则》第八条都提及，为人师表，以身作则，举止文明，作风正派，自重自爱，这与王廷相的“身教”思想是完全一致的，并成为各级各类教师职业行为的基本准则。在新时代，作为人民教师，我们更要注重教师以身作则的教育、师德传承的教育。因为榜样的作用，具有参与性的教育活动更具有教育学生的直接性作用。因为榜样的示范、参与的活动能够让学生直观地感受到教育的意义，更能够通过自己的实践和观察收获成长。纯言语的教育是枯燥乏味的，空荡的说教只是说教，并不能够让学生体会到教师们的良苦用心，反而更容易激发学生的逆反心理。我们倡导尊师重教，靠口头上的话语去让学生这样做，效果不一定好，因为学生会想教师有什么值得他尊重的呢。作为新时代的人民教师，我们既然选择了教育，那么就要尽自己的努力去做好教育、教好学生。我们在具体的教育情景中就应当言传身教，为学生以身作则；多多开展一些实践性的传承师德师风的活动，以更好地教育管理学生们，做好他们成长的指引。此外，作为一名教师，我们要切实加强师德师风建设，让自己真正成为广大学生的“筑梦人”和“引路人”，指引他们走上正确的人生道路。

（明末清初）王夫之：“师弟子者以道相交而为人伦之一。……故欲正天下之人心，须顺天下之师受。主教有本，躬行为起化之原。”②

---

① 王廷相. 王廷相集［M］. 北京：中华书局，1989：855.

② 王夫之. 四书训义：第32卷［M］. 上海：太平洋书店，1933：23-24.

［译文］教师与学生的关系是一种道义的结合。……所以要想纯化天下的人心，必须让天下人顺从并接受教师的教诲。教师必须在自身行为和道德教诲方面成为学生学习的榜样，而教师的身体力行是促使学生不断进步的本源。

【新解】身教是教师用实际行动来影响学生，它不同于通过语言来讲解、传授的“言传”。关于身教问题，南朝时期的范晔就提出了“以身教者从，以言教者论”观点。而明末清初思想家王夫之把身教作为“起化之原”，认为对于培养学生来说，身教比言传更加重要。清代陆世仪认为“教子须是以身率先”。孔子的“其身正，不令而行；其身不正，虽令不从”这句话也支持了王夫之的观点，李贽也用“动人以言者，其感不深；动人以行者，其应必速”表达王夫之的这句话所蕴含的相同教育思想。纵观历史长河，教育一直都是一个严肃而庄重的话题，教育一个人不仅仅是对其成绩好坏的教育，更是对其道德修养与思想观念的指引。教育不仅是为了学生自身发展的考虑，更重要的是为了千万学子的人生道路做打算。教育学生的这份工作不仅仅是社会的职责，更是我们的责任，我们担负着成为学子人生道路上的明灯的作用。所以说，我们每个教师更应该谨言慎行，若教师的言行不能起到一个积极向上的引导作用，教师也就没有存在的价值了，教师的教育光辉也将不复存在。我们每个教师都应该自尊自爱，懂得什么是教育。2018 年，教育部颁布的《新时代高校教师职业行为十项准则》第六条、《新时代中小学教师职业行为十项准则》第七条、《新时代幼儿园教师职业行为十项准则》第八条都提及，为人师表，以身作则，举止文明，作风正派，自重自爱。这与王夫之的“身教重于言传”思想是一致的。人民教师面对的是一群天真无邪、不谙世事，生理心理不成熟、情绪不稳定的学生，需要我们教师身体力行做示范，用正确的行为方式来引导学生健康成长。一名优秀的教师，善于以身作则，用自己的行为来教育学生，这比言语教育要有用得多。比如教师要求学生不能抽烟，那教师也不要在有学生的地方抽烟。只有这样，才能教育出好的学生。当下，我们仍然主张身教与言传的同等重要性，身教与言传是统一的，是整体的。新时代的人民教师，既要善于言传，更要勇于身教。

（近代）胡京英：“理想中的教师勿超极端，不固执己见，态度和蔼安详，言语清晰正确，衣服雅洁整齐，性情真诚温厚。”①

【新解】教师不是圣贤，但必须把努力成为圣贤作为奋斗目标。胡京英在

---

① 胡京英. 我理想中的教师［J］. 乡村教育，1937，4（1）：19. 又见：杜成宪. 民国乡村教育文献丛刊：第 28 卷［M］. 北京：国家图书馆出版社，2014：61.

这句话里，从个性、态度、言语、仪表、性格等方面，对理想中的教师形象做了很好的概括和描述。她的这句话与张伯苓的“教育无小事，事事育人；教育无小节，节节楷模”有着相同的师德思想主张。2018 年，教育部颁布的《新时代高校教师职业行为十项准则》第六条、《新时代中小学教师职业行为十项准则》第七条、《新时代幼儿园教师职业行为十项准则》第八条都提及，为人师表，以身作则，举止文明，作风正派，自重自爱，这与胡京英的“理想教师要求”观点是完全相符的。新时代的教师，要履行好立德树人、教书育人的职责使命，首先必须要注意自身行为与形象，要努力做到胡京英所说的个性随和、态度和蔼、表达清晰、仪容整洁、性格诚厚，用自己雅正的行为去影响学生、引导学生。

（近代）蔡凤娴：“要有牧师传教的精神，一举一动，要以身作则，亲身参加到儿童队伍里去共同生活，共同游戏，实地去指导儿童，研究儿童。”①

【新解】蔡凤娴的这句话强调了教师要以身作则、亲力亲为，要与学生打成一片，用自己的一举一动培养学生、指导学生，与学生共同成长。2018 年，教育部颁布的《新时代高校教师职业行为十项准则》第六条、《新时代中小学教师职业行为十项准则》第七条、《新时代幼儿园教师职业行为十项准则》第八条都提及，教师要为人师表，以身作则，举止文明，作风正派，自重自爱，这与蔡凤娴的“以身作则，与学生共同成长”观点是一致的。教师要担当起立德树人的根本任务，必须要对自己的一言一行、一举一动进行规范，切实做到以身作则，而且还要与学生交朋友，深入到学生中去，用自己的一言一行、一举一动去影响学生、引导学生，这样的教师才能算得上是好教师，也才能担负起教书育人的职责。

（近代）储劲：“教师一举一动，均为小学生之模范，不可不加审慎。要之，待人接物，态度宜和蔼，情意宜诚恳；而静默、诚朴、坚忍诸德行，尤为乡村小学教师所不可缺。”②

【新解】储劲的这句话与蔡凤娴“以身作则，与学生共同成长”观点是相同的，都强调了教师是学生的模范，储劲更进一步指出教师要有静默、诚朴、坚忍的道德品行，与学生打交道要态度和蔼、情意诚恳。他的这些思想值得今天的广大教师学习和借鉴。2018 年，教育部颁布的《新时代高校教师职业行

---

① 蔡凤娴．好教师的条件［J］．乡村教育，1937，4（1）：21．又见：杜成宪．民国乡村教育文献丛刊：第 28 卷［M］．北京：国家图书馆出版社，2014：63.

② 储劲．乡村教育［M］．上海：商务印书馆，1934：21．又见：杜成宪．民国乡村教育文献丛刊：第 8 卷［M］．北京：国家图书馆出版社，2014：189.

为十项准则》第六条、《新时代中小学教师职业行为十项准则》第七条、《新时代幼儿园教师职业行为十项准则》第八条都提及，为人师表，以身作则，举止文明，作风正派，自重自爱，这与储劲的“教师一举一动，均为小学生之模范”观点是一致的。教书育人活动意味着教师与学生每天都要在一起交流交往。按照教育规律与学习规律，教师的一言一行、一举一动都深刻地影响着学生的言行。所以，当教师的必须要端正自己的行为，用良好的言行引导学生成为品学兼优、全面发展的有用之才。

（近现代）郭人全：“端庄的仪容与整洁秩序的习惯。有了这一种习惯，易使人敬爱，在校可以感导儿童，在社会可以感导乡民。”①

【新解】郭人全在这句话里指出了对教师外在仪表的要求，强调了教师仪容的端庄与整洁秩序的习惯，潜移默化地影响着学生。他的这一思想对于今天的广大教师而言有着重要的现实参考价值。2018 年，教育部颁布的《新时代高校教师职业行为十项准则》第六条、《新时代中小学教师职业行为十项准则》第七条、《新时代幼儿园教师职业行为十项准则》第八条都提及，为人师表，以身作则，举止文明，作风正派，自重自爱，这与郭人全的“端庄的仪容与整洁秩序的习惯”观点是一致的。衣着整洁得体，仪容端庄文明，习惯行为良好有规律，这样的教师天然地会让学生亲近，会使学生尊敬，当然这对于学生来说也是一种润物细无声的影响帮助，需要广大教师在日常教育教学活动中加以注意。

（近现代）刘百川：“一切工作教师以身作则。做儿童的模范，如希望儿童吃苦耐劳，为公众服务等，教师自己首先要实行起来。”②

【新解】刘百川的这句话与蔡凤娴“以身作则，与学生共同成长”、储劲“教师一举一动，均为小学生之模范”观点是相同的，都强调了教师的榜样表率对学生成长成才的重要性。尤其是刘百川在这句话里强调了教师在吃苦耐劳、为民众服务上要率先做到，他的这些思想对于今天的广大教师来说，仍然有着重要的现实指导价值。2018 年，教育部颁布的《新时代高校教师职业行为十项准则》第六条、《新时代中小学教师职业行为十项准则》第七条、《新时代幼儿园教师职业行为十项准则》第八条都提及，为人师表，以身作则，举止文明，作风正派，自重自爱，这与刘百川的“一切工作教师以身作则”

---

① 郭人全. 乡村小学行政［M］. 上海：黎明书局，1935：15. 又见：杜成宪. 民国乡村教育文献丛刊：第 16 卷［M］. 北京：国家图书馆出版社，2014：35.

② 刘百川. 乡村教育的经验［M］. 上海：商务印书馆，1937：31. 又见：杜成宪. 民国乡村教育文献丛刊：第 22 卷［M］. 北京：国家图书馆出版社，2014：143.

观点是一致的。教书育人的工作是十分辛苦的，需要教师具备吃苦耐劳、无私奉献的精神。学生在学习上也是十分辛苦的，要有吃苦耐劳、勇毅向前的奋斗精神，更需要教师在这方面身先士卒、率先垂范。

（近现代）张伯苓：“教育无小事，事事育人；教育无小节，节节楷模。”①

【新解】张伯苓的这句话有着深刻的教育哲学意蕴。教育是培养人的工作，而教育的影响、教育的效果在于日常教育教学活动之中，每一件事都有育人的价值与功能，每一位教师都对学生起着影响引导的作用。说教育事大，那是因为它承载着“为天地立心，为生民立命，为往圣继绝学，为万世开太平”的人类文明承续使命；说教育事小，那是因为它的变化与价值见于每一分每一秒的师生教学生活中，师生交往的点点滴滴、一言一行中都透射出教育的光芒。2018 年，教育部颁布的《新时代高校教师职业行为十项准则》第六条、《新时代中小学教师职业行为十项准则》第七条、《新时代幼儿园教师职业行为十项准则》第八条都提及“为人师表，以身作则，举止文明，作风正派，自重自爱”的教师职业行为要求，可以说是对“教育无小事，事事育人；教育无小节，节节楷模”思想观点的直接体现。对于全体教育工作者来说，教育的每一件事都不是小事，每一件事都不能被忽略，每一件小事都可以成为教育的素材。教师要将每一件小事做好，在教育的每个细节上都应该树立榜样，成为学生的楷模。好的教师富有爱心，做事不求回报，要热爱学生，为人师表，以身作则，教书育人。教师要把弘扬社会主义道德和中华传统美德当成教育的一部分。教育不仅仅是知识的传递，更是德、智、体、美、劳育的结合。教师要有一种无私奉献的高尚精神，不仅要向学生传递知识，还要把爱撒向学生，并且不带有任何功利心。教师要以身作则，给学生一个良好的示范，用自己的行为来带动学生，潜移默化地给学生带来积极的影响。教师的本职是教书育人，首先是要教授课本知识，其次也要教授一些人生道理，一些做人的准则等。教授知识时要将自己所知道的一一讲解给学生，帮助他们理解掌握。教授道理准则这些无形的东西时，需要将其化无形为有形，用一些直观的、具体的东西表现出来，即教师自己做出来。学生尤其是小学生，喜欢把教师的言行举止当成标杆去模仿。所以教师要为人师表，要用新时代教师职业行为准则时刻警醒自己。

（当代）顾明远：“教书育人在细微处。儿童有如嫩芽，碰伤了就不易生

① 四川省教育厅. 四川师德风范［M］. 成都：四川文艺出版社，2006：99.

长。父母也好，教师也好，要注意呵护他。要了解儿童的想法。教师的行为具有示范性和长效性。所谓示范性，就是学生以教师为榜样，向教师学习。教师的一言一行都在学生眼里，被学生模仿。有时教师不经意的、无心的一句话，恰好说到学生的心坎上，他就会记住一辈子。鼓励的话会记住一辈子，批评的话也会记住一辈子。所以，教师的言行要慎之又慎。”①

【新解】顾明远认为教师的行为具有示范性和长效性。2018 年，教育部颁布的《新时代高校教师职业行为十项准则》第六条、《新时代中小学教师职业行为十项准则》第七条、《新时代幼儿园教师职业行为十项准则》第八条都提及，为人师表，以身作则，举止文明，作风正派，自重自爱，这与顾明远的“教师的行为具有示范性和长效性”的思想是完全一致的。示范性和长效性要求教师为学生树立好榜样，在此过程中，廉洁自律更是不可缺少的部分，做好榜样，长效性的影响将推动学生更好地发展。在 2018 年《新时代高校教师职业行为十项准则》发布后，顾明远在一篇名为《守住教书育人的底线》的文章中提到坚持言行雅正。儿童的身心较为脆弱，教师在教授时，应该多一点耐心，少一点责罚，责罚多了，有的孩子会害怕教师，从而更加讨厌对这门课的学习；同时有时也要注意用词，教师有时不经意的、无心的一句话，他可能记得一辈子。不管是言语上还是责罚上，教师都要做到“三思而后行”，不在孩子们心里留下阴影。

三、言论雅正

（战国）韩非子：“慎而言也，人且知女；慎而行也，人且随女。”②

〖译文〗要谨慎自己的言论，因为别人通过这些可以了解你；要谨慎自己的行动，因为别人通过你的行为来效仿跟随你。

【新解】韩非子的这句话说明了一个人言行的重要性。有句话叫“察其言、观其行”，对一个人的认知了解，往往是通过他的所言所行来进行分析判断的。对教师来说，言行是教师教书育人的载体，学生通过教师的一言一行来认识教师，又因学生的思想行为正在成长过程中，他们又去效仿教师的言行。教师的言行雅正，那么培养出来的学生言行也就雅正，这就是在师德建设中要规范教师言行的原因。2018 年，教育部颁布的《新时代高校教师职业行为十项准则》第六条、《新时代中小学教师职业行为十项准则》第七条、《新时代

① 顾明远. 中国教育路在何方：顾明远教育漫谈［M］. 北京：人民教育出版社，2016：125.

② 韩非. 韩非子·外储说右上［M］. 佚名注，顾广圻识误，姜俊俊标校. 上海：上海古籍出版社，1996：183.

幼儿园教师职业行为十项准则》第八条都提及的“为人师表，以身作则，举止文明，作风正派，自重自爱”的教师职业行为要求，这与韩非子重视言行的思想是相符合的。作为新时代的人民教师，我们要加强自身从教言行的规范，让自己的一言一行符合教师职业道德规范的要求，认真备课上课，组织好课堂教学，精心指导学生，关心爱护学生，对学生一视同仁，仪表端庄，为人师表，行为模范。只有这样，才能算得上是一名合格的人民教师。

（隋）王通：“纳言无失，不辍亡废。小处容疵，大节堪毁。敬人敬心，德之厚也。”①

〖译文〗如果采纳他人的建议，就不会让自己有缺陷；做事只要不中途停止，就不会前功尽弃。小的地方如果存有缺点与不足，就会葬送掉大的节操。尊敬他人就要尊重他人的思想，这就是高尚品德啊。

【新解】作为隋朝时期的大儒学家，王通在其重要的论述《止学》中，强调了修身养性、注重道德养成的重要性，强调修德对人一生行为的指引都具有方向性的决定作用。他说：“服人者德也。德之不修，其才必曲，其人非善矣。”王通的这番话告诉了我们修身处世的大道理。新时代对广大教师落实立德树人根本任务提出了新的更高要求。2018 年，教育部颁布的《新时代高校教师职业行为十项准则》第六条、《新时代中小学教师职业行为十项准则》第七条、《新时代幼儿园教师职业行为十项准则》第八条都提及“为人师表，以身作则，举止文明，作风正派，自重自爱”的教师职业行为要求，可以说是对王通“修德”思想的直接承续。对于作为人类灵魂工程师的教师来说，其思想仍有着重要的现实指导价值与思想启迪意义。

（近代）梁启超：“片言之赐，皆事师也。”②

〖译文〗哪怕只是给自己一点小小的建议帮助，都可以是我的教师。

【新解】梁启超的这句话与张伯苓“教育无小事，事事育人；教育无小节，节节楷模”思想观点有着异曲同工之妙，只是梁启超的这句话更加具体、更加形象生动。在历史长河中，人类文明之所以能够薪火相传，重要的原因在于教师的教书育人。梁启超的这句话道出了教师的重要性，教师对学生成长成才的影响力。教师的一句话可能影响一个孩子未来的成长与一生的幸福。2018 年，教育部颁布的《新时代高校教师职业行为十项准则》第六条、《新时代中小学教师职业行为十项准则》第七条、《新时代幼儿园教师职业行为十项准

① 文中子. 止学［M］. 马树全，译注. 合肥：黄山书社，2010：247，249，251.

② 梁启超. 中国历史研究法［M］. 北京：中国华侨出版社，2013：3.

则》第八条都提及“为人师表，以身作则，举止文明，作风正派，自重自爱”的教师职业行为要求，这与梁启超“片言之赐，皆事师也”的思想是相通的。作为新时代的教师，我们应当严于律己，注重言行，为人师表，每天都带着一份好心情投入到工作中，带着微笑迎接孩子，在生活上学习上时刻关爱学生，引导学生树立健康的人生方向，“扣好人生的第一颗扣子”。

四、学问雅正

（春秋）颜渊喟然叹曰：“仰之弥高，钻之弥坚。瞻之在前，忽焉在后。夫子循循然善诱人，博我以文，约我以礼，欲罢不能。既竭吾才，如有所立卓尔，虽欲从之，末由也已回。”①

〖译文〗颜渊（颜回）感叹道：“先生的道，抬头仰视越觉其高，用力钻研越觉其深。望过去似在前面，忽然间又似在后面。先生有步骤地引导着我，用典籍来丰富我的学识，用礼节来约束我的行为，令我想停下来也不可能。我已经竭尽全力，但它如在面前高高地耸立着，我虽然想要追随他，却找不到路。”

【新解】颜渊的这番话表达对孔子学问为人、钻研精神的敬重与仰慕，表达了对孔子悉心教导他、帮助他、尊重他的感恩之心，当然也足可以看到他对孔子及其思想的深刻体会，以及孔子对他自己的深刻影响。颜渊提出的学问雅正思想在今天的教育中仍然有着重要的现实指导价值。2018 年，教育部颁布的《新时代高校教师职业行为十项准则》第六条、《新时代中小学教师职业行为十项准则》第七条、《新时代幼儿园教师职业行为十项准则》第八条都提及“为人师表，以身作则，举止文明，作风正派，自重自爱”的教师职业行为要求。新时代的教师应当把为人师表、以身作则、举止文明、作风正派、自重自爱作为教师职业道德的严谨品格、职业行为的重要准则，要把教书育人和自我修养结合，言行一致，身正为范，做学生的榜样，让所教的学生能像颜回那样敬仰教师的学问和为人。

（西汉）戴圣：“师也者，教之以事而喻诸德者也。”②

〖译文〗教给学生以事理，培养学生的品德，这就是当教师的本分。

【新解】这句话简单地说，就是当教师的，以事例教导学生使他得到道德上的启发。戴圣“师也者，教之以事而喻诸德者也”思想在今天仍然有着重

---

① 论语·子罕第九［M］//阮元. 十三经注疏. 北京：中华书局，1980：2490.

② 礼记·文王世子第八［M］//阮元. 十三经注疏. 北京：中华书局，1980：1407.

要的指导价值。2018 年，教育部颁布的《新时代高校教师职业行为十项准则》第六条、《新时代中小学教师职业行为十项准则》第七条、《新时代幼儿园教师职业行为十项准则》第八条都提及“为人师表，以身作则，举止文明，作风正派，自重自爱”的教师职业行为要求。教育的目的在于让学生获得知识，得到自身的发展，而更深层次的目的在于为社会培养具有良好道德情操的公民，为国家培养社会主义事业的接班人。因此，教师不能仅仅教授学生书本上的知识，还要教授给学生书本之外的知识，让学生在德、智、体、美、劳各方面获得全面的发展。学生不仅要用知识来武装自己，更要拥有强健的体魄和坚强的精神意志。新时代的人民教师，不仅仅是学生学习的引路者，更是学生在人生道路上的引路者。一个好的教师，应该以身作则，发扬榜样精神，主动为学生起到榜样作用，兢兢业业工作，真诚耐心地对待每一个学生。在生活中，也要坚持自身行事作风的光明磊落，坚持学习新知识并带给学生好的影响。要落实立德树人根本任务，遵循教育规律和学生成长规律，牢记教书育人的使命。

（当代）佚名：“教之以才，导之以德，足为师矣；学而不厌，诲而不倦，堪作表焉。”①

【新解】做一名优秀的教师最重要的究竟是什么？优美的语言、广博的知识还是丰富的经验？其实这些都是一名优秀教师不可或缺的优秀品质，但更重要的是有师德，有责任心，能够潜心于教书育人这一点上。教师首先要落实立德树人根本任务，自己做好了，再将这些教与学生，做到为人师表。面对学生，能做到孜孜不倦，认真地对学生进行教诲，做到诲人不倦。在教育学生的同时，自己也要主动学习，不断提升自己的能力，无论是专业知识还是教学水平等，做到教学相长。潜心教书育人，是一名教师必须做到的。2018 年，教育部颁布的《新时代高校教师职业行为十项准则》第六条、《新时代中小学教师职业行为十项准则》第七条、《新时代幼儿园教师职业行为十项准则》第八条都提及“为人师表，以身作则，举止文明，作风正派，自重自爱”的教师职业行为要求，这些要求与这位作者对“师表”的解释“教之以才，导之以德，足为师矣；学而不厌，诲而不倦，堪作表焉”思想是一致的。新时代的人民教师，承担着人类灵魂工程师、人类文明传承者的光荣使命，要在知识传授、道德培养、潜心学问、耐心育人上做出努力。只有这样才能称得上是教师，也才堪称“为人师表”。

① 韩延明. 潘懋元教授纪事年表［M］. 厦门：厦门大学出版社，2015：371.

第二节　秉持公平诚信

一、公道正派

（春秋）孔子："有教无类。"①

［译文］对所有人给予不区分类别的教育。

【新解】孔子的这句话可以说是我国对于教育公平、教育平等思想的最早表述。教育平等权是人权中最重要的组成内容，而平等权是现代人权中的核心价值，最早源于十四至十六世纪的欧洲文艺复兴运动。而我国大教育家孔子能在两千年前就提出"有教无类"这一教育平等思想，可以说是在人类文明发展史上留下了中国人的教育智慧与教育思想，展现了中国作为世界文明古国的教育思想光芒。"有教无类"的主张体现在师德规范中，成为我国师德优秀传统文化中的瑰宝。2018年，教育部颁布的《新时代高校教师职业行为十项准则》《新时代中小学教师职业行为十项准则》《新时代幼儿园教师职业行为十项准则》第八条都提及"秉持公平诚信、坚持原则、处事公道 、光明磊落、为人正直"的教师职业行为要求，这些要求就是对孔子"有教无类"思想的直接传承与吸纳和借鉴。所以说，孔子作为我国伟大的教育家，他的平等教育思想至今仍然在指引规范着教师的行为，至今仍然散发出熠熠光芒。作为新时代的人民教师，我们要胸怀教育理想，要担当起教育的职责使命，必须深入学习孔子"有教无类"思想精髓，并在立德树人、教书育人全领域全过程全环节中，贯彻实践这一思想瑰宝。

（战国）韩非子："太山不立好恶，故能成其高。"②

［译文］泰山对每一块土石都没有好恶之心，所以能够形成它的高大。

【新解】"江海不择小助，故能成其富"是这句话的下句。孟子的这句话运用泰山、江河来说明包容心的重要性。泰山不存在喜爱和憎恶之心，因为有了它包容，泥土石块才能够形成它的高大。那么同理，对于教育来说，对于我们所定义的差生来说，如若在教育过程中包容学生们的不足点，并不断地鼓励他们，是可以让他们对学习新的知识产生兴趣的，同时也可以促进他们与教师

---

① 论语·卫灵公第十五［M］//阮元. 十三经注疏. 北京：中华书局，1980：2518.

② 韩非. 韩非子·大体第二十九［M］. 佚名注，顾广圻识误，姜俊俊标校. 上海：上海古籍出版社，1996：119.

之间的交流，从而使教师能够更好地帮助到他们。对于学生个体而言，教师应当包容学生的不足，发现他们的潜在优势，让他们也能够获得成就感。当今的教育就需要这种包容的态度。包容学生就是对学生的接纳，就像海接纳每一滴水一样，最终可以汇成汪洋，发挥出它的价值。而韩非子提出“不立好恶”这个与孔子“有教无类”相似的观点，这些思想对于今天的广大教师来说，仍然有着重要的现实启迪价值。2018 年，教育部颁布的《新时代高校教师职业行为十项准则》《新时代中小学教师职业行为十项准则》《新时代幼儿园教师职业行为十项准则》第八条都提及“秉持公平诚信、坚持原则、处事公道 、光明磊落、为人正直”的教师职业行为要求。韩非子的这句话对我们教师来说，如何存有教育包容心、做到有教无类具有重要的启迪意义。作为新时代的人民教师，我们不应该对任何一位学生有任何偏见，不能因为学生的身份而对其有所偏爱，更不能对某个学生有所歧视。总之，公道正派、没有偏心私心，这是师德中的核心价值。

（南宋）朱熹：“问：‘女子亦当有教。自《孝经》之外，如《论语》，只取其面前明白者教之，何如？’曰：‘亦可。如曹大家《女戒》、温公《家范》，亦好。’”①

〖译文〗问：“女孩子也应该接受教育。除了《孝经》之外，如《论语》，只取其面前明白的人教导，怎么样?”先生回答说：“也可以。像曹大家《女戒》、司马光《家范》，也很优秀。”

【新解】教育要不分男女，在教育上要性别公平。朱熹的这一教育公平思想在今天的教育中仍然有重要的现实指导价值。2018 年，教育部颁布的《新时代高校教师职业行为十项准则》《新时代中小学教师职业行为十项准则》《新时代幼儿园教师职业行为十项准则》第八条都提及“秉持公平诚信、坚持原则、处事公道 、光明磊落、为人正直”的教师职业行为要求。这些规定体现了朱熹的男女同等接受教育的教育平等思想。作为新时代的人民教师，我们应该要认识到性别平等是现代人权思想中的重要内容，在教书育人过程中，要公平热情地对待每个学生，热情接纳每一个孩子，不分男女性别、贵贱贫富。

（元）许衡：“用人当用其所长，教人当教其所短。所谓短者即明德不全。明德全明的人，不教而善，谓之上等品质；明德不全的人，即中等以下的品质，须有教育而后能进于善，所以教人当教其所短。教其所短，即特别注意低

---

① 黎靖德. 朱子语类：卷七. 学一 · 小学［M］. 杨绳其，周娴君，校点. 长沙：岳麓书社，1997：115.

能儿童的教育，凡天资愚笨、性情不良，全包括在内，与提倡天才教育者适相反对。”①

〖译文〗用人应当使用其所长，教人应当教其所短。所谓“短”就是明德不完整了。明德全明的人，不经教化便臻于完善，称作上等品质。明德不全的人，即中等以下的品质，必须要有教育，让他向好的方向发展，所以教育人就应当教其所短处。教育他的短处，要特别注意低能儿童的教育培育，凡是天资愚笨、性情不良，全包括在内，跟提倡天才教育的，恰好要用相反方法来教育。

【新解】许鲁斋的这段话既有因材施教的思想，也有遵循教育规律的思想，更为难得的是他关注到低能儿童的教育，体现了全纳教育思想。他的这些思想在今天仍具有重要的现实指导意义，其“一视同仁，教人授其短”的思想已成为教师职业行为的基本准则。2018 年，教育部颁布的《新时代高校教师职业行为十项准则》《新时代中小学教师职业行为十项准则》《新时代幼儿园教师职业行为十项准则》第四条提及“遵循教育规律和学生成长规律，因材施教，教学相长”第八条也都提及“秉持公平诚信、坚持原则、处事公道 、光明磊落、为人正直”的教师职业行为要求。从这些规定要求中可以看到对许鲁斋教育思想的借鉴与运用。作为新时代的教师，我们应当树立教育平等观、因材施教观与全纳教育观，不能有任何的教育歧视行为；要切实秉持公平诚信，平等对待每位学生，遵循规律，尊重学生的个体差异，真正做到有教无类。

（元）“故（许衡）所至，无贵贱贤不肖皆乐从之，随其才，昏明大小皆有所得。”②

〖译文〗许衡先生每到一处，不分富贵贫贱、贤良或不肖，他都很乐意与他们交往，根据每个人的特点，随地取材开展教育，让每个人都学有所获。

【新解】这句对许衡的评价充满了他教育平等、因材施教的教育智慧，闪耀着夺目的教育思想光芒。许衡先生每到一个地方，不管对方是贫穷还是富贵，贤能或是不肖，都可以做到一视同仁进行知识的传授，不受学生身份的影响。这些思想对于我们今天当教师的同样具有认识启迪与现实指导意义。2018 年，教育部颁布的《新时代高校教师职业行为十项准则》《新时代中小学教师职业行为十项准则》《新时代幼儿园教师职业行为十项准则》第四条都提及

---

① 许衡. 许鲁斋集［M］. 北京：中华书局，1985：70.

② 宋濂，等. 元史：卷一五八［M］. 北京：中华书局，1976：3729.

"遵循教育规律和学生成长规律，因材施教，教学相长"，第八条也都提及"秉持公平诚信、坚持原则、处事公道 、光明磊落、为人正直"的教师职业行为要求。从这些规定要求中可以看到对许鲁斋教育思想的借鉴与运用。新时代的教师，应当认真汲取许鲁斋的这句话中的教育平等、因材施教思想，要关心不同学生的不同学习需要，注意学生的个别差异。对于底子较好的学生，教师想办法让其提高，对于底子较差的学生，教师想办法让他基础牢固。而且教师要考虑到学生的不同接受能力，讲解时要耐心，不急不躁。要主动深入地认识学生，发现学生的特点，创造各种条件，努力为学生发展提供可能的一切现实支持。

（近代）刘京海："现代教育是适应学生的教育，而不是让学生去适应的教育。教育适应了学生前景就会一片光明。因此，教育家的眼里没有'差生'，更没有不可救药的学生。"①

【新解】刘京海的这句话里，体现出浓浓的生本观、平等观，这对于当下加强师德教育具有重要现实指导意义。2018 年，教育部颁布的《新时代高校教师职业行为十项准则》《新时代中小学教师职业行为十项准则》《新时代幼儿园教师职业行为十项准则》第八条都提及"秉持公平诚信、坚持原则、处事公道 、光明磊落、为人正直"的教师职业行为要求。应当看到，教师的工作对象即学生是千姿百态的、各具特点的，但从教育平等价值理念出发，教师的教育行为对每一位学生都要是一样的，在教师眼中不应该有所谓的"差生"，不能厚此薄彼。教师要主动去适应学生的学习需要，调整教育教学方式方法，切实做到"因材施教"，让每一个学生都能健康成长。

（近代）俞庆棠："'中国的教育，只顾到一部分学龄儿童，踏进学校大门的，在城市都是中产以上的子弟，在乡村大都是地主的子弟。至于劳苦大众和他们的子女，绝大多数被拒于学校大门之外。''民众教育是失学的儿童、青年、成人的基础教育，也是已受基础教育的继续教育和进修'，是全民'前进和向上'的教育。""最美好的东西，应该给予最大多数的人民。教育可以给予人们以新的生命和新的力量，就是最美好的东西，就应该给予最大多数的人民。"②

【新解】俞庆棠的这两句话折射出他的教育平等观与人民教育观。在他看来，教育是一项美好的事业，学习也是一个美好的过程。认识新的自己是一个

① 刘京海. 成功教育：在实践中探索和完善［J］. 基础教育参考，2010（4）：34.

② 茅仲英. 俞庆棠教育论著选［M］. 北京：人民教育出版社，1992：1.

获得新的力量、拥有新的景象的过程，在学习中每个人都能得到一些提升。教育是人和人之间的一个相互的过程，教育是一个学习的过程，是一个不断自我更新的过程。在学习中大家能获得和发现一个新的自己，探索到更多更新的领域，而这些美好的东西是属于所有人的，人人都有选择让自己变得更好的权利，所以教育是一个公平的事业。2018 年，教育部颁布的《新时代高校教师职业行为十项准则》《新时代中小学教师职业行为十项准则》《新时代幼儿园教师职业行为十项准则》第八条都提及“秉持公平诚信、坚持原则、处事公道 、光明磊落、为人正直”的教师职业行为要求。这些规定与俞庆棠的教育平等与人民教育思想是相通的，也是一致的。作为新时代的教师，我们应当对教育平等观与人民性有更加深刻而完备的认知，要树立教育是最美丽的事业、是最美好的东西意识，强化教育使命感与责任感。只有这样，才能担当起人类灵魂工程师、人类文明传承者的职责。

（近现代）罗家伦：“关于学生，我今天还有一句话要说，就是从今年起，我决定招收女生。男女教育是平等的。我想不出理由，清华的师资设备，不能嘉惠于女生。我更不愿意看见清华的大门，劈面对女生关了。”①

【新解】追求教育的性别平等权，是教育史上一个重要的话题。在我国封建社会时期，女性的教育权被忽略甚至被剥夺了，以至于有“女子无才便是德”的说法。罗家伦的这段话充分表明了他的男女平等教育观，与南宋理学大师朱熹“女子亦当有教”的思想是相通的。2018 年，教育部颁布的《新时代高校教师职业行为十项准则》《新时代中小学教师职业行为十项准则》《新时代幼儿园教师职业行为十项准则》第八条都提及“秉持公平诚信、坚持原则、处事公道 、光明磊落、为人正直”的教师职业行为要求。这些规定体现了罗家伦提出的“男女教育是平等的”思想。“平等、公正”是我国社会主义核心价值观的重要组成，是社会层面的价值准则。新时代的人民教师要把教育平等权作为施教中的重要价值理念，要认真践行社会主义核心价值观，用平等、公正的核心价值理念来指导自己的教书育人实践活动，要以学生为本，平等关心爱护每一位学生，切实保障男女学生平等受教育权。

（近现代）叶圣陶：“我认为自己是与学生同样的人，我所过的是与学生同样的生活；凡希望学生去实践的，我自己一定实践；凡劝诫学生不要做的，我自己一定不做。”②

---

① 罗家伦. 文化教育与青年［M］//罗家伦. 学术独立与新清华. 上海：商务印书馆，1943：97.

② 刘国正. 叶圣陶教育文集：第二卷［M］. 北京：人民教育出版社，1994：85.

【新解】“与学生是同样的人”“过学生同样的生活”“做学生同样的实践”，在这句话里可以看出作为教育大家，叶圣陶伟大的教育平等、感同身受的思想光芒。他的这些教育思想值得当下每个教师警醒与深思。2018 年，教育部颁布的《新时代高校教师职业行为十项准则》《新时代中小学教师职业行为十项准则》《新时代幼儿园教师职业行为十项准则》第八条都提及“秉持公平诚信、坚持原则、处事公道 、光明磊落、为人正直”的教师职业行为要求。这些规定蕴含着叶圣陶“同样的人”“同样的生活”“同样的实践”的思想内涵。对于新时代的教师而言，应该要摒弃师道尊严、高高在上的不正确认知，要正确认识师生之间的平等关系，正确认识教师与学生之间的平等地位，才能让师生关系处于一种平等、信任、理解的状态，才能让师生之间的交往做到公道、平等、光明磊落。

（近现代）郭人全：“有了公正的道德，乡村的民众才会对你信仰起敬。这是必具的条件。”①

【新解】郭人全的这句话强调了在教书育人中秉持公平公正理念的重要性，教师只有有了公正的道德，学生才会对你肃然起敬，真正地尊敬你、跟随你。他的这一思想对于今天的教师来说，仍有着现实的指导价值。2018 年，教育部颁布的《新时代高校教师职业行为十项准则》《新时代中小学教师职业行为十项准则》《新时代幼儿园教师职业行为十项准则》第八条都提及“秉持公平诚信、坚持原则、处事公道 、光明磊落、为人正直”的教师职业行为要求。这些规定与郭人全“公正的道德”思想是相通的，也是一致的。公正的道德是教育平等观的内核，没有公正的道德，就不会平待地对待学生，当然学生也会从心里不尊重你、不崇敬你，就会导致师生关系紧张，严重的甚至会出现师生矛盾冲突。这当然违背了教育的规律，也有违人才培养的规律。因此，公平教育学生，平等对待学生，这是教书育人有效实施的关键。

（近现代）郭人全：“对事方面须磨砺自己的干才，使做事之能力，不至缺少；凡事抱公开态度，使别人喜与合作；认清自己的责任，遇事必底（追求）于成。其他如尊重他人之人格即以修养自己的人格，尊重他人之意志即以训练自己之意志，尤宜注意及之。”②

【新解】在这句话里，郭人全指出了教师要时常用公开的态度、负责任的

① 郭人全. 乡村小学行政［M］. 上海：黎明书局，1935：15. 又见：杜成宪. 民国乡村教育文献丛刊：第 16 卷［M］. 北京：国家图书馆出版社，2014：35.

② 郭人全. 农村教育［M］. 上海：黎明书局，1934：248-249. 又见：/杜学元. 民国乡村教育文献丛刊续编：第 14 卷［M］. 北京：国家图书馆出版社，2017：492-493.

态度来磨砺自己的品性，公平平等、尊重学生是教师职业行为的重要准则，这对于今天的广大教师而言仍有着重要的指导价值。2018 年，教育部颁布的《新时代高校教师职业行为十项准则》《新时代中小学教师职业行为十项准则》《新时代幼儿园教师职业行为十项准则》第八条都提及“秉持公平诚信、坚持原则、处事公道 、光明磊落、为人正直”的教师职业行为要求。这些规定与郭人全“凡事抱公开态度，使别人喜与合作，认清自己的责任”思想是相通的，也是一致的。新时代的人民教师，肩负着立德树人的神圣使命，要认清自己的初心责任，淬炼思想、锤炼品质；要尊重学生，一视同仁对待学生；要加强与他人的合作，努力提高自己教书育人的能力。

（近现代）刘百川：“乡村小学教师要像法官。法官的特点，第一是他处事公正廉明，没有偏私的情事；第二是他研究一个问题很仔细，很切实，不随便下一个断语；第三是他决定下来的事，一定要执行。乡村小学教师处理儿童的问题，当然要和法官一样的公正廉明，不能有一点的偏私。对于儿童的行为，固然要像法官一样地去加以矫正，但教师自己的行为，也要和法官一样的严正，不能有一次的苟且。处理儿童的纠纷，要和法官一样，仔细研究原因及实际的情形，再决定一个是非。不能怕麻烦，一概予以呵斥，或随便处断便算了事（在这里还要向读者声明，处理儿童的问题，只能轻言淡语去研究，不能采用法庭上那样庄严地讯问。儿童犯了过失，教师要充分表示怜惜的意思，不能像法庭上拿儿童当着罪犯一样看待，千万不要误会）。还有教师已经决定的事，马上便要教育儿童实行起来。教师发命令，要像法官一样的慎重，已经发出来，那就必定要实行。至于说乡村小学教师要为乡村民众调解纠纷，要有法官的精神，才能应付裕如，那也是很重要的。所以我说：‘乡村小学教师要像法官。’”①

【新解】刘百川在这句话里用法官的公正精神、严正的品质、审慎的辨析、果断的落实，来形容教师公平平等的育人观，这种借用是十分到位的，所包含的思想也是值得今天的广大教师学习和借鉴的。2018 年，教育部颁布的《新时代高校教师职业行为十项准则》《新时代中小学教师职业行为十项准则》《新时代幼儿园教师职业行为十项准则》第八条都提及“秉持公平诚信、坚持原则、处事公道 、光明磊落、为人正直”的教师职业行为要求。这些规定与刘百川“要像法官一样”的思想是相通的，也是一致的。公正的教育或教育

---

① 刘百川．小学校长与教师［M］．上海：商务印书馆，1935：43．又见：杜成宪．民国乡村教育文献丛刊：第 14 卷［M］．北京：国家图书馆出版社，2014：57.

的公正，是宪法所赋予人人平等基本权利的具体体现，也是社会主义核心价值观中“平等公正”价值的具体体现。作为教师，我们要心中有每一位学生，在教书育人工作中务必持有一颗公正之心、仁爱之心，使自己的教育教学让学生满意、让群众满意、让党和国家满意。

（当代）吴正宪：“而对于学习有了错误的学生，我们要及时送上鼓励，帮助他找到错误的真正原因，并进行真诚的评价，使每个学生都能体面地坐下。对教师来说，这是特别有价值的事情。”①

【新解】吴正宪的这句话告诉我们，客观公正地评价学生是很重要的，也是特别有价值的。教师要公平地对待每一个学生，关心、关注、关怀每一个学生，对于学生首先要一视同仁，正视学生之间的差异。作为教师，我们要相信每个学生都有自己的长处和不足，每个学生都值得拥有公平公正的待遇，每个学生都有自己独特的价值。作为教师，我们要用敏锐的眼光去发现，真诚地评价和对待每一个学生，让每个学生都能知道自己的优点或缺点。对于学生来讲，得到真诚、公正、积极的对待，他们能更好地去发展自己。对于教师来说，这也是一件有价值的事情。2018 年，教育部颁布的《新时代高校教师职业行为十项准则》《新时代中小学教师职业行为十项准则》《新时代幼儿园教师职业行为十项准则》第八条也都提及“秉持公平诚信、坚持原则、处事公道 、光明磊落、为人正直”的教师职业行为要求。对于新时代的教师来说，若是要公平地让每一个学生都有上台展示自我的机会，教师就要给予每一个学生以信心，在平时的课堂里就要尽可能多地让学生展现自我。正如吴正宪所说的那样，要及时鼓励学习有了错误的学生，同时对于自信心不够充分的学生要给予足够多的耐心，在他们感到局促的时候要给予充分的鼓励。面对水平不一的学生，教师的标准应该发生改变，多多表扬鼓励学生发言中值得认可的话甚至一些天马行空的想法，开发学生的想象力。同时给予能力较差的学生更多的成长时间、更多的包容。

二、坦率真诚

（春秋）子思：“自诚明，谓之性；自明诚，谓之教。诚则明矣，明则诚矣。”②

〖译文〗由真诚而自然明白道理，这叫天性；在明白道理后能够做到真诚，

① 汪瑞林，杨国营，俞水．读懂儿童世界的数学——访北京教育科学研究院儿童数学研究所所长吴正宪［N］．中国教育报，2015-02-26（3）．

② 礼记·中庸［M］//阮元．十三经注疏．北京：中华书局，1980：1632.

这叫教育。真诚也就会自然明白道理，明白道理后也就会做到真诚。

【新解】子思在这句话里讲，诚信是人的天性，不会因为人与人之间的不同而有所偏差。诚信和传道、授业、解惑两者相辅相成，缺一不可。如果缺乏诚信就不会明白做人的道理，就更别说给别人讲解了。而当一个人能懂得做人的道理时，那他就会做到真诚。子思的这些思想在今天看来仍然有着重要的现实价值。2018 年，教育部颁布的《新时代高校教师职业行为十项准则》《新时代中小学教师职业行为十项准则》《新时代幼儿园教师职业行为十项准则》第八条都提及“秉持公平诚信、坚持原则、处事公道 、光明磊落、为人正直”的教师职业行为要求。新时代的人民教师，所做的事情就是向学生传授知识，同时也要教会学生们做人的基本道德准则。如果教师自己都做不到诚信，那他能懂得什么为人的道理呢？更不用说给学生传道、授业、解惑了。

（春秋）子思：“诚之者，择善而固执之者也。”①

［译文］努力做到真诚的人，就会选择美好的目标去执着追求。

【新解】在子思看来，诚实是天道的法则，做到诚实是人道的法则。孔子说过“人而无信，不知其可也”。因此，诚信是为人之本、处世之道。对于教师来说，更应该把诚信作为重要的职业道德与职业行为加以遵守。2018 年，教育部颁布的《新时代高校教师职业行为十项准则》《新时代中小学教师职业行为十项准则》《新时代幼儿园教师职业行为十项准则》第八条都提及“秉持公平诚信、坚持原则、处事公道 、光明磊落、为人正直”的教师职业行为要求。新时代的人民教师，一定要守好诚信的底线，做到诚实立德树人、诚实教书育人，诚实对待每一位学生，以此培养一批批诚实守信的社会主义建设者与接班人。

（隋）王通：“誉存其伪，谄者以誉欺人。名不由己，明者言不自赞。贪巧之功，天不佑也。”②

［译文］夸奖的话中也有虚假的成分，谄媚的人经常用它来欺骗人。名望不是自己所能左右的，明智的人不会自我赞扬。贪婪和巧取所得的功名，上天是不会保佑他的。

【新解】王通的这句话希望教师要诚实守信、珍惜名誉、淡泊名利。荣誉和名望对于每一个人都有很大的吸引力，有的人为了荣誉迷失了自己，通过不正当手段获得的荣誉是不正确的做法。荣誉和名望不应该左右我们自己做人的

---

① 礼记·中庸［M］//阮元. 十三经注疏. 北京：中华书局，1980：1632.

② 文中子. 止学［M］. 马树全，译注. 合肥：黄山书社，2010：113.

准则，要做一个坚守廉洁自律的人。2018 年，教育部颁布的《新时代高校教师职业行为十项准则》《新时代中小学教师职业行为十项准则》《新时代幼儿园教师职业行为十项准则》第八条都提及“秉持公平诚信、坚持原则、处事公道 、光明磊落、为人正直”的教师职业行为要求，第九条也都提及要“坚守廉洁自律，严于律己，清廉从教”。新时代的人民教师，要始终把珍惜教师的名誉放在重要的位置上，要诚信为人处世，诚实教书育人，坚守教师本分与初心，切实做到严于律己与清廉从教。

（明）王阳明：“此心光明，亦复何言。”①

〖译文〗我内心都是光明磊落的，那还有什么不能说的呢？

【新解】对于教师的职责，大多数人认为是教书，传递知识。但是仅仅这样，还不能成为一名合格的教师，那只是信息的传递罢了。我们在教书育人当中，首先要考虑到学生的精神状态，告诫他们做人的道理。有句俗语：“身正不怕影子斜”，所以一个人如果是光明磊落的，那么他的人生一定是精彩的。我们教师不能陪伴学生的一生，但是我们的所作所为却能影响他们的一生。我们在教书的时候，首先要育人。知识仅仅是知识，这些道德价值才是学生的人生知识，是会陪伴他们一生的精神财富。教师的作用是除了家庭以外最重要的影响因素。一个合格的教师将会带领他的学生走上最正确的人生大道，带领他们披荆斩棘，这就是教师的责任和义务。2018 年，教育部颁布的《新时代高校教师职业行为十项准则》《新时代中小学教师职业行为十项准则》《新时代幼儿园教师职业行为十项准则》第八条都提及“秉持公平诚信、坚持原则、处事公道 、光明磊落、为人正直”的教师职业行为要求。这些规定与王阳明“此心光明，亦复何言”的思想是相通的。人民教师要做一个坦荡、真诚的人，以优良的品格通过言传身教去影响学生，为祖国培育有德有才的栋梁之才。

（近代）蔡元培：“自应以诚相待，敬礼有加”，“不惟开诚布公，更宜遵义相助，盖同处此校，毁誉共之。”②

【新解】诚实诚恳就是“诚”，强调主体真诚的内在道德品质；信用信任就是“信”，强调主体内诚的外化。诚信是中华民族的传统美德，也是中华优秀传统文化。千百年来，诚信被中华民族视为自身的行为规范和道德修养，是我们民族的文化瑰宝。蔡元培的这句话简洁明了，语言通俗，把诚信作为伦理

---

① 王阳明. 传习录［M］. 张怀承，注译. 长沙：岳麓书社，2004：341.

② 蔡元培. 中国伦理学史［M］. 北京：中国画报出版社，2010：227.

规范和道德标准的道理讲得明明白白、清清楚楚。“说老实话，干良心事”“诚实做人”“以诚相待”等所蕴含的诚信思想对我们今天加强师德师风建设、规范教书育人行为有着重要的现实指导价值。2018 年，教育部颁布的《新时代高校教师职业行为十项准则》《新时代中小学教师职业行为十项准则》《新时代幼儿园教师职业行为十项准则》第八条都提及“秉持公平诚信、坚持原则、处事公道 、光明磊落、为人正直”的教师职业行为要求。新时代的人民教师，要给学生做好榜样，同样要鼓励学生做人要表里如一，对待别人要言行一致，不要虚情假意，对自己对他人都要诚实，诚实做人。

（近代）蔡凤娴：“要能诚恳地处事对人，做事对人尤要有坦白的态度。”①

【新解】诚信是人必备的优良品格，是为人之道，立身处事之本，是民族优秀文化与传统美德。王通曾说“推人以诚，则不言而信矣”，由此可见诚信的重要性。蔡凤娴的这句话是对诚信含义的进一步阐释。2018 年，教育部颁布的《新时代高校教师职业行为十项准则》《新时代中小学教师职业行为十项准则》《新时代幼儿园教师职业行为十项准则》第八条都提及“秉持公平诚信、坚持原则、处事公道 、光明磊落、为人正直”的教师职业行为要求，与蔡凤娴“诚恳处事”“坦白对人”的主张是一致的。教师是人群中的楷模，是人类的灵魂工程师，是人类文明的传承者，当然要在“诚信”这一传统美德上做出表率，教师之诚方能引导学生以诚。

（近现代）叶圣陶：“做教师最主要的是不说假话。要求学生做到的，自己要先做到。”②

【新解】在中国传统文化中，“诚”是儒家立身处世的中心概念，“信”在《说文解字》中是“人言为信”，孟子认为“诚”是效法天道，“信”是效法人道，就是讲诚信是自然的规律、做人的道理。可以说，诚信是中国优秀传统文化中的精华，是中华民族的传统美德。在社会主义核心价值观中，把诚信作为公民个人层面的价值准则，纳入 24 字核心价值体系中。2018 年，教育部颁布的《新时代高校教师职业行为十项准则》《新时代中小学教师职业行为十项准则》《新时代幼儿园教师职业行为十项准则》第八条都提及“秉持公平诚信、坚持原则、处事公道 、光明磊落、为人正直”的教师职业行为要求，把诚信作为教师的职业行为规范要求，这既体现了对社会主义核心价值观的贯

---

① 蔡凤娴. 好教师的条件［J］. 乡村教育，1937，4（1）：21. 又见：杜成宪. 民国乡村教育文献丛刊：第 28 卷［M］. 北京：国家图书馆出版社，2014：63.

② 王正平. 听叶圣陶谈师德［M］//上海教育杂志社. 我们的 50 年：《上海教育》文萃. 上海：上海教育出版社，2007：151.

彻，也体现了对中华优秀传统文化与中华民族传统美德的传承。叶圣陶把“不说假话”作为教师的最主要职业道德与职业行为要求，而且还进一步提出教师要先学生做到“不说假话”，这对今天加强师德建设无疑具有重要的现实借鉴价值。新时代的人民教师，应当心底坦荡、光明磊落，把诚信作为做人处世之根、安身立命之本，诚信为人、诚信做事、诚信生活。要像叶圣陶那样，切实做到不说假话，成为学生的楷模，不仅要用自己的学识教人，更要用自己的品格教人，才能赢得学生、社会的尊重和信任。

（近现代）吴玉章：“我并无过人的特长，只是忠诚老实，不自欺欺人，想做一个‘以身作则’来教育人的平常人。”①

【新解】诚信是做人的基本准则。孔子曾说“民无信不立”，荀子也说“养心莫善于诚”。如何做到诚信呢？戒欺是重要的实践诚信的方法。《礼记·大学》说“所谓诚其意者，毋自欺也”，陆九渊也说“慎独即不自欺”，吴玉章的这句话也讲不自欺欺人，可以说是对诚信重要准则“戒欺”的深化理解。2018 年，教育部颁布的《新时代高校教师职业行为十项准则》《新时代中小学教师职业行为十项准则》《新时代幼儿园教师职业行为十项准则》第八条都提及“秉持公平诚信、坚持原则、处事公道 、光明磊落、为人正直”的教师职业行为要求，实际上就是吴玉章“忠诚老实，不自欺欺人”主张的继承、发展与具体化。新时代的人民教师，应当做到忠诚于党的教育事业，老老实实教书育人，勤勤恳恳立德树人，坦率真诚对待学生、对待同事，成为学生成长的引路人。

（近现代）郭人全：“对人方面须有诚恳的态度，不以虚伪；热烈的同情，视人如己。”②

【新解】郭人全的这句话强调了诚恳、同情的态度对教师的重要性。不虚伪的诚恳态度、视人如己的同情心，这是一名教师教书育人的基本职业道德。他的这一思想对今天教师加强师德师风锤炼来说是有所裨益与帮助的。2018 年，教育部颁布的《新时代高校教师职业行为十项准则》《新时代中小学教师职业行为十项准则》《新时代幼儿园教师职业行为十项准则》第八条都提及“秉持公平诚信、坚持原则、处事公道 、光明磊落、为人正直”的教师职业行为要求，实际上就是郭人全“诚恳的态度，不以虚伪；热烈的同情，视人如己”主张的继承、发展与具体化。教育来不得半点的虚假，育人来不得半点

---

① 吴玉章. 吴玉章文集：上册［M］. 重庆：重庆出版社，1987：182-183.

② 郭人全. 农村教育［M］. 上海：黎明书局，1934：248. 又见：杜学元. 民国乡村教育文献丛刊续编：第 14 卷［M］. 北京：国家图书馆出版社，2017：492.

的冷漠，这是教书育人职业的最基本的要求。新时代的人民教师，应当多多咀嚼郭人全的这句话里所包含的师德意蕴，要切实加强对自我道德的锤炼，做到对学生有诚恳的态度，有热烈的同情心、同理心，视学生如己出，做一名受学生尊敬的好教师。

三、诚实守信

（春秋）孔子："诚者，天之道也；诚之者，人之道也。"①

【新解】诚实守信是中华民族的传统美德，是社会主义核心价值观体系中公民个人层面的做人准则。人生活在社会中，必须遵从一定的规则，有章必循，有诺必践；否则，个人就失去立身之本，社会就失去运行之规。言必信、行必果历来是我们东方文明大国的立身、处世、交友之准绳。孔子的这句话指出了诚信是为人处世的根本，是人品修养、做人准则，是社会公德、民族美德。2018 年，教育部颁布的《新时代高校教师职业行为十项准则》《新时代中小学教师职业行为十项准则》《新时代幼儿园教师职业行为十项准则》第八条都提及"秉持公平诚信、坚持原则、处事公道 、光明磊落、为人正直"的教师职业行为要求，可以说是对孔子"诚信是天之道、人之道"思想的借鉴与吸纳。人民教师要将诚信作为为人之本，珍惜教书育人的本职工作；带头讲诚信，做到"言必信，行必果"，加强个人道德修养，提高诚信水平，构筑互信互爱的良性师生关系，为学生树立一个典型的榜样，促进学生形成良好的道德意识。

（春秋战国）墨子："原浊者流不清，行不信者名必耗"，"言必信，行必果，使言行之合，犹合符节也。无言而不行也。"②

〖译文〗源头浑浊的江河，尽管水在流动，但河水也必定不清澈；行为不守信用的人，那他的名声必然败坏。话说出去就必须要守信用，努力完成它，行为要果断，把说的和做的放在一起，就像符节一样的契合，没有一句话不落实、不完成的。

【新解】墨子的这两句话用水源和水流的关系来做比喻，来阐释"言必信""行必果"的道理，分析"行不信者"与"名必耗"的关系，告诫人们要注意养成诚实守信的品质，借此强调君子修身的重要性。墨子的这句话对于我们今天加强师德师风建设、强调师德锤炼，仍具有十分重要的借鉴价值与启

---

① 礼记·中庸［M］//阮元. 十三经注疏. 北京：中华书局，1980：1632.

② 陈志坚. 诸子集成：第 3 册［M］. 北京：燕山出版社，2008：57.

迪意义。2018 年，教育部颁布的《新时代高校教师职业行为十项准则》《新时代中小学教师职业行为十项准则》《新时代幼儿园教师职业行为十项准则》第八条都提及“秉持公平诚信、坚持原则、处事公道 、光明磊落、为人正直”的教师职业行为要求。新时代的人民教师，应当学习和领会墨子“原浊者流不清，行不信者名必耗”“言必信，行必果”这两句话的时代意义与现实价值，自觉加强自身师德建设，把诚信作为修身根本，诚信教书，诚信对人。

（战国）乐正克：“君子曰：大德不官，大道不器，大信不约，大时不齐。察于此四者，可以有志于本矣。”①

〖译文〗君子说，德行高的人，不限于担任一种官职；普遍的规律，不局限于某一件事物；最讲诚信的人，不必靠发誓来约束；天地有四时，而不是只有一季。能懂得这四种道理，就能立志于根本。

【新解】乐正克在这句话中把“大德”“大道”“大信”“大时”等作为事物变化的根本或主要矛盾，尤其是把诚信作为立身处事的根本，与“大德”“大道”“大时”并行，应该说是对诚信意义与作用的更深一步认识。2018 年，教育部颁布的《新时代高校教师职业行为十项准则》《新时代中小学教师职业行为十项准则》《新时代幼儿园教师职业行为十项准则》第八条都提及“秉持公平诚信、坚持原则、处事公道 、光明磊落、为人正直”的教师职业行为要求，应该说是对乐正克尤其注重诚信思想的继承、发展与具体化。作为教师，我们应当把诚信作为自己的核心价值准则，把诚信放在职业道德与职业行为最重要的位置上，努力做诚实守信的表率。

（隋）王通：“诚非致虚，君子不行诡道。”②

〖译文〗真诚不能靠虚假得来，所以君子不使用诡诈之术。

【新解】王通的这句话表达了要做实事，不要花尽心思搞虚假诡诈的事。教师是社会文化传承与文明进步的重要力量，有什么样的教师就会有什么样的学生，教师诚信学生就诚信，教师虚假学生就虚假，所以对教师提出诚实守信的要求意义特别重大。2018 年，教育部颁布的《新时代高校教师职业行为十项准则》《新时代中小学教师职业行为十项准则》《新时代幼儿园教师职业行为十项准则》第八条都提及“秉持公平诚信、坚持原则、处事公道 、光明磊落、为人正直”的教师职业行为要求，其目的与导向十分明确。作为新时代的教师，我们要以诚信为本，来不得半点虚假，要努力加强职业道德建设，提

---

① 礼记・学记第十八［M］//阮元．十三经注疏．北京：中华书局，1980：1525.

② 文中子．止学［M］．马树全，译注．合肥：黄山书社，2010：4.

高师德修养，做一名诚实守信的好教师。

（唐）李白："海岳尚可倾，吐诺终不移。"①

〖译文〗大海可以干枯，山岳可以倒塌，许下的诺言始终不可改变。

【新解】这句诗是李白《酬崔五郎中》诗中的一句，强调了一个人做出承诺的重要性、严肃性。纵使世间万物海枯石烂，沧海桑田，曾许下的诺言都不应该变化。2018 年，教育部颁布的《新时代高校教师职业行为十项准则》《新时代中小学教师职业行为十项准则》《新时代幼儿园教师职业行为十项准则》第八条都提及"秉持公平诚信、坚持原则、处事公道 、光明磊落、为人正直"的教师职业行为要求。这些规定与李白"吐诺终不移"的思想是高度契合的。教育者先要受教育，教师必须把讲诚信守诺言作为首要的职业道德，要光明磊落，言行一致，以此培养和引导学生成为国家和社会需要的栋梁之材。

（唐）柳宗元："文以行为本，在先诚其中。"②

〖译文〗文士以德行为修养的根本，而在德行中又把诚信摆在首位。

【新解】这句话出自柳宗元的散文《报袁君陈秀才避师名书》，强调诚信是位居德行的第一位的，阐释并强调了诚信的重要性。2018 年，教育部颁布的《新时代高校教师职业行为十项准则》《新时代中小学教师职业行为十项准则》《新时代幼儿园教师职业行为十项准则》第八条都提及"秉持公平诚信、坚持原则、处事公道 、光明磊落、为人正直"的教师职业行为要求。这些规定与柳宗元的"先诚其中"的思想是高度契合的。作为人民教师，我们应当把诚信摆在职业道德与职业行为的首要位置，坚持以诚立身、以诚立学、以诚施教、以诚育德，切实做到公平诚信，处事公道，言行一致，为人正直。

（北宋）程颢、程颐："自谋不诚则欺心而弃己，与人不诚则丧德而增怨"，"人无忠信，不可立于世。"③

〖译文〗不能诚实地面对自己，就是自欺欺人并且放弃自己的行为；不能诚实地对待别人，就会丧失道德并进而会增加别人对自己的怨恨。如果不讲忠诚、信义，那么他将无法在世上立身处世。

【新解】诚信是为人处世最重要的优良品质。程颢、程颐在这句话中指出了不诚信的危害，并进而强调了诚信的重要性。程颢还提出了"诚则信矣，信则诚矣""言行不足以动人，临事而倦且怠，皆诚不至也""知至则便意诚，

---

① 李白. 李白集校注：卷十九·古近体诗·酬崔五郎中［M］. 瞿蜕园，朱金城，注. 上海：上海古籍出版社，1980：1103.

② 柳宗元. 柳河东集［M］. 上海：上海古籍出版社，1993：306.

③ 程颢，程颐. 二程集·河南程氏粹言·论学篇［M］. 北京：中华书局，2004：1183.

若有知而不诚者，皆知未至尔”等论述。他把天道与人事之本相联系，认为天道是为诚，而为人处事则要敬，做到了敬，就达到了诚。他指出，如果说天道是高深的道理，百姓不易理解的话，那么，处事敬，就是达到了天道的境界，百姓就容易理解、容易做到了。敬就是待人接物的恭敬态度，做事专心致志、心无旁骛、始终如一。做到了敬，自然就有诚心。未及诚时先从敬做起，来培养诚心。诚是善，不诚就不会有善心，也不会成为君子。诚是为学之要，处事之本，不诚则学杂，终无所成，不会取得事业成功。自己谋事若不诚，则是自己欺骗自己的内心而放弃自己，对别人不诚，则会丧失自己的德行而增加别人对自己的怨恨。人具有诚心，可以感动、感化一切。用诚心来修身，则能使人身正。程颐认为用诚实无妄之心来修身，就能正心、正身。用诚来治事，就能使事情顺利，管理得井井有条。在任何复杂的事物面前，只要有一颗诚心，有公正之心，不掺杂私心杂念，就能将事情处理好。用诚心来引导人、管理人、教化人，则人就会被诚心所感化，心悦而诚服。言行不足以打动人，遇到事情容易倦怠，都是因为不够真诚。如果只是浅尝辄止，则不会有诚。比如人的信仰，如果对信仰没有深刻的了解，就不会奉为至高无上的追求。2018年，教育部颁布的《新时代高校教师职业行为十项准则》《新时代中小学教师职业行为十项准则》《新时代幼儿园教师职业行为十项准则》第八条都提及“秉持公平诚信、坚持原则、处事公道 、光明磊落、为人正直”的教师职业行为要求。这些规定与程颢、程颐重视诚信的思想是完全一致的。新时代的人民教师，要始终坚持诚信至上，把教书育人和自我修养结合起来，勤勤恳恳立德树人，诚诚实实教书育人。

（南宋）陆九渊：“千虚不博一实。吾平生学问无他，只是一实。”①

〖译文〗一千个虚假的说辞，换不来一个实际的行动。我平生做学问所遵循的原则就是一个真实、踏实，没有其他什么诀窍。

【新解】陆九渊继承儒家重践履的本来精神，十分注重实理、实事、实行，形成了他的实学思想。实干求实是中华传统文化的精华，陆九渊的这句话无疑是求实、务实文化中的经典语句，是我们坚持文化自信的重要源泉。2018年，教育部颁布的《新时代高校教师职业行为十项准则》《新时代中小学教师职业行为十项准则》《新时代幼儿园教师职业行为十项准则》第八条都提及“秉持公平诚信、坚持原则、处事公道 、光明磊落、为人正直”的教师职业行为要求。这些规定与陆九渊的“千虚不博一实”的思想是高度契合的。新时

---

① 陆九渊．陆九渊集：卷三十四．语录上［M］．钟哲，点校．北京：中华书局，1980：399.

代的人民教师，应当把实事求是这一马克思主义的根本观点与我们党的优良传统贯彻好、践行好，在立德树人、教书育人的全领域全过程全环节中，用“实”字一以贯之，对待学生要诚实，教育教学重实际，科学研究讲实效，学识学问要扎实。只有这样，才能切实履行好人民教师的职责。

（明）冯梦龙：“欲人勿恶，必先自美；欲人勿疑，必先自信。”①

［译文］要想别人不厌恶自己，必须自己先做好；要想别人不怀疑自己，必须自己先诚实守信。

【新解】冯梦龙的这句话是对诚实守信的深入阐释，强调了自己诚实守信、以身作则，才能让别人信服而不厌恶自己。他关于诚实守信的理解对今天的教师诚信建设有着重要的启迪意义。2018 年，教育部颁布的《新时代高校教师职业行为十项准则》《新时代中小学教师职业行为十项准则》《新时代幼儿园教师职业行为十项准则》第八条都提及“秉持公平诚信、坚持原则、处事公道 、光明磊落、为人正直”的教师职业行为要求。对新时代的人民教师而言，要想学生不讨厌你，爱戴你尊重你，那么你必须首先做好自己的教书育人职业本分，遵守教师的职业道德与职业行为，在诚实守信上以身作则，做出表率。

（清）曾国藩：“人必诚，然后业可大可久”“不贪财，不失信，不自是，有此三省，自然人皆敬重。”②

【新解】曾国藩的这句话强调了诚信的重大价值，尤其是他把“诚信”提高到人立身处世的根本、赖以生存的灵魂高度，指出诚信的人必然能够成功，国家与文明的延续都有赖于诚信。他的这些思想把诚信在修身、齐家、治国、平天下中的作用提升到了很高的高度。曾国藩提出的秉持公平诚信的思想在今天仍然有着重要的现实启迪价值。2018 年，教育部颁布的《新时代高校教师职业行为十项准则》《新时代中小学教师职业行为十项准则》《新时代幼儿园教师职业行为十项准则》第八条都提及“秉持公平诚信、坚持原则、处事公道 、光明磊落、为人正直”的教师职业行为要求。而曾国藩关于诚信的思想与这些规定都是相通的、一致的，值得今天的人民教师细细揣摩，认真学习和借鉴。

（近代）龙发甲：“对人方面须有诚恳的态度，戒绝虚伪，热烈的同情心

① 冯梦龙. 东周列国志［M］. 南京：凤凰出版社，2017：84.

② 裘铸男，贾奎芝. 曾国藩十三经·变经［M］. 北京：中国华侨出版社，2001：101.

宜亲人如己。”“对事持公开态度，使别人喜与合作，骄傲心理绝宜免除。”①

【新解】龙发甲的这句话与郭人全“诚恳的态度，不以虚伪；热烈的同情，视人如己”主张是一样的，都强调了教书育人活动中戒绝虚伪、杜绝虚假、免除骄傲自大等职业道德的重要性，他的这一思想对今天的教师加强师德师风锤炼是有所裨益与帮助的。2018 年，教育部颁布的《新时代高校教师职业行为十项准则》《新时代中小学教师职业行为十项准则》《新时代幼儿园教师职业行为十项准则》第八条都提及“秉持公平诚信、坚持原则、处事公道 、光明磊落、为人正直”的教师职业行为要求，实际上就是龙发甲“诚恳的态度，戒绝虚伪；对事持公开态度，骄傲心理绝宜免除”主张的继承、发展与具体化。真诚、合作、友善、公正，这些都是师德素养中的重要内核。新时代的人民教师，要切实加强这些优良的教师职业道德品质锤炼，要对学生有诚恳的态度，要有强烈的同情心，要平等公正地对待每一位学生。这才是一名教师胜任其职的前提与基础。

（近现代）黄炎培：“不管是谁，都应有‘有言必信’的为人之本，都应该有‘外圆内方’的做人之道。”“理必求真，事必求是，言必守信，行必踏实。事闲勿荒，事繁勿慌；有言必信，无欲则刚；和若春风，肃若秋霜；取象于钱，外圆内方。”②

〖译文〗不管是谁，都应该把“有言必信”作为为人处世的根本，都应该有“外圆内方”的做人处世的方法。追求真理，事情空闲的时候不要浪费光阴，事情忙的时候也不要慌张；做人要讲诚信，没有私人欲望才能刚强；对待小事情要和睦相处，而原则问题要严肃对待。为人要外圆内方，能容纳百川，不要浑身带刺，又要有主见，像古代钱币的形状（圆形方孔）一样。这些都是做人的基本道理。

【新解】诚实守信是中华民族的传统美德，做人要信守承诺，忠实于自己承担的义务，答应了别人的事一定要去做。对人以诚信，人不欺我；对事以诚信，事无不成。做人要讲诚信，没有私人欲望才能刚强，这些都是做人的基本道理。黄炎培这几句话把上述这些诚信的道理讲得十分清楚明白。2018 年，教育部颁布的《新时代高校教师职业行为十项准则》《新时代中小学教师职业行为十项准则》《新时代幼儿园教师职业行为十项准则》第八条都提及“秉持公平诚信、坚持原则、处事公道 、光明磊落、为人正直”的教师职业行为要

---

① 龙发甲. 乡村教育概论［M］. 上海：商务印书馆，1936：45. 又见：杜学元. 民国乡村教育文献丛刊续编：第 9 卷［M］. 北京：国家图书馆出版社，2017：63.

② 黄炎培. 八十年来［M］. 北京：文史资料出版社，1982：168.

求，可以说是黄炎培关于“有言必信”“事必求是，言必守信，行必踏实”的思想的具体化。新时代的人民教师，既要坚持为人之本，又要坚持做人之本，有言必信。在与学生相处时，就要有言必信，说了的话就一定要守信用，做事一定要办到，不拖拉。也如孔子赞成“言而有信”。“言有信”没问题，“行有果”也没问题，有问题的是“言必信，行必果”。做教师的，就应该给学生做一个好榜样。要用精深、广博、宽厚的学识来树立威信，通过爱学生、信任学生来让学生尊敬，要注重言行一致、以身作则、为人师表来让学生信服，努力成为一位受学生爱戴、尊敬的好教师。

第三节　坚守廉洁自律

一、以德修身

（战国）孟子：“枉己者，未有能直人者也”①，“爱人不亲，反其仁；治人不治，反其智；礼人不答，反其敬。行有不得者，皆反求诸己，其身正而天下归之。”②

〖译文〗错误地扭曲自己的看法，是不可能让别人正直的。关爱别人可是人家不亲近你，那就应该反省自己的仁爱之心（是否有问题）；管理别人可是没有管理好，那就要反省自己的才智（智慧、知识等是否有问题）；待人以礼可是得不到别人以礼相待，那就要反省自己的恭敬之心（是否有问题）。凡是行为得不到预期的效果，都应该反过来检查自己。只要自身端正了，天下的人都会归服。

【新解】孟子的这两句话有着极为深刻的修身思想价值，也是儒家思想中的精髓要义，蕴藏着丰富的人生哲学思想。以铜为镜，可以正衣冠；以人为镜，可以明得失。在人与人的交往中，往往能反映一个人或好或坏的品质。对自己要求不高者持宽容心态，小错放过，大错尽量补过；对自己要求高者往往讲求细节，尽力避免犯错。孟子的以德修身思想对我们今天加强教师德师风建设具有极为重要的现实指导意义。2018 年，教育部颁布的《新时代高校教师职业行为十项准则》《新时代中小学教师职业行为十项准则》《新时代幼儿园教师职业行为十项准则》第九条都提及“坚守廉洁自律，严于律己，清廉从

---

① 孟子·滕文公章句下［M］//阮元. 十三经注疏. 北京：中华书局，1980：2710.

② 孟子·离娄章句上［M］//阮元. 十三经注疏. 北京：中华书局，1980：2718.

教”的教师职业行为要求。作为新时代的人民教师，我们应当时刻躬身自省，勇于正视、善于反思、敢于纠正；应当养成反思的习惯，每日三省吾身，不断反思自我，审视自我，这样才能让学生们钦佩，才能引导学生走上正确的道路。只有这样，才无愧为人师。

（战国）老子：“‘上德不德’，言其神不淫于外也。”①

〖译文〗品德高尚的人，不把自己的心思花在追求自身以外的东西上面。

【新解】老子的这句话强调了加强道德修身的方法：一个品德高尚的人，更多的是关注自身的修养，而不是追求索取他物。2018 年，教育部颁布的《新时代高校教师职业行为十项准则》《新时代中小学教师职业行为十项准则》《新时代幼儿园教师职业行为十项准则》第九条都提及“坚守廉洁自律，严于律己，清廉从教”的教师职业行为要求。这些规定与老子的“上德不德”“不淫于外”的思想是相通的。一名人民教师，假如没有崇高的道德水平、可贵的敬业精神，是无法安心于教育工作的，也很难担当起“人类灵魂的工程师”的使命重担。因此，加强师德锤炼，提高教师职业道德水平，是教师立德树人的前提与关键。

（隋）王通：“智极则愚也。圣人不患智寡，患德有失焉。”②

〖译文〗聪明过头那就是愚蠢。圣人从来不担心自己的智谋少了，而是担心自己的品德有缺失。

【新解】王通的这句话蕴含着深刻的辩证法思想，强调了品德的重要性。立德树人是教育的根本任务，就教育的本质而言，培养“人”远远比培养“才”更重要，先教会做人比先教会做事重要。当前，我国教育目标中把德育排在五育的首位，就是强调以德为先、以德为重的教育目标导向。如何做到立德树人、以德为先？很显然，王通给出了答案，那就是教师先要加强自身品德的修炼，注重以德修身。2018 年，教育部颁布的《新时代高校教师职业行为十项准则》《新时代中小学教师职业行为十项准则》《新时代幼儿园教师职业行为十项准则》第九条都提及“坚守廉洁自律，严于律己，清廉从教”的教师职业行为要求。这些规定与王通的“患德有失”思想是相通的、一致的。在立德树人过程中，教师要做一个有道德情操的教师，要注重对学生品德的培养，正确引导学生形成正确的世界观、人生观、价值观，着力培养德、智、体、美、劳全面发展的社会主义建设者和接班人。

---

① 李耳. 老子：第 38 章［M］. 王弼，注. 上海：上海古籍出版社，1989：9.

② 文中子. 止学［M］. 马树全，译注. 合肥：黄山书社，2010：3.

（唐）韩愈："博爱之谓仁，行而宜之之谓义，由是而之焉之谓道，足乎己，无待于外之谓德。仁与义，为定名；道与德，为虚位：故道有君子小人，而德有凶有吉。老子之小仁义，非毁之也，其见者小也。坐井而观天，曰天小者，非天小也。彼以煦煦为仁，孑孑为义，其小之也则宜。其所谓道，道其所道，非吾所谓道也；其所谓德，德其所德，非吾所谓德也。凡吾所谓道德云者，合仁与义言之也，天下之公言也。"①

〖译文〗博爱叫"仁"，恰当地去实现"仁"就叫"义"，沿着"仁义"之路前进便为"道"，使自己具备完美的修养，而不去依靠外界的力量就是"德"。"仁"和"义"是意义确定的名词，"道"和"德"是意义不确定的名词，所以道有君子之道和小人之道，而德有吉德和凶德。老子轻视仁义，并不是诋毁仁义，而是由于他的观念狭小。好比坐在井里看天的人，说天很小，其实天并不小。老子把小恩小惠认为仁，把谨小慎微认为义，他轻视仁义就是很自然的了。老子所说的道，是把他观念里的道当成道，不是我所说的道。他所说的德，是把他观念里的德当成德，不是我所说的德。凡是我所说的道德，都是结合仁和义说的，是天下的公论。

【新解】韩愈在这段话里对什么是道、什么是德，做了比较清晰的论述，同时还与老子所说的道与德进行辨析。他强调依靠自身的力量去追求仁义，就是道德。我们国家是一个倡导道德、注重德治的国家，以德修身、以德治国是我们民族的优秀传统文化。韩愈强调以德修身的思想对我们今天加强师德修养仍具有重要的启迪意义。2018 年，教育部颁布的《新时代高校教师职业行为十项准则》《新时代中小学教师职业行为十项准则》《新时代幼儿园教师职业行为十项准则》第九条都提及"坚守廉洁自律，严于律己，清廉从教"的教师职业行为要求。从这些表述内容中可以看出，道德自律、行为自律是教师职业道德修养的根本方法与内在要求。教师只有以德修身，提高思想道德修养境界，才能把立德树人的职责使命承担好。

（元）吴澄："朱子于道问学之功居多，而陆子以尊德行为主。问学不本于德行，则蔽必偏于语言训释之末。故学必以德行为本，庶几得之。"②

〖译文〗朱熹主要是在探求天理中得到学问，而陆九渊则以静心修养德行为主。如果求学不以德行修养为本，则其中的弊端是必然偏重于语言文字的训诂的末学。所以做学问必须以德行修养为根本，这差不多是对的。

---

① 韩愈. 韩愈全集·文集. 卷一：原道［M］. 钱仲联，马茂元，校点. 上海：上海古籍出版社，1997：120.

② 宋濂，等. 元史［M］. 北京：中华书局，1976：4012.

【新解】作为元代杰出的理学家，吴澄也曾论道“尊德行”还是“道问学”，无论是“道问学”还是“尊德行”，从中都可以发展出一整套“治学”的理念。吴澄基于朱熹的思想提出做学问必须以德行修养为根本的主张，告诫教师在专心钻研学问的同时，必须重视德行修养的重要性。2018 年，教育部颁布的《新时代高校教师职业行为十项准则》《新时代中小学教师职业行为十项准则》《新时代幼儿园教师职业行为十项准则》第九条都提及“坚守廉洁自律，严于律己，清廉从教”的教师职业行为要求。这些规定中体现了吴澄的“学必以德行为本”的思想光芒。一个教师首先应该重视教师的职业道德，其次才应该钻研自己所教授的学科，精通自己所教授的专业。因此，作为教育工作者，我们更要把握好这个尺度。既要遵守师德，保持职业道德操守，也要真正关心学生。这样做不但显示了教师的情操和道德风尚，也促进了学生的身心健康发展、茁壮成长。教育的终极目标是培养德才兼备的人，这也意味着在教育的过程中教师不只是传承知识的媒介，更是传播良好道德的践行者。打铁必须自身硬。作为一名教育工作者，首先自己要做到言行雅正，才能更好地对学生进行德育，从而进一步提升其科学文化知识，最终达到德才兼备的目的。

（明）王阳明：“善者固吾师，不善者亦吾师。”①

〖译文〗好的人固然是我的教师，不好的人也是我的教师。

【新解】王阳明的这句话指出了以德修身的方法路径，无论是好的人、不好的人，都可以成为我的教师。正如梁启超所说，“片言之赐，皆事师也”。加强师德修养、以德修身，要有宽广的心胸，从一切事物中学习，就如孔子所说的“三人行，必有我师焉”那样。2018 年，教育部颁布的《新时代高校教师职业行为十项准则》《新时代中小学教师职业行为十项准则》《新时代幼儿园教师职业行为十项准则》第九条都提及“坚守廉洁自律，严于律己，清廉从教”的教师职业行为要求。这些规定中体现了王阳明的“善者固吾师，不善者亦吾师”的思想光芒。新时代的人民教师，要始终牢记引路人、指导者的职责和角色，要以师为师、以生为师，不断提高自己的师德水平。

（明末清初）颜元：“一风俗而成，治功莫善于取人以德，其本莫重于谨庠序之教。”②

〖译文〗一种风俗能够成功，都在于善于注重发扬人的善良品德，根本还在于学校的教育引导作用。

---

① 王阳明. 王阳明全集：卷 39. 补录一 ·《传习录》拾遗［M］. 吴光，钱明，董平，等编校. 杭州：浙江古籍出版社，2011：1553.

② 李塨. 颜习斋先生年谱［M］. 王源，订. 北京：商务印书馆，1937：60.

【新解】颜元反对宋明理学家“穷理居敬”“静坐冥想”的主张，倡导培养文武兼备、经世致用的人才。他的这句话，治功莫善于取人以德之教，把教育看成是治国安民的根本。教育是人安身立命的基本，而德行是教育的根本。2018年，教育部颁布的《新时代高校教师职业行为十项准则》《新时代中小学教师职业行为十项准则》《新时代幼儿园教师职业行为十项准则》第九条都提及“坚守廉洁自律，严于律己，清廉从教”的教师职业行为要求。这些规定中体现了颜元的“取人以德”的思想光芒。身为人师，从事教育工作，应该从自身做起，以身作则，为学生树立一个良好的道德榜样。

（近代）谭嗣同：“人才本乎心术。”“心术正，品行自无不正。”“得文之礼乐。如夫子就近教导，品行心术自不至违背。”①

【新解】谭嗣同的这几句话是对以德修身的深化拓展，他要求要重视教师心术即师德，要求用自己的实践行动去潜移默化地影响学生。2018年，教育部颁布的《新时代高校教师职业行为十项准则》《新时代中小学教师职业行为十项准则》《新时代幼儿园教师职业行为十项准则》第九条都提及“坚守廉洁自律，严于律己，清廉从教”的教师职业行为要求。这些规定与谭嗣同的“心术正，品行自无不正”的思想是完全一致的。新时代的人民教师，要加强师德锤炼，心术正、品行正，做到心不动于微利之诱、目不眩于五色之惑，踏踏实实教书，清清白白育人，保持教师清廉从教的本色，为学生树立清正廉洁的榜样。

（近代）陈志贞：“要有高尚的人格。人格卑污的人，还配为人师吗？”②

【新解】陈志贞的这句话旗帜鲜明地说明了人格高尚是为人师的先决条件。一个人格卑贱污秽的人，是不配当教师的。2018年，教育部颁布的《新时代高校教师职业行为十项准则》《新时代中小学教师职业行为十项准则》《新时代幼儿园教师职业行为十项准则》第九条都提及“坚守廉洁自律，严于律己，清廉从教”的教师职业行为要求。这些规定与陈志贞要求教师人格要高尚的要求是一致的。师德是教师的灵魂，是“灵魂工程师”的灵魂。作为新时代的人民教师，我们要认真贯彻以德为先的五育并举教育要求，要做师德高尚的好教师，以默默无闻、敬业爱生的教书育人扎实工作，来切实维护人民教师的职业形象。

① 生活·读书·新知三联书店．谭嗣同全集［M］．北京：生活·读书·新知三联书店，1954：286-287.

② 陈志贞．好教师的标准［J］．乡村教育，1937，4（1）：20．又见：杜成宪．民国乡村教育文献丛刊：第28卷［M］．北京：国家图书馆出版社，2014：62.

（近代）杨贤江："校风形成之主动，固为教师人格之影响。""勤勉、诚实、和善、勇敢、精细、忍耐等几种德行，是无论从事何项职业的人，都应具备的。"①

【新解】作为马克思主义教育理论家的杨贤江，他在这句话里对教师加强人格锤炼、以德修身的具体内涵提出了自己的观点。他认为学校的校风形成受教师的人格影响，应当从勤勉、诚实、和善、勇敢、精细、忍耐这几个方面加强德行的修养，指出了以德修身的具体内容。2018年，教育部颁布的《新时代高校教师职业行为十项准则》《新时代中小学教师职业行为十项准则》《新时代幼儿园教师职业行为十项准则》第九条都提及"坚守廉洁自律，严于律己，清廉从教"的教师职业行为要求。这些规定可以说是对杨贤江关于教师人格修养的借鉴、吸纳与具体化。师德是教师最重要的素质，广大教师要真正做到坚守高尚的情操，知荣明耻，严于律己，静下心来教书，潜下心来育人，立足岗位，积极奉献自己的才华。

（近现代）晏阳初："平教运动参与者的道德精神归结为四个方面，即追求精神、集体精神、战斗精神和基督精神这'四大精神'。"②

【新解】晏阳初是我国著名的平民教育家，一生致力于劳苦民众的教育。他的这句话提出了教师以德修身的主要内容，那就是要在追求精神、集体精神、战斗精神、仁爱精神这四种精神上下苦功夫，进行师德锤炼。师德是一个教师所应当具有的基本品德，正所谓"无师德无以为师"。任何职业都有其所必须遵守的相关职业道德，师德对于一个教师来说是极其重要的，不遵守师德的人是不能够也没有资格去教育祖国未来发展所需要的人才的。所谓"身正为范"，身正即是品行端正，遵守教师基本职业道德、遵守人的基本品德。2018年，教育部颁布的《新时代高校教师职业行为十项准则》《新时代中小学教师职业行为十项准则》《新时代幼儿园教师职业行为十项准则》第九条都提及"坚守廉洁自律，严于律己，清廉从教"的教师职业行为要求。晏阳初的"四大精神"思想蕴含其中。人民教师只有品行端正，遵守师德，认真且潜心教育教学，才能够真正地做好教书育人工作，真正成为"四有"好教师。

（当代）李吉林："一切为了儿童的发展。""既是小学教师就要教好学生，这是我的本分。""师德为上，真情倾注，终身乐学，方为人师。"③

【新解】李吉林的这几句话充分体现出他对师德的高度认识，"一切为了

① 任钟印. 杨贤江全集：第一卷［M］. 郑州：河南教育出版社，1995：99.

② 宋恩荣. 晏阳初全集：第2卷（1938—1949）［M］. 长沙：湖南教育出版社，1992：398-411.

③ 李吉林. 潺潺清泉：李吉林教育随笔［M］. 北京：教育科学出版社，2016：309.

儿童的发展”与当下“一切为了学生，为了学生的一切”教育观念是完全相同的，“教好学生是教师的本分”与当下“立德树人是教师的根本任务”育人要求是一个意思，“师德为上”与当下“师德至上、以德为先”的要求是完全一致的，可以说他的这些关于师德的思想认识与理念，已经成为当下加强教师职业道德建设的重要政策规定与要求。2018 年，教育部颁布的《新时代高校教师职业行为十项准则》《新时代中小学教师职业行为十项准则》《新时代幼儿园教师职业行为十项准则》第九条都提及“坚守廉洁自律，严于律己，清廉从教”的教师职业行为要求，这些规定都是对李吉林上述师德论述的很好吸纳与体现。“百年大计，教育为本；教育大计，教师为本；教师大计，师德为先”，作为新时代的人民教师，我们必须要牢记李吉林提出的“师德为上，真情倾注，终身乐学，方为人师”“一切为了儿童的发展”“教好学生是教师的本分”这些充满智慧的教育思想，要终身乐学、以生为本，做学生真心喜欢、家长真心满意、社会真正放心的优秀教师。

（当代）潘懋元：“作为一名教师，他还应具有教师的职业道德，因为教师的职业首先是培养‘人’，然后才有‘才’，缺了‘人’，则‘才’无以依托。在人才的培养过程中，教师的言传身教，有着巨大的潜移默化的影响作用，即使专业非常精通，也难以保证人才培养的质量。何为高校教师的职业道德呢？具体来说，应该包括三种精神：服务精神、自律精神和创新精神。服务精神指爱护学生，‘诲人不倦’‘循循善诱’等为生服务的精神；自律精神则要求教师必须以身作则，‘行为世范’，成为学生的榜样；创新精神要求教师以自己的创新精神与创造能力引领大学生成为创新型人才，以大学的文化科学创新引领社会的文化科学发展。”①

【新解】潘懋元的这段话清晰而详细地阐释了教师职业道德中德与才的关系及其具体内涵，“教师首先是培养人”“服务精神、自律精神和创新精神”这些思想至今仍然在加强师德师风建设中给予我们以巨大启示。2018 年，教育部颁布的《新时代高校教师职业行为十项准则》《新时代中小学教师职业行为十项准则》《新时代幼儿园教师职业行为十项准则》第九条都提及“坚守廉洁自律，严于律己，清廉从教”的教师职业行为要求，这些规定都是对潘懋元上述师德论述的很好吸纳与体现。对于一名教师来说，有德远比有才重要。教师对学生的影响是深远持久的，是潜移默化的。学生在与教师相处的过程中，会不自觉地受到教师影响，而这种影响几乎是不可磨灭的。教师应该具备

① 潘懋元．大学教育质量的理论与实践研究［M］．广州：广东高等教育出版社，2009：398.

职业精神，教师要自律，给学生树立好榜样。教师要有服务精神，要具备奉献精神，有从事教育的热情。教师更要有创新精神。教师肩负着培育祖国的花朵的重任，青年一代是新兴的一代，教师需要不断学习，不断提高，勇于创新，才能给学生更好的教育，才能培养出德、智、体、美、劳全面发展的学生。

二、自律修身

（春秋）孔子："其身正，不令而行；其身不正，虽令不从。"①

〖译文〗只要自己的品行端正了，即使不发号施令，老百姓也会去认真地执行；要是自己的品行都不端正，即使发布了命令，老百姓也不会听从执行的。

【新解】孔子的这句话是一句警世格言，强调了加强自律修身的极端重要性。孔子说身正即令行，身不正则令不行，这与当下要求教师严于律己、公平正义是同一个意思。2018 年，教育部颁布的《新时代高校教师职业行为十项准则》《新时代中小学教师职业行为十项准则》《新时代幼儿园教师职业行为十项准则》第九条都提及"坚守廉洁自律，严于律己，清廉从教"的教师职业行为要求，这些规定就是对孔子上述思想的很好吸纳与体现。榜样的力量是无穷的，教师以身作则是一种巨大的教育力量，教师的一言一行对学生来说都是非常重要的。而要做到为人师表、以身作则，教师必须加强自我修养，要严于律己，自律修身。只有这样，教师才能给学生做出良好的表率与示范，才能成为学生健康成长的引路人。

（春秋）曾子："所谓'修身在正其心'者，身有所忿懥，则不得其正；有所恐惧，则不得其正；有所好乐，则不得其正；有所忧患，则不得其正。"②

〖译文〗所谓"修身的目的在端正自己的心"，这句话的意思是说：愤怒的时候，心就不端正；恐惧的时候，心就不端正；贪图爱恋的时候，心就不端正；忧愁的时候，心也不是端正的。

【新解】曾子的这句话指出了修身的终极目的，充满着丰富的人生智慧，有着极为深刻的修身哲理。修身的最终目的不是"存天理，去人欲"，而是在保留情绪的状态中能控制自己，不被情绪主宰做出不计后果的事情。不修身的人鼠目寸光，只图眼前一时之快，往往做出自己无法承担后果的事情。修身者

---

① 论语·子路第十三［M］//阮元. 十三经注疏. 北京：中华书局，1980：2507.

② 礼记·大学第四十二［M］//阮元. 十三经注疏. 北京：中华书局，1980：1674.

深明大义，能考虑前因后果，能守住底线。2018 年，教育部颁布的《新时代高校教师职业行为十项准则》《新时代中小学教师职业行为十项准则》《新时代幼儿园教师职业行为十项准则》第九条都提及“坚守廉洁自律，严于律己，清廉从教”的教师职业行为要求，这些规定就是对曾子“修身即正心”思想的很好吸纳与体现。教师学高为师、身正为范，从来都是以身作则，更不能被情绪过分影响，要认真领会“修身在正其心”的思想蕴涵，切实提高自律水平与道德情操。

（战国）孟子：“有大人者，正己而物正者也。”①

〖译文〗有伟大的人，端正自己，天下万物便随之端正。

【新解】孟子在这句话里强调了自我修身、端正自己的巨大作用。以上孟子提出的自身行为端正的思想，在今天师德师风建设中仍然有着重要的现实指导价值。2018 年，教育部颁布的《新时代高校教师职业行为十项准则》《新时代中小学教师职业行为十项准则》《新时代幼儿园教师职业行为十项准则》第九条都提及“坚守廉洁自律，严于律己，清廉从教”的教师职业行为要求，其表述内容正好与孟子自身行为端正的思想相吻合。新时代的人民教师，必须严于律己，掌握更多道理，做到言传身教。教师要不断地为自己“充电”，将自己要讲授的内容弄清楚、弄透彻，不能一知半解便跑去教学生；要掌握先进的教育教学理念，提高自己的业务水平和教育教学能力；要以自己模范的行为影响学生，以自己高尚的道德情操去熏陶学生，以自己完美的人格力量去感化学生。教师若不能以自我为表率，学生对教师便不会信服。因为教师本身都没有做到的事情，凭什么去要求每一名学生都做到呢？

（西汉）董仲舒：“也是故善为师者，既美其道，有慎其行，齐时蚤晚，任多少，适疾徐，造而勿趋，稽而勿苦，省其所为，而成其所湛。故力不劳而身大成。此之谓圣化。吾取之。”②

〖译文〗所以善于做教师的，一定要完善自己的道义，又要谨慎自己的行为，调整好早晚时间，做事不多不少，使快慢合适，做事不匆忙，滞留而不痛苦，反省自己所做的事，精通自己所承担的工作。所以体力不曾劳苦，还自己完成了大业。这就是明智。我们应采取这种做法。

【新解】董仲舒的这一观点强调，教师既要完善自己的道德，又要谨慎自己的言行。教师应该先自行其身，为学生树立起好的榜样，从而起到上行下效

---

① 孟子·尽心上［M］//阮元．十三经注疏．北京：中华书局，1980：2766.

② 董仲舒．春秋繁露：卷一．玉杯第二［M］．郑州：中州古籍出版社，2010：28-30.

的效果。以上董仲舒提出的教师应当做好自己的义务，规范自身行为的思想在今天教师职业道德建设中仍然有着重要的现实指导价值。2018 年，教育部颁布的《新时代高校教师职业行为十项准则》《新时代中小学教师职业行为十项准则》《新时代幼儿园教师职业行为十项准则》第九条都提及“坚守廉洁自律，严于律己，清廉从教”的教师职业行为要求，其表述内容正好与董仲舒“美其道”“慎其行”的思想是完全一致的。新时代的人民教师，要认真遵守人民教师的职业道德与职业行为准则。教师是学生的榜样，不能做出违背社会道德的事情，也不能向同学传播不良的信息，误导学生；能够正确面对教学活动中出现的错误，即时反省，寻求改正的办法，并且以能够成为一名教师传播知识而喜悦，不以此为痛苦。

（隋）王通：“才高非智，智者弗显也。位尊实危，智者不就也。大智知止，小智惟谋。智有穷而道无尽哉。”“欲无止也，其心堪制。惑无尽也，其行乃解。”“势或失之，名或谤之，少怨者再得也。势固灭之，人固死之，无骄者惠嗣焉。”①

〖译文〗才识高的人不一定是有智慧的人，有智慧的人往往不显露自己的才识。官位虽高实际上是很危险的，有智慧的人不会去当大官。有大智慧的人知道适可而止，小聪明的人只是耍弄计谋。知识是有穷尽的，但是道德的修炼是无穷尽的。欲望是没有止境的，思想可以控制它。疑惑是没有尽头的，践行就能解除它。势力有时会失去，名声有时会遭诽谤，少发怨言的人能失而复得。势力是一定会消失的，人终究是会死亡的，不骄纵的人才能惠及子孙。

【新解】王通提出虽然欲望无穷无尽，但可以用思想来控制住它；有大智慧的人知道满足，以德修身是没有尽头的；少抱怨能再得到，不骄傲能惠及子孙。人非圣贤，孰能无过？重要的在于要自知自制自持自律。王通的这些思想向我们阐述了一名教师有好的德行和自律思想的重要性。2018 年，教育部颁布的《新时代高校教师职业行为十项准则》《新时代中小学教师职业行为十项准则》《新时代幼儿园教师职业行为十项准则》第九条都提及“坚守廉洁自律，严于律己，清廉从教”的教师职业行为要求，其表述内容正好是对王通“心堪制”“行乃解”“大智知止”“道无尽”思想的吸纳与借鉴。新时代的人民教师，应该谨记“人民”二字，要切实做到严于律己，克制自己的不正当欲望。当面对一些十分诱人的利益时，就更应该用好的思想来约束和规范自己。当处于一种十分矛盾的状态时，要尽力让自己去控制欲望而不是让欲望控

① 文中子. 止学［M］. 马树全，译注. 合肥：黄山书社，2010：1-4.

制自己。生活是课堂的延伸，生活是知识得以实践的基地。生活中无处不存在实践。一名合格的教师应该引导学生去实践。只有学生实践过了，才能从容应对生活中的各种琐事，才能坦然面对生活中的挫折，从而战胜疑惑获得成功！每个人都会有自己的欲望，但能做到克制欲望、严于律己的人，不为功名利禄而动摇，才是真正能够教书育人、清廉从教的师者。

（唐）卢仝：“贪、残、奸、酗、狡、佞、讦、愎，身之八杀。背惠、恃己、狎不肖、妒贤能，命之四孽。有是有此予敢辞，无是无此予之师，一日不见予心思。”①

〖译文〗贪得无厌、杀戮伤害、邪恶狡诈、酗酒无度、阴险狡猾、巧言取宠、揭人短处、固执任性，这是伤害自身的八种行为。忘恩负义、仗势欺人、轻视戏弄他人、嫉恨贤人，这是为人处事中的四种罪孽。要远离恶人，亲近善人，并以善人为师。

【新解】卢仝的这句话对自律修身的 12 种禁忌行为进行了全面的列举分析。他指出，人不能做奸恶之人，不要靠阿谀奉承、攻击他人等手段而获得恩宠。人之于世，忌恩将仇报，而应受人滴水之恩思涌泉相报。有正确的言论可以告诉别人，言行谨慎，要有事实依据，不能乱传谣言，也不能因此误伤他人。他的这些思想对于今天教师加强自律修身具有重要的参考价值与现实指导意义。2018 年，教育部颁布的《新时代高校教师职业行为十项准则》《新时代中小学教师职业行为十项准则》《新时代幼儿园教师职业行为十项准则》第九条都提及“坚守廉洁自律，严于律己，清廉从教”的教师职业行为要求，这些规定就是对卢仝上述思想的很好吸纳与体现。新时代的人民教师，要坚定自己的理想信念，热爱教书育人事业，要谨遵教师职业道德，做一名关爱学生、帮助学生积极健康成长的好教师。在教书育人这条路上总会遇到艰难险阻，要努力做到及时改正错误，不断进步。对于别人给予的恩惠，要牢记心间并涌泉相报；保持好一个人的基本品德，不去背后恶语伤人，也不要做阿谀奉承之人。这些都是为人师表、自律修身的基本要求。在工作中要不忘教育初心，不忘育人使命，时刻谨记公平诚信。像卢仝一样做到时刻检查自我内心道德，不断提升自我的修养。

（唐）柳玭：“夫门地高者，可畏而不可恃。可畏者，立身行己，一事有坠先训，则罪大于他人。虽生可以苟取名位，死何以见祖先于地下？不可恃者，门高则自骄，族盛则人之所嫉。实艺懿行，人未必信；纤瑕微累，十手争

① 卢仝. 卢仝集：卷二 · 门箴［M］. 北京：中华书局，1985：24.

指矣。所以承世胄者，修己不得不恳，为学不得不坚。”①

〖译文〗凡是官宦门第的家庭，只可心存戒惧，而不可有所仗恃。我们所说的可畏，是指树立己身使自己有德，如果一事不慎而有悖先贤的教训，那么过失就一定会比他人更大。虽然活着的时候也许可以苟且求得名位，但死了以后哪有脸面见祖先于地下？我们所说的不可恃，是指门第高则容易自高自大，家族兴盛则容易遭人嫉妒。即使有实在的技艺和美好的德行，人家也未必相信；如果有一点细微的毛病和错误，就会受到许多人的指责。有鉴于此，世家大族的后人，自修其身不得不诚恳，对学问的讲求不得不坚定。

【新解】以上柳玭提出的“立身行己”即树立己身使自己有德的思想，也是柳氏家训提出的“忠孝礼义廉耻勤俭”，既是立身之本，也是律己修身的最高标准，对当下师德师风建设无疑具有重要的启迪意义。2018 年，教育部颁布的《新时代高校教师职业行为十项准则》《新时代中小学教师职业行为十项准则》《新时代幼儿园教师职业行为十项准则》第九条都提及“坚守廉洁自律，严于律己，清廉从教”的教师职业行为要求，其表述内容正好是对柳玭“立身行己”“修己不得不恳”思想的吸纳与借鉴。新时代的人民教师，一定要敬畏教书育人职业，一定要敬畏师德的底线红线，要注重修己立身，要诚实守信，要勤奋向上，要坚毅有为，保持一颗平静的心，抵御住社会上各类诱惑，做一名清廉勤奋的好教师。

（元）关汉卿：“一日为师，终身为父。”②

【新解】关汉卿的这句话饱含了对教师的尊敬，其意与“弟子事师，敬同于父”相同。葛洪还说过“明师之恩，诚为过于天地，重于父母多矣”的话，都是崇敬教师、重视教师作用的教诲。当然，这句话不单单指向学生，让学生对待自己的教师如同父亲一般尊敬，同时还指向了教师，是对教师的一种鞭策，要求教师要像父亲一样修身律己、做好榜样。所以这句话不仅是说学生对教师的态度，也是说教师对学生的责任心。2018 年，教育部颁布的《新时代高校教师职业行为十项准则》《新时代中小学教师职业行为十项准则》《新时代幼儿园教师职业行为十项准则》第九条都提及“坚守廉洁自律，严于律己，清廉从教”的教师职业行为要求，其表述内容与关汉卿“一日为师，终身为父”思想是相同的。作为新时代的人民教师，我们要时刻提醒自己遵守师风师德，不得违反教学纪律，不得敷衍教学，落实立德树人的根本任务，潜心育

---

① 刘昫，等．旧唐书：第 4 册［M］．陈焕良，文华，点校．长沙：岳麓书社，1997：2710．

② 关汉卿．《玉镜台》二折［M］//《元杂剧观止》编委会．元杂剧观止．上海：学林出版社，2015：58．

人。要时刻牢记自己的使命，不得做出违背职业道德的行为，如同父亲一般时刻关注着自己的学生，当好学生的人生引路人。

（明）张居正："君子处其实，不处其华；治其内，不治其外。"①

［译文］君子往往注重实际，而不图外表好看；往往专注于修养自身德行，而不计较身外之物。

【新解】张居正的这句话告诉我们，要脚踏实地、律己修身，不要有虚荣浮躁之心，不要被外物所迷惑。因为满腹经纶的君子懂得实事求是、淡泊名利，即使是遇事做事也是深思熟虑的。这样的形象是千百年来人们一直追求的理想，当然也是教师的理想追求。2018 年，教育部颁布的《新时代高校教师职业行为十项准则》《新时代中小学教师职业行为十项准则》《新时代幼儿园教师职业行为十项准则》第九条都提及"坚守廉洁自律，严于律己，清廉从教"的教师职业行为要求，其表述内容与张居正"处其实，治其内"思想是相同的。树人育才的教师，应该摒弃华而不实的行为，做学问遵从敬畏之心，严于律己、以身作则地给学生树立勤学善思的模范。而要培养拥有朴实无华、内外兼修良好品质的学生，在课堂上要鼓励学生积极思考新问题，努力发现新方向；在生活中要倡导学生们多学习勤俭节约、互帮互助的中华民族优良传统，不骄不躁、不贪不淫，这样才有可能真正达到人们对君子的期望，满足社会对德才兼备人才的需求。教师在教育教学的具体过程里务必要求真务实，不能弄虚作假，否则教学就不成体统。所谓"虚"的，就是说教师一味地追求教学进度或者是一味地想要灌输给学生很多的知识，这种做法其实是不对的。在教学里面，一定要把握好度，教给学生适当的内容，要让他们真正理解并转化为自己内在所有的知识，而不是只是让他们接收却不能内化。这种务实的少而精的教学内容，重在教会学生学会学习，有助于其未来成长过程里自主学习其他的东西。这样的教学方式胜过"填鸭式教学"，既考虑学生的实际接受情况，更能帮助学生学会学习，这样才是达到了教学的最终目的。热爱教育事业、热爱学生的教师，应当积极采取这种教学方式，因为这种方式培养出来的学生比单纯接受灌输式教育的学生有更好的思考能力、学习能力，更加能够适应新时代对人才的要求。总之，培养人的工作是来不得半点虚假的，只有踏踏实实、勤勤恳恳教书育人，才能履行好立德树人的职责使命。

（明末清初）颜元："学者要常见我为正人君子，不然，恐随流逐污而不

---

① 张居正. 翰林院读书说［M］//张舜徽. 张居正集：第 3 册·文集. 武汉：湖北人民出版社，1994：378.

自觉矣。”①

［译文］教师要常常有意识地提醒自己，做一个正直的人，不能同流合污。

【新解】颜元在其著作《习斋四存编》中明确指出教师常常要有意识地提醒自己，做一个正直的人，不同流合污，这其实也是教师自律的一种体现。从古至今，能担当教师的人，绝大部分是拥有良好品行之人。因此，教师更应该严格要求自己，严于律己，做一个清廉并且正直的人。2018 年，教育部颁布的《新时代高校教师职业行为十项准则》《新时代中小学教师职业行为十项准则》《新时代幼儿园教师职业行为十项准则》第九条都提及“坚守廉洁自律，严于律己，清廉从教”的教师职业行为要求，其表述内容正好与颜元主张的“学者要常见我为正人君子”思想理念相吻合。教师肩负着教书育人的重要任务，肩负着培养社会主义建设者和接班人的重任，因此就必须要把国家和人民的利益放在首位，坚持做一个正直的人，不与坏人同流合污。首先要树立正确的世界观、人生观、价值观，做一个能辨别是非、善恶的好人；要明确自己的理想信念，加强自我修养。其次要规范职业行为，不断学习，丰富自己的知识；要能坚持自己的原则，坚守廉洁自律，以高标准来严格要求自己，有无私奉献的精神，在生活中发挥榜样的作用，尽力以身体力行去影响他人。

（近代）梁启超：“此似易而实最难，惟当慎之于始。譬如以不诚之举动欺人，以快意道他人之短长，传播以乌谭柄，此人类之恶根性，自非圣哲，莫不有之。若放纵而不自克，便成习惯，循至此心不能自主，堕落乃不知所届。古来圣贤立教，不外纠正人之此种习惯。”②

［译文］这看似容易但实际上是最难的，应当从最开始就小心谨慎。比如用不诚实的举动欺骗别人，因为快意而对别人说三道四，传播不真实的言论，以讹传讹，这些是人类的劣根性。这些是除了圣人都会存在的问题。如果放纵劣根性不加以克制，就会成为习惯，久而久之自己的心便不能够由自己做主，届时将会堕落到无法控制。从古至今，圣贤之人实行教育，不外乎就是纠正人的这种习惯罢了。

【新解】梁启超在他的著作《饮冰室合集》中提到，如果放纵人的劣根性不加以克制，就会成为习惯，久而久之心便不能够由自己做主，届时将会堕落到无法控制。他向我们说明了一个人缺乏自律的后果，意在告诫教师要坚守廉洁自律，也向我们阐述了廉洁自律的重要性。2018 年，教育部颁布的《新时

---

① 李塨. 颜习斋先生年谱［M］. 王源，订. 上海：商务印书馆，1937：3.

② 梁启超. 梁启超修身讲演录［M］. 彭树欣，选评. 上海：上海古籍出版社，2018：71.

代高校教师职业行为十项准则》《新时代中小学教师职业行为十项准则》《新时代幼儿园教师职业行为十项准则》第九条都提及“坚守廉洁自律，严于律己，清廉从教”的教师职业行为要求。其表述内容正好与梁启超主张克制自身的劣根性的思想主张相吻合。一个人放任自己的劣根性不管尚且是这样的后果，那么专门负责教书育人并且拥有高等学识的教师，如果不加强自律，在课堂上又怎么会站得住脚呢？因此，作为教师，廉洁自律应该是对自己一生的要求，应该终其一生来努力践行，为学生树立榜样。“不真诚的举动欺骗人，快意说别人的长短，传播不好的话，是人类罪恶的本性；如果放纵而不能自我控制，就会成为一种不好的习惯。”梁启超这几句简短的话，对当今的学校教育指导具有一定的意义，特别是对教师的道德教育有着重要的警示作用。教师应为人正直，光明磊落，应该有互帮互助、合作共赢的心态，对待他人要真诚，不恶意去说别的教师的坏话。只有端正自我的道德行为，对自我有约束能力，先教育好自我，才能成为学生们真正的教育者。

（近代）蔡元培：“教员者，学生之模范也。”“教员宜实行道德，以其身为学生之律度。”“其收效胜于口舌倍蓰矣。”①

【新解】蔡元培在这句话里阐述了提高自身的修养重在实践，做教师重要的要以身作则。何为以身作则？就是要给学生树立良好的榜样，无论是在学习上，还是在品德修养上。要以自身良好的习惯来影响学生，激励学生。2018年，教育部颁布的《新时代高校教师职业行为十项准则》《新时代中小学教师职业行为十项准则》《新时代幼儿园教师职业行为十项准则》第九条都提及“坚守廉洁自律，严于律己，清廉从教”的教师职业行为要求，其表述内容正好与蔡元培“教员宜实行道德，以其身为学生之律度”思想主张是完全一致的。只有教师以身作则这样做，才能有说服力地影响学生。教师要潜心教书育人，要遵循教育规律，实施素质教育，循循善诱，诲人不倦，因材施教。教师要培养学生良好的品行，激发学生的创新精神，促进学生全面发展。

（近代）王国维：“世之勇于任教育者，有四途：有以为公益者焉，有以为势力者焉，有以为名高者焉，有以为实利者焉。为公益而为之者，圣贤也。为势力而为之者，豪杰也。为名与利而为之者，小人也。圣贤不可得，得豪杰而用之，斯可矣。若夫小人，则以教育为一手段，而不以为目的，虽深明教育之人，犹不可用，况乎以群（文）盲而聚讼乎！”②

---

① 高平叔．蔡元培全集：第2卷［M］．北京：中华书局，1984：238.

② 王国维．教育小言十二则［M］//姚淦铭，王燕．王国维文集：第三卷．北京：中国文史出版社，1997：79.

【新解】王国维的这段话给了我们深刻的思考。事实上我们每个当教师的，都应当积极从内心进行追问，到底是为公益奉献还是想要权力，是追求虚名还是贪图实利？这其实是涉及教师职业价值观的问题。可以说王国维把这一问题分析得十分透彻明了。2018 年，教育部颁布的《新时代高校教师职业行为十项准则》《新时代中小学教师职业行为十项准则》《新时代幼儿园教师职业行为十项准则》第九条都提及“坚守廉洁自律，严于律己，清廉从教”的教师职业行为要求，其表述内容正好与王国维上述思想主张相吻合。教师是以教书育人为生的职业，是人类文化科学知识的继承者和传播者。教师这样的职业理想与角色定位，要求教师不要“以为势力者”“以为名高者”“以为实利者”，而是要“以为公益者”，胸怀天下与未来，严于律己，自律修身，以德立身、以德修身，甘当人梯，立志做人民满意的教师。

（近代）杨贤江：“修身重在实践，贵在教师以身作则。”①

【新解】杨贤江的这句话旗帜鲜明地指出了教师锤炼师德的关键在于以身作则，要害在于实践。杨贤江的这些师德思想对于广大教师加强师德建设来说，无疑有着重要的借鉴意义。2018 年，教育部颁布的《新时代高校教师职业行为十项准则》《新时代中小学教师职业行为十项准则》《新时代幼儿园教师职业行为十项准则》第九条都提及“坚守廉洁自律，严于律己，清廉从教”的教师职业行为要求。其表述内容正好与杨贤江“修身重在实践”“以身作则”思想主张是完全一致的。只有教师以身作则，才能有说服力地影响学生。新时代的人民教师，应当谨记杨贤江的告诫，要把以身作则融入教书育人的具体实践中，让学生在日常的学习生活中，感受到教师的示范榜样，感受到以身作则的力量，进而激发学生模仿的内生动力，促进学生健康成长。

（近现代）黄炎培：“盖有所不为，吾师之律己也；无所不容者，吾师之教人也。有所不为，其正也；无所不容，其大也。”②

【译文】我的教师用有所不为来严格要求自己，我的教师用无所不容来教育学生。有所不为，体现了教师为人处事的正直；无所不容，体现了教师境界的博大。

【新解】这句话是黄炎培评价蔡元培的，体现了黄炎培关于教师自律修身、境界高远的教育思想。有所不为讲的是律己，无所不容说的是待人。2018 年，教育部颁布的《新时代高校教师职业行为十项准则》《新时代中小学教师

---

① 任钟印．杨贤江全集：第 1 卷［M］．郑州：河南教育出版社，1995：1.

② 陈梦麟．二十世纪浙江国学家［M］．杭州：浙江人民出版社，2014：68.

职业行为十项准则》《新时代幼儿园教师职业行为十项准则》第九条都提及“坚守廉洁自律，严于律己，清廉从教”的教师职业行为要求，其表述内容正好是对黄炎培“有所不为”“无所不容”思想吸纳与借鉴。新时代的人民教师，要在律己待人上认真琢磨，要站在人类灵魂工程师与人类文明传承者的高度，反思自己的从教行为，做到严于律己，有所为有所不为。要心怀天下，襟怀博大，对学生要海纳百川式地接纳与宽容，做到无所不容。

（近现代）叶圣陶：“如果大家把教师修养的问题丢在脑后，教育的前途实在有很大的危险。”“要学生怎样，教师自己先得做到这个怎样。”“儿童是最容易受影响的，要使他们受到的影响全是好的，最有效的办法是教师以身作则，一言一动，全是好的。”“教育者教育固然不过某学科课程，但是某学科课程之外还有身教。”①

【新解】叶圣陶的这几句话对教师的修养提出了明确的要求，他强调了良好修养对教师的重要性，尤其是他指出为人师表就是教师的全部工作。这些语言、这些观点对我们当下加强教师职业道德建设无疑具有重要的思想启迪与现实借鉴价值。2018 年，教育部颁布的《新时代高校教师职业行为十项准则》《新时代中小学教师职业行为十项准则》《新时代幼儿园教师职业行为十项准则》第九条都提及“坚守廉洁自律，严于律己，清廉从教”的教师职业行为要求。其表述内容正好与叶圣陶主张“教师必须讲修养”“不讲修养很危险”的思想主张相吻合。师德是教师承担立德树人职责使命的关键与首要条件。韩愈曾说“以一身立教，而为师于百千万年间，其身亡而其教存”，由此可见，师德作为教师的职业灵魂，其长存于历史长河之中，虽然斯人已逝，但教师的精神、师德的光芒仍将照耀世间，为后人所学习所效仿。叶圣陶正是看到了教师自身修养的极端重要性，看到了师德的巨大影响力与生命力，所以他才说“教师工作者的全部工作就是为人师表”。人民教师应当对师德有这样的认识高度与思考水平，切实加强自身修养，严于律己，清廉从教。

（当代）魏书生：“最重要的是要保持一颗平常心，不要把自己看得太高，也不要小看自己。咱这职业收入不可能达到最高，也不会成为最令人羡慕的，因此永远不会成为太阳底下最光辉的（职业）。这一点，咱们必须看透了，想开了。如果你接受不了，不甘心，你就趁早改行。既然你留下来，那你就别无选择，就要爱它，就要想它，对你来说是最光辉的，否则的话，你就是自己跟自己过不去。”“教师这职业不像别的，你面对的是那么多靠你教育、引导的

① 刘国正. 叶圣陶教育文集：第 2 卷［M］. 北京：人民教育出版社，1994：53.

学生，需要你全身心地投入。因此，当教师的你，要耐得住清贫，耐得住寂寞。”①

【新解】魏书生有着多年的教师经验，对教师这一职业比较了解，因此，对教师的自我修养提出了自己的见解。魏书生的这段话可以说是对教师的自律修身做了方法上的指引，提出了严于修身的目标方向。2018 年，教育部颁布的《新时代高校教师职业行为十项准则》《新时代中小学教师职业行为十项准则》《新时代幼儿园教师职业行为十项准则》第九条都提及“坚守廉洁自律，严于律己，清廉从教”的教师职业行为要求。其表述内容正好与魏书生“保持平常心”“耐得住清贫，耐得住寂寞”等思想主张相同。教师这份职业普通却神圣，淡泊而安定，同时也需要时时传递正确的三观，对生活积极乐观，教师为学生树立了正确的榜样，为学生营造出一种充满正能量的氛围，学生就会受到潜移默化的熏陶。

三、自持修身

（春秋）子思：“好学近乎知，力行近乎仁，知耻近乎勇。知斯三者，则知所以修身；知所以修身，则知所以治人；知所以治人，则知所以治天下国家矣。”②

〖译文〗喜欢学习就会靠近有智，努力实行就会靠近有仁，知道羞耻就会靠近有勇气。如果知道这三点道理，那么就知道应该怎样锤炼自己修养；知道怎样锤炼自己修养，就知道怎样管理他人；知道怎样管理他人，就知道怎样治理天下和国家了。

【新解】这句话说的是孔子关于修养自身的方法、目标、意义。孔子的意思是说首先要学会修养自己，然后才能管理别人，只有做到了前面两点才能治理好国家。“好学”“力行”“知耻”，是修身养性的重要途径，也是检验一个人言行品质的好方法。在加强师德师风建设的当下，孔子的这句话有着很强的现实指导意义。智、仁、勇是中华民族的传统美德。个人要达到这个美德境界，首先要从好学、力行、知耻这些浅近的事情入手。从某种意义上讲，一个人能做到“知耻”“好学”“力行”，就离高尚不远了。一个人有了羞耻之心，才能见财不贪、临难不惧，才能谦和退让、取舍有度。小到个人修养，大至民族气节，知耻都是良知的先导。2018 年，教育部颁布的《新时代高校教师职

① 陈兴福. 加强师德师风建设要突出抓好五个方面的工作［J］. 教书育人，2013（12）：36.

② 礼记·中庸［M］//阮元. 十三经注疏. 北京：中华书局，1980：1629.

业行为十项准则》《新时代中小学教师职业行为十项准则》《新时代幼儿园教师职业行为十项准则》第九条都提及“坚守廉洁自律，严于律己，清廉从教”的教师职业行为要求。孔子的“知所以修身”思想主张与教师职业行为准则中这些内容是相通的。在当下的教师队伍里，发生了不少触碰教师职业行为准则、有违师德师风要求的行为与现象，这需要每一位教师认真反思。“人不可以无耻，无耻之耻，无耻矣。”只要每位教师心中有“正气”，敢于面对现实，敢于面对教师队伍中存在的种种问题，并为这些问题感到羞耻，那么就能够有勇气改正，为时也不会晚。

（隋）王通：“自知者英，自胜者雄。”①“视己勿重者重，视人为轻者轻。患以心生，以蹇为乐，蹇不为蹇矣。”“苦乐无形，成于心焉。荣辱存异，贤者同焉。事之未济，志之非达，心无怨而忧患弗加矣。”②

[译文] 能够了解自己才算得上是英明，能够战胜自己才算得上是雄伟。认为自己并不重要的人才会被人重视，轻视别人的人就会被别人轻视。祸患总是从内心中引发滋生的，如果用快乐的心态来对待困境，那么困境就不是困境了。苦与乐是没有确切形态的，它的产生源自人的内心与认识。荣与辱存在差异，贤明的人却用同等的心态去对待。尽管事情没有成功，或者不能实现志向，只要思想上没有抱怨，就不会增加忧虑和祸患了。

【新解】人贵有自知之明。王通的这几句话强调了自持修身的基本方法与内容，比如不要过于看重自己、不要轻视他人，加强修心，提高自己的心境水平，心里没有抱怨就不会增加忧患，等等。这些思想对于我们当下加强师德师风建设、提高师德修养水平，具有重要的现实指导意义。2018 年，教育部颁布的《新时代高校教师职业行为十项准则》《新时代中小学教师职业行为十项准则》《新时代幼儿园教师职业行为十项准则》第九条都提及“坚守廉洁自律，严于律己，清廉从教”的教师职业行为要求。王通的“自知者英”“患以心生”“苦乐无形成于心”“心无怨而忧患弗加”思想主张与教师职业行为准则中这些内容是相同的。作为新时代的人民教师，我们应该提高自己的心境水平，就是要做到时常修心修身。应该明白苦与乐不过是事物的两个面，是人们的心境所致。应该明白战胜自己内心的缺点才是最难的，因为内心会让你主动避开自己内心的缺点，不去直接面对，只有你主观上强制去做才行。要在体验中认识挫折，学会克服困难、战胜挫折的本领。所以古人常说：修心的最大敌

---

① 王通. 文中子中说［M］. 阮逸，注. 秦跃宇，点校. 南京：凤凰出版社，2017：41.

② 文中子. 止学［M］. 马树全，译注. 合肥：黄山书社，2010：3-4.

人是自己。应该要有高度的育人意识，正确看待自己的位置。应该要树立规范意识，不断提高师德修养，为人师表、身正为范，爱生如子。要用关爱的包容之心来面对孩子，做一名受家长、学生爱戴的好教师。

（隋）王通："识不逾人者，莫言断也。势不及人者，休言讳也。力不胜人者，勿言强也。"①

［译文］见识没有超过别人的话，就请不要说出武断的话。势力弱于别人的话，就请不要说出毫无忌讳的话。力量不如别人的话，就请不要说出强硬的话。

【新解】王通的这句话告诉我们一个深刻的道理：人要对自己有正确的判断与认识，正确认识自己、正确评价自己，这是自持律己中的重要原则。2018年，教育部颁布的《新时代高校教师职业行为十项准则》《新时代中小学教师职业行为十项准则》《新时代幼儿园教师职业行为十项准则》第九条都提及"坚守廉洁自律，严于律己，清廉从教"的教师职业行为要求。这些规定所包含的内涵与王通的上述思想是相通的。作为教师，我们一定要有自察之力、自省之识，不枉言、莫断言，不夸大其词，不妄自菲薄，始终用客观科学的方法来认识自己，做事实事求是，为人踏实坦诚，这样才会赢得学生的尊敬与认可。

（唐）皮日休："高斋晓开卷，独共圣人语。英贤虽异世，自古心相许。"②

［译文］在环境优美安静的书斋缓缓打开书卷，徜徉书海与圣贤心灵对话。德才兼备的人们虽然没有生活在同一时代，但自古以来他们却是互相赞许欣赏的。

【新解】这句诗出自皮日休的《读书》，阐述了读书对修身养性的价值与作用。在阅读中，通过与圣贤的心灵交流，让自己的德行有了增长。2018年，教育部颁布的《新时代高校教师职业行为十项准则》《新时代中小学教师职业行为十项准则》《新时代幼儿园教师职业行为十项准则》第九条都提及"坚守廉洁自律，严于律己，清廉从教"的教师职业行为要求。这些规定所包含的内涵与皮日休的上述思想是相通的，就恰如"英贤虽异世，自古心相许"。新时代的人民教师，要把个人品德的完善放在首要位置，时时通过读书学习，汲取道德营养，增长德行见识，提高师德水平，追求高尚师德。

（北宋）范纯之："以责人之心责己，恕己之心恕人，不患不到圣贤地

---

① 文中子．止学［M］．马树全，译注．合肥：黄山书社，2010：2.

② 皮日休．皮子文薮：第十卷［M］．萧涤非，郑庆笃，整理．上海：上海古籍出版社，1981：113.

位。"①

〖译文〗教师若能以责备他人的态度责备自己，以宽恕自己的态度宽恕别人，就不用担心不会达到圣贤的地位。

【新解】范纯之的这句话启示教师要以德育人、以心换心，无论检查自己或批评别人的错误行为，都要注意查找思想根源。其意思与论语中"吾日三省吾身：为人谋而不忠乎？与朋友交而不信乎？传不习乎？"这句话有着同工异曲之妙，都强调了自持修心的重要价值。许多人在遇见事情时，总是先责备别人，其实我们应当好好反省自己，在责人之前想想是否应该先责己。如果可以做到以责人之心责己，那么对于自身而言就会有很大的提高。宽恕别人是一种境界，真正能够宽恕别人是很难办到的，也是需要勇气的。2018 年，教育部颁布的《新时代高校教师职业行为十项准则》《新时代中小学教师职业行为十项准则》《新时代幼儿园教师职业行为十项准则》第九条都提及"坚守廉洁自律，严于律己，清廉从教"的教师职业行为要求。这些规定所包含的内涵与范纯之"责己恕人"的思想是相同的。人民教师要用范纯之"责己恕人"的方法学会反思与总结，时常自省自警自己教书育人行为的不足与改进方向，做到有则改之、无则加勉；要用范纯之"无妄思无妄动"的思想指导自己的教育教学活动，时常查找问题的思想根源并及时加以改正或纠正。只有这样，才能养浩然正气，切实履行好立德树人的责使命，才能做到"出淤泥而不染、濯清涟而不妖"。

（明）王阳明："不贵于无过，而贵于能改过。"② "谦虚其心，宏大其量。"③ "攻吾之短者是吾师。"④

〖译文〗一个人重要的是知错能改，而不是不犯错误。让内心谦虚而不自满，让胸怀宽宏大度、能够容人。指出我短处的人，才真正是我的教师。

【新解】王阳明这几句话是关于"改过""虚心""宏量""攻短"等自我修身的内容。"贵于能改过"这句话的核心在于"人贵于能够自省和修身"。"人非圣贤，孰能无过"，即使是圣贤，也有可能会犯错，又何况平凡人呢？但本句话特别强调犯错其实没什么，重要的是能够及时改正，所谓"知错能

---

① 脱脱，等. 宋史：卷三百一十四·范纯仁传［M］. 北京：中华书局，1977：10293.

② 教条示龙场诸生［M］//王守仁. 王阳明全集：第 3 册. 吴光，钱明，董平，等编校. 杭州：浙江古籍出版社，2011：1022.

③ 答刘内重［M］//王守仁. 王阳明全集：第 1 册. 吴光，钱明，董平，等编校. 杭州：浙江古籍出版社，2011：210.

④ 启问道通书［M］//王守仁. 王阳明全集：第 1 册. 吴光，钱明，董平，等编校. 杭州：浙江古籍出版社，2011：66.

改，善莫大焉”。改正了错误那就是完美。“虚心”“宏量”这句话是对几千年延续至今的谦虚和宽容传统美德的深入阐释。“孔融让梨”这个典故每个人都知道，“宰相肚里能撑船”也是我们常说的一句俗语，宽宏他人也是宽宏自己，成功的路上这个思想也是必须具备的。“攻吾之短者是吾师”这句话是指每个人都会存有短处，孔子说过“三人行，必有我师焉”，所以当一个人指出你的错误时，那么这个人一定就是你的教师。2018 年，教育部颁布的《新时代高校教师职业行为十项准则》《新时代中小学教师职业行为十项准则》《新时代幼儿园教师职业行为十项准则》第九条都提及“坚守廉洁自律，严于律己，清廉从教”的教师职业行为要求。这些规定所包含的内涵与王阳明“改过”“虚心”“宏量”“攻短”的思想是相同的。新时代的人民教师，对自己内心要不断进行拷问，要正确认识自己的不足与缺点。俗话说得好，“人无完人，金无足赤”。在教书育人的路上，我们难免会有这样或那样的不足，也难免会犯错。但是犯错不可怕，可怕的是意识不到自己犯错了而没有去及时改正。同时，要对他人的言语加以正确的辨析，在你犯错时还夸奖你的往往不是真诚待你的，只有批评指出你错误的人才是你真正的“教师”。一时的批评并不是要伤害你，而是要帮助你进步。如果没有愿意批评自己、指出自己在教书育人工作上存在的不足的人，那么你永远没有办法取得进步，便只能浑浑噩噩，也就不能够成为名师。一个善于及时改正错误的教师，就是一位好教师，就能给学生以示范与引导。当然，当教师的还必须时常保持谦虚的态度与宽大的胸怀。谦虚是不骄傲，始终不满足已获得的知识，不断前进的态度；宽大的胸怀是一个人不仅在做事上要成熟，更要在与他人相处的时候大气一些，而不能斤斤计较。虚怀若谷，胸有大气，是处理好人际关系的重要准则，也是处理好师生关系的重要准则。

（明）张居正：“惧则思，思则通微；惧则慎，慎则不败。”①

〖译文〗敬畏就会思考，思考就会通晓一切；敬畏就会谨慎，谨慎就会事事成功。

【新解】张居正的这句话有着深刻的修身哲理。它告诉我们，时常思考、有所敬畏是提高自身修养的重要方式方法。知敬畏、知戒惧，这是一个人提高修养的根本方法。心存敬畏之心，就会明白教师职业的神圣，就会增强职业道德精神。2018 年，教育部颁布的《新时代高校教师职业行为十项准则》《新时代中小学教师职业行为十项准则》《新时代幼儿园教师职业行为十项准则》第

① 熊十力. 韩非子评论：与友人论张江陵［M］. 上海：上海古籍出版社，2019：169.

九条都提及“坚守廉洁自律，严于律己，清廉从教”的教师职业行为要求。这些规定所包含的内涵与张居正“惧思惧慎”的思想是相同的。人民教师要常怀敬畏之心、常常自省自警，要敬畏学生、敬畏人民、敬畏教育，把“惧思惧慎”作为自己安身立命的为人之本，作为立德树人的教育之道，担起人类灵魂工程师、人类文明传承者的职责使命。

（近代）鲁迅：“我的确时时解剖别人，然而更多的是更无情面地解剖我自己。”①

【新解】作为我国著名文学家、思想家、民主战士的鲁迅，他的这句话把刚强的气节、批判的精神表述得十分直白明了，与“吾日三省吾身”有着相同的思想内涵。2018 年，教育部颁布的《新时代高校教师职业行为十项准则》《新时代中小学教师职业行为十项准则》《新时代幼儿园教师职业行为十项准则》第九条都提及“坚守廉洁自律，严于律己，清廉从教”的教师职业行为要求。这些规定所包含的内涵与鲁迅“解剖自己”的思想是一致的。作为教师，我们应当慎独、慎思、自省，要时时刻刻反省自己，知错能改，善莫大焉，做一个有正气、有情怀、有风骨的受人尊敬与人民满意的教师。

（近现代）叶圣陶：“教育事业原是教师做的，教师不能只等旁人来‘觉我’，要靠自己觉悟……若是从‘自觉’得来的，便灵心彻悟，即知即行。”②

【新解】叶圣陶的这句话强调了教师自我修道中“觉我”“自觉”的重要性，通过自我觉悟就能达到即知即行的境界。也就是说，教师必须善于自我引导、自我督导。2018 年，教育部颁布的《新时代高校教师职业行为十项准则》《新时代中小学教师职业行为十项准则》《新时代幼儿园教师职业行为十项准则》第九条都提及“坚守廉洁自律，严于律己，清廉从教”的教师职业行为要求。这些规定所包含的内涵与叶圣陶“觉我”“自觉”“即知即行”的思想是相同的。教师要培养好、引导好学生，首先自己要善于自我成长，要主动地反省自己、检视自己，自觉加强自身师德锤炼，并及时纠正自己的不足，做到即知即行、即行即改，这样才能当好学生健康成长的引路人。

（当代）魏书生：“抽打自己的鞭子要掌握在自己的手里，在漫长的人生道路的每一步上，都要经常鞭策自警，万不可以为有过一两次抽打就可以沿途平安了。‘自新应似长江水，日夜奔流无歇时。’”③

【新解】魏书生的这段话表现出高度的觉知觉行水平，强调了教师要经常

① 鲁迅. 鲁迅全集：第 1 卷［M］. 北京：人民文学出版社，1958：362.

② 叶至善，等. 叶圣陶集：第 11 卷［M］. 南京：江苏教育出版社，1991：21.

③ 魏书生. 教学工作漫谈［M］. 桂林：漓江出版社，2014：172.

鞭策自警。这些思想对于当下加强师德师风建设具有重要的启迪意义。2018年，教育部颁布的《新时代高校教师职业行为十项准则》《新时代中小学教师职业行为十项准则》《新时代幼儿园教师职业行为十项准则》第九条都提及“坚守廉洁自律，严于律己，清廉从教”的教师职业行为要求。这些规定所包含的内涵与魏书生“经常鞭策自警”的思想是相同的。教育是一个漫长的过程，教育的效果也是需要长时间的持续努力才会显现出来，“十年树木、百年树人”就是这个道理。因此教师要时常鞭策自警，要有耐得住性子、耐得住寂寞的心理准备，潜心教书、潜心育人。

（当代）张文炳：“在本质上说，他还须有一个最快乐而健全的心灵！很会利用错误机会去求改进他自己。”①

【新解】张文炳的这句话从心理健康的角度丰富了教师修养的内涵，强调了教师加强心灵修养的方法及其重要性，指出知错能改的教师，其心灵是最快乐而健全的。2018年，教育部颁布的《新时代高校教师职业行为十项准则》《新时代中小学教师职业行为十项准则》《新时代幼儿园教师职业行为十项准则》第九条都提及“坚守廉洁自律，严于律己，清廉从教”的教师职业行为要求。这些规定所包含的内涵与张文炳“改进自己”的思想是相同的。健康良好的心理素质是教师职业素质的重要组成，关系到每一个学生的心理健康。一个心灵快乐而健全的教师能够培养出身心健康的学生。作为新时代的人民教师，我们要把维护心理健康作为自身修养中的重要组成部分，随时调适工作压力、心理情绪，要合理安排与家庭、与学校、与社会的关系，提高心理调节能力，营造良好的教书育人环境，使学生健康、积极、快乐地成长。

四、廉洁修身

（春秋）老子：“大丈夫处其厚，不居其薄；处其实，不居其华。”②

〖译文〗大丈夫，就是得道之人，总是处在深厚这一面，而不是处在浅薄这一面。处处讲诚实，而不追求浮华。

【新解】老子的这句话讲出了很深的廉洁修身道理。凡是那些浮华的人都不是得道之人，凡是那些浅薄的人也都不是得道之人。所谓大丈夫，要有一定的文化涵养，为人处世或者看待问题不能过于浅薄，心要朴实，要诚信，不要华而不实，只做表面功夫，这样的人才可以称之为大丈夫。总之，老子的这句

---

① 张文炳．小学教师应该怎样［J］．乡村教育，1937，4（1）：19．又见：杜成宪．民国乡村教育文献丛刊：第28卷［M］．北京：国家图书馆出版社，2014：61．

② 李耳．老子［M］．王弼，注．上海：上海古籍出版社，1989：9．

话就是告诉我们，为人处世要谦逊俭朴、廉洁自律。2018 年，教育部颁布的《新时代高校教师职业行为十项准则》《新时代中小学教师职业行为十项准则》《新时代幼儿园教师职业行为十项准则》第九条都提及“坚守廉洁自律，严于律己，清廉从教”的教师职业行为要求。这些规定所包含的内涵与老子“处其厚”“处其实”的思想是一致的。作为人类灵魂的工程师，教师更要严格要求自己，不要贪图功名利禄，不要追求权势享乐，要清清白白做人，清清廉廉教书，让学生真正获得精神上、思想上、知识上的收获。

（东汉）郑玄：“人虚己自洁而来，当与其进之。”①

【译文】凡是虚心求学有上进心的，就应该好好教他，帮助他进步。

【新解】郑玄的这句话提出“人虚己自洁而来”，是对孔子的“人洁己以进，与其洁也，不保其往也”的释注，其意与李炳南的“故许其洁己以进”，朱熹的“人洁己而来，但许其能自洁耳”，有着相同的含义。2018 年，教育部颁布的《新时代高校教师职业行为十项准则》《新时代中小学教师职业行为十项准则》《新时代幼儿园教师职业行为十项准则》第九条都提及“坚守廉洁自律，严于律己，清廉从教”的教师职业行为要求。这些规定所包含的内涵与郑玄“虚己自洁”的思想是一致的。教师的师德师风水平，关系到亿万青少年的健康成长，关系到全民的素质和国家的未来。因此教师应当注重自身的廉洁，“俭以养德，廉以养教”，努力提高自己的道德情操，要时时刻刻提醒自己谨记“春蚕到死丝方尽，蜡炬成灰泪始干”的奉献精神，要以“廉洁自律”的红烛精神立德树人，努力修身养性，提高学识水平，爱生如子，做一名拥有爱心、廉洁从教的好教师。

（隋）王通：“惑人者无逾利也。利无求弗获，德无施不积。”“众逐利而富寡，贤让功而名高。利大伤身，利小惠人，择之宜慎也。天贵于时，人贵于明，动之有戒也。”“众见其利者，非利也。众见其害者，或利也。君子重义轻利，小人嗜利远信，利御小人而莫御君子矣。”②

【译文】迷惑人的东西不外乎于利益。不追求利益那就不能获得利益，不施舍仁德就不能积累仁德。很多人都追逐利益，但真正富贵的人很少；贤明的人虽然让出了他的功劳，却增加了他的名望。索取大利益反而容易伤害自身，施舍小利益却能给自己带来实惠，所以应该谨慎地选择它们。天道自有其规律，人们自有其聪明，所以自己的行为要遵守规矩戒律。许多人都能看见的好

---

① 论语·述而第七［M］//阮元. 十三经注疏. 北京：中华书局，1980：2483.

② 文中子. 止学［M］. 马树全，译注. 合肥：黄山书社，2010：1-2.

处，那它就不一定是好处了。许多人都视为有害的东西，或许它却是有益的。君子重视道义而轻视利益，小人贪恋利益而远离诚信。利益可以驱使小人而不能驱使君子。

【新解】这三句话是王通对如何看待利益的深刻理解。王通提出利益是惑人之首，太过逐利会损害自己，君子与小人之间的区别在于如何对待利益问题。他的这些思想对于我们今天加强师德师风建设具有十分重要的现实指导意义。2018 年，教育部颁布的《新时代高校教师职业行为十项准则》《新时代中小学教师职业行为十项准则》《新时代幼儿园教师职业行为十项准则》第九条都提及“坚守廉洁自律，严于律己，清廉从教”的教师职业行为要求。这些规定在某种程度上就是对王通关于如何对待利益问题的思想的现实化、具体化借鉴与吸纳。天道贵在有其规律，人贵在明智有节，行动要遵守规矩戒律。新时代的人民教师，应当认真领会王通关于“君子重视道义而轻视利益，小人贪恋利益而远离信用，利益可以驱使小人而不能驱使君子”的思想精髓，充分认识到党的教育事业的重要性，充分认识到教师的地位和作用，认识到教师是人类灵魂的工程师、是园丁、是播种机、是至高无上的授业者、是人类文明的传送者。既然社会、国家、人民给予教师如此崇高的地位和期待，那么作为教师，我们就应该无愧于教师这个职业，就应该扎扎实实守好规矩，做好教书育人事业。无愧于“太阳底下最光辉的职业”，无愧于社会、国家和人民寄予我们的厚望。要树立正确的利益观，把守规矩、讲纪律作为做人做事的基本准则，做到坚守本心、严于律己，做到清廉从教，做到头脑中清楚、行动上自觉，做到不索要、收受学生及家长财物，不参加由学生及家长付费的宴请、旅游、娱乐休闲等活动，不利用家长资源谋取私利，不越“雷池”，不闯“红线”，不乱“章法”。

（隋）王通：“君子不受虚誉，不祈妄福，不避死义。”①

〖译文〗有道德的人不接受虚伪的荣誉，不祈求非分的幸福，不回避以身殉义。

【新解】王通的这句话为我们树立起君子的大义凛然的形象。在王通看来，不实之誉、非分之福，受之有愧，享之不安，是君子都不会接受的。2018 年，教育部颁布的《新时代高校教师职业行为十项准则》《新时代中小学教师职业行为十项准则》《新时代幼儿园教师职业行为十项准则》第九条都提及

---

① 中说·礼乐［M］//王通. 文中子中说. 阮逸，注. 秦跃宇，点校. 南京：凤凰出版社，2017：62.

“坚守廉洁自律，严于律己，清廉从教”的教师职业行为要求。这些规定所包含的内涵与王通“不受虚誉，不祈妄福，不避死义”的思想是一致的。师德是教师的灵魂，清正廉洁才有人格力量，才有立德树人的底气。教师作为教书育人、传授知识的主体，更应具备廉洁自律、严于律己优良品质。作为教师，面对的诱惑比学生大得多。教师要运用自省、自警、自检、自视等方法，增强责任感、使命感、荣誉感，守好廉洁的底线，不触贪腐的红线，不羡慕功名利禄，不谋取私利荣誉，以敬业之精神律己爱生。

（唐）韩愈：“又祝曰：‘使先生无图利于大夫而私便其身。’先生起拜祝辞曰：‘敢不敬蚤夜以求从祝规。’”①

［译文］又有人祝愿道：“希望先生不要像乌大夫那样贪图利益，而为自己图谋私利。”石先生起身拜谢道：“怎么敢不日夜尽忠职守，以此做到遵从你们的祝愿和规劝呢！”

【新解】韩愈的这句话出自《送石洪处士赴河阳参谋序》，描写了石先生去乌御史大夫处做贤士，大家为他饯行时的赠语。送行的人纷纷希望石先生不要图谋私利，石先生表达了尽忠职守之意。其实这句话就是大家希望石先生做一个清廉的官。2018 年，教育部颁布的《新时代高校教师职业行为十项准则》《新时代中小学教师职业行为十项准则》《新时代幼儿园教师职业行为十项准则》第九条都提及“坚守廉洁自律，严于律己，清廉从教”的教师职业行为要求。作为新时代的人民教师，我们从站上讲坛那一刻起，就承担了社会、民众、学生的期望，这个期望就是廉洁自律、清廉从教、敬业奉献、爱生如子，所以人们才尊称教师为人类灵魂的工程师、人类文明的传承者。而要不辜负大家的期待，教师只有时常加强自身的修养锤炼，严于律己，自持自警，自省自重，淡泊名利，默默奉献，才能无愧于人民教师的光荣称号。

（近代）王衍康：“就中尤觉紧要的，是第二项简单的生活。我国现在在经济恐慌，若不提倡社会节约、个人节约，断难达到复兴民族的目的。乡村教师尤应以身作则，过简单朴素的生活，以矫正社会奢侈的恶习。再者生活简单，精神自然安定，无谓的希求、虚荣的心理，自然可以打破了。”②

【新解】王衍康的这句话对教师廉洁修身的方法做出了较详细的阐释，比如他强调过简单的生活、提倡节约，这些思想对于今天的教师如何加强师德师

---

① 韩愈. 韩愈集·卷 21：送石洪处士赴河阳参谋序［M］. 严昌，校点. 长沙：岳麓书社，2000：261.

② 王衍康. 乡村教育［M］. 上海：正中书局，1935：107-108. 又见：杜成宪. 民国乡村教育文献丛刊：第 8 卷［M］. 北京：国家图书馆出版社，2014：561-562.

风修养具有重要的现实指导意义。2018 年，教育部颁布的《新时代高校教师职业行为十项准则》《新时代中小学教师职业行为十项准则》《新时代幼儿园教师职业行为十项准则》第九条都提及“坚守廉洁自律，严于律己，清廉从教”的教师职业行为要求，就是对王衍康“简单朴素的生活”主张的继承与吸纳。作为新时代的人民教师，我们要树立正确的人生观、世界观与价值观，正确理解物质财富与精神财富之间的关系，要从王衍康提出的过简单朴素的生活中汲取师德文化营养，切实做到精神自然安定，不慕虚荣，不图享受，做精神上的富者、思想上的智者、社会中的仁者。

（近代）陈志贞：“现在小学教师待遇最薄，而工作及责任却特别繁重，若不能坚忍耐劳，便难安于其位了。”“凡是乡下的小学教师，必须要能吃苦，才能干乡下的工作。因为乡村的事情，都是吃苦的事，所以能吃苦的人，才能在乡村永远地做下去。”①

【新解】陈志贞在这句话里对民国时期教师职业面临的艰难做了客观的描述，在待遇最薄、工作及责任特别繁重的情况下，要做好教书育人工作，需要教师要有坚忍耐劳的吃苦精神。虽然今天广大教师的待遇条件比起民国时期不知好上了多少倍，但陈志贞提及的坚忍耐劳的吃苦精神却不能丢，值得今天的教师认真学习和借鉴。2018 年，教育部颁布的《新时代高校教师职业行为十项准则》《新时代中小学教师职业行为十项准则》《新时代幼儿园教师职业行为十项准则》第九条都提及“坚守廉洁自律，严于律己，清廉从教”的教师职业行为要求，就是对陈志贞“要有坚忍耐劳的吃苦精神”主张的继承与吸纳。面对培养德、智、体、美、劳全面发展的社会主义建设者和接班人任务，新时代的广大教师需要继续发扬陈志贞提出的“要有坚忍耐劳的吃苦精神”，在立德树人上呕心沥血、默默奉献。

（近代）秦亚修：“村校教师薪少事多，担任此职，须对于功名利禄之念甚为淡泊者。村校教师不宜慕好都市之艳丽繁华，而乐于闲静清淡之农村，且有亲爱农村青年儿童之性情者。村校教师常较都市为少，事务忙碌，功课繁重，须勤俭而耐劳者。村校教师日常与农民接触，交涉繁复，阻碍颇多，须有坚忍持久之性情者。村校为农村事业进退之所原，故教师须能牺牲个人之利益，发展全村之幸福者。”②

① 刘百川. 非常时期乡村小学教师的责任［J］. 乡村教育，1937，3（5）：12. 又见：杜成宪. 民国乡村教育文献丛刊：第 27 卷［M］. 北京：国家图书馆出版社，2014：518.

② 秦亚修. 农村教育讲义［M］. 上海：大中书局，1928：70. 又见：杜学元. 民国乡村教育文献丛刊续编：第 2 卷［M］. 北京：国家图书馆出版社，2017：198.

【新解】秦亚修在这句话里比较详细地分析了教师在职业道德上的具体内容，比如“须对于功名利禄之念甚为淡泊”“不宜慕好都市之艳丽繁华”“乐于闲静清淡之农村”“有亲爱农村青年儿童之性情”“须勤俭而耐劳”“须有坚忍持久之性情”“须能牺牲个人之利益”等，这些思想在今天看来仍然不过时，对于今天的广大教师做好立德树人工作是很有裨益与帮助的。2018 年，教育部颁布的《新时代高校教师职业行为十项准则》《新时代中小学教师职业行为十项准则》《新时代幼儿园教师职业行为十项准则》第九条都提及“坚守廉洁自律，严于律己，清廉从教”的教师职业行为要求，就是对秦亚修“须对于功名利禄之念甚为淡泊”“不宜慕好都市之艳丽繁华”“须有坚忍持久之性情”“须能牺牲个人之利益”主张的继承与吸纳。当前，我国城乡教育发展仍然存在着许多不平衡、不均衡的情况，城市里的教育发展水平要比农村好许多，这是教育均衡发展中不可避免的结构性问题。面对这些问题，尤其需要在农村教书的教师们从秦亚修的主张中获取师德文化营养，要有淡泊名利之心态，有坚忍持久之性情，有牺牲个人利益之决心，全身心地投入乡村教育事业中，为我国城乡教育均衡发展做出自己的贡献。

（近代）陈兆庆：“我们深信最高尚的精神是人生无价之宝，非金钱所能买得来，也就不必靠金钱而后振作，尤不可因金钱少而推诿。”①

【新解】陈兆庆在这句话里表达了对高尚师德精神的充分肯定与景仰，他认为最高尚的精神是人生无价之宝，非金钱所能买得来。对于教师来说，高尚的师德就是教师的无价之宝，教师的奉献精神是金钱买不来的。他的这一思想值得今天的教师认真学习和借鉴。2018 年，教育部颁布的《新时代高校教师职业行为十项准则》《新时代中小学教师职业行为十项准则》《新时代幼儿园教师职业行为十项准则》第九条都提及“坚守廉洁自律，严于律己，清廉从教”的教师职业行为要求，就是对陈兆庆“最高尚的精神是人生无价之宝，非金钱所能买得来”主张的继承与吸纳。新时代的人民教师，要有正确的名利观、育人观，要认识到自己所从事的天底下最光辉的职业，是人类最伟大的事业。因此，教师要有高尚的职业道德情操，要有高度的奉献精神。

（近现代）胡适：“金钱不是生活的主要支撑物。有了良好的品格，高深的学识，便是很富有的人了。”②

【新解】胡适的这句话表达了对金钱的深刻认识。在他眼中，品格良好与

---

① 陈兆庆. 中国农村教育概论［M］. 上海：商务印书馆，1937：275. 又见：杜成宪. 民国乡村教育文献丛刊：第 5 卷［M］. 北京：国家图书馆出版社，2014：289.

② 胡成业. 徽州的胡适［M］. 上海：文汇出版社，2012：273.

学识高深远比金钱重要，有良好品德学识的人才是富有的人，而金钱多的人却不一定是富有的人。胡适的这句话对于今天的教师如何加强师德师风修养具有重要的现实指导意义。2018 年，教育部颁布的《新时代高校教师职业行为十项准则》《新时代中小学教师职业行为十项准则》《新时代幼儿园教师职业行为十项准则》第九条都提及“坚守廉洁自律，严于律己，清廉从教”的教师职业行为要求。新时代的人民教师，必须树立正确的金钱观、利益观、价值观，要做精神上的富人、学识上的富人，而不要去追求金钱上的富人。要淡泊名利、潜心向学、潜心治教、潜心育人，努力做一个品德高尚的人、无私奉献的人、廉洁自律的人。

（近现代）金嵘轩：“要有朴素简洁、刻苦耐劳的习惯。有活用科学方法，实行新生活，转移恶习俗的毅力。要有忠实恳挚而又能平民化的态度。”①

【新解】金嵘轩的这句话与王衍康“简单朴素的生活”主张在意思上是一样的，但他更进一步指出了要用科学的方法加强师德锤炼，这些思想对于今天的教师如何加强师德师风修养，提供了参考、指明了方向，值得学习和借鉴。2018 年，教育部颁布的《新时代高校教师职业行为十项准则》《新时代中小学教师职业行为十项准则》《新时代幼儿园教师职业行为十项准则》第九条都提及“坚守廉洁自律，严于律己，清廉从教”的教师职业行为要求，就是对金嵘轩“朴素简洁、刻苦耐劳的习惯”“活用科学方法，实行新生活，转移恶习俗的毅力”主张的继承与吸纳。教师对学生的影响不只是知识上的，更重要的是道德品性、处世行为上的，所以强调教师加强师德锤炼要以德为先，培养学生全面发展要把德育放在首位，就是这个道理。新时代的人民教师，要注意运用科学的方法加强师德师风建设，要培养形成朴素简洁、刻苦耐劳的品性习惯。

（近现代）刘百川：“衣食住行要力求简单朴素，更要能吃苦耐劳，与农民及儿童过同样生活。”“生活要有纪律，工作要有定时，最好能订一个合理的作息时间表，把工作及休息的时间做一个适宜的分配。”“要有正当的娱乐及适宜的运动，并且要戒除一切不良嗜好，如赌钱吸烟等。”“自己的时间和精神，要用得经济，不随便浪费，并且谢绝无谓的应酬。”②

【新解】刘百川的这句话与王衍康“简单朴素的生活”、金嵘轩“朴素简

---

① 金嵘轩．乡村教育．又见：上海：正中书局，1936：113．又见：杜成宪．民国乡村教育文献丛刊：第 9 卷［M］．北京：国家图书馆出版社，2014：285.

② 刘百川．乡村教育的经验［M］．上海：商务印书馆，1937：29-30．又见：杜成宪．民国乡村教育文献丛刊：第 22 卷［M］．北京：国家图书馆出版社，2014：141-142.

洁、刻苦耐劳的习惯”主张在意思上是一样的，但刘百川对如何做到简单朴素、吃苦耐劳，做了更加明确具体的分析阐述。这些思想值得今天的教师在加强师德师风建设中学习和借鉴。2018 年，教育部颁布的《新时代高校教师职业行为十项准则》《新时代中小学教师职业行为十项准则》《新时代幼儿园教师职业行为十项准则》第九条都提及“坚守廉洁自律，严于律己，清廉从教”的教师职业行为要求，就是对刘百川“衣食住行要力求简单朴素，更要能吃苦耐劳”主张的继承与吸纳。与学生过一样的生活，这是学生对教师教书育人生活的期待。新时代的人民教师，要从刘百川“生活要有纪律，工作要有定时”“戒除一切不良嗜好”“要用得经济，不随便浪费”这些思想中吸取师德文化营养，以此作为自己以德修身的重要方法，切实加强自身师德的锤炼。

第五章　终身学习

第一节　具有扎实学识

一、乐于学

（春秋）孔子："知之者不如好之者，好之者不如乐之者。"①

［译文］孔子说："对于学问和事业，知道它的人不如喜爱它的人，喜爱它的人又不如以它为乐的人。"

【新解】孔子的这句话讲的是兴趣对于学习的重要性，是关于学习的至理名言，对于今天的广大教师终身学习而言有着重要的现实指导价值。2018 年，教育部颁布的《新时代高校教师职业行为十项准则》《新时代中小学教师职业行为十项准则》《新时代幼儿园教师职业行为十项准则》序言中都提及"有扎实学识"的教师职业行为要求，《新时代高校教师职业行为十项准则》第七条明确提出要"严谨治学，潜心问道，勇于探索"的要求，就是对孔子"知之者不如好之者，好之者不如乐之者"主张的继承与吸纳。传播人类知识与文明是广大教师的主要任务，这就决定了教师必须要端正自己的学习态度，要保持对新知的学习兴趣。要以学习知识为乐趣，不断丰富自己的学识素养。总之，"以知为乐"应该成为每个教师的职业追求。

（战国）孟子："君子深造之以道，欲其自得之也。自得之，则居之安；居之安，则资之深；资之深，则取之左右逢其源。故君子欲其自得之也。"②

［译文］君子想要自己有所收获，总要遵循一定的方法来提高学识修养。如果自己有所收获，那就能够掌握越牢固；掌握得越牢固，就越能够积累深

---

① 论语·雍也第六［M］//阮元. 十三经注疏. 北京：中华书局，1980：2479.

② 孟子·离娄章句下［M］//阮元. 十三经注疏. 北京：中华书局，1980：2726-2727.

厚；积累得越深厚，用起来就越能够左右逢源。所以，君子总是希望自己有所收获。

【新解】孟子的这句话指出了教师要教会学生每天自我反省，学会整理所学知识，做到每日所学心中有数，而不是惶惶然度日。他的这一思想值得广大教师在教育教学中切实借鉴和吸纳。2018 年，教育部颁布的《新时代高校教师职业行为十项准则》《新时代中小学教师职业行为十项准则》《新时代幼儿园教师职业行为十项准则》序言中都提及“有扎实学识”的教师职业行为要求，《新时代高校教师职业行为十项准则》第七条明确提出要“严谨治学，潜心问道，勇于探索”的要求，就是对孟子“君子深造之以道，欲其自得之”主张的继承与吸纳。新时代的人民教师，必须自身有学富五车的渊博知识，能把所学知识融会贯通地加以运用，真正给予学生知识的传授、文明的传播，发挥好经师仁师的帮助引导作用，让学生在学习上有所自得、有所自获。这样的教师才能算得上有扎实学识的好教师。

（战国末期）荀子：“学之径，莫速乎好其人，隆礼次之。”①

［译文］崇拜良师是最便捷的学习途径，其次是崇尚礼仪。

【新解】荀子的这句话指出了学习的途径，那就是首先要向良师学习，这与孔子“三人行，必有我师焉”的意思是一样的，都强调向他人学习、向教师学习的重要性。他的这一思想值得广大教师在教育教学中切实借鉴和吸纳。2018 年，教育部颁布的《新时代高校教师职业行为十项准则》《新时代中小学教师职业行为十项准则》《新时代幼儿园教师职业行为十项准则》序言中都提及“有扎实学识”的教师职业行为要求，《新时代高校教师职业行为十项准则》第七条明确提出要“严谨治学，潜心问道，勇于探索”的要求，就是对荀子“学之径，莫速乎好其人，隆礼次之”主张的继承与吸纳。教师在成长过程中，要向优秀的前辈多多学习，才能够将别人好的经验运用到自己的教育教学中去，并通过自己的实践得出独特的体会，才能够更快速地成长起来，教育教学工作才会更加得心应手。如果一个人想要获得更好的发展，那么必须要向优秀的人看齐，通过学习他们的好的方面，便能够更快速地成长起来，也才能更好地履行自己的职责。一名教师更是如此，因为教师从事的职业是如此特别，是为学生的成长引路。要想做好这个引路人，教师就必须要先让自己成长起来，并通过以身作则方式去影响学生，才能不负人类灵魂工程师的称号。

（战国末期）荀子：“师术有四，而博习不与焉。尊严而惮，可以为师；

---

① 荀子. 荀子［M］. 孙安邦，马银华，译注. 太原：山西古籍出版社，2003：9-10.

耆艾而信，可以为师；诵说而不陵不犯，可以为师；知微而论，可以为师。”①

〖译文〗除了学识要求渊博扎实外，当教师应该具备以下四个方面的基本条件：一是要尊严而有威信；二是要有丰富的阅历和崇高的信仰；三是要能够有条有理、不凌不乱地讲授儒家经典的能力；四是要有钻研和精通教学内容的精神，还能够进行阐释，讲述其中的道理。做到这四点就可以做教师了。

【新解】荀子的这句话强调了师者除去基本学识，更重要的还在于要有师者的威信、阅历及信仰、讲授传统儒学知识的能力，要有钻研教材、阐释教材知识的能力，而不局限于教材本身。他的这一思想值得广大教师在教育教学中切实借鉴和吸纳。2018 年，教育部颁布的《新时代高校教师职业行为十项准则》《新时代中小学教师职业行为十项准则》《新时代幼儿园教师职业行为十项准则》序言中都提及“有扎实学识”的教师职业行为要求，《新时代高校教师职业行为十项准则》第七条明确提出要“严谨治学，潜心问道，勇于探索”的要求，就是对荀子“师术有四”主张的继承与吸纳。教师在具体的教育教学中，要学会以品德、经验、专业为基本理念引导自己的教育教学工作，做一个“活”的教师。一个师者必须要有令学生信服的威信，才能教育好学生；必须要有正确的信仰和教育理念，才能更好地教育一代又一代的青年学子，才能够教育出国家和社会需要的人才。

（隋）王通：“天下未有不学而成者也。”②

〖译文〗从古至今的贤德的大人物没有不学习而取得成就的。

【新解】王通的这句话是治学名言，强调了学习对成才成事的重要意义。他的这一思想值得广大教师在教育教学中切实借鉴和吸纳。2018 年，教育部颁布的《新时代高校教师职业行为十项准则》《新时代中小学教师职业行为十项准则》《新时代幼儿园教师职业行为十项准则》序言中都提及“有扎实学识”的教师职业行为要求，《新时代高校教师职业行为十项准则》第七条明确提出要“严谨治学，潜心问道，勇于探索”的要求，就是对王通“天下未有不学而成者”主张的继承与吸纳。传道、授业、解惑是教师的天职。教师应该怎么让学生知道学习的重要性呢？学习是为了获得将来生活需要的本领，很苦很累，如果不能掌握好的学习方法，不能持之以恒，就会半途而废。学习需要教师的引导，当学生对学习厌倦的时候，教师要给他们学习的动力；学习需

① 荀子. 荀子［M］. 孙安邦，马银华，译注. 太原：山西古籍出版社，2003：174.

② 王通. 文中子中说［M］. 阮逸，注. 秦跃宇，点校. 南京：凤凰出版社，2017：62.

要指点，当学生学不得法的时候，教师要给他们指点；学习需要监督，当学生想要放弃的时候，教师要给他们鼓励和严格要求，帮助他们战胜困难。

（唐）陈子昂："吾爱鬼谷子，青溪无垢氛。囊括经世道，遗身在白云。"①

［译文］我爱鬼谷子这个人，他如清澈的河水一般，没有污垢。他满腹经纶，治理国事，上知天文下知地理，栖居于白云之间，悠然自得。

【新解】这句话主要表达了陈子昂对鬼谷子经世治道、奉献社会的肯定和赞扬，启发后人要独善其身，修身治国，树立终身学习的理念，对国事家事要事事关心。他的这一思想值得广大教师在教育教学中切实借鉴和吸纳。2018年，教育部颁布的《新时代高校教师职业行为十项准则》《新时代中小学教师职业行为十项准则》《新时代幼儿园教师职业行为十项准则》序言中都提及"有扎实学识"的教师职业行为要求，《新时代高校教师职业行为十项准则》第七条明确提出要"严谨治学，潜心问道，勇于探索"的要求，就是对陈子昂"吾爱鬼谷子，青溪无垢氛。囊括经世道，遗身在白云"主张的继承与吸纳。师德是教师从事教书育人工作的首要，没有良好的师德，是不能担任也不能胜任教师职业的。广大教师只有树立良好的师德意识，有较高的师德修养，才能以无私奉献的胸怀、淡泊志远的境界帮助学生、引导学生、培养学生，才能为社会培养出一批批合格的有用之材。

（唐）柳宗元："太学立儒官，传儒业，宜求专而通、新而一者，以为胄子师。"②

［译文］中国古代最高学府太学聘请教师，给学生教授儒家学说，只有那些用专业、广博、新颖的知识去教育学生的，才可以给国子学生员当教师。

【新解】柳宗元在这句话中对教师的学识、治学精神提出了较高的要求，当教师要有扎实的学问，新颖的见解，肯钻研。他的这一思想值得广大教师在教育教学中切实借鉴和吸纳。2018年，教育部颁布的《新时代高校教师职业行为十项准则》《新时代中小学教师职业行为十项准则》《新时代幼儿园教师职业行为十项准则》序言中都提及"有扎实学识"的教师职业行为要求，《新时代高校教师职业行为十项准则》第七条明确提出要"严谨治学，潜心问道，勇于探索"的要求，就是对柳宗元"太学立儒官，传儒业，宜求专而通、新而一者，以为胄子师"主张的继承与吸纳。一名教师应当行得正、坐得端，正正直直，做好职责，自觉遵守教师的道德法规，真正爱学生、尊重学生、认

---

① 曾军. 陈子昂诗全集：汇校汇注汇评［M］. 武汉：崇文书局，2017：31.

② 柳宗元. 柳河东集·卷25：送易师杨君序［M］. 上海：上海古籍出版社，1993：230.

真备课、不论学生的差异平等对待每一位学生，这些是对教师的基本要求。自己的所作所为要能够对得起自己的职业、自己的岗位。坚持“益于世用”的教育目的是柳宗元一直强调的，他认为教育的目的就是把所学的知识运用到治国安邦，为人民谋福祉上去。也就是说，教育的目的不是沽名钓誉，而是要经世致用，这也是柳宗元教育青年后辈的一个重要教育原则。这是值得今天的广大教师学习和借鉴的。

（北宋）邵雍：“学不际天人，不足以谓之学；学不至于乐，不可以谓之学。”①

〖译文〗学问如果没有到达圣人的标准，那么就不能被认为有学问；学习如果不能达到乐在其中的程度，那么就不能被认为好学。

【新解】这句话出自宋·邵雍《皇极经世书·观物》，强调了真正学习、有效学习、好学不倦的标准，尤其是他提出的“学不际天人、学不至于乐”观点与孔子的“学而不厌”、胡宏的“学必习，习必熟，熟必久”等观点在意思上是相同的，都是强调学习要有坚持的精神、钻研的精神，学习没有达到精熟的标准，那不叫学习。邵雍的这一思想对于今天的广大教师锤炼师德、加强学习有着重要的现实指导意义，值得学习、借鉴与吸纳。2018 年，教育部颁布的《新时代高校教师职业行为十项准则》《新时代中小学教师职业行为十项准则》《新时代幼儿园教师职业行为十项准则》序言中都提及“有扎实学识”的教师职业行为要求，《新时代高校教师职业行为十项准则》第七条明确提出要“严谨治学，潜心问道，勇于探索”的要求，就是对邵雍“学不际天人，学不至于乐，不可以谓之学”主张的继承与吸纳。时代是在不断变换的，要使自己的思想能适应新的情况，就要不断学习。学习不能达到乐在其中的程度，不能被认为好学，指的是学习必须具有强烈的兴趣。这要求我们教师要学好本体性知识、机能性知识、综合性知识以及条件性知识；认真地履行职业道德行业准则，做一名爱国敬业的好教师。

（南宋）朱熹：“问渠那得清如许，为有源头活水来。”②

〖译文〗渠水如此清澈，是因为有源头活水不断注入。

【新解】朱熹的这句诗十分有名，经常被用来形容要坚持学习，不断地补充新的知识。他的这一思想值得广大教师在教育教学中切实借鉴和吸纳。2018 年，教育部颁布的《新时代高校教师职业行为十项准则》《新时代中小学教师

① 邵雍. 皇极经世书［M］. 北京：九州出版社，2012：513.

② 陈衍. 宋诗精华录［M］. 曹中孚，校注. 成都：巴蜀书社，1992：455.

职业行为十项准则》《新时代幼儿园教师职业行为十项准则》序言中都提及“有扎实学识”的教师职业行为要求，《新时代高校教师职业行为十项准则》第七条明确提出要“严谨治学，潜心问道，勇于探索”的要求，就是对朱熹“问渠那得清如许，为有源头活水来”主张的继承与吸纳。实践是认识的基础，实践是认识的来源与发展的动力。教师应该端正自己的态度，活到老学到老，让自己拥有广泛的知识面，积累更多的经验，才能够成为学生的引导者。教师应该以身作则，学无止境，相比起学生，教师更要认真进修，适时补充新的知识。如果教师的知识一成不变，那么迟早有一天他的知识就会枯竭，所以教师汲取知识应该像源源不断的活水一样，也才可以有更多的知识传递给学生。教师是学生学习道路上很重要的影响因子，教师所传递给学生的是自己的学识、素养。

（北宋）欧阳修：“立身以立学为先，立学以读书为本。”①

〖译文〗处世安身应当以读书学习为首要，求取学问应当以学习书本知识为根本。

【新解】欧阳修的这句话简明扼要地告诉了我们读书学习的重要性。读书学习是做好学问的前提，而做好学问首先要做好修身。他的这一思想值得广大教师在教育教学中切实借鉴和吸纳。2018 年，教育部颁布的《新时代高校教师职业行为十项准则》《新时代中小学教师职业行为十项准则》《新时代幼儿园教师职业行为十项准则》序言中都提及“有扎实学识”的教师职业行为要求，《新时代高校教师职业行为十项准则》第七条明确提出要“严谨治学，潜心问道，勇于探索”的要求，就是对欧阳修“立身以立学为先，立学以读书为本”主张的继承与吸纳。一个教师，如果只看教材与教参，即便对其倒背如流，也是教不好课的，也不可能成为一个优秀的教师。因为要想提升自己的教学水平，关键是要有丰富的学科素养，即要有大量的文化经典积累。时间久了，你所积累的经典思想与语言，就可以化为自己的东西，厚积薄发，从而构建自己的思想与话语系统。在教学的时候，你就可以从一个高品质与高文化的角度看教材、看教参，并有了属于自己的创造。这种教学，不是人云亦云，而是有品质、有个性，教学者感到教学是一种精神展示，学习者感到是一种心灵享受。当学生也可以在课堂上不断地阅读高品质的经典文化后，自然也就有了新的品质，也就有了属于自己的语言。这样，学生在你的课堂上学习，不仅不会感到索然无味，反而会感到其乐无穷。教师应该对新颁布的教材进行全面的

---

① 刘配书，陈昌才. 治国理政箴言［M］. 北京：北京联合出版公司，2015：198.

解读分析，理解教材的编写方法、编写用意，注重教材知识的传递与学生的理解，将学习放在第一位，将书本知识作为根本，在此基础上合理拓展，与学生进行深度交流。

（近代）陶行知："要想学生好学，必须先生好学。唯有学而不厌的先生才能教出学而不厌的学生。"①

【新解】陶行知的这句话强调了教师必须做学习上的表率、楷模的重要意义，尤其是他提出"只有学而不厌的教师才能教出学而不厌的学生"，这一思想在今天仍然有着重要的现实指导价值。2018 年，教育部颁布的《新时代高校教师职业行为十项准则》《新时代中小学教师职业行为十项准则》《新时代幼儿园教师职业行为十项准则》序言中都提及"有扎实学识"的教师职业行为要求，《新时代高校教师职业行为十项准则》第七条明确提出要"严谨治学，潜心问道，勇于探索"的要求，就是对陶行知"唯有学而不厌的先生才能教出学而不厌的学生"主张的继承与吸纳。教师要做大学问，去到更深层次（领域）学习真知，以自己的好学带动学生的好学。因而，教师的严谨治学和好学至关重要。

（近代）胡京英："学识精深渊博，体魄健强，精密的观察，灵警的机变，敏捷的动作等特别技能。""教师于通常事情外，不可不进而为种种进修。"②

【新解】胡京英的这句话对一名优秀教师的标准做出了比较明确的阐述。她认为一名优秀的教师，除了要有渊博、扎实的学识，强健的身体之外，教师还要有一双爱的慧眼，去发现、挖掘孩子身上的闪光点，让每一个孩子都充满自信，肯定他们都是最棒的。这一思想在今天仍然有着重要的现实指导价值。2018 年，教育部颁布的《新时代高校教师职业行为十项准则》《新时代中小学教师职业行为十项准则》《新时代幼儿园教师职业行为十项准则》序言中都提及"有扎实学识"的教师职业行为要求，《新时代高校教师职业行为十项准则》第七条明确提出要"严谨治学，潜心问道，勇于探索"的要求，就是对胡京英"学识精深渊博，体魄健强，精密的观察，灵警的机变，敏捷的动作等特别技能"主张的继承与吸纳。教师的博学会引导学生去博学，教师的好学会促进学生去好学，教师做到不断学习，那么学生也就会跟着教师做到不断学习。由此可见，好学是教师职业道德中的重要内涵。

（近代）储劲："乡村小学教师，虽无须高深之学问，而应有丰富之常识；

---

① 陶行知. 行知书信集［M］. 合肥：安徽人民出版社，1981：103.

② 胡京英. 我理想中的教师［J］. 乡村教育，1937，4（1）：19. 又见：杜成宪. 民国乡村教育文献丛刊：第 28 卷［M］. 北京：国家图书馆出版社，2014：61.

关于自然界之知识、社会之实况，均宜明了而有深切之研究。”①

【新解】储劲的这句话对教师的学识内涵做了详细的阐释，尤其是他强调教师要学识丰富，自然界的知识、社会界的知识，都要有所了解与掌握。这一思想在今天仍然有着重要的现实指导价值。2018 年，教育部颁布的《新时代高校教师职业行为十项准则》《新时代中小学教师职业行为十项准则》《新时代幼儿园教师职业行为十项准则》序言中都提及“有扎实学识”的教师职业行为要求，《新时代高校教师职业行为十项准则》第七条明确提出要“严谨治学，潜心问道，勇于探索”的要求，就是对储劲“应有丰富之常识，关于自然界之知识、社会之实况，均宜明了而有深切之研究”主张的继承与吸纳。在学生心目中，教师是上知天文地理、下知社会世事的学识榜样。正因为如此，学生对教师的景仰都是发自内心的。一名优秀的教师必须具备扎实的学识，必须严谨治学，好学上进，才能与学生心目中的形象相匹配。

（近代）刘炳藜：“乡村小学教师要具有充分的基本知识，因为他在乡村中是教育的领导者，不但要具有社会科学的知识，而且要具有自然科学的知识。他是乡村社会的知识明星，他的知识要能照耀乡村社会的全领域。他在乡村小学中差不多要担任所有的科目，无论语言文字的训练，理化的常识，博物的认识，音乐图画体操工艺的技能，他都应具备得完善。乡村小学教师真要是全知与全能者啊。”②

【新解】刘炳藜的这句话与储劲“应有丰富之常识，关于自然界之知识、社会之实况，均宜明了而有深切之研究”主张在意思上是一样的，都是强调教师知识面要宽广渊博。这一思想在今天仍然有着重要的现实指导价值。2018 年，教育部颁布的《新时代高校教师职业行为十项准则》《新时代中小学教师职业行为十项准则》《新时代幼儿园教师职业行为十项准则》序言中都提及“有扎实学识”的教师职业行为要求，《新时代高校教师职业行为十项准则》第七条明确提出要“严谨治学，潜心问道，勇于探索”的要求，就是对刘炳藜“具有充分的基本知识，是乡村社会的知识明星”主张的继承与吸纳。新时代的人民教师，理所应当地成为学生心目中的知识明星，而要做到这一点，教师必须要有终身学习的思想，要不断地学习新的知识，真正成为学生心目中的“全知全能者”。

---

① 储劲. 乡村教育 [M]. 上海：商务印书馆，1934：21. 又见：杜成宪. 民国乡村教育文献丛刊：第 8 卷 [M]. 北京：国家图书馆出版社，2014：189.

② 刘炳藜. 乡村教育 [M]. 上海：中华书局，1935：144. 又见：杜成宪. 民国乡村教育文献丛刊：第 8 卷 [M]. 北京：国家图书馆出版社，2014：426.

（近代）干藻："要有科学家一样的研究精神。科学家遇到艰难困苦是不怕的，惟其遇到艰难困苦，反觉得有兴趣。努力克服此艰难困苦，则科学上才有所发明，生活上才感觉到丰富。此科学家之所以不怕艰难，而反感有兴趣，甚至有为满足此研究兴趣而牺牲性命的人。乡村服务人员也要有这种研究兴趣。所遇之艰难和困苦，都是乡村教育上的问题，能够解决这种实际生活上的问题，才有事业上的进展和方法上的发明创造。从前哥伦布历尽困苦和危险才发现新大陆，我们要发现乡村教育上的新大陆，则艰难困苦的生活，也是必经的过程。"①

【新解】干藻的这句话强调了研究精神对教师增加学识的重要性。这一思想在今天仍然有着重要的现实指导价值。2018 年，教育部颁布的《新时代高校教师职业行为十项准则》《新时代中小学教师职业行为十项准则》《新时代幼儿园教师职业行为十项准则》序言中都提及"有扎实学识"的教师职业行为要求，《新时代高校教师职业行为十项准则》第七条明确提出要"严谨治学，潜心问道，勇于探索"的要求，就是对干藻"要有科学家一样的研究精神"主张的继承与吸纳。在当下信息时代与网络社会里，知识的获取已经变得相当便捷和容易，学生往往成为网络学习的弄潮儿，掌握的知识往往比教师还要多。这无形中对教师的知识楷模形象造成了冲突与影响。所以，新时代的人民教师，必须潜心学习、严谨治学，要活到老、学到老，只有这样才能胜任教书育人的本职工作。

（近代）黄寿松："要学识丰富。各科均一发展，对国学有素养，新学科学亦能了解，图音各技能科，尤应擅长。"②

【新解】黄寿松的这句话强调了教师学识渊博丰富的积极意义，提出教师应该对多科知识都有了解。这一思想在今天仍然有着重要的现实指导价值。2018 年，教育部颁布的《新时代高校教师职业行为十项准则》《新时代中小学教师职业行为十项准则》《新时代幼儿园教师职业行为十项准则》序言中都提及"有扎实学识"的教师职业行为要求，《新时代高校教师职业行为十项准则》第七条明确提出要"严谨治学，潜心问道，勇于探索"的要求，就是对黄寿松"要学识丰富，各科均一发展"主张的继承与吸纳。教师是人类文明的传承者，而人类文明包罗万象，涉及诸多方面。"五育并举""全面发展"

---

① 干藻. 乡村教育［M］. 上海：商务印书馆，1938：180-181. 又见：杜成宪. 民国乡村教育文献丛刊：第 9 卷［M］. 北京：国家图书馆出版社，2014：708-709.

② 黄寿松. 优良教师的要则［J］. 乡村教育，1937，4（1）：22. 又见：杜成宪. 民国乡村教育文献丛刊：第 28 卷［M］. 北京：国家图书馆出版社，2014：64.

是党的教育方针政策。对于新时代的人民教师而言，其要努力成为全科教师、全能人才，要成为全面发展的复合型教师。只有这样，才能切实贯彻落实党的教育方针政策，才能培养出全面发展的时代新人。

（近代）李晓农：“学无止境，我们应该随时加以进修。再加乡村小学教师，处于交通不便的乡村，每天所遇的人（都）是知识鄙陋的乡民。试问在这孤陋寡闻的环境中，思想能不落伍吗？学识经验能不腐旧吗？因此，乡村小学教师对于自身的进修不得不特别注意。进修的方法，在工作时常抱怀疑研究的态度，对于某一件事，总要研究出一个究竟来，课后常常多看关于教育方面的书籍，同时和其余的同事互相讨论研究，以收集思广益之效，并且接受人家的指导。”①

【新解】李晓农在这句话里要求教师要随时加以进修，要学无止境，要集思广益，向他人学习。这一思想在今天仍然有着重要的现实指导价值。2018年，教育部颁布的《新时代高校教师职业行为十项准则》《新时代中小学教师职业行为十项准则》《新时代幼儿园教师职业行为十项准则》序言中都提及“有扎实学识”的教师职业行为要求，《新时代高校教师职业行为十项准则》第七条明确提出要“严谨治学，潜心问道，勇于探索”的要求，就是对李晓农“学无止境，我们应该随时加以进修”主张的继承与吸纳。教师应自觉培养良好的学习兴趣，养成良好的学习习惯，向书本学习、向他人学习、向社会学习。在学习型社会的时代背景下，这些都是对新时代教师的基本要求。

（近代）龙发甲：“学识愈丰富广博，固为教育理想所期望；然就基本所需要者言，仅有普通学识亦可勉强为乡村教师。盖普通学识为专门学识之基础，且为寻求真理研究学问之必备工具。如对于国际事变、国家现势，以及自然界与社会活动之诸现象，皆当明了其梗概，庶足以兴奋自己任事之心和推求教育理论与实际之根源。而对于教学之科目，尤应有充分的研究和深刻的认识。如学力不足，则对于前途事业，自无兴趣而难收成功之效。如研究所得仅知模糊概念，而未透澈（彻）贯通，不特难望事业进步，且易陷于悖谬错误之途。”②

【新解】龙发甲的这句话与黄寿松“要学识丰富，各科均一发展”主张在意思是相同的，都是强调学识对于教师教书育人的重要性。龙发甲在这里更加

---

① 李晓农. 乡村教育视导［M］. 上海：黎明书局，1934：222-223. 又见：杜成宪. 民国乡村教育文献丛刊：第17卷［M］. 北京：国家图书馆出版社，2014：238-239.

② 龙发甲. 乡村教育概论［M］. 上海：商务印书馆，1936：45-46. 又见：杜学元. 民国乡村教育文献丛刊续编：第9卷［M］. 北京：国家图书馆出版社，2017：63-64.

突出了扎实的学识是教师从事教书育人职业的必备工具与基础的思想。这一思想在今天仍然有着重要的现实指导价值。2018 年，教育部颁布的《新时代高校教师职业行为十项准则》《新时代中小学教师职业行为十项准则》《新时代幼儿园教师职业行为十项准则》序言中都提及“有扎实学识”的教师职业行为要求，《新时代高校教师职业行为十项准则》第七条明确提出要“严谨治学，潜心问道，勇于探索”的要求，就是对龙发甲“学识愈丰富广博”主张的继承与吸纳。俗话说得好，“才高八斗才能做教师”。这句话虽然不一定全对，但也告诉了我们一个基本事实：学识扎实是对教师职业的基本要求。试想一下，教师的学问不多、学力不足，如何能教育好、引导好学生呢？这是一个十分浅显的道理。所以，教师应当对于自己所教授的课程有充足的知识储备、有广博的知识视野。

（近代）孙葆棣：“充分的知识。一般做教师的，对于乡村的民众，常存着这么一个坏观念，便是：乡下人，什么都不懂。这一来，连带地便轻视了民众学校的教师。他们以为做民众学校的教师，比做其他的教师容易。其实这种猜测，完全错了。我们要知道，一个民众学校的教师，他是有把什么都不懂的乡村民众，教得什么都懂的责任。因此，民众学校教师的什么农事知识、科学知识、社会知识等，事前都需要充分的准备，事后才能应付裕如，才能胜任愉快。”①

【新解】孙葆棣的这句话对乡村教师的学识要求做了明确的阐释，尤其是他强调乡村教师要具有与农村生产生活直接相关的知识储备，比如农事知识、科学知识、社会知识等。这一思想在今天仍然有着重要的现实指导价值。2018 年，教育部颁布的《新时代高校教师职业行为十项准则》《新时代中小学教师职业行为十项准则》《新时代幼儿园教师职业行为十项准则》序言中都提及“有扎实学识”的教师职业行为要求，《新时代高校教师职业行为十项准则》第七条明确提出要“严谨治学，潜心问道，勇于探索”的要求，就是对孙葆棣“民众学校教师的什么农事知识、科学知识、社会知识等，事前都需要充分的准备，事后才能应付裕如，才能胜任愉快”主张的继承与吸纳。对于新时代的人民教师而言，其要切实履行好教书育人的职责，必须首先要有扎实的学识、丰富的知识。正所谓“教学生半桶水的知识，自己得有一桶水的知识储备”。一位知识渊博的教师，是很受学生的尊敬与崇拜的，这也是顺利实施

---

① 孙葆棣. 怎样做乡村民众学校的教师［J］. 乡村教育，1937，3（3）：11-12. 又见：杜成宪. 民国乡村教育文献丛刊：第 27 卷［M］. 北京：国家图书馆出版社，2014：443-444.

教育教学工作的前提与基础。

（近现代）郭人全：“研究兴味。近来教育方法，渐渐地应用科学的研究试验，学生功课不能进步，决不一味强迫可以成功；新方法新制度，也不是一味盲目抄袭能够收效的。处处应该探本求源，按症配方才能有效。”①

【新解】郭人全的这句话强调了教师研究兴趣的重要性，指出了不能盲目抄袭的要求。这一思想在今天仍然有着重要的现实指导价值。2018 年，教育部颁布的《新时代高校教师职业行为十项准则》《新时代中小学教师职业行为十项准则》《新时代幼儿园教师职业行为十项准则》序言中都提及“有扎实学识”的教师职业行为要求，《新时代高校教师职业行为十项准则》第七条明确提出要“严谨治学，潜心问道，勇于探索”的要求，就是对郭人全“应该探本求源，按症配方才能有效”主张的继承与吸纳。教师要成为有扎实学识之师，必须要有浓厚的研究兴趣爱好，要对新知识新技术新事物保持探索的兴趣，要根据学生的学习需要查找自己知识储备上的不足，按照“缺什么就学什么”的原则，努力提高学习的针对性、有效性，这才是一名教师的合格之道。

（近现代）郭人全：“教育以都市为中心，教育理论方面是这样，以及一切行政设施、教学工具，亦莫不是这样。故欲建设今日中国之新兴事业的农村教育，在感到困难，在易为都市中心之教育的理论与工具所控制。欲打破此种难关，当具有创造之精神。而以农村为对象，于理论实际之诸力方面，应该根据客观的事实，不断地研究，不断地试验，以达新教育之创造的实际。举凡教育原理、学校行政、教学方法、训导实施、课程编制、图书教具，无一不是待吾人试验研究之问题。吾人能于农村社会中观察问题，于教育的实际生活中留心问题，以及教育实施中遇及困难问题，与如何应付解决，皆为由研究而创造之资料。教师能具此创造之精神，则农村教育之荒土，异日当有意外之收获。”②

【新解】郭人全十分重视探索研究品质对教师的重要性，他在这段话里强调了教师当具有创造的精神，要根据客观的事实不断研究，让理论付诸实际，以达到新教育的目的。这一思想在今天仍然有着重要的现实指导价值。2018 年，教育部颁布的《新时代高校教师职业行为十项准则》《新时代中小学教师

---

① 郭人全. 乡村小学行政［M］. 上海：黎明书局，1935：15. 又见：杜成宪. 民国乡村教育文献丛刊：第 16 卷［M］. 北京：国家图书馆出版社，2014：35.

② 郭人全. 农村教育［M］. 上海：黎明书局，1934：246. 又见：杜学元. 民国乡村教育文献丛刊续编：第 14 卷［M］. 北京：国家图书馆出版社，2017：490.

职业行为十项准则》《新时代幼儿园教师职业行为十项准则》序言中都提及“有扎实学识”的教师职业行为要求，《新时代高校教师职业行为十项准则》第七条明确提出要“严谨治学，潜心问道，勇于探索”的要求，就是对郭人全“当具有创造之精神”“应该根据客观的事实，不断地研究，不断地试验，以达新教育之创造的实际”主张的继承与吸纳。学无定法、教无定法，这是教育的基本规律。而要做到学无定法、教无定法，教师必须保持持续的学习研究探索状态，要不断地研究学生、研究教材、研究教学、研究最新进展，这样才能让自己的教学跟上学生的需要、跟上时代的需要、跟上社会的需要。

（近现代）古楳：“乡村教师应具若何高深之学识，则对于普通常识似不可少，如对于国内外之时事、自然界变化之现象、人民生活之状况，皆当明其梗概。对于国学亦宜有相当之修养。吾人希望将来乡村教师能教训学生敬爱祖国，则于准备之日不可不先事陶冶，而国学者，即为陶冶之利器也。盖此为先民精神之所寄，从事研究，遂可熏染于无形。既有此种精神，而又能传之于口舌，播之于笔墨，则学生受其教训者，自可油然而发生敬爱祖国之情。不然，国文欠通顺，非特不能发表自己之情思，且不足以传播先民精神，如是尚望其能激发儿童之爱国心乎？最后则对于将来所教之科目，更应有充分之研究。学力不足，无论其为人如何，对于前途事业，皆难成功，而教育更非此不能指导学生。原儿童之从师、社会之优礼，莫不认教师为有相当之学识足以胜任指导。设教师对于将来所教之科目毫无研究，或研究而不透澈（彻），皆有忝厥职也。故在准备之日，即宜究心于将来担任教学之科目，如历史、地理、算术、理科等。”①

【新解】古楳在这句话里对教师应该具备的知识领域做了比较详细的说明，他指出教师应当具有国内外时事知识、自然科学知识、社会科学知识、文化传统知识等，指出了学力不足的教师是不能胜任教书育人职业的。他的这些思想与龙发甲的主张大同小异，对于今天的广大教师而言，仍然有着重要的现实指导价值。2018 年，教育部颁布的《新时代高校教师职业行为十项准则》《新时代中小学教师职业行为十项准则》《新时代幼儿园教师职业行为十项准则》序言中都提及“有扎实学识”的教师职业行为要求，《新时代高校教师职业行为十项准则》第七条明确提出要“严谨治学，潜心问道，勇于探索”的要求，就是对古楳“对于国内外之时事、自然界变化之现象、人民生活之状

---

① 古楳．乡村教育新论［M］．上海：民智书局，1933：315-316．又见：杜成宪．民国乡村教育文献丛刊：第 2 卷［M］．北京：国家图书馆出版社，2014：599-600．

况，皆当明其梗概”主张的继承与吸纳。当前，我们正处于信息时代、知识社会里，知识前所未有地受到人们的重视，知识也前所未有地成为社会生产力发展的最关键资源。加大知识创新、技术创新力度已成为世界各国不约而同的发展战略选择。在这样的时代背景下，需要广大教师具备广博的知识，才能教育好、培养好学生。

二、思中学

（战国）乐正克：“知不足，然后能自反也；知困，然后能自强也。故曰：教学相长也。兑命曰：‘学学半’，其此之谓乎！”①

［译文］知道自己的不足才能反思鞭策自己；自己感到困惑才会不断努力钻研。所以说：教与学是相互促进的，这就是《尚书·兑命篇》说“教与学是一件事情的两方面”的意思！

【新解】乐正克在这句话中对教学相长做了深入的分析，提出了“学学半”“知不足”“知困”教育观点，这些观点对于今天的教师做好教书育人工作有着重要的启迪意义。2018 年，教育部颁布的《新时代高校教师职业行为十项准则》《新时代中小学教师职业行为十项准则》《新时代幼儿园教师职业行为十项准则》序言中都提及“有扎实学识”的教师职业行为要求，《新时代高校教师职业行为十项准则》第七条明确提出要“严谨治学，潜心问道，勇于探索”的要求，就是对乐正克“教学相长”“学学半”“知不足”“知困”主张的继承与吸纳。教与学是相辅相成、相互促进的。教师自身在不断的学习中提高教学技巧、提升自己的教学能力；教师的教与学生的学，教师在教学生的过程中也锻炼了自己教的能力，学会了如何教。要使师生教学相长，就要先从拉近师生之间的距离开始。走下讲台，拉近师生身体间的距离，在师生零距离接触中教学相长。长期以来，课堂都是教师站在讲台上有滋有味地讲，学生在下面似懂非懂地听，久而久之，就会导致教师的劳动不被学生尊重，与学生的亲和力日趋下降。这里需要避免的。

（战国末期）荀子：“故木受绳则直，金就砺则利，君子博学而日参省乎己，则知明而行无过矣。”②

［译文］所以受到绳子牵引的树木就会变得挺直，经过磨砺的金属就会变得锋利，君子如果广泛地学习，并且经常把学到的东西拿来检视自己的言行，

① 礼记·学记第十八［M］//阮元. 十三经注疏. 北京：中华书局，1980：1521.

② 荀子. 荀子［M］. 孙安邦，马银华，译注. 太原：山西古籍出版社，2003：1.

就会明白事理，不会犯糊涂，而且也不会有过失的行为。

【新解】荀子的这句话告诉我们坚持学习、经常学习对于修身的重要性，尤其是他强调圣人君子要经常性地用学习收获来检查自己、反思自己，并切实加以改进。他的这一思想对于今天加强师德师风建设有着积极的借鉴价值。2018 年，教育部颁布的《新时代高校教师职业行为十项准则》《新时代中小学教师职业行为十项准则》《新时代幼儿园教师职业行为十项准则》序言中都提及“有扎实学识”的教师职业行为要求，《新时代高校教师职业行为十项准则》第七条明确提出要“严谨治学，潜心问道，勇于探索”的要求，就是对荀子“君子博学而日参省乎己，则知明而行无过”主张的继承与吸纳。“人非圣贤，孰能无过”，没有人是不会犯错的，即使是学生学习的榜样——教师也一样会犯错。但犯错并不可怕，因为“知错能改，善莫大焉”。但是为了避免犯错，看到别人出错时，我们应当引以为戒。这才是一个人为了更好地成就自己的发展所应具有的基本素质。此外，作为一个教师，我们承担着教书育人的历史使命，我们是学生的学习榜样，我们必须要处处以身作则，才能履行好教书育人职责。在工作、生活中，我们应当不断学习，学习好的，警示不好的，以帮助自己“防患于未然”，同时把所学所见多多地运用到自己的生活实际里去，检验自己是否出错。小心谨慎行事，尽可能避免差错，才能让自己变得更好，才能在自己的教育教学工作中、生活实际中，尽量减少犯错的机会。因为一旦有小苗头出现，自己就会去及时改正以避免大错，才能在做自己本职的教育教学工作中不断端正好自己的品行，成为学生学习的榜样，才能更好地施行“德育”，培养学生良好的品行。我们国家倡导的教育要以德为先，教师是施行德育的一线执行者，教师本身就必须模范地去践行良好的行为规范，才能对学生以身作则，将学生培养成为更加优秀的人。

（战国末期）荀子：“诵说而不陵不犯，可以为师。”①

〖译文〗如果能够有条有理、不凌不乱地讲授儒家经典，这样的人就可以当教师了。

【新解】荀子的这句话指出了对教师的学识与教艺上的要求。他指出能够有条不紊地讲授知识，这是教师的首要入职条件。他的这一思想对于今天的教师来说有着重要的指导意义。2018 年，教育部颁布的《新时代高校教师职业行为十项准则》《新时代中小学教师职业行为十项准则》《新时代幼儿园教师职业行为十项准则》序言中都提及“有扎实学识”的教师职业行为要求，《新

---

① 荀子. 荀子［M］. 孙安邦，马银华，译注. 太原：山西古籍出版社，2003：174.

时代高校教师职业行为十项准则》第七条明确提出要“严谨治学，潜心问道，勇于探索”的要求，就是对荀子“诵说而不陵不犯”主张的继承与吸纳。新时代的人民教师，肩负着培养合格人才的重任，因此每位教师都应该努力提高自己的学识素养与教学水平，要仔细钻研所教授的知识，形成有逻辑体系的知识框架；要按照教学规律分层次地把知识教授给学生，让学生有条理地掌握所学知识，不至于含混不清。做到这些，才算是一名可以教学生知识的教师。

（唐）杜牧：“学非探其花，要自拔其根。”①

〖译文〗学习不能像看花一样流于表面，而是要寻根究底。

【新解】杜牧的这句话有着极其深刻的学习哲理，他指出了学习不能跑马观花，不能蜻蜓点水，要沉下心来，进行刨根问底式学习、追根溯源式学习。他的这一思想对于今天的广大教师而言，有着重要的现实指导意义。2018 年，教育部颁布的《新时代高校教师职业行为十项准则》《新时代中小学教师职业行为十项准则》《新时代幼儿园教师职业行为十项准则》序言中都提及“有扎实学识”的教师职业行为要求，《新时代高校教师职业行为十项准则》第七条明确提出要“严谨治学，潜心问道，勇于探索”的要求，就是对杜牧“学非探其花，要自拔其根”主张的继承与吸纳。学习要深入进去，不要只停留在表面的意思上，要学会举一反三，知道它的本意和用处，学以致用才是学习的最高境界。学习不能满足于表面的东西，一定要寻根溯源，要深刻领会其本质内涵。教师对万事万物都要保持一颗好奇心，要让学生学会探究思考，要着眼于学生的长远、全面及终身发展的诉求和理念，让学生学会抓事物本质，在学习和生活中不局限于任何表面的东西，而要学会关注深层次的内涵。

（北宋）程颢：“学者须先识仁。仁者，浑然与物同体，义、礼、智、信皆仁也。识得此理，以诚敬存之而已，不须防检，不须穷索。”②

〖译文〗立志于学的人必须先要面对、了解问题的本质，问题的本质与万事万物是浑然一体的。仁义、崇礼、智慧、信用这四维都是万事万物的普遍本质。认识到这个道理，就能用诚实崇敬的态度去保存它，让它存于内心之中，不用刻意去寻找、防备。

【新解】以上程颢提出思想自由、做事应当体悟自觉的思想在今天的高等教育中仍然有着重要的现实指导价值。2018 年，教育部颁布的《新时代高校教师职业行为十项准则》《新时代中小学教师职业行为十项准则》《新时代幼

---

① 杜牧．杜牧诗集［M］．上海：上海古籍出版社，2015：356.

② 程颢，程颐．二程集·识仁篇［M］．北京：中华书局，2004：16-17.

儿园教师职业行为十项准则》序言中都提及“有扎实学识”的教师职业行为要求，《新时代高校教师职业行为十项准则》第七条明确提出要“严谨治学，潜心问道，勇于探索”的要求，就是对程颢“学者须先识仁”主张的继承与吸纳。新时代的人民教师，应当囊括大典，多从自身以及道德角度出发看待教育。只有这样，教师才能成为真正的教师，才能教书育人，为国家的发展和民族的振兴做出贡献。

（北宋）程颢：“善学者，当求其所以然之故，不当诵其文，过目而已也。”①

〖译文〗善于学习的人，总是追寻事理产生的根源，而不是仅仅背诵下文章，过目了事。

【新解】程颢的这句话与杜牧“学非探其花，要自拔其根”在意思上是一样的，都强调了学习要有探究精神，而不能泛泛地学。这一思想在今天师德师风建设中仍然有着重要的现实指导价值。2018 年，教育部颁布的《新时代高校教师职业行为十项准则》《新时代中小学教师职业行为十项准则》《新时代幼儿园教师职业行为十项准则》序言中都提及“有扎实学识”的教师职业行为要求，《新时代高校教师职业行为十项准则》第七条明确提出要“严谨治学，潜心问道，勇于探索”的要求，就是对程颢“善学者，当求其所以然之故”主张的继承与吸纳。学习知识固然重要，但通过学习将知识中的道理学问进行深入理解，同时进行思考转化，变成自己的道理更为重要。作为教师，我们对待事物不能只注重表面，还应当结合事物对其内在进行思考；要对知识勇于探索，对知识进行深究。

（近代）李晓农：“要能悉心研究。往往一部分幼稚教师对于自己的职务不求上进，平时也很少虚心研究的态度，因此对于儿童种种活动不肯尊重，有时还要痛责儿童愚蠢，讨厌儿童顽皮，到后来自己也就灰心起来，以至于自己的技术上学识上很少能去进修。这种幼稚教师实在可笑，所以今后的幼稚教师就抱着虚心研究的态度，力求上进。”②

【新解】李晓农的这句话与郭人全“研究的兴趣”主张在意思上是相同的，都强调了教师要有研究的精神、探索的精神。他的这一思想仍然值得今天的广大教师认真学习和借鉴。2018 年，教育部颁布的《新时代高校教师职业行为十项准则》《新时代中小学教师职业行为十项准则》《新时代幼儿园教师职业行为十项准则》序言中都提及“有扎实学识”的教师职业行为要求，《新

① 程颢，程颐. 二程集·河南程氏粹言·论学篇［M］. 北京：中华书局，2004：1194.

② 李晓农. 乡村教育视导［M］. 上海：黎明书局，1934：315-316. 又见：杜成宪. 民国乡村教育文献丛刊：第 17 卷［M］. 北京：国家图书馆出版社，2014：331-332.

时代高校教师职业行为十项准则》第七条明确提出要“严谨治学，潜心问道，勇于探索”的要求，就是对李晓农“要能悉心研究”主张的继承与吸纳。学生的情况是千变万化的，教书育人工作是复杂的。教师要抱虚心研究的态度、悉心研究的精神，研究学生的个性、研究学生的学习、研究教学的方法。只有这样，才有培养出优秀的学生来。

（近代）刘学志：“要有精深的基本知识、丰富的社会经验与灵活的教学技艺。还要有着一副勇猛慎重的态度，凡事预先都有一个通盘的考虑和打算，才有条不紊地向前去做，过后又详加反省，看看是失败还是成功。他更要能在忙里偷闲，从事研究进修，这样时时不息自强。”①

【新解】刘学志在这段话里阐述了教师要时时自强不息研究进修的重要性，指出了一名成功教师的基本品质。他的这一思想仍然值得今天的广大教师认真学习和借鉴。2018年，教育部颁布的《新时代高校教师职业行为十项准则》《新时代中小学教师职业行为十项准则》《新时代幼儿园教师职业行为十项准则》序言中都提及“有扎实学识”的教师职业行为要求，《新时代高校教师职业行为十项准则》第七条明确提出要“严谨治学，潜心问道，勇于探索”的要求，就是对刘学志“有精深的基本知识、丰富的社会经验与灵活的教学技艺”主张的继承与吸纳。新时代的人民教师，必须加强对学生的了解、对教学规律的了解，要认真研究教与学的问题、学生成长成才的规律，在研究中学习，在学习中研究，不断提高自己的知识丰富度、教学娴熟度，努力做一名有扎实学识的好教师。

（近代）陈志贞：“要有丰富的学识，有了学识，才能去教人家。”“要有研究的精神，常研究才能有进步，才能不落伍。”②

【新解】陈志贞的这句话指出了教师学识丰富、研究精神的重要性，这一思想对于今天的教师来说仍然有着重要的指导意义。2018年，教育部颁布的《新时代高校教师职业行为十项准则》《新时代中小学教师职业行为十项准则》《新时代幼儿园教师职业行为十项准则》序言中都提及“有扎实学识”的教师职业行为要求，《新时代高校教师职业行为十项准则》第七条明确提出要“严谨治学，潜心问道，勇于探索”的要求，就是对陈志贞“要有丰富的学识，有了学识，才能去教人家”“要有研究的精神，常研究才能有进步，才能不落

---

① 刘学志．我是好教师吗？［M］．乡村教育，1937，4（1）：23．又见：杜成宪．民国乡村教育文献丛刊：第28卷［M］．北京：国家图书馆出版社，2014：65．

② 陈志贞．好教师的标准［J］．乡村教育，1937，4（1）：20．又见：杜成宪．民国乡村教育文献丛刊：第28卷［M］．北京：国家图书馆出版社，2014：62．

伍”主张的继承与吸纳。新时代的人民教师，也应该按照陈志贞说的那样，要在“学识”“研究”上下功夫，做到学而不厌、研而不倦。教师的职责就是传授知识与学问，如果没有丰富的学识，那拿什么来教学生呢？又如何履行知识传授的职责呢？所以对于教师来说，要做一名有学识的教师，要有渊博而丰富的学识。而要做到有丰富的学识，只有不懈地研究、不断地学习。每位教师都应当根据学生的特点、社会的发展、文明的进步与技术的更新，养成良好的学习研究的习惯，不断汲取新的知识和技术，以适应教书育人工作的需要，以适应学生不断变化的知识学习的需要。做到这些，才有可能胜任教师职业。

（近代）卢绍稷：“时代是刻刻进化的，社会随时代而变迁，虽小农村亦不能脱离时代之关系，故一切设施，当宜顺应之，以求进步，有指导之责者，须作继续不断之研究，以造成与时代同样进化之国民！”①

【新解】卢绍稷在这句话里阐述了教师为什么要不断学习的道理。他的这一思想仍然值得今天的广大教师认真学习和借鉴。2018 年，教育部颁布的《新时代高校教师职业行为十项准则》《新时代中小学教师职业行为十项准则》《新时代幼儿园教师职业行为十项准则》序言中都提及“有扎实学识”的教师职业行为要求，《新时代高校教师职业行为十项准则》第七条明确提出要“严谨治学，潜心问道，勇于探索”的要求，就是对卢绍稷“时代是刻刻进化的，社会随时代而变迁，须作继续不断之研究，以造成与时代同样进化之国民”主张的继承与吸纳。正因为时代在变迁、社会在变化、学生在成长，在教书育人工作中会遇到不断出现的新问题新情况新要求，对教师提出了知识、能力和素质上不断更新提升的要求。这就是为何教师要树立终身学习的思想，做到活到老、学到老的根本原因。

（近现代）郭人全：“有了创造的精神而研究实验，固然可以得到新的理论与方法，然而很易流于主观的成见，所以创造必本之于科学的方法。以科学方法而应用于研究，即为推求事物之真理。一事有一事之因，一事有一事之果，一物有一物之属性，一物有一物之关联。知其然而必知其所以然，一事一物皆经思考，或以归纳，或以推证，然后真理乃见。至于教育实施方面亦然。即以学校行政计划而论，吾人若预定下期将有何种改进，必于目前的情况中寻出应该改进而事实上无阻碍者分为若干类。如校务、教务、训导诸端，综合各点而列成改进计划大纲，分配于下期各个学月中，即为推行之步骤。其分配之

---

① 卢绍稷. 乡村教育概论［M］. 江恒源，校阅. 上海：大东书局，1932：97. 又见：杜成宪. 民国乡村教育文献丛刊：第 1 卷［M］. 北京：国家图书馆出版社，2014：375.

方法，何者宜先，何者宜后，当根据需要之缓急、工作之难易，并顾及劳逸之调剂，然后按步进行。规定在什么时候做的，如没有意外的事故发生，必须在规定的时候完成，此为科学治事之精神也。其他亦莫不皆然。否则，散乱无绪，未有能收获良好之效果者。”①

【新解】郭人全在这段话里阐述了教师科学治事精神的重要性。他的这一思想仍然值得今天的广大教师认真学习和借鉴。2018 年，教育部颁布的《新时代高校教师职业行为十项准则》《新时代中小学教师职业行为十项准则》《新时代幼儿园教师职业行为十项准则》序言中都提及“有扎实学识”的教师职业行为要求，《新时代高校教师职业行为十项准则》第七条明确提出要“严谨治学，潜心问道，勇于探索”的要求，就是对郭人全“推求事物之真理”“科学治事之精神”主张的继承与吸纳。教育教学是一项复杂的脑力劳动，课堂上也有着诸多突然发生的新情况。教师要有效地应对这些新情况新问题，必须要有科学治教、科学治学的能力品质，必须要有科学的教育教学方法。只有这样，才能有效实施人才培养工作。

（近现代）罗尔纲：“适之师教我懂得怀疑，教我要疑而后信。”②

【新解】罗尔纲在这句话里表达了对胡适科学的教学方法的肯定与赞扬，他说胡适教他学会了质疑的品质，他的这一思想值得今天的教师认真学习和借鉴。2018 年，教育部颁布的《新时代高校教师职业行为十项准则》《新时代中小学教师职业行为十项准则》《新时代幼儿园教师职业行为十项准则》序言中都提及“有扎实学识”的教师职业行为要求，《新时代高校教师职业行为十项准则》第七条明确提出要“严谨治学，潜心问道，勇于探索”的要求，就是对罗尔纲“适之师教我懂得怀疑，教我要疑而后信”主张的继承与吸纳。有质疑品质与批判精神，这是教育教学的基本规律，也是引导学生成长成才的重要方法。要让学生有良好的质疑品质，教师首先要有良好的质疑精神，要以有疑之方法行立德树人之职责，这样才能培养出社会主义事业的建设者和接班人。

（近现代）罗家伦：“教我们的学生，而且帮助我们有坚强学术基础，与有技术研究兴趣的青年教授们一道研究，才能把近代的学术，尤其是科学，在中国的泥土上，尤其是在清华的校园里生根。我要澄清清华任何的积弊，减除

---

① 郭人全. 农村教育［M］. 上海：黎明书局，1934：246-247. 又见：杜学元. 民国乡村教育文献丛刊续编：第 14 卷［M］. 北京：国家图书馆出版社，2017：490-491.

② 罗尔纲. 师门五年记 · 胡适琐记［M］. 北京：生活 · 读书 · 新知三联书店，2006：32.

任何的浪费，搜刮任何的金钱，来做清华学术的建设。”①

【新解】罗家伦的这段话指出了教师加强学习的重要性，他的这一思想对于今天的广大教师来说仍然大有裨益之处。2018 年，教育部颁布的《新时代高校教师职业行为十项准则》《新时代中小学教师职业行为十项准则》《新时代幼儿园教师职业行为十项准则》序言中都提及“有扎实学识”的教师职业行为要求，《新时代高校教师职业行为十项准则》第七条明确提出要“严谨治学，潜心问道，勇于探索”的要求，就是对罗家伦“减除任何的浪费，搜刮任何的金钱，来做清华学术的建设”主张的继承与吸纳。学识扎实是教师的从教之本，潜心学术是教师职业道德的重要要求。广大教师应从罗家伦的这句话中汲取思想营养，那就是要踏踏实实地做学问，认认真真地学习，与教师一起学、与学生一起学，这也是有良好学风教师的形象。

（近现代）郭人全：“研究的兴趣。教育事业日新月异，正待吾人继续不断研究，始终与时俱进。乡村教育尚系新开辟之园地，尤待我们详加研究以求改进。”②

【新解】郭人全在这段话里阐述了研究品质对教师的重要性。他的这一思想仍然值得今天的广大教师认真学习和借鉴。2018 年，教育部颁布的《新时代高校教师职业行为十项准则》《新时代中小学教师职业行为十项准则》《新时代幼儿园教师职业行为十项准则》序言中都提及“有扎实学识”的教师职业行为要求，《新时代高校教师职业行为十项准则》第七条明确提出要“严谨治学，潜心问道，勇于探索”的要求，就是对郭人全“研究的兴趣”主张的继承与吸纳。郭人全还提出过“推求事物之真理”“科学治事之精神”的主张，与“研究的兴趣”这一观点在意思上是相同的。新时代的人民教师，应当有勇于探索的研究精神，这既是履行教书育人本职工作的紧迫需要，也是学生健康成长成才的根本需要。

（当代）蔡凤娴：“要能不断地读书研究，以增加自己的经验，丰富自己的学识，来应付教育上的新问题。”③

【新解】蔡凤娴的这句话要求教师要始终保持良好的学习习惯，不断丰富自己的学识，以适应教书育人工作带来的挑战。她的这一思想仍然值得今天的

---

① 罗久芳. 罗家伦与张维桢——我的父亲母亲［M］. 天津：百花文艺出版社，2006：60.

② 郭人全. 乡村教育［M］. 上海：黎明书局，1937：108. 又见：杜成宪. 民国乡村教育文献丛刊：第 4 卷［M］. 北京：国家图书馆出版社，2014：484.

③ 蔡凤娴. 好教师的条件［J］. 乡村教育，1937，4（1）：21. 又见：杜成宪. 民国乡村教育文献丛刊：第 28 卷［M］. 北京：国家图书馆出版社，2014：63.

广大教师认真学习和借鉴。2018 年，教育部颁布的《新时代高校教师职业行为十项准则》《新时代中小学教师职业行为十项准则》《新时代幼儿园教师职业行为十项准则》序言中都提及“有扎实学识”的教师职业行为要求，《新时代高校教师职业行为十项准则》第七条明确提出要“严谨治学，潜心问道，勇于探索”的要求，就是对蔡凤娴“不断地读书研究，以增加自己的经验，丰富自己的学识，来应付教育上的新问题”主张的继承与吸纳。当下我们正处在信息时代、知识社会里，知识与信息成为时代与社会发展的主要动力。在知识与信息时代里，学生通过互联网掌握的知识可能比教师多，学习知识的速度又比教师快。以教授知识为职业的教师，面临着与传统社会不同的育人压力。因此要胜任教师工作，每位教师只有不断地读书学习，不断地反思研究，不断地提高自己学识素养，才能积极应对新时代新技术带来的教书育人上的新问题新情况。

三、坚持学

（战国末期）荀子：“不登高山，不知天之高也；不临深溪，不知地之厚也。不积跬步，无以至千里；不积小流，无以成江海。”①

〖译文〗如果不登上山顶，就不知道天有多高；如果不走到深溪中，就不知道地有多厚。如果不一步一步地积累，就不能到达千里之外的地方；如果没有一条条小溪小河汇聚，就不能形成宽阔无边的大江大海！

【新解】荀子的这句话是坚持学习的至理名言，强调了学习要靠积累、积少成多的道理。他的这一思想仍然值得今天的广大教师认真学习和借鉴。2018 年，教育部颁布的《新时代高校教师职业行为十项准则》《新时代中小学教师职业行为十项准则》《新时代幼儿园教师职业行为十项准则》序言中都提及“有扎实学识”的教师职业行为要求，《新时代高校教师职业行为十项准则》第七条明确提出要“严谨治学，潜心问道，勇于探索”的要求，就是对荀子“不登高山，不知天之高也；不临深溪，不知地之厚也。不积跬步，无以至千里；不积小流，无以成江海”主张的继承与吸纳。实践是学习的根本，积累是发展的基础，做事需要实践和积累。教师是人类灵魂的工程师，承担着教书育人的重要职责。作为教育事业的实际执行者，教师要懂得学习要靠积累、不断积少成多的道理，要潜心育人、潜心学习，这才是一名好教师应有的素养。

---

① 荀子. 荀子［M］. 孙安邦，马银华，译注. 太原：山西古籍出版社，2003：1.

（战国末期）荀子："君子曰：学不可以已。"①

［译文］圣人君子说，学习不可以停止。

【新解】荀子的这句话十分简洁明了，指出了学习不可以随随便便放弃中止。荀子的这一思想对于今天的广大教师锤炼师德师风，仍然具有重要的现实指导与借鉴价值。2018 年，教育部颁布的《新时代高校教师职业行为十项准则》《新时代中小学教师职业行为十项准则》《新时代幼儿园教师职业行为十项准则》序言中都提及"有扎实学识"的教师职业行为要求，《新时代高校教师职业行为十项准则》第七条明确提出要"严谨治学，潜心问道，勇于探索"的要求，就是对荀子"学不可以已"主张的继承与吸纳。新时代的人民教师，在做学问上要有绣花功夫，持之以恒，日积月累，才能达到具有扎实学识的胜利之境。

（战国末期）荀子："真积力久则入，学至于没而后止也。"②

［译文］真心诚意、日积月累，而且能持久力行的，在学习上才能深入，才能取得成就。学习要到老死后才停止。

【新解】荀子《劝学》中的这句话讲的是一个学习态度的问题，指出了坚持学、持续学的重要性。学习不可怠惰，必须达到目的而后止。他的这些思想对于今天的教师来说，有着重要的指导意义。2018 年，教育部颁布的《新时代高校教师职业行为十项准则》《新时代中小学教师职业行为十项准则》《新时代幼儿园教师职业行为十项准则》序言中都提及"有扎实学识"的教师职业行为要求，《新时代高校教师职业行为十项准则》第七条明确提出要"严谨治学，潜心问道，勇于探索"的要求，就是对荀子"真积力久则入，学至于没而后止"主张的继承与吸纳。学无止境，没有最好只有更好。对于新时代的人民教师而言，其需要向一线教育名师学习，需要向教育先贤学习。既要学习他们好的教育理念，也要学习他们好的教育方法，才能跟上发展的步伐，无愧于作为教师的初心、无愧于教育事业。

（西汉）董仲舒："以修学着（著）书为事。"③

［译文］埋头诵读，专心著书。

【新解】董仲舒的这句话阐明了不受外界干扰的专心治学境界，对于今天的广大教师而言，需要这样一种治学的态度、学习的精神。2018 年，教育部

---

① 荀子．荀子［M］．孙安邦，马银华，译注．太原：山西古籍出版社，2003：1.

② 荀子．荀子［M］．孙安邦，马银华，译注．太原：山西古籍出版社，2003：8.

③ 司马迁．史记·卷 112：儒林列传·第六十一［M］．韩兆琦，评注．长沙：岳麓书社，2012：1641.

颁布的《新时代高校教师职业行为十项准则》《新时代中小学教师职业行为十项准则》《新时代幼儿园教师职业行为十项准则》序言中都提及“有扎实学识”的教师职业行为要求，《新时代高校教师职业行为十项准则》第七条明确提出要“严谨治学，潜心问道，勇于探索”的要求，就是对董仲舒“以修学着（著）书为事”主张的继承与吸纳。在知识与信息时代，每位教师要胜任教书育人工作，必须树立终身学习观念，在知识、思想与能力等方面不断地对自己进行“充电”，不仅要把教育作为终生的事业，更要把学习作为终生的事业，真正做到教无止境、学无止境。

（东汉）郑玄：“初始学其近者小者，以从人事，自以为可，则悔狎之。至于先王之道、性与天命，则遂扞格不入，迷惑无闻。”①

〖译文〗刚开始学习，只要有点小进步，可以为人处事了，就自以为学习得已经可以了，对学习表现出轻慢态度。至于那些圣人的品行与事理的知识，那他就完全不知甚解，迷茫困惑，就好像从来没有听说过一样。

【新解】郑玄的这句话充满着学习的智慧、学习的哲学，尤其是他指出既要在压力与逆境下学习，也要在顺境与平常中学习，做到两者的有机统一。这实际上讲的是学习要随时随地，哪管它顺境逆境。他的这一思想对于今天的广大教师来说，无疑有着重要的现实指导意义。2018 年，教育部颁布的《新时代高校教师职业行为十项准则》《新时代中小学教师职业行为十项准则》《新时代幼儿园教师职业行为十项准则》序言中都提及“有扎实学识”的教师职业行为要求，《新时代高校教师职业行为十项准则》第七条明确提出要“严谨治学，潜心问道，勇于探索”的要求，就是对郑玄“初始学其近者小者，以从人事，自以为可，则悔狎之。至于先王之道、性与天命，则遂扞格不入，迷惑无闻”主张的继承与吸纳。在知识社会，知识的更新速度越来越快，每个人都会面临落伍的危险。无论从事哪种职业，都存在终身学习的需要，更不用说“传道、授业、解惑”的教师职业。因此，新时代的人民教师，要养成终身学习的习惯，要持续学习、坚持学习，为学生做好终身学习的表率。

（唐）颜真卿：“三更灯火五更鸡，正是男儿读书时。黑发不知勤学早，白首方悔读书迟。”②

〖译文〗勤奋的人三更半夜灯都还亮着，五更的鸡刚叫了又起来努力学习。年少时要是不勤奋学习，等年老时再来读书就为时已晚。

---

① 礼记·缁衣第三十三［M］//阮元. 十三经注疏. 北京：中华书局，1980：1649.

② 孙红松. 国学经典诗文拔萃：第 1 卷［M］. 青岛：青岛出版社，2006：79.

【新解】颜真卿在这首《劝学》诗里，劝告少年儿童要只争朝夕地勤奋学习，不要等到人老了才后悔当初不认真读书，说明了勤学的重要性。颜真卿关于勤学的思想对于今天的广大教师来说，也有着重要的现实启迪意义。2018年，教育部颁布的《新时代高校教师职业行为十项准则》《新时代中小学教师职业行为十项准则》《新时代幼儿园教师职业行为十项准则》序言中都提及“有扎实学识”的教师职业行为要求，《新时代高校教师职业行为十项准则》第七条明确提出要“严谨治学，潜心问道，勇于探索”的要求，就是对颜真卿“三更灯火五更鸡，正是男儿读书时。黑发不知勤学早，白首方悔读书迟”主张的继承与吸纳。作为新时代的人民教师，我们既然选择了教育，那么就必须热爱它，然后尽全力去干好这份事业，不能违背自己的初心，也不能背离自己的职业道德。一个教师要想教好学生，必须要不断学习新的知识、提升自己的知识能力水平，让自己在学识上能够担当得起教育学生的责任。所谓“学高为师”就是这个道理。教师要以身作则，不断学习，为学生树立榜样，努力成为一心向学的好教师。

（唐）杜荀鹤：“窗竹影摇书案上，野泉声入砚池中。少年辛苦终身事，莫向光阴惰寸功。”①

〖译文〗窗外竹子的影子投在书桌上，摇摆不已，砚台里的墨汁好像发出了山野泉水般的响声，叮叮咚咚。少年的时候用心读书、努力学习，那是有益于终身的大事，不要丝毫放松自己的努力，蹉跎了飞快流逝的光阴。

【新解】杜荀鹤的这首诗描写了勤奋苦读的读书人形象，诗句极具画面感，尤其是经过抽丝剥茧过后，潜心读书的劝告之心可见一斑。他的这首诗与颜真卿“三更灯火五更鸡，正是男儿读书时。黑发不知勤学早，白首方悔读书迟”诗句在意思上是一样的，都表达了坚韧不拔的勤奋努力学习精神，值得今天的广大教师借鉴与深思。2018 年，教育部颁布的《新时代高校教师职业行为十项准则》《新时代中小学教师职业行为十项准则》《新时代幼儿园教师职业行为十项准则》序言中都提及“有扎实学识”的教师职业行为要求，《新时代高校教师职业行为十项准则》第七条明确提出要“严谨治学，潜心问道，勇于探索”的要求，就是对杜荀鹤“窗竹影摇书案上，野泉声入砚池中。少年辛苦终身事，莫向光阴惰寸功”主张的继承与吸纳。读书是一件辛苦的事，需要日积月累地学习。作为以教人读书学习为职业的教师，我们应当从杜荀鹤、颜真卿的诗句中吸取营养，自觉做到勤奋学习、坚持学习，只有学习不

---

① 杜荀鹤. 杜荀鹤文集：卷三. 杂诗·题弟侄书堂［M］. 上海：上海古籍出版社，1980：68.

倦，才能诲人不倦。

（近代）王国维：**“古今之成大事业、大学问者，必经过三种之境界：‘昨夜西风凋碧树。独上高楼，望尽天涯路。’此第一境也。‘衣带渐宽终不悔，为伊消得人憔悴。’此第二境也。‘众里寻他千百度，蓦然回首，那人却在，灯火阑珊处。’此第三境也。”**①

［译文］自古以来成就大事业、有大学问的人，都经过了三种读书学习的境界：第一种境界是“昨夜西风凋碧树。独上高楼，望尽天涯路”，第二种境界是“衣带渐宽终不悔，为伊消得人憔悴”，第三种境界是“众里寻他千百度，蓦然回首，那人却在，灯火阑珊处”。只有经过了上述三种境界，才会达到事业上的大自由、学问上的大自在。

【新解】王国维的这段话十分有名，他借用了古诗词中佳句来形容治学的三种境界。第一种境界是借用晏殊的《蝶恋花·槛菊愁烟兰泣露》中的诗句来强调治学要有执着的追求，登高望远，了解事物的概貌。第二种境界是借用柳永的《蝶恋花·伫倚危楼风细细》中的诗句来强调治学要坚定不移，不可轻言放弃。第三种境界是借用辛弃疾的《青玉案·元夕》中的诗句来强调治学要有专注的精神，反复追寻。王国维关于治学的这段话对于今天的广大教师来说仍有着重要的借鉴价值。2018 年，教育部颁布的《新时代高校教师职业行为十项准则》《新时代中小学教师职业行为十项准则》《新时代幼儿园教师职业行为十项准则》序言中都提及“有扎实学识”的教师职业行为要求，《新时代高校教师职业行为十项准则》第七条明确提出要“严谨治学，潜心问道，勇于探索”的要求，就是对王国维“三种治学境界”主张的继承与吸纳。真正要想有所作为，必须做到目标明确、登高望远、执着追求。做学问也是如此，教师应该提醒学生要经常给自己定个目标，这个目标不论小大，它都能指引我们前进的方向。如果你想获得成功，你就必须着眼于更多地了解、随时随地地学习，永远不自满。应该开导学生要不断学习来充实自己，告诫学生要保持终身学习的习惯。应该教学生具有专注的精神，反复追寻、研究，下足功夫，“耐得住寂寞”，自然会豁然贯通。学习是一个专注的过程，要静下心来，才可以吸收更多的知识。

（近现代）徐特立：**“做教育工作的人，一般总是先进分子，他们继承了民族的文化遗产和经验，他们是受尊敬的人。我希望你们一生都做教师，再也**

---

① 王国维. 人间词话［M］. 桂林：漓江出版社，2017：67-68.

不想别的。想成为专家，只能钻研一门科学。我希望你们钻研教育科学。”①

【新解】徐特立的这段话劝告学生在学习上不可贪多图全，要注重钻研精熟。2018年，教育部颁布的《新时代高校教师职业行为十项准则》《新时代中小学教师职业行为十项准则》《新时代幼儿园教师职业行为十项准则》序言中都提及“有扎实学识”的教师职业行为要求，《新时代高校教师职业行为十项准则》第七条明确提出要“严谨治学，潜心问道，勇于探索”的要求，就是对徐特立“想成为专家，只能钻研一门科学”主张的继承与吸纳。研究在精不在广，做学术研究工作一定要全心全意，选定研究方向即不能变，否则就没有办法积累到足够的原始材料来做研究工作，也就无法取得相应的学术成就，亦无法成为教育专家。每一位教师的职业理想无不是想成为教育教学的名师或者教育学科方面的专家，那么就必然要做好基本的教育教学工作，从中学到经验，再去全身心钻研有关专业学科发展的知识，力求在学术研究上有所成就，才能成为教育名师或者专家。这样，才能尽到自己身为人师的职责，才能对教育事业的发展有所贡献。

（近现代）刘百川：“认定办理乡村教育，不能灌输死知识，重在使民众有求知的方法，能够做到老、学到老，终身享受教育。尤其要使民众有科学的知识，能运用科学的方法，解决各种问题，处理各种事务。”②

【新解】刘百川的这句话强调了坚持学习、终身学习的重要性，尤其是他提出要做到老、学到老、终身享受教育的思想，在今天看来仍然有着重要的现实指导价值。2018年，教育部颁布的《新时代高校教师职业行为十项准则》《新时代中小学教师职业行为十项准则》《新时代幼儿园教师职业行为十项准则》序言中都提及“有扎实学识”的教师职业行为要求，《新时代高校教师职业行为十项准则》第七条明确提出要“严谨治学，潜心问道，勇于探索”的要求，就是对刘百川“能够做到老、学到老，终身享受教育”主张的继承与吸纳。学习是要讲求方法的，不能灌输死知识；学习是要讲求持续用心的，不可半途而废。《学记》中就指出，“学习不行于五官”，假如不学习，五官就得不到正常发展。新时代的人民教师，肩负着教书育人的使命，必须要给学生做终身学习、乐于学习的榜样，引导学生勤奋学习、坚持学习。

---

① 中央教育科学研究所．徐特立教育文集［M］．北京：人民教育出版社，1979：288.

② 刘百川．乡村教育的经验［M］．上海：商务印书馆，1937：29．又见：杜成宪．民国乡村教育文献丛刊：第22卷［M］．北京：国家图书馆出版社，2014：141.

四、力行学

（战国）韩非子："不躬不亲，庶民不信"。①

［译文］不身体力行、不亲自挂帅，群众就不会相信。

【新解】韩非子的这句话指出了亲身示范实践的重要性，对于教书育人工作来说，也具有同样的启迪意义。2018 年，教育部颁布的《新时代高校教师职业行为十项准则》《新时代中小学教师职业行为十项准则》《新时代幼儿园教师职业行为十项准则》序言中都提及"有扎实学识"的教师职业行为要求，《新时代高校教师职业行为十项准则》第七条明确提出要"严谨治学，潜心问道，勇于探索"的要求，就是对韩非子"不躬不亲，庶民不信"主张的继承与吸纳。新时代的人民教师，担负着教书育人的工作，指导着学生的读书学习。如果教师都不勤学善思，用读书学习的收获指导自己的言行，哪能要求学生做到呢？所以，新时代的人民教师，要切实提高自己的学识，要坚持学、乐于学，要学用结合，给学生当好学习上的表率。

（战国末期）荀子："君子之学也，入乎耳，着乎心，布乎四体，形乎动静。"②

［译文］让有益的知识进入耳中、记在心里、贯彻到全身，在言行举止上实践力行，这就是君子的学习方法。

【新解】荀子在这句话中提出了学习的方法，那就是要全神贯注，动用身体上的全部器官来学习，同时还要把学习成果又体现在全身上、体现在自己的行为上。他的这一思想对于今天的教师如何学习来说有着重要的参考价值。2018 年，教育部颁布的《新时代高校教师职业行为十项准则》《新时代中小学教师职业行为十项准则》《新时代幼儿园教师职业行为十项准则》序言中都提及"有扎实学识"的教师职业行为要求，《新时代高校教师职业行为十项准则》第七条明确提出要"严谨治学，潜心问道，勇于探索"的要求，就是对荀子"君子之学也，入乎耳，着乎心，布乎四体，形乎动静"主张的继承与吸纳。读书学习不是做做样子、装装门面，而是要学以致用，要指导自己的思想与行为的改善，这才是真正的学习、有质量的学习。广大教师要树立正确的学习观念，要引导学生学会把知识运用于实践，在实践中学习，在实践中运用，这才是真正的教书育人方法。

---

① 韩非．韩非子·外储说·左上第三十二［M］．佚名注，顾广圻识误，姜俊俊标校．上海：上海古籍出版社，1996：151.

② 荀子．荀子［M］．孙安邦，马银华，译注．太原：山西古籍出版社，2003：8.

（唐）杜甫："读书破万卷，下笔如有神。"①

〖译文〗读书要博览群书并融汇于心，这样写作起来才会得心应手，有如神助。

【新解】杜甫在这句诗里道出了读书的价值与重要性。书读得越多，胸中越是有学识，写文章做事情就会十分顺当。他的这句话与苏轼的"腹有诗书气自华"在意思上是相同的，对于今天的广大教师来说，仍然有着重要的借鉴价值。2018 年，教育部颁布的《新时代高校教师职业行为十项准则》《新时代中小学教师职业行为十项准则》《新时代幼儿园教师职业行为十项准则》序言中都提及"有扎实学识"的教师职业行为要求，《新时代高校教师职业行为十项准则》第七条明确提出要"严谨治学，潜心问道，勇于探索"的要求，就是对杜甫"读书破万卷，下笔如有神"主张的继承与吸纳。培根说过，"读书足以怡情，读书足以长才"。新时代的人民教师，要引导学生真正认识到读书的重要性、阅读的重要性，要把学习的收获、读书掌握的知识用于实践中，切实做到真学真用、学用结合。

（南宋）陆游："古人学问无遗力，少壮工夫老始成。纸上得来终觉浅，绝知此事要躬行。"②

〖译文〗古人总是不遗余力地做学问，往往要到年纪大了才能取得成就。从书本上学习来的知识，毕竟是浅显的。如果要想明白其中的深刻道理，还必须要亲自实践才行。

【新解】陆游在这首诗里表达了浓浓的劝学思想与学用结合智慧，与杜甫"读书破万卷，下笔如有神"在意思上是相同的，对于今天的广大教师来说仍然有着重要的启迪价值。2018 年，教育部颁布的《新时代高校教师职业行为十项准则》《新时代中小学教师职业行为十项准则》《新时代幼儿园教师职业行为十项准则》序言中都提及"有扎实学识"的教师职业行为要求，《新时代高校教师职业行为十项准则》第七条明确提出要"严谨治学，潜心问道，勇于探索"的要求，就是对陆游"古人学问无遗力，少壮工夫老始成。纸上得来终觉浅，绝知此事要躬行"主张的继承与吸纳。实践是认识的来源与检验标准，也是认识的目的。读书学习的目的在于运用、在于实践，能够为社会、为民族、为国家做贡献，能够建设美好生活、美好社会、美好国家。因此，强调学以致用、注重实践，这应该成为广大人民教师教书育人的核心理念。要通

---

① 杜甫. 杜甫全集：卷一. 奉赠韦左丞丈二十二韵［M］. 高仁，标点. 上海：上海古籍出版社，1996：1.

② 王新龙. 陆游文集·诗选·冬夜读书示子聿［M］. 北京：中国戏剧出版社，2011：134.

过实践运用把书本上的知识变成自己的学问、自己的能力，这才是教育的目的，也是学习的目的。

（清）彭端淑：“天下事有难易乎？为之，则难者亦易矣；不为，则易者亦难矣。”①

［译文］天下的事情没有简单困难之分，做它，那么困难的也会变得容易；不做它，那么容易的也会变得困难。

【新解】彭端淑在这句里提出了要认真研究学术的观点，指出了学问中的难与易的辩证关系，这对于今天的广大教师潜心问道有着重要的现实指导价值。2018 年，教育部颁布的《新时代高校教师职业行为十项准则》《新时代中小学教师职业行为十项准则》《新时代幼儿园教师职业行为十项准则》序言中都提及“有扎实学识”的教师职业行为要求，《新时代高校教师职业行为十项准则》第七条明确提出要“严谨治学，潜心问道，勇于探索”的要求，就是对彭端淑“为之，则难者亦易矣；不为，则易者亦难矣”主张的继承与吸纳。对于教师而言，教书育人既是法定职责也是根本职责，既是职业更是一门学问，有着特定的规律性。教师在教育教学活动中，要从彭端淑“为之，则难者亦易；不为，则易者亦难”的思想中吸取营养，懂得教书育人的大道理、大文章，知晓知识学习中的难与易的关系，才能引导学生形成科学的学习观念。

（清）龚自珍：“读万卷书，行万里路；综一代典，成一家言。”②

［译文］读了许多书，走了很远的路，综合一个朝代各个方面的经典言论，形成独树旗帜的学说观点。

【新解】龚自珍的这句话与杜甫“读书破万卷，下笔如有神”如出一辙，意思上是完全相同的，都强调要多读书、多实践，这些思想值得今天的广大教师认真学习和借鉴。2018 年，教育部颁布的《新时代高校教师职业行为十项准则》《新时代中小学教师职业行为十项准则》《新时代幼儿园教师职业行为十项准则》序言中都提及“有扎实学识”的教师职业行为要求，《新时代高校教师职业行为十项准则》第七条明确提出要“严谨治学，潜心问道，勇于探索”的要求，就是对龚自珍“读万卷书，行万里路；综一代典，成一家言”主张的继承与吸纳。教师是学生学习的模范，知识丰富、阅历深广的教师会深受学生爱戴，这样的教师当然也就会培养出有良好学习习惯的好学生。

---

① 彭端淑. 为学一首示子侄［M］//汪泰陵. 清文选. 贵阳：贵州教育出版社，2002：276.

② 魏源. 湖湘文库·甲编·魏源全集：14［M］. 长沙：岳麓书社，2011：372.

（近代）李大钊："凡事都要脚踏实地去做，不驰于空想，不骛于虚声，而唯以求真的态度做踏实的工夫。以此态度求学，则真理可明；以此态度做事，则功业可就。"①

【新解】李大钊的这句话旗帜鲜明地强调了踏踏实实的求学态度的重要意义，对于今天的广大教师加强治学仍然有着重要的现实指导价值。2018 年，教育部颁布的《新时代高校教师职业行为十项准则》《新时代中小学教师职业行为十项准则》《新时代幼儿园教师职业行为十项准则》序言中都提及"有扎实学识"的教师职业行为要求，《新时代高校教师职业行为十项准则》第七条明确提出要"严谨治学，潜心问道，勇于探索"的要求，就是对李大钊"凡事都要脚踏实地去做，不驰于空想，不骛于虚声，而唯以求真的态度做踏实的工夫"主张的继承与吸纳。对于新时代的人民教师而言，知行合一的重要性不言而喻。教师要有扎实的学术功底，同时还得把刻苦钻研的知识转化成行动，去推动社会的发展，同时也带领学生把所知所学在实践中加以运用，为社会与国家的发展做出贡献。这些都是教师教书育人的本分，也是教师职业道德的要求。

（近代）刘芾仙："要富有做和学的精神。""首先要能耐苦而不畏难。""要坚忍而有恒心。""要牺牲而肯屈尊。""要合作而有计划。""要实验而有兴趣。"②

【新解】刘芾仙的这几句话指出了学做合一的重要性，尤其是他对如何做到学做合一给出了具体的方法。这些思想对于今天的广大教师加强治学仍然有着重要的现实指导价值。2018 年，教育部颁布的《新时代高校教师职业行为十项准则》《新时代中小学教师职业行为十项准则》《新时代幼儿园教师职业行为十项准则》序言中都提及"有扎实学识"的教师职业行为要求，《新时代高校教师职业行为十项准则》第七条明确提出要"严谨治学，潜心问道，勇于探索"的要求，就是对刘芾仙"要富有做和学的精神"主张的继承与吸纳。学习是一件辛苦的事，实践也是一件辛苦的事，"学做合一"更是一件辛苦的事。因此，新时代的人民教师，既要树立学做合一的意识，更要有坚持、吃苦、奋斗的品质，才能教好书、培养好人。

（近代）刘炳藜："乡村小学教师是乡村小学教育的实际指导者和乡村社会的实际工作者，他不但具备了普通基本的知识便算已定，而且要具有专门的

---

① 中国李大钊研究会. 李大钊全集：第 4 册［M］. 北京：人民出版社，2013：565.

② 刘芾仙. 农村民众教育［M］. 鹤山：大华书局，1934：94-97. 又见：杜成宪. 民国乡村教育文献丛刊：第 4 卷［M］. 北京：国家图书馆出版社，2014：282-285.

技能，以便随时应用。他要有善于说话的口才，他要有善于诱导儿童的本领，他要是个天生的慈善家和苦口婆心者。然而这些技能或才干是可以训练得来的，这种训练大概出于乡村的师范学校，所以乡村小学教师要是乡村师范毕业的学生。”①

【新解】刘炳藜的这句话强调了知识与能力是教师的基本素养，指出了在教书育人实际工作中，教师应当把知识运用于实际、运用于实践，要有较好的育人技能。这些思想对于今天的广大教师加强治学仍然有着重要的现实指导价值。2018年，教育部颁布的《新时代高校教师职业行为十项准则》《新时代中小学教师职业行为十项准则》《新时代幼儿园教师职业行为十项准则》序言中都提及“有扎实学识”的教师职业行为要求，《新时代高校教师职业行为十项准则》第七条明确提出要“严谨治学，潜心问道，勇于探索”的要求，就是对刘炳藜“不但具备普通基本的知识便算已定，而且要具有专门的技能，以便随时应用”主张的继承与吸纳。任何职业都有特定的职业道德要求与胜任能力标准，教师职业也不例外。新时代的人民教师，要培养出全面发展的合格人才，首先自己应该是全面发展的人，是知识、能力、素质和谐发展的人。

（近现代）罗家伦：“学问事业均须竭毕身之力以赴之，万不可惑于西方浮薄的成功论。”“欲求中国民族在世界民族中的独立平等，当求中国学术在世界学术界的独立平等。”“治学当重工具的学问，勿以他人之成绩自炫，当独立求自己的成绩”②

【新解】罗家伦的这句话对治学的精神、治学的目的做了清晰的阐释，尤其是他指出要拿出全身力气来做学问，要注意对实践性、工具性学问的学习。他的这些思想对于今天的广大教师加强治学仍然有着重要的现实指导价值。2018年，教育部颁布的《新时代高校教师职业行为十项准则》《新时代中小学教师职业行为十项准则》《新时代幼儿园教师职业行为十项准则》序言中都提及“有扎实学识”的教师职业行为要求，《新时代高校教师职业行为十项准则》第七条明确提出要“严谨治学，潜心问道，勇于探索”的要求，就是对罗家伦“学问事业须竭毕身之力以赴之”“治学当重工具的学问”主张的继承与吸纳。学习是一辈子的事，需要竭尽全身之力、终身之力来学习。学习的目

---

① 刘炳藜. 乡村教育［M］. 上海：中华书局，1935：144. 又见：杜成宪. 民国乡村教育文献丛刊：第8卷［M］. 北京：国家图书馆出版社，2014：426.

② 罗久芳. 我的父亲罗家伦［M］. 北京：商务印书馆，2013：166；罗家伦. 学术独立与新清华［M］//中国国民党中央委员会党史委员会. 罗家伦先生文存：第五册·演讲. 台北：近代中国出版社，1989：18.

的是为未来发展奠基，所以学习要与实际生活相结合。学习不仅仅是为自己而学习，还要为民族、为国家而学习，所以学习要有远大理想，要有深沉的家国情怀。

（近现代）叶圣陶：“唯有教师善读善写，乃能导引学生渐进于善读善写。”①

【新解】叶圣陶的这句话指出了教师在学习上当好榜样的重要性。他的这些思想对于今天的广大教师加强治学仍然有着重要的现实指导价值。2018 年，教育部颁布的《新时代高校教师职业行为十项准则》《新时代中小学教师职业行为十项准则》《新时代幼儿园教师职业行为十项准则》序言中都提及“有扎实学识”的教师职业行为要求，《新时代高校教师职业行为十项准则》第七条明确提出要“严谨治学，潜心问道，勇于探索”的要求，就是对叶圣陶“唯有教师善读善写，乃能导引学生渐进于善读善写”主张的继承与吸纳。叶圣陶希望教师能“经常练笔，深知作文之甘苦……除课本以外，经常认真看书读报，熟悉阅读之道……”。教师在教育教学中，自己首先要做到善读善写、善于学习，给学生当好学习的榜样，学生就会乐于从之，跟着教师学习，跟着教师读书。

（近现代）华罗庚：“科学是老老实实的学问。搞科学研究工作就要采取老老实实、实事求是的态度，不能有半点虚假浮夸。”②

【新解】华罗庚的这句话指出了端正学习态度的重要性，他的这些思想对于今天的广大教师加强治学仍然有着重要的现实指导价值。2018 年，教育部颁布的《新时代高校教师职业行为十项准则》《新时代中小学教师职业行为十项准则》《新时代幼儿园教师职业行为十项准则》序言中都提及“有扎实学识”的教师职业行为要求，《新时代高校教师职业行为十项准则》第七条明确提出要“严谨治学，潜心问道，勇于探索”的要求，就是对华罗庚“科学是老老实实的知识，来不得半点虚假”主张的继承与吸纳。一个教师，在学问面前，必须踏实严谨，必须有严谨的学风，实事求是，不能弄虚作假，不得去抄袭和剽窃他人成果，为学生起好学风上的榜样。

（近现代）甘豫源：“乡村教育者要改良生产，领导地方事业，一定要能说得出，做得到，做不到的事且莫乱说，只说不做，教育不会生效。”“小学

---

① 刘国正. 叶圣陶教育文集：第三卷［M］. 北京：人民教育出版社，1994：490.

② 袁占才. 华罗庚：中国现代数学之父［M］. 北京：中国社会出版社，2012：198.

生要在做上学，成人也要在做上学。”①

【新解】甘豫源的这句话强调了教师说到做到、言行一致的重要性，尤其是提出了要在做上学的学习要求，他的这些思想对于今天的广大教师加强治学仍然有着重要的现实指导价值。2018 年，教育部颁布的《新时代高校教师职业行为十项准则》《新时代中小学教师职业行为十项准则》《新时代幼儿园教师职业行为十项准则》序言中都提及“有扎实学识”的教师职业行为要求，《新时代高校教师职业行为十项准则》第七条明确提出要“严谨治学，潜心问道，勇于探索”的要求，就是对甘豫源“要能说得出，做得到”“要在做上学”主张的继承与吸纳。“做上学”，这是知行合一、言行一致的根本要求，体现了鲜明的马克思主义实践论思想。人民教师从事着复杂的教书育人工作，应当要用马克思主义的实践的观点、认识的观点，来科学认识教书育人工作、教育教学工作，自觉按照实践—认识—实践规律，做好立德树人工作。

（近现代）郭人全：“农村学校教师须为实际生活之指导者，劳动的精神为必具之条件。但亦不可是狭义的劳动而偏于筋肉的动作，而是要具有劳动的意识，与学生共同参加实际生活之劳动的工作，同时亦就在劳动的工作中运用教育的方法，使教育达到实际的生活化。这样的教育，才是以农民为中心之教育而为今日农村所需要的教育。”②

【新解】郭人全的这句话强调了劳动教育对人才培养的重大意义，尤其是指出在劳动中运用教育方法，达到教育的生活化目的。他的这些思想对于今天的广大教师加强治学仍然有着重要的现实指导价值。2018 年，教育部颁布的《新时代高校教师职业行为十项准则》《新时代中小学教师职业行为十项准则》《新时代幼儿园教师职业行为十项准则》序言中都提及“有扎实学识”的教师职业行为要求，《新时代高校教师职业行为十项准则》第七条明确提出要“严谨治学，潜心问道，勇于探索”的要求，就是对郭人全“要具有劳动的意识”“在劳动的工作中运用教育的方法，使教育达到实际的生活化”主张的继承与吸纳。德、智、体、美、劳全面发展是当前的人才培养目标，劳动教育是五育中的重要组成。教师要引导学生树立劳动的观念、实践的理念，形成热爱劳动、热爱实践的品质，而要培养全面发展的合格人才，需要广大教师首先要有劳动的理念、实践的观念，不仅能传授学生知识，还能引导学生实践训练，在做中学、在

---

① 甘豫源. 乡村教育［M］. 上海：中华书局，1935：30-31. 又见：杜成宪. 民国乡村教育文献丛刊：第 9 卷［M］. 北京：国家图书馆出版社，2014：38-39.

② 郭人全. 农村教育［M］. 上海：黎明书局，1934：247-248. 又见：杜学元. 民国乡村教育文献丛刊续编：第 14 卷［M］. 北京：国家图书馆出版社，2017：491-492.

学中做。

（近现代）郭人全：“有了知识的修养，如不能应用于实际生活上，则其所得之知识为死物。知行合一，始有活力。技术是知识的运用，同时要由平日的熟练而来。教理由应该具有什么技术呢？就其广义上说，是教育的技术。但就其狭义上说，则农村教师应有技能是两方面的：其一为农业生产的技术，其二为教育的技术。”①

【新解】郭人全的这句话十分透彻地指出了知识与实践的统一性，尤其是他认识到不能用于实际生活的知识就是死物，对于今天的广大教师加强治学仍然有着重要的现实指导价值。2018 年，教育部颁布的《新时代高校教师职业行为十项准则》《新时代中小学教师职业行为十项准则》《新时代幼儿园教师职业行为十项准则》序言中都提及“有扎实学识”的教师职业行为要求，《新时代高校教师职业行为十项准则》第七条明确提出要“严谨治学，潜心问道，勇于探索”的要求，就是对郭人全“如不能应用于实际生活上，则其所得之知识为死物。知行合一，始有活力”主张的继承与吸纳。学习了许多知识，但是不能用于指导实践，不能在实际工作中进行运用转化，这样学习知识是死学习，这样的教育是死教育。作为教师，我们要把知识教活，要在实践中教会学生运用已学知识，要在实践中又增加新的知识。这样的教师才算是合格的教师。

（当代）于永正：“一个教师，不在于他拥有多少知识，明白多少道理，而在于‘知行’。”②

【新解】于永正的这句话强调了知行合一的重要性，尤其是他强调知识不在于多，而在于知识与实践的有机统一。他的这些思想对于今天的广大教师加强治学仍然有着重要的现实指导价值。2018 年，教育部颁布的《新时代高校教师职业行为十项准则》《新时代中小学教师职业行为十项准则》《新时代幼儿园教师职业行为十项准则》序言中都提及“有扎实学识”的教师职业行为要求，《新时代高校教师职业行为十项准则》第七条明确提出要“严谨治学，潜心问道，勇于探索”的要求，就是对于永正“一个教师，不在于他拥有多少知识，明白多少道理，而在于知行”主张的继承与吸纳。知行合一是教书育人的目的，也是教育的基本规律，是学生成长成才的基本规律。要培养出知行合一的学生，首先教师要做到知行合一。

---

① 郭人全. 农村教育［M］. 上海：黎明书局，1934：251. 又见：杜学元. 民国乡村教育文献丛刊续编：第 14 卷［M］. 北京：国家图书馆出版社，2017：495.

② 拾景玉. 学做人师——读《我的为师之道》有感［J］. 江苏教育，2017（4）：71.

第二节　遵守学术规范

一、学问诚实

（春秋）孔子："择其善者而从之，其不善者而改之。"①

〖译文〗选择别人好的方面进行学习效仿，对于别人不好的方面就反思自己，加以改正。

【新解】孔子的这句话是关于虚心学习的至理名言，也是教师进行修身养性的名言警句，对于今天的广大教师加强师德师风建设，仍然有着重要的现实指导与借鉴意义。2018 年，教育部颁布的《新时代高校教师职业行为十项准则》《新时代中小学教师职业行为十项准则》《新时代幼儿园教师职业行为十项准则》序言中都提及"有扎实学识"的教师职业行为要求，《新时代高校教师职业行为十项准则》第七条明确提出要"严谨治学，潜心问道，勇于探索"的要求，就是对孔子"择其善者而从之，其不善者而改之"主张的继承与吸纳。教师不可能是完人圣人，需要在教书育人实践中虚心地向他人学习、向学生学习、向社会学习，养成良好的虚心学习习惯，当然也要养成良好的学术规范意识。

（西汉）董仲舒："刺恶讥微，不遗小大，善无细而不举，恶无细而不去，进善诛恶，绝诸本而已矣。"②

〖译文〗对那些丑恶、隐微、见不得人的事，不论大事小事都应当责备批评，无论多么细小的善事也一定要做，对坏事无论多么细小也要抛弃，进荐推广美好的，批评丑恶的，是为了从根本上不使丑恶出现而已。

【新解】董仲舒的这句话阐释了批评教育的价值意义，他的这些思想对今天的广大教师加强师德师风建设来说，仍然有着很重要的现实指导与借鉴价值。2018 年，教育部颁布的《新时代高校教师职业行为十项准则》《新时代中小学教师职业行为十项准则》《新时代幼儿园教师职业行为十项准则》序言中都提及"有扎实学识"的教师职业行为要求，《新时代高校教师职业行为十项准则》第七条明确提出要"严谨治学，潜心问道，勇于探索"的要求，就是对董仲舒"刺恶讥微，不遗小大"主张的继承与吸纳。新时代的人民教师，

---

① 论语·述而第七［M］//阮元. 十三经注疏. 北京：中华书局，1980：2483.

② 董仲舒. 春秋繁露［M］. 呼和浩特：远方出版社，2005：23.

需要在教学过程中严谨治学，关注学生的点点滴滴，在学术研究中做到光明磊落、潜心研究、严守学术准则，从根本上给学生创造一个公平、公正的学习氛围。

（东汉）郑玄：“此或时师不必解，或学者所未能问。”①

〖译文〗教师必须精通自己所学的学业，才能够更好地为学生答疑解惑。

【新解】这句话是郑玄对《学记》“记问之学，不足以为人师”的注释，强调了教师要精通学业，才能胜任教书育人职责。他的这些思想对今天的广大教师加强师德师风建设来说，仍然有着很重要的现实指导与借鉴价值。2018年，教育部颁布的《新时代高校教师职业行为十项准则》《新时代中小学教师职业行为十项准则》《新时代幼儿园教师职业行为十项准则》序言中都提及“有扎实学识”的教师职业行为要求，《新时代高校教师职业行为十项准则》第七条明确提出要“严谨治学，潜心问道，勇于探索”的要求，就是对郑玄“此或时师不必解，或学者所未能问”主张的继承与吸纳。术业有专攻，一个教师要对自己所学的知识更加精通，这样在面对学生的提问时，才能够从多方面给学生进行讲解，这样的教师才是称职合格的教师。教师之所以能够教书育人，是因为他们对所学习的知识有更深入的了解，能够更好地为学生答疑解惑，所以说，教师必须精通自己所学的学业，在学问上做到光明磊落、遵守规范。

（近代）梁启超：“一曰遏抑创造。一学派既为我所自创，何必依附古人以为重？必依附古人，岂非谓生古人后者，便不应有所创造耶？二曰奖励虚伪。古人之说诚如是，则宗述之可也；并非如是，而以我之所指者实之，此无异指鹿为马，淆乱真相，于学问为不忠实。宋明学之根本缺点在于是。”②

【新解】梁启超在这段话中提到了不应鼓励虚伪之事，对于学问不应造假。这些思想对如今的广大教师有着重要的指导价值。2018 年，教育部颁布的《新时代高校教师职业行为十项准则》《新时代中小学教师职业行为十项准则》《新时代幼儿园教师职业行为十项准则》序言中都提及“有扎实学识”的教师职业行为要求，《新时代高校教师职业行为十项准则》第七条明确提出要“严谨治学，潜心问道，勇于探索”的要求，就是对梁启超“无异指鹿为马，淆乱真相，于学问为不忠实”主张的继承与吸纳。社会就是一面镜子，通过这面镜子制定一些标准来维护社会的秩序。目前社会上诸多学术造假事件，让

---

① 礼记·学记第十八［M］//阮元. 十三经注疏. 北京：中华书局，1980：1524.

② 梁启超. 清代学术概论［M］. 北京：东方出版社，1996：8.

大众看到学术的虚伪与学问的浮躁，更看到了学术道德的沦丧。作为一个教师，我们应遵守学术规范这一基本准则，应把学术端正、光明磊落作为教师职业道德的严谨品格和职业行为的核心标准，不断提高自我修养。

二、学术诚实

（战国末期）荀子："知之曰知之，不知曰不知。内不自以诬，外不自以欺。"①

〖译文〗知道就说知道，不知道就说不知道。对内不用来欺骗自己，对外不用来欺骗别人。

【新解】荀子的这句话指出了学术诚实的重要道德，强调了教师要在学问上诚实，遵守基本的学术规范。这些思想对如今的广大教师有着重要的指导价值。2018 年，教育部颁布的《新时代高校教师职业行为十项准则》《新时代中小学教师职业行为十项准则》《新时代幼儿园教师职业行为十项准则》序言中都提及"有扎实学识"的教师职业行为要求，《新时代高校教师职业行为十项准则》第七条明确提出要"严谨治学，潜心问道，勇于探索"的要求，就是对荀子"内不自以诬，外不自以欺"主张的继承与吸纳。做一个实在的人，强调踏实、诚信、理智对待自己，这是一种为人的智慧，这也是对知识的真诚态度。对于教育一线的教师而言，在专业学识上更应忌讳不懂装懂，因为这不仅无益于自己的专业成长，更会耽误对学生的教学，阻碍他们在学习上的进步。所谓言传身教，其实有时候对学生的品行教育更重要的是体现在教师的言行上。教师以身作则，学生模仿的效果往往比空洞的言语来得更加有力。

（东汉）郑玄："师说之明，则弟子好述之；教者言非，则学者失问。"②

〖译文〗教师在教育的过程中，会遇到很多学生来进行提问，此时，教师如果能把这个问题讲透彻，讲得清楚合理，让人容易懂，同学们就会对问题产生极大的兴趣，并且对学习也会产生很大的积极性。相反，如果教师讲得让人难以理解，就会使学生对学习感到厌恶，这样的行为就是教师失职。

【新解】郑玄的这句话指出了教师学术诚实的职业道德要求，当然也强调了有真学识的教师能够让学生听得明白，没有真学识的教师只会让学生更加迷惑。这些思想对如今的广大教师有着重要的指导价值。2018 年，教育部颁布的《新时代高校教师职业行为十项准则》《新时代中小学教师职业行为十项准

---

① 王先谦.《荀子》集解·儒效篇第八［M］. 北京：中华书局，1981：89.

② 礼记·学记第十八［M］//阮元. 十三经注疏. 北京：中华书局，1980：1524.

则》《新时代幼儿园教师职业行为十项准则》序言中都提及“有扎实学识”的教师职业行为要求，《新时代高校教师职业行为十项准则》第七条明确提出要“严谨治学，潜心问道，勇于探索”的要求，就是对郑玄“师说之明，则弟子好述之；教者言非，则学者失问”主张的继承与吸纳。只有让学生听懂并理解透彻，才能够更好地促进学生的学习积极性。学生对于学习，最重要的就是学习的态度和对学习的积极性。倘若教师都似懂非懂，就会对学生产生不好的影响。教师是一个极其普通但是又极其特殊的职业。这就要求教师每时每刻都要严格要求自己，争取在各方面都成为楷模。郑玄明确表示，为师者，不能随意引导学生，更不能传授给学生连教师自己都不知道或者理解错误的道理。不能误人子弟，这就要求广大教师要做“师说之明”的教师，而不要当“教者言非”的教师。

（北宋）程颢：“不深思则不能造其学。”①

〖译文〗不深思熟虑就不能造就学问。

【新解】程颢的这句话只有寥寥数字，却告诉了我们一个为学治学的大道理，那就是做学问一定要深思熟虑，这才是真正的做学问。这些思想对如今的广大教师有着重要的指导价值。2018 年，教育部颁布的《新时代高校教师职业行为十项准则》《新时代中小学教师职业行为十项准则》《新时代幼儿园教师职业行为十项准则》序言中都提及“有扎实学识”的教师职业行为要求，《新时代高校教师职业行为十项准则》第七条明确提出要“严谨治学，潜心问道，勇于探索”的要求，就是对程颢“不深思则不能造其学”主张的继承与吸纳。教师不管是在学知识还是在教知识，都应当重视对知识的审视与整理，对于别人的观点思想不能够剽窃、抄袭，但可在此基础上进行创造、思考，形成新的知识。

（战国）子思：“博学之，审问之，慎思之，明辨之，笃行之。”②

〖译文〗要广博地学习各种知识，对知识学习要有疑问，要认真地分析与思考，正确地判断知识的真伪、善恶与是非，并把学到的知识贯彻到自己的行为中去。

【新解】孔子在这句话中阐述了学习的重要方法，比如博学的方法、审问的方法、慎思的方法、明辨的方法以及笃行的方法，这些都是学习的好方法。南宋大理学家朱熹在主持白鹿洞书院时，就以“博学之，审问之，慎思之，

---

① 程颢，程颐．二程集·河南程氏粹言·论学篇［M］．北京：中华书局，2004：1198．

② 子思．中庸［M］//阮元．十三经注疏．北京：中华书局，1980：1632．

明辨之，笃行之”作为书院学规，邀请大儒前来讲学。孔子的这句话在今天仍然值得每个教师认真借鉴和吸纳。2018 年，教育部颁布的《新时代高校教师职业行为十项准则》《新时代中小学教师职业行为十项准则》《新时代幼儿园教师职业行为十项准则》序言中都提及“有扎实学识”的教师职业行为要求，《新时代高校教师职业行为十项准则》第七条明确提出要“严谨治学，潜心问道，勇于探索”的要求，就是对孔子“博学之，审问之，慎思之，明辨之，笃行之”主张的继承与吸纳。教师不仅是知识的传递者，同时也是新时代的学生。随着时代的进步，教师也需要学习更多的知识来充实自己，并在学习过程中有思考、有实践。

（近现代）罗尔纲：“我一入师门，适之师就将‘不苟且’三字教训我，……一个人的判断代表他的见解。判断的不易，正如考证的不易下结论一样。做文章要站得住。如何才站得住？就是不要有罅隙给人家推翻。”①

【新解】罗尔纲在这句话中表达了对他的先生胡适严谨治学精神的充分肯定，这一精神对于今天的广大教师为学治学来说仍然有着重要的参考价值。2018 年，教育部颁布的《新时代高校教师职业行为十项准则》《新时代中小学教师职业行为十项准则》《新时代幼儿园教师职业行为十项准则》序言中都提及“有扎实学识”的教师职业行为要求，《新时代高校教师职业行为十项准则》第七条明确提出要“严谨治学，潜心问道，勇于探索”的要求，就是对罗尔纲“不苟且”“不易下结论”“不要有罅隙给人家推翻”主张的继承与吸纳。为学治学不苟且，这既是胡适的告诫，也是罗尔纲的告诫。学问学问，学而问之，这里面包含着诸多为学治学的规律与道理。今天的广大人民教师，要从罗尔纲与胡适这句“不苟且”中获得警醒，要自觉遵守学术规范，不轻易下结论。

---

① 罗尔纲. 师门五年记·胡适琐记［M］. 北京：生活·读书·新知三联书店，2006：52-54.

参考文献

一、著作文献

[1] 班固. 汉书 [M]. 长沙：岳麓书社，2008：1129.

[2] 班固. 汉书 [M]. 北京：中华书局，1962：2515.

[3] 高平叔. 蔡元培教育文选 [M]. 北京：人民教育出版社，1980：11，145.

[4] 中国蔡元培研究会. 蔡元培全集：第 4 卷（1920—1922）[M]. 杭州：浙江教育出版社，1997：260.

[5] 蔡元培. 中国伦理学史 [M]. 北京：中国画报出版社，2010：227.

[6] 蔡元培. 中国人的修养 [M]. 北京：民主与建设出版社，2015：230.

[7] 陈秀云，柯小卫. 陈鹤琴教育思想读本 · 小学教育 [M]. 南京：南京师范大学出版社，2012：25.

[8] 北京市教育科学研究所. 陈鹤琴教育文集 [M]. 北京：北京出版社，1983：423.

[9] 陈鹤琴. 陈鹤琴全集：第 2 卷 [M]. 南京：江苏教育出版社，2008：435.

[10] 陈鹤琴. 活教育 [M]. 南京：南京师范大学出版社，2012：82.

[11] 陈鹤琴. 我的半生 [M]. 上海：上海三联书店，2014：136.

[12] 陈弘谋. 五种遗规 [M]. 南京：凤凰出版社，2016：6.

[13] 陈梦麟. 二十世纪浙江国学家 [M]. 杭州：浙江人民出版社，2014：68.

[14] 陈青之. 中国教育史 [M]. 上海：上海书店出版社，2013：273.

[15] 陈衍. 宋诗精华录 [M]. 曹中孚，校注. 成都：巴蜀书社，1992：455.

[16] 陈兆庆. 中国农村教育概论 [M]. 上海：商务印书馆，1937：275-276.

[17] 陈正夫，何植靖. 许衡评传（附许谦评传）[M]. 南京：南京大学出版社，1995：31.

[18] 陈志坚. 诸子集成：第 3 册 [M]. 北京：北京燕山出版社，2008：57.

[19] 程颢，程颐. 二程集 [M]. 北京：中华书局，2004：16 - 17，1183，

1194，1198.

［20］仇兆鳌.杜诗详注［M］. 上海：上海古籍出版社，1992：316，591.

［21］储劲. 乡村教育［M］. 上海：商务印书馆，1934：21.

［22］崔福林，王国英，许春华. 教师职业道德修养［M］. 保定：河北大学出版社，2005：47.

［23］《党的十九大文件汇编》编写组. 党的十九大文件汇编［G］. 北京：党建读物出版社，2017：31.

［24］董宝良. 陶行知教育论著选［M］. 北京：人民教育出版社，2015：263，615.

［25］董仲舒. 春秋繁露·卷一：玉杯第二［M］. 郑州：中州古籍出版社，2010：28-30.

［26］董仲舒. 春秋繁露［M］. 陈蒲清，校注. 长沙：岳麓书社，1997：12，53，318，350.

［27］董仲舒. 春秋繁露［M］. 呼和浩特：远方出版社，2005：23.

［28］杜成宪. 民国乡村教育文献丛刊：第17卷［M］. 北京：国家图书馆出版社，2014：236-237，332.

［29］杜成宪. 民国乡村教育文献丛刊：第14卷［M］. 北京：国家图书馆出版社，2014：55-56.

［30］杜成宪. 民国乡村教育文献丛刊：第16卷［M］. 北京：国家图书馆出版社，2014：35.

［31］杜成宪. 民国乡村教育文献丛刊：第1卷［M］. 北京：国家图书馆出版社，2014：374-375.

［32］杜成宪. 民国乡村教育文献丛刊：第21卷［M］. 北京：国家图书馆出版社，2014：440.

［33］杜成宪. 民国乡村教育文献丛刊：第22卷［M］. 北京：国家图书馆出版社，2014：140-141，143.

［34］杜成宪. 民国乡村教育文献丛刊：第27卷［M］. 北京：国家图书馆出版社，2014：444-445，518.

［35］杜成宪. 民国乡村教育文献丛刊：第28卷［M］. 北京：国家图书馆出版社，2014：61，63-65.

［36］杜成宪. 民国乡村教育文献丛刊：第2卷［M］. 北京：国家图书馆出版社，2014：198-199，600-601.

［37］杜成宪. 民国乡村教育文献丛刊：第4卷［M］. 北京：国家图书馆

出版社，2014：287，483.

［38］杜成宪. 民国乡村教育文献丛刊：第 5 卷［M］. 北京：国家图书馆出版社，2014：289-290.

［39］杜成宪. 民国乡村教育文献丛刊：第 8 卷［M］. 北京：国家图书馆出版社，2014：189，426-427，561-562.

［40］杜成宪. 民国乡村教育文献丛刊：第 9 卷［M］. 北京：国家图书馆出版社，2014：40，284-285，707-708.

［41］杜甫. 杜甫全集［M］. 高仁，标点. 上海：上海古籍出版社，1996：1.

［42］杜牧. 杜牧诗集［M］. 上海：上海古籍出版社，2015：356.

［43］杜学元. 民国乡村教育文献丛刊续编：第 2 卷［M］. 北京：国家图书馆出版社，2017：198-199.

［44］杜学元. 民国乡村教育文献丛刊续编：第 14 卷［M］. 北京：国家图书馆出版社，2017：490-493，495.

［45］杜学元. 民国乡村教育文献丛刊续编：第 9 卷［M］. 北京：国家图书馆出版社，2017：63-64.

［46］杜荀鹤. 杜荀鹤文集［M］. 上海：上海古籍出版社，1980：68.

［47］荀子. 荀子［M］. 方勇，李波，译注. 北京：中华书局，2011：95.

［48］冯梦龙. 东周列国志［M］. 南京：凤凰出版社，2017：84.

［49］管仲. 管子［M］. 房玄龄注，刘绩补注，刘晓艺校点. 上海：上海古籍出版社，2015：14，184.

［50］甘豫源. 乡村教育［M］. 上海：中华书局，1935：30-32.

［51］干藻. 乡村教育［M］. 上海：商务印书馆，1938：179-181.

［52］高平叔. 蔡元培教育论著选［M］. 北京：人民教育出版社，1991：44.

［53］高平叔. 蔡元培全集：第 3 卷（1917—1920）［M］. 北京：中华书局，1984：174.

［54］高平叔. 蔡元培全集：第 2 卷［M］. 北京：中华书局，1984：238.

［55］古楳. 乡村教育新论［M］. 上海：民智书局，1933：316-317.

［56］顾明远，马健生，滕珺. 中国学校研究［M］. 北京：高等教育出版社，2017：130.

［57］顾明远. 中国教育路在何方：顾明远教育漫谈［M］. 北京：人民教育出版社，2016：125，161.

［58］郭超.《四库全书》精华：第 1 卷［M］. 北京：中国文史出版社，1998：8.

［59］郭超.《四库全书》精华：第 3 卷［M］. 北京：中国文史出版社，1998：2800.

［60］郭人全. 乡村教育［M］. 上海：黎明书局，1937：107.

［61］郭人全. 乡村小学行政［M］. 上海：黎明书局，1935：15.

［62］郭人全. 农村教育［M］. 上海：黎明书局，1934：246-249，251.

［63］韩非. 韩非子［M］. 佚名注，顾广圻识误，姜俊俊标校. 上海：上海古籍出版社，1996：119，180，183，266.

［64］韩延明. 潘懋元教授纪事年表［M］. 厦门：厦门大学出版社，2015：371-372.

［65］韩愈. 韩愈全集［M］. 钱仲联，马茂元，校点. 上海：上海古籍出版社，1997：120.

［66］韩愈，苏洵. 韩愈散文全集［M］. 北京：今日中国出版社，1996：16-17.

［67］韩愈. 韩愈集［M］. 严昌，校点. 长沙：岳麓书社，2000：186，261.

［68］行知. 行知书信集［M］. 合肥：安徽人民出版社，1981：103.

［69］洪应明. 菜根谭［M］. 陈实，译注. 南昌：江西人民出版社，2017：2.

［70］胡成业. 徽州的胡适［M］. 上海：文汇出版社，2012：273.

［71］胡文正.《论语》类读［M］. 太原：山西古籍出版社，2002：252.

［72］湖南省长沙师范学校. 徐特立文集［M］. 长沙：湖南人民出版社，1980：551.

［73］扈远仁，唐志成. 固本与开新：晏阳初的平民教育思想研究［M］. 成都：四川大学出版社，2010：76.

［74］华东师范大学教育系. 中国现代教育文选［M］. 北京：人民教育出版社，1998：99-100.

［75］田正平，李笑贤. 黄炎培教育论著选［M］. 北京：人民教育出版社，1993：21.

［76］中华职业教育社. 黄炎培教育文集：第 1 卷［M］. 北京：中国文史出版社，1994：226.

［77］黄炎培. 八十年来［M］. 北京：文史资料出版社，1982：168.

［78］黄宗羲. 黄宗羲全集：第 1 册［M］. 杭州：浙江古籍出版社，1985：10.

［79］黄宗羲. 宋元学案 · 横渠学案［M］. 黄百家辑，全祖望修订，王梓材 等校订. 北京：商务印书馆，1986：168.

［80］冀昀. 左传：下册［M］. 北京：线装书局，2007：327.

［81］蒋平. 自信启蒙书［M］. 北京：北京工业大学出版社，2014：149.

［82］金嵘轩. 乡村教育［M］. 上海：正中书局，1936：284-285.

［83］康熙. 全唐诗［M］. 上海：上海古籍出版社，1986：1365.

［84］康有为. 大同书［M］. 上海：上海古籍出版社，2005：209.

［85］康有为. 大同书［M］. 北京：中国人民大学出版社，2010：179，182.

［86］黎靖德. 朱子语类［M］. 杨绳其，周娴君，校点. 长沙：岳麓书社，1997：113，115，167.

［87］李安纲，阎凤梧. 礼经［M］. 北京：中国社会出版社，2003：283.

［88］李白. 李白集校注［M］. 瞿蜕园，朱金城，注. 上海：上海古籍出版社，1980：1103.

［89］李耳. 老子［M］. 王弼，注. 上海：上海古籍出版社，1989：9，19.

［90］李塨. 颜习斋先生年谱［M］. 王源，订. 上海：商务印书馆，1937：3，59-60.

［91］李吉林. 潺潺清泉：李吉林教育随笔［M］. 北京：教育科学出版社，2016：2，309.

［92］李吉林. 为儿童的学习［M］. 北京：外语教学与研究出版社，2008：440-441.

［93］李吉林. 我是播种者［M］. 北京：人民教育出版社，2006：2.

［94］李晓农. 乡村教育视导［M］. 上海：黎明书局，1934：220-223，215-316.

［95］梁启超. 清代学术概论［M］. 北京：东方出版社，1996：8.

［96］梁启超著，彭树欣选评. 梁启超修身讲演录［M］. 上海：上海古籍出版社，2018：71，171，256.

［97］梁启超. 梁启超论教育［M］. 北京：商务印书馆，2017：31，189，236，240.

［98］梁启超. 饮冰室合集［M］. 北京：北京大学出版社，2005：38.

［99］梁启超. 中国历史研究法［M］. 北京：中国华侨出版社，2013：3.

［100］刘百川. 小学校长与教师［M］. 上海：商务印书馆，1935：41-42.

［101］刘百川. 乡村教育的经验［M］. 上海：商务印书馆，1937：28-29，31.

［102］刘炳藜. 乡村教育［M］. 上海：中华书局，1935：144-145.

［103］刘芾仙. 农村民众教育［M］. 鹤山：大华书局，1934：98-99，101.

［104］刘京海. 成功教育［M］. 福州：福建教育出版社，1999：73-74.

［105］刘配书，陈昌才. 治国理政箴言［M］. 北京：北京联合出版公司，

2015：198.

［106］刘维. 唐诗三百首［M］. 哈尔滨：黑龙江科学技术出版社，2015：94.

［107］刘香润. 教育行［M］. 北京：中国社会出版社，2007：39.

［108］刘煦，等. 旧唐书：第4册［M］. 陈焕良，文华，点校. 长沙：岳麓书社，1997：2710.

［109］柳宗元. 柳宗元集［M］. 易新鼎，点校. 北京：中国书店出版社，2000：457.

［110］柳宗元. 柳河东集：上册［M］. 上海：上海古籍出版社，2008：341.

［111］柳宗元. 柳河东集［M］. 上海：上海古籍出版社，1993：230，306.

［112］龙发甲. 乡村教育概论［M］. 上海：商务印书馆，1936：45-46.

［113］卢绍稷. 乡村教育概论［M］. 上海：大东书局，1932：96-97.

［114］卢仝. 卢仝集［M］. 北京：中华书局，1985：24.

［115］"青少年成长必读经典书系"编委会. 鲁迅杂文精选［M］. 郑州：河南科学技术出版社，2013：77.

［116］人民文学出版社编辑部. 鲁迅全集：第1卷［M］. 北京：人民文学出版社，1956：362.

［117］鲁迅. 鲁迅国学杂谈［M］. 北京：当代世界出版社，2017：101.

［118］陆九渊. 陆九渊集：卷三十四［M］. 钟哲，点校. 北京：中华书局，1980：399.

［119］罗尔纲. 师门五年记：胡适琐记［M］. 北京：生活·读书·新知三联书店，2006：32.

［120］罗家伦. 学术独立与新清华［M］. 上海：商务印书馆，1943：97.

［121］罗久芳. 罗家伦与张维桢——我的父亲母亲［M］. 天津：百花文艺出版社，2006：60.

［122］罗久芳. 我的父亲罗家伦［M］. 北京：商务印书馆，2013：166，196.

［123］罗隐. 罗隐集[M]. 雍文华，校辑. 北京：中华书局，1983：129，182.

［124］田雪原. 马寅初全集：第1卷[M]. 杭州：浙江人民出版社，1999：362.

［125］刘述礼，黄延复. 梅贻琦教育论著选［M］. 北京：人民教育出版社，1993：102.

［126］孟丹青. 罗家伦的教育思想及实践［M］. 南昌：江西人民出版社，2012：100.

［127］《南大百年实录》编辑组. 南大百年实录：中央大学史料选（上卷）［M］. 南京：南京大学出版社，2002：297.

[128] 潘懋元. 大学教育质量的理论与实践研究 [M]. 广州：广东高等教育出版社，2009：398.

[129] 皮日休. 皮子文薮：第十卷 [M]. 萧涤非，郑庆笃，整理. 上海：上海古籍出版社，1981：113.

[130] 齐豫生，夏于全. 白话《四库全书》·集部：第7卷 [M]. 长春：北方妇女儿童出版社，2006：49.

[131] 秦亚修. 农村教育讲义 [M]. 上海：大中书局，1928：70-71.

[132] 任建树. 陈独秀著作选编：第1卷 [M]. 上海：上海人民出版社，2009：191.

[133] 任建树. 陈独秀著作选编：第2卷 [M]. 上海：上海人民出版社，2009：358.

[134] 任钟印. 杨贤江全集：第1卷 [M]. 郑州：河南教育出版社，1995：1，822-823.

[135] 容闳. 容闳自述 [M]. 合肥：安徽文艺出版社，2014：125-126.

[136] 阮元. 十三经注疏 [M]. 北京：中华书局，1980：130，1407，1521-1525，1629，1632，1649，1674，2474，2481，2483-2484，2490，2500，2507，2510，2517-2518，2675，2686，2689，2691，2701，2718，2722，2726-2727，2730，2746，2762，2764，2766，2768，2770.

[137] 上海教育杂志社. 我们的50年：《上海教育》文萃 [M]. 上海：上海教育出版社，2007：151.

[138] 上海市闸北区教育局，上海市成功教育研究所. 刘京海教育思想研究 [M]. 上海：上海教育出版社，2008：290，295.

[139] 邵雍. 皇极经世书 [M]. 北京：九州出版社，2012：513.

[140] 沈卫星. 重读张伯苓 [M]. 北京：光明日报出版社，2006：415.

[141] 生活·读书·新知三联书店. 谭嗣同全集 [M]. 北京：生活·读书·新知三联书店，1954：286-287.

[142] 司马迁. 史记：卷112 [M]. 韩兆琦，评注. 长沙：岳麓书社，2012：1641.

[143] 四川省教育厅. 四川师德风范 [M]. 成都：四川文艺出版社，2006：99.

[144] 宋恩荣，熊贤君. 晏阳初教育思想研究 [M]. 沈阳：辽宁教育出版社，1994：259.

[145] 宋恩荣. 晏阳初文集 [M]. 北京：教育科学出版社，1989：280.

[146] 宋濂，等. 元史 [M]. 北京：中华书局，1976：4319.

[147] 孙红松. 国学经典诗文拔萃：第 1 卷 [M]. 青岛：青岛出版社，2006：79.

[148] 孙诒让.《墨子》閒诂 [M]. 上海：商务印书馆，1936：66.

[149] 孙应祥，皮后锋. 《严复集》补编 [M]. 福州：福建人民出版社，2004：65.

[150] 汤志钧. 康有为政论集：下册 [M]. 北京：中华书局，1981：953.

[151] 唐彪. 家塾教学法 [M]. 上海：华东师范大学出版社，1992：63.

[152] 唐澜波，等. 平民教育家陶行知 [M]. 武汉：武汉大学出版社，2012：1.

[153] 唐甄. 潜书 [M]. 李忠实，译注. 乌鲁木齐：新疆青少年出版社，1995：129.

[154] 陶行知. 陶行知全集：第 8 卷 [M]. 成都：四川教育出版社，2005：123.

[155] 脱脱，等. 宋史·卷三百一十四：范纯仁传 [M]. 北京：中华书局，1977：10293.

[156] 汪泰陵. 清文选 [M]. 贵阳：贵州教育出版社，2002：276.

[157] 王夫之. 船山全书：第 12 册 [M].《船山全书》编辑委员会，编校. 长沙：岳麓书社，2011：532.

[158] 王夫之. 宋论 [M]. 舒士彦，点校. 北京：中华书局，1964：116.

[159] 王夫之.《周易》内传[M]. 李一忻，点校. 北京：九州出版社，2004：59.

[160] (明)王夫之.四书训义:第 32 卷[M]. 上海：太平洋书店，1933：23-24.

[161] 姚淦铭，王燕. 王国维文集：第三卷 [M]. 北京：中国文史出版社，1997：79.

[162] 王国维. 人间词话 [M]. 桂林：漓江出版社，2017：67-68.

[163] 王守仁. 王阳明全集：上册 [M]. 吴光，钱明，董平，等编校. 上海：上海古籍出版社，1992：2，4，796.

[164] 王守仁. 王阳明全集：下册 [M]. 吴光，钱明，董平，姚延福，编校. 上海：上海古籍出版社，2011：47，974，1048，1346-1347.

[165] 王守仁. 王阳明全集 [M]. 吴光，钱明，董平，等编校. 杭州：浙江古籍出版社，2011：59，66，210，1022，1553.

[166] 王树山. 中国古代格言 [M]. 太原：山西教育出版社，1997：421.

[167] 璩鑫圭，唐良炎. 中国近代教育史资料汇编·学制演变 [M]. 上海：上海教育出版社，2007：102.

［168］王廷相. 王廷相集［M］. 北京：中华书局，1989：855.

［169］王通. 中说［M］. 阮逸，注. 北京：中华书局，1985：16.

［170］王通. 文中子中说［M］. 阮逸，注. 秦跃宇，点校. 南京：凤凰出版社，2017：34，41，62.

［171］王文俊，等. 张伯苓教育言论选集［M］. 天津：南开大学出版社，1984：67，97，185.

［172］庄子. 庄子［M］. 王先谦，集解. 方勇，导读整理. 上海：上海古籍出版社，2009：1，36，89.

［173］王先谦. 《荀子》集解［M］. 北京：中华书局，1981：14，20，89，299.

［174］王新龙. 陆游文集［M］. 北京：中国戏剧出版社，2011：134.

［175］王兴国. 郭嵩焘评传［M］. 南京：南京大学出版社，1998：40.

［176］王衍康. 乡村教育［M］. 上海：正中书局，1935：107-108.

［177］王阳明. 传习录［M］. 张怀承，注译. 长沙：岳麓书社，2004：101，243，283，324，341.

［178］魏书生. 教学工作漫谈［M］. 桂林：漓江出版社，2014：172.

［179］顾明远. 中国教育大系·历代教育制度考：2卷［M］. 武汉：湖北教育出版社，2004：1231.

［180］魏源. 湖湘文库·甲编·魏源全集：14［M］. 长沙：岳麓书社，2011：372.

［181］文中子. 止学［M］. 马树全，译注. 合肥：黄山书社，2010：3-4，24，34，113，128，165，210，251.

［182］闻世震. 竹诗三百首［M］. 沈阳：辽宁人民出版社，2016：105.

［183］吴楚材，吴调侯. 古文观止译注［M］. 上海：上海古籍出版社，2006：369.

［184］王应麟，等. 三字经［M］. 吴蒙，标点. 上海：上海古籍出版社，1988：7.

［185］四川省委党史工作委员会. 吴玉章文集：上册［M］. 重庆：重庆出版社，1987：182-183.

［186］夏丏尊. 夏丏尊谈教育［M］. 沈阳：辽宁人民出版社，2015：110.

［187］徐阶平. 乡村教育辅导记［M］. 上海：黎明书局，1936：118-119.

［188］徐特立. 徐特立文存［M］. 广州：广东教育出版社，1995：45，229.

［189］许衡. 许鲁斋集［M］. 北京：中华书局，1985：37，70.

［190］荀悦，徐俑. 申鉴中论（选译）［M］. 张涛，傅根清，译注. 成都：巴蜀书社，1991：61.

［191］荀子. 荀子［M］. 孙安邦，马银华，译注. 太原：山西古籍出版社，

2003：1，8-10，58，174.

［192］王宪明. 严复学术文化随笔［M］. 北京：中国青年出版社，1999：130-131.

［193］颜元. 习斋四存编［M］. 陈居渊，导读. 上海：上海古籍出版社，2000：61.

［194］宋恩荣. 晏阳初全集：第2卷（1938—1949）［M］. 长沙：湖南教育出版社，1992：398-411.

［195］中央教育科学研究所，厦门大学. 杨贤江教育文集［M］. 北京：教育科学出版社，1982：184.

［196］刘国正. 叶圣陶教育文集：第2卷［M］. 北京：人民教育出版社，1994：53，85-86.

［197］刘国正. 叶圣陶教育文集：第3卷［M］. 北京：人民教育出版社，1994：193，490.

［198］叶至善，等. 叶圣陶集：第11卷［M］. 南京：江苏教育出版社，1991：311-312.

［199］于漪. 教育：直面时代的叩问［M］. 上海：上海教育出版社，2017：19.

［200］于漪. 教育的姿态［M］. 太原：山西教育出版社，2014：292.

［201］于漪. 于漪与教育教学求索［M］. 北京：北京师范大学出版社，2015：5-6.

［202］鱼霞，夏仕武. 吴正宪：人文数学教育思想探究［M］. 北京：教育科学出版社，2009：208.

［203］茅仲英. 俞庆棠教育论著选［M］. 北京：人民教育出版社，1992：1，4，30，79-80.

［204］杨贤江. 杨贤江教育文集［M］. 北京：教育科学出版社，1982：190.

［205］《元杂剧观止》编委会. 元杂剧观止［M］. 上海：学林出版社，2015：58.

［206］袁占才. 华罗庚：中国现代数学之父［M］. 北京：中国社会出版社，2012：198.

［207］岳麓书社. 二十五史精华［M］. 长沙：岳麓书社，2010：292.

［208］袭铸男，贾奎芝. 曾国藩十三经：变经［M］. 北京：中国华侨出版社，2001：101.

［209］曾国藩. 曾国藩全集［M］. 石家庄：河北人民出版社，2016：305.

［210］曾军. 陈子昂诗全集：汇校汇注汇评［M］. 武汉：崇文书局，2017：31，101.

［211］张伯苓．张伯苓谈教育［M］．沈阳：辽宁人民出版社，2015：54-63.

［212］张岱年．中国哲学大辞典［M］．上海：上海辞书出版社，2010：694.

［213］张居正．张太岳集［M］．上海：上海古籍出版社，1984：456.

［214］熊十力．韩非子评论：与友人论张江陵［M］．上海：上海古籍出版社，2019：169.

［215］张舜徽．张居正集：第3册［M］．武汉：湖北人民出版社，1987：410.

［216］张舜徽．张居正集：第3册［M］．武汉：湖北人民出版社，1994：378.

［217］张文治．国学治要［M］．北京：北京理工大学出版社，2014：1212.

［218］璩鑫圭，唐良炎．中国近代教育史资料汇编·学制演变［M］．上海：上海教育出版社，2007：101-102.

［219］郑春萍．竺可桢［M］．北京：中国国际广播出版社，1998：22.

［220］全国人大常务委员会．中华人民共和国教师法［M］．北京：中国法制出版社，1994：1.

［221］中国国民党中央委员会党史委员会．罗家伦先生文存：第五册·演讲［M］．台北：近代中国出版社，1989：18.

［222］中国李大钊研究会．李大钊全集：第4册［M］．北京：人民出版社，2013：565.

［223］《中国人民大学教学与研究》编辑部．吴玉章同志诞辰一百周年纪念专刊［M］．北京：中国人民大学出版社，1978：54.

［224］《中华民国史事纪要》编辑委员会．中华民国史事纪要（初稿）：中华民国二十年（1931年）十至十二月份［M］．台北：正中书局，1979：948.

［225］中华职业教育社．黄炎培教育文集：第3卷［M］．北京：中国文史出版社，1994：124.

［226］中华职业教育社．黄炎培教育文选［M］．上海：上海教育出版社，1985：273.

［227］中央教育科学研究所．徐特立教育文集［M］．北京：人民教育出版社，1979：288.

［228］中央教育科学研究所．徐特立教育文集［M］．北京：人民教育出版社，1986：318.

［229］中央教育科学研究所．叶圣陶语文教育论集［M］．北京：教育科学出版社，1980：54.

［230］周博琪．永乐大典：第5册［M］．北京：中国戏剧出版社，2008：1984.

［231］周敦颐．周敦颐集［M］．梁绍辉，徐荪铭，等校点．长沙：岳麓书

社，2007：7.

[232] 朱惠国. 元明清诗文 [M]. 上海：上海人民出版社，2017：22.

[233] 朱维铮. 马相伯集 [M]. 上海：复旦大学出版社，1996：64.

[234] 朱杰人，严佐之，刘永翔. 朱子全书：第 15 册 [M]. 上海：上海古籍出版社，2002：537.

[235] 朱杰人，严佐之，刘永翔. 朱子全书：第 22 册 [M]. 上海：上海古籍出版社，2002：2185.

[236] 朱杰人，严佐之，刘永翔. 朱子全书：第 23 册 [M]. 上海：上海古籍出版社，2002：3355-3356.

[237] 竺可桢. 竺可桢全集：第 2 卷 [M]. 樊洪业，主编. 丁辽生，等编纂. 上海：上海科技教育出版社，2004：366.

二、报刊文献

[1] 蔡凤娴. 好教师的条件 [J]. 乡村教育，1937，4（1）.

[2] 陈兴福. 加强师德师风建设要突出抓好五个方面的工作 [J]. 教书育人，2013（12）：36.

[3] 陈志文，朱乐平. 高等教育的历史、现实与未来——访中国高等教育学科创始人潘懋元 [J]. 世界教育信息，2019（12）：4.

[4] 陈志贞. 好教师的标准 [J]. 乡村教育，1937，4（1）.

[5] 顾明远. 教育该如何立德树人 [N]. 人民日报，2014-05-22（12）.

[6] 胡京英. 我理想中的教师 [J]. 乡村教育，1937，4（1）.

[7] 花富金. 好教师的八要 [J]. 乡村教育，1937，4（1）.

[8] 黄寿松. 优良教师的要则 [N]. 乡村教育，1937，4（1）.

[9] 经亨颐. 动学观与时代之理解 [J]. 教育潮，1919（1）：1.

[10] 李萌. 李镇西的班主任教育观 [J]. 亚太教育，2015（12）：102.

[11] 梁启超. 中国教育之前途与教育家之自觉 [N]. 教育公报，1917，4 (2).

[12] 刘京海. 成功教育：在实践中探索和完善 [J]. 基础教育参考，2010（4）：34.

[13] 刘学志. 我是好教师吗？[J]. 乡村教育，1937，4（1）.

[14] 梁启超. 梁启超谈修身 [M]. 南昌：百花洲文艺出版社，2019：3-9.

[15] 拾景玉. 学做人师：读《我的为师之道》有感 [J]. 江苏教育，2017（4）：71.

[16] 宋维红. 马相伯教育思想述评 [J]. 苏州大学学报（哲学社会科学版），

1992 (3): 136.

[17] 汪瑞林，杨国营，俞水. 读懂儿童世界的数学——访北京教育科学研究院儿童数学研究所所长吴正宪 [N]. 中国教育报，2015-02-26 (3).

[18] 王晋堂. 学校教育中德育的失衡与救治 [J]. 人民教育，2005 (11): 14.

[19] 王正平. 听叶圣陶谈师德 [J]. 上海教育，1983 (11): 38.

[20] 吴玉章. 自励诗 [N]. 解放军报，1980-06-11 (3).

[21] 张文炳. 小学教师应该怎样 [J]. 乡村教育，1937，4 (1).

[22] 赵翠英. 教师应有的精神与态度 [J]. 乡村教育，1937，4 (1).

[23] 赵俊爱. 教师的修养 [J]. 乡村教育，1937，4 (1).

[24] 中共中央办公厅，国务院办公厅. 印发《关于深化教育体制机制改革的意见》的通知 [J]. 中国德育，2017 (20): 4.

[25] 中华人民共和国教育部. 关于印发《新时代高校教师职业行为十项准则》《新时代中小学教师职业行为十项准则》《新时代幼儿园教师职业行为十项准则》的通知 [A/OL]. 教师〔2018〕16 号. http://www.moe.gov.cn/srcsite/A10/s7002/201811/t20181115_354921.html.

[26] 李斌，霍小光. 习近平在北京师范大学考察时号召全国广大教师做党和人民满意的好老师——向全国广大教师和教育工作者致以崇高的节日敬礼和祝贺 [N]. 中国教育报，2014-09-10 (32).

附　录

附录一　乐山师范学院“师德师风实效性机制”试点改革案例

教师是振兴本科教育的关键，优良的师德师风是教师的首要素质。乐山师范学院在振兴本科教育中，紧扣师范院校对师德建设的特殊性要求，立足师范院校育人特色，把建设一支“四有”好教师队伍作为重中之重，从完善制度机制切入，遵循师德发展规律，探索形成了“责任清单+任务清单+负面清单”制度管控与“他律机制、自律机制、工作机制、育人机制”协同推进的“三单四机制”师德师风建设特色经验，促进了师德建设合力有效生成，师德践履意识持续强化，切实提升了师德建设实效水平。

（一）“三单”定责，破解“软虚难”问题

师德是个复杂的问题，难以计量、牵涉面广、社会关注度高，教育部对高校构建师德建设长效机制只给出了方向性意见的导引，师德建设在高校客观面临着“软任务”“虚任务”“难任务”问题，责任主体难以明确，“红七条”规制作用难以有效发挥。学校制定出台了师德师风负面清单、责任清单与任务清单，以师德师风“三单”制度条款逐一明确学校党委、二级党组织、师生党支部以及教师四级师德建设职责任务，构建师德建设权责对等的责任分解与科学规范的责任落实机制。为了避免“三单”停留在纸上，学校把13条师德师风负面情形，纳入党风廉政风险迹象精细化记分管理办法中，按月进行记分管理；通过师德督导员队伍日常巡查，检查各二级单位、师生党支部和教师履行师德建设职责情况；把师德建设情况列为学校督查内容，由学校办公室督查科每季度进行督查通报。

通过以上三条途径，学校把师德建设主体责任推进在二级党组织、落实在党支部、践履在教师身上，形成了可考核、可督查、可追溯的师德师风实效性建设责任链条。

（二）“四机制”联动，破除“最后一公里”瓶颈

通过师德建设这一根本机制，培养德才兼备的教师队伍，是提高高等教育

质量的关键。乐山师院把崇高师德与底线道德相结合、把师德建设工作机制与师范大学生育人机制相结合，遵循师德“知情意行”发展规律，构建了“四机制”联动模式，积极破除师德建设“最后一公里”瓶颈问题。

1. 把握晓之以理规律，构建奖惩合一的他律机制

学校争取社会资金设立了“邦泰慈善资助基金”和“宜行宜停科技奖教基金”，单列校级奖德金专项，每年 10 万元、五年 50 万元专门奖励师德典型。为更好地弘扬崇高师德，学校把每四年开展一次的师德标兵奖金标准从每人 5 000元提高到每人 2 万元，重奖“四有”好教师。在建立师德荣誉制度的同时，学校以普遍道德为基线，积极探索师德状况“双轨评价”，面向全校教师每学期开展学生网上评价师德，并发布师德状况学期报告与年度报告，全面掌握师德真实表现；2018 年下半年与麦可思公司达成协议，并在 2019 年实施师德师风第三方评价，形成校内评价与第三方评价相结合的综合评价格局；学校通过师德督导、季度工作督查、学生评价师德、听课巡课监督与信访网络监测，构建了五位一体师德状况监测评估督导体系，加强了师德表现日常监督管控。

2. 把握动之以情规律，构建自觉主动的自律机制

学校以倡导崇高师德为改革取向，以各教学院为主体，每学期开展开学第一堂课师德承诺、新教师入职宣誓仪式和老教师荣休仪式，增强教师职业光荣感；实施新进教师与青年教师“传帮带”三导师制度，形成老中青互帮互助、自觉自律、自我建构的师德建设良好氛围；挖掘宣传“师德封面半月故事”，选树“小人物”“小事迹”等身边的师德楷模，目前已报道师德封面故事 24 个；评选表彰师德标兵、组织师德标兵“TED 式”演讲等活动，传播师德建设正能量；2018 年新建投用的教师事务中心，入驻服务项目 24 个，实现让教师“少跑一趟路、少进一扇门、少找一个人”，增强教师职业幸福感；整理汇编并由四川大学出版社出版了《弦歌激扬——流金岁月 · 校友风采》《我的大学青春》榜样教育书籍。这两本书与已出版的《我的教坛年华》《我的教育人生》一起，形成了具有乐师特色的师德榜样教育系列丛书，大幅提升了学校师德建设的思想意境与文化品格，引发教师自觉主动地加强师德锤炼。

3. 把握持之以恒规律，构建贯通联动的工作机制

按照目标同向、职责一体、工作协调、执行有力的思路，学校党委在思想政治工作委员会下设了学校师德建设领导小组，2019 年将其更名为“学校师德建设委员会”，构建党委统一领导、党政齐抓共管、各单位具体落实、教师自我约束的组织领导机制，并着力推动学校师德建设委员会与教师思政工作领

导小组、学生思政工作领导小组等协同联动；建立了师德师风学习教育机制、榜样选树机制、日常监督机制、考核评价机制、工作问责机制，形成了“学校师德建设委员会统筹领导、党委教师工作部牵头组织、相关部门协同配合与师生共同参与”的师德建设大格局。学校还积极发挥退休老教授的作用，选聘德高望重的9位老教授担任师德督导员，深入师生中、教室里、办公楼，持续推动师德建设在基层落地落细。

4. 把握导之以行规律，构建渗透浸润的育人机制

学校立足师范大学生是未来人民教师的实际，把良好师德作为师范大学生的核心素养加以培养，在《深化教师教育综合改革实施方案》中，正式启动“探索师德教育学分制”“打造师德精彩课堂”“开展师范大学生‘学业、师德’毕业双考核”改革措施；由教师教育学院牵头，面向教师教育专业全体学生，全面实施师范大学生教师职业道德一体化培养计划；在校史馆设立师德教育实践基地，在图书馆设立师德教育阅读专区，开展学生宣讲师德事迹，以师德文化张力涵养浸润师范大学生的教师职业道德养成，把师德建设的成效体现在育人质量提高上，用师范大学生优良的师德素养正面反哺师德建设，形成了师生双向共促共进的良性格局。

“地方师范院校师德建设实效性机制创新改革”试点项目获2018年四川省教育体制机制改革试点项目立项，并在省级考核中获“优秀”等次。在麦可思公司组织的本校2014届毕业生对教师的师德师风第三方评价中，95%以上的毕业生评价本校师德师风状况优良。

附录二　刘百川：教师反省的标准[①]

我为指导各地师范毕业的同学起见，曾拟订一个教师反省的标准（载于《中央日报·教育周刊》第六期），兹再附录如下，以供参考：

（一）理想方面

（1）我对于做教师有永久的决心否？

（2）我对于做教师有远大的理想否？

（3）我对于办教育有浓厚的兴趣否？

（4）我对于办教育有坚实的信仰否？

（5）我能以学校为家庭否？

---

① 刘百川．小学校长与教师［M］．上海：商务印书馆，1935：75-84．又见：杜成宪．民国乡村教育文献丛刊：第14卷［M］．北京：国家图书馆出版社，2014：89-98.

（二）身体方面

（6）我的体格健康、身体发展适度否？

（7）我的姿势正确、官体健全否？

（8）我有各种合理的卫生习惯否？

（9）我有适宜的运动游戏否？

（10）我有保持身体健康的计划否？

（11）我有简单的医药常识否？

（三）品性方面

（12）我有忠实、公正、勇敢、勤恳、服从、坚毅、活泼、自制、快乐、和平的美德否？

（13）我有不良的习惯及嗜好否？

（14）我的态度和蔼、举止安详否？我常带笑容否？

（15）我有积极的态度、进取的精神否？

（16）我的思想纯正否？

（17）我有适当的礼貌否？服装整洁合度否？

（四）知识方面

（18）我的普通常识丰富否？

（19）我对于所担任的学科有特殊的研究否？

（20）我对于儿童的生理心理有充分的明了否？

（21）我对于各种教育理论，有相当的研究否？

（五）生活方面

（22）我能按时起身及睡眠否？

（23）我能食用俭朴、永久服用国货否？

（24）我有合理的生活日程否？

（25）我的工作时间有适宜的分配否？

（26）我能按时做完自己的工作否？

（27）我工作浪费时间否？能吃苦耐劳否？

（28）我能用科学方法从事各项工作否？

（29）我能利用环境改善自己生活否？

（六）技能方面

（30）我有日常生活各种技能否？

（31）我有教学所需要的特殊技能否？

（32）我能自制教具及教便物否？

（33）我的语言清楚正确声调和谐否？

（34）我的语言态度能儿童化否？

（七）教学方面

（35）我上课时对于教室能有适当的管理否？

（36）我对于教学方法运用得当否？

（37）我对于教学方法注意改进否？

（38）我对于儿童成绩处理得当否？

（39）我对于儿童课卷细心订正否？

（40）我上课时有适宜的问答否？

（41）我对于儿童的问题有适宜的回答否？

（42）我指定课内或课外作业适当否？

（43）我对于儿童的休闲生活有相当的指导否？

（44）我对于劣等儿童设法救济否？

（45）我对于优等儿童加以特别培植否？

（46）我上课时能讲解详明否？

（47）我上课时能活用教材及教科否？

（48）我上课时能随机应变否？

（49）我上课时能善用黑板否？

（50）我上课时能注意全体儿童否？

（51）我上课时能维持良好秩序否？

（52）我上课时能集中儿童的注意，引起学习的兴趣否？

（53）我上课时课前有充分的准备否？

（54）我上课时充分给儿童自动学习的机会否？

（55）我指导儿童研究问题，有适当的方法否？

（56）我对于考查成绩有适当的方法否？

（57）我教学时能切实利用实在的环境否？

（八）训育方面

（58）我训练儿童能以身作则否？

（59）我对于儿童能不偏爱否？

（60）我对于儿童的争执能迅速处理否？

（61）我能绝对废止体罚否？

（62）我能参加儿童各种团体活动否？

（63）我对于儿童个性能注意考查研究否？

(64) 我能与儿童共同生活否?
(65) 我能获得儿童的信仰否?
(66) 我能平心静气解决儿童的纠纷否?
(67) 我能接受儿童正当的请求否?
(68) 我能随时随地注意儿童健康否?
(九) 处事接物方面
(69) 我对同事能以诚相见否?
(70) 我对儿童能加以爱护否?
(71) 我能爱护学校各种事物否?
(72) 我对校工能表示同情否?
(73) 我对儿童家庭能切实联络否?
(74) 我对校长或同人委托事项能按时办竣否?
(75) 我能深入民间接近民众否?
(76) 我能化除成见,接受他人的劝告否?
(77) 我能与他人互助合作否?
(十) 研究进修方面
(78) 我能天天看报否?
(79) 我能按时记载工作心得及困难否?
(80) 我能按时阅读教育书报否?
(81) 我能热心参加各种研究会否?
(82) 我能留心搜集教育实际问题否?
(83) 我能利用教育书报解决实际问题否?
(84) 我对于指导员指导事项能诚心接受否?
(85) 我能利用寒暑假补习否?
(86) 我有机会举行教育参观否?
(87) 我有具体的进修计划否?
(88) 我能随时考查自己的教育效率否?
(十一) 休闲娱乐方面
(89) 我有正当的娱乐否?
(90) 我能利用星期日做各种休闲娱乐否?
(91) 我能与儿童和同事组织各种娱乐会社否?
(92) 我有各种娱乐技能否?
(十二) 其他方面
(93) 我参加会议时,能尽量发表意见否?

（94）我能参加各种社会活动否？
（95）我能兼办民众教育事业否？
（96）我能不无故告假缺课否？
（97）我能于开学前到校、放假后离校否？
（98）我对于各种表簿能填写正确否？
（99）我能天天记日记否？
（100）我能天天自省否？

后 记

“育有德之人，需有德之师。”① 作为评价教师的第一标准，师德师风一直都是广受社会关注的话题。

为了加强师德建设，尤其是加强师范大学生的教师职业道德培养，2018年我们申报并成功立项了四川省教育体制机制改革试点项目“地方师范院校师德建设实效性机制创新”。试点项目立足于地方师范院校的师德师风建设实际，以习近平新时代中国特色社会主义思想为指导，以社会主义核心价值观和高校教师职业道德规范为统领，聚焦“师德表现形态具有复杂性、综合性，难以定量评估与定性评价”“师德自律精神不足，师德自省难题难以破解”“涵养师德的良好氛围尚未有效形成”“师德师风宣传教育、示范引领、实践养成效果不明显”“师德师风教育、宣传、考核、监督与奖惩机制尚待健全”“师范大学生不愿到贫困边远、条件艰苦的地方从教，不愿长期从教、终身从教现象较为突出”等难题，从构建师德师风实效性长效机制入手，围绕师德实效性建设工作实施主体和道德践履主体，积极探索构建了奖惩合一的他律机制、自觉主动的自律机制、贯通联动的工作机制、渗透浸润的育人机制。试点项目实现了齐抓共管与落实责任有机统一、严格要求与关怀爱护有机统一、严加约束与教育引导有机统一、规范他律与自觉自律有机统一，学校不断涌现出第五届全国优秀教师、四川省首届教书育人名师、四川省五一劳动奖状获得者、“2018全国‘寻找最美教师’”候选人、“2018年四川教师风采”候选人等先进典型。试点项目在2018年、2019年省级试点改革项目考核中获“优秀”与“良好”评价。在麦可思公司组织的本校2014届毕业生对教师的师德师风第三方评价中，95%以上的毕业生评价乐山师范学院师德师风状况优良。2019年11月27日，《中国教育报》以《乐山师院‘三单四机制’破解师德师风建设难题》为题，报道了我校加强师德师风建设的经验做法。

在深入推进“地方师范院校师德建设实效性机制创新”改革试点项目进

① 吴恒山. 校长治校方略［M］. 大连：辽宁师范大学出版社，2017：241.

程中，我们深刻地感受到当前加强师德师风建设工作，呈现出从政策上规制的多、从文化上浸润的少，空洞宣传说教的多、入脑入心生动引导的少等问题。同时，我们也深刻地感受到我们国家是尊师重教的古老国度，千百年来积淀了十分丰厚的师德优秀文化资源，是我们中华优秀传统文化的瑰宝。新时代加强师德师风建设，应当把这些隐藏在古典古籍中的师德文化精髓挖掘出来，赋予其时代的视角与当下的意义，用先贤们关于师德的名言名句来阐释新时代教师职业道德与职业行为要求，增加师德师风建设的文化意蕴与历史厚度，提高师德师风建设的生动性与文化感，推进我国优秀师德文化传统创造性转化与创新性继承，以此筑牢推进师德建设的文化自信，切实提升师德建设的实效性。

基于这样的认识，我们觉得应该对历代名家关于师德的论述进行比较系统的收集梳理，并从新时代教师职业道德与职业行为的标准与要求角度，重新进行新的解读与阐释，以优秀的师德文化传统涵养师德，提高师范大学生对教师职业道德的深刻理解，让古老的师德文化焕发出新的生机与活力。于是，编撰《历代名家师德论述新读》的想法由此而生，并迅速得到大家的认同，认为这是势在必行的。

但是，中华文化源远流长，各类典籍浩如烟海，要从中找出师德论述语句工程浩大，人力难以满足。为了解决这一难题，2019 年 6 月至 9 月，我们组织发动了乐山师范学院教育科学学院教育学专业、小学教育专业、学前教育专业近 200 名学生，在刘猛、张晓玲、刘佳龙、张广云等教师的指导下，利用暑期较长的时间集中攻关，广泛收集整理历代名家关于师德的论述语句并进行了初步解读。随后，时为《乐山师院报》编辑、现为四川音乐学院马克思主义学院教师的贺春花负责第一章、第二章、第三章的解读梳理与修改，项目负责人、党委宣传部部长佘万斌教授负责第四章的解读梳理与修改，党委宣传部孟繁增同志负责第五章的解读梳理与修改。全书最后由佘万斌教授和杜学元教授进行了修改、审读与统稿。历时一年余，几经折磨，克服诸多困难，本书终于完稿。

本书是 2018 年四川省教育体制机制改革试点项目“地方师范院校师德建设实效性机制创新”的阶段性成果，是 2019 年四川省教育教学改革研究项目“地方师范院校师范生教师职业道德系统化培养研究与实践”的阶段性成果，也是四川省社会科学高水平研究团队研究项目“四川乡村教育的历史发展与当代改革研究”的成果之一，得到了四川省教育厅发展规划处的关心与支持。本书还得到了乐山师范学院党委宣传部、发展规划处给予的出版经费上的资助，乐山师范学院教育科学学院副院长谢艺泉、教育科学学院党总支副书记张波给予了大力支持与帮助，乐山师范学院教育科学学院刘猛、张晓玲、刘佳龙、张广云等教师在前期指导学生广泛收集与整理相关资料，在此一并表示衷心的感谢。没有你们的大力支持、悉心帮助与无私奉献，就不会有本书的出版。

在本书的出版过程中，西南财经大学出版社为选题的申报和书稿的编辑、审校费心尽力，付出诸多辛劳，在此表示衷心的感谢！

本书参考了大量的文献资料，能注明的尽量注明，但也难免有遗漏，在此对本书中已注明参考文献资料和可能未注明参考文献资料的作者及出版者表示诚挚的谢意！由于我国师德文化资料繁多，囿于我们的资料收集能力以及精力、学识有限等，书中一定有遗漏的师德论述以及不足与错误，恳请各位专家学者、同事朋友批评指正。

佘万斌

2021 年 9 月于乐山师范学院